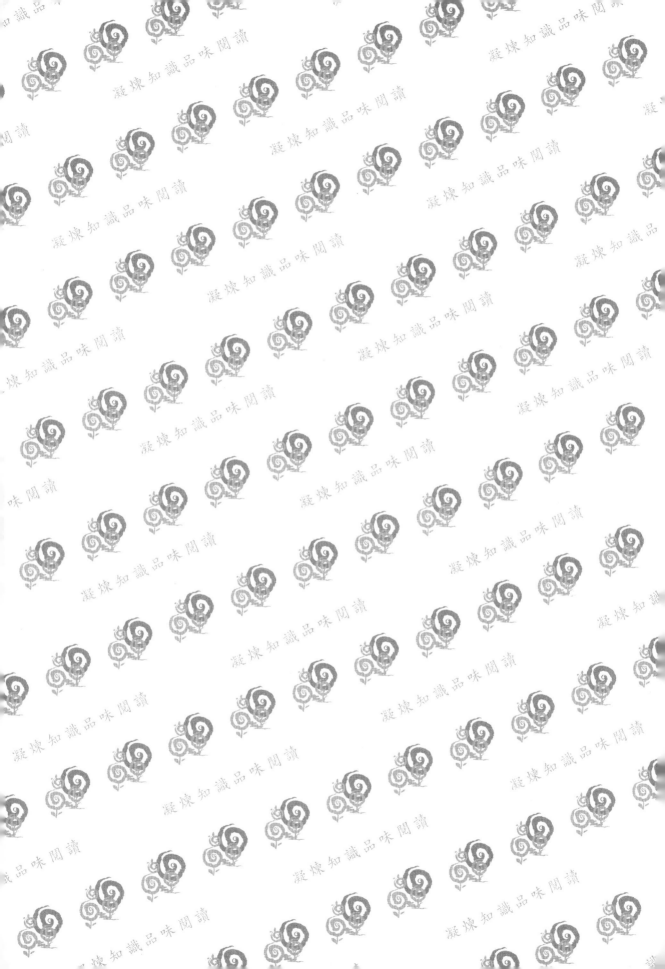

地理資訊系統與空間運算：

R軟體應用

R軟體應用

閻姿慧、葉家榮 著

Geographic Information Systems and Geocomputation

五南圖書出版公司 印行

前言

　　地理資訊系統（Geographic Information Systems, GIS）可應用於諸多領域，含括地理學、交通運輸、都市規劃、社會科學等學科中，在學術或實務上皆為空間分析之必備工具。該系統可儲存大量空間資料，並提供地理分析工具，諸如疊圖、環域、交集等基礎操作元件，針對所蒐集的圖資進行空間分析。在空間資料展示上，地理資訊系統亦可提供視覺化的地圖，結合屬性與空間資料，使圖表具有故事性，並能由分析者從中推判隱含的政策意涵或具體建議。綜上所論，地理資訊系統的功能使空間資訊得以有效加值。

　　常見的地理資訊系統軟體諸如 ArcGIS 或 QGIS 皆重視使用者介面的操作環境，惟前者並非免費開源的軟體，取得成本較高；而後者的學習應用甚廣，且在臺灣已有諸多專書或網站教學。使用者介面的操作環境最大的缺點乃無法彈性、有效率地進行地理分析，亦難以針對部分參數作微調，使分析的細緻程度與速度大受影響。有鑒於此使用者介面的操作限制，本書介紹應用 R 軟體操作於地理與空間分析，其可用簡潔的程式碼進行基本空間操作，而較複雜的地理分析則可搭配 R 軟體內建與下載的套件（package），或佐以額外撰寫的程式碼，使分析的彈性度遠高於使用者介面之操作環境。此外，使用者介面對於大數據資料分析有其限制，例如購置成本較高、取得不易等；相對地，R 軟體在大數據地理資料之分析較不受此限制，且可快速流暢的處理巨量地理資料。

　　本書章節編排如下：首先，於第 1 章簡介地理資訊系統的基本概念，以及其資料的基本格式，使讀者對於地理相關資料具相當程度的掌握。隨後，於第 2 章利用範例簡介繪製地圖的程式碼、方式與技巧，並輸出各種形式的視覺化地圖，使讀者熟悉地理資訊系統地圖輸出之操作。在基本觀念及地圖輸出皆熟稔後，於第 3 章始介紹地理資料之產生，由基礎的資料建構方法，乃至外部資料的讀取及格式轉換，使讀者習得資料建構之技巧。第 4 章將介紹地理資料之空間操作，此乃本書最重要之環節，透過各類型範例練習，加深讀者對於 R 軟體中各套件函式的印象，並靈活運用 R 軟體所提供的套件操作空間運算。第 5 章為本書所開發之運輸資料介接套件之應用，先行簡介各種函式參數設定與回傳的資料，期能方便讀者使用運輸地理資料繪製地圖與進行空間運算。綜合本書所有章節，第 6 章另編撰實務案例之分析，細述資料蒐集、分析、產出等環節的詳細步驟，與應注意之事項，期能給予讀者具體的操作方針。

　　本書主要利用 R 軟體的套件分析地理資料，以程式語言作爲地理資訊之分析工具在臺灣較少人提及，大部分仍以使用者介面之軟體爲主要導向，故可翻閱的中文學習書甚少。本書參考諸多國外的工具書與操作手冊，並利用臺灣在地的地理資料提供範例，期能使讀者更具體理解 R 軟體在地理資訊系統的應用。

CONTENTS

前言

CHAPTER 1

地理資訊系統介紹

1.1 地理資訊系統簡介

　　地理資訊系統是用以儲存、查詢、分析、展示空間資料的工具，其應用範圍甚廣，含括地理學、交通運輸、都市規劃等學科，在實務上亦為工程管理、土地使用規劃、災防管理等的重要工具。地理資訊系統的概念最早可追溯自 18 世紀的地圖繪製，當時地理量測技術隨著地理大發現的興起而蓬勃發展，地圖的出版亦如火如荼展開。於 1854 年倫敦寬街爆發霍亂傳染事件，當地內科醫生 John Snow 利用點子圖繪製個案的分布地圖（圖 1.1.1），並推判環境與個案住所的空間關係，發現霍亂的傳染源為受汙染的水源，故積極促使政府改善衛生設施。此為空間分析及地理資訊應用之雛形。而地理資訊系統的技術與研發首度問世乃 1967 年由 Roger Tomlinson 所建置的系統，可儲存、操作、分析地理資料，當時的系統主要用以協助加拿大政府藉由農林畜牧相關的地理資訊，來分析農村的土地能力。1980 年代隨著電腦技術躍進，運算速度愈快，而促成地理資訊系統的普及，商業軟體或免費開源軟體也相繼問世，其中常見者包括：ArcGIS（Esri）、CAD（Bentley）、GRASS、Trans-CAD、MapInfo、QGIS 等。此外為使國際間資料能共享，各國始追求地理資料格式的標準化，建立一致的記錄空間資料之準則，例如 Shapefile 空間資料開放格式即為各地理資訊系統軟體間通用之資料格式。本章節後續將逐一介紹地理資訊系統的功能：儲存、查詢、分析、展示。

　　地理資訊系統中，「儲存」資料乃指將空間及屬性資料所建構的圖層儲存於資料庫，以便後續的查詢與分析工作。空間資料的儲存主要分為兩種形式：網格資料（grid）與向量資料（vector）。網格資料是由行和列組成，並依此建構每一個網格的地理位置，而每一網格會記錄數值或類別，以表示該網格內的屬性資料。舉例而言，若今有一大片樹林，吾人欲分析這片樹林中各個區塊內的樹木密度，則必須先將整片樹林切割為數個網格，接著計算網格內的樹木數，最終每一網格所呈現的屬性資料即為樹木的數量（數值型態），如圖 1.1.2 所示。向量資料乃利用點、線、面定義空間中各項物件的精確位置，諸如設施位置（點）、道路（線）、行政區（面）。此外向量空間資料亦可連結屬性資訊，以表達各項物件的特徵，進而分析屬性的空

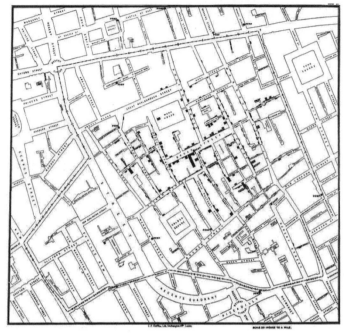

▲ 圖 1.1.1　倫敦寬街霍亂傳染分布點子圖

（圖片來源：維基百科）

間分布。舉例而言，道路路網通常為節線資料，其中每一條節線表示實際道路的所在位置，其屬性包含公路速限、路寬、道路分類、養護機關等具實務意義的資訊。就兩種資料儲存方式的優缺點而論，網格資料的複雜度較低，主要以劃定方格作為描述空間之形式，故在面的分析上具有極大優勢，然對於路網分析的能力明顯較差，乃因資料並非線的資料；而向量模式的資料結構甚為複雜，空間係由點線面多種不同形式所組成，然精確度高為此儲存方式的最大優點，且較容易執行路網分析。在運輸或都市規劃領域中，由於道路、場站、設施等皆需精確的地理位置進行分析，故大多皆以向量形式儲存；反觀衛星影像、數值地形模型等以區塊方式繪測、調查者，則適合利用網格形式儲存。地理資料的儲存方式綜整於表 1.1-1。惟本書乃聚焦於運輸、都市規劃領域於地理資訊系統的應用，此兩門學科中多以點線面為資料之儲存方式，故後續章節將著重於向量資料的分析及其地理操作，並未深入探討網格資料的處理。

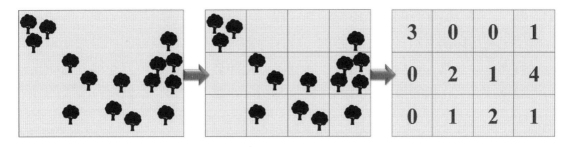

▲ 圖 1.1.2　網格資料示意圖

▼ 表 1.1-1　地理資料儲存方式之比較

	向量資料	網格資料
原理	以點線面描述地理位置	將空間化分為若干均質網格
資料結構	複雜	簡單
幾何精確度	高	低
路網分析	佳	差
面量分析	普通	佳
應用	場站位置、路網分布	衛星影像、數值地形模型
示意圖		

「查詢」功能與資料庫系統相似，一般的資料庫可以透過結構化查詢語言（Structured Query Language, SQL）指令回傳所需要的欄位與屬性資料，並作基礎的統計分析，而在地理資訊系統中亦可查詢屬性資料，以回傳符合條件設定者，並運算該屬性的統計量。「分析」則是地理資訊系統最為關鍵的操作程序，其中與向量資料相關的操作含括疊圖分析、環域分析、路網分析等。疊圖分析大多是應用於網格資料，分析不同主題之圖層交集或聯集之結果，常應用於選址分析。而在向量資料中，亦可將點線面取交集、聯集、差集等，以保留最終所需要的圖層，如圖 1.1.3 所示。環域分析則用以呈現影響範圍或劃定的研究區間，如界定運輸場站的服務範

圍（點）、鐵公路建設的汙染影響範圍（線）、劃設保護區之範圍（面）等。路網分析則是利用路網資料，設定道路的節線、節點，以尋求任兩點間的最短距離，此外亦可進一步建構起訖對的最短距離（成本）矩陣表。本書中將簡介地理資訊系統的空間操作方法，內容涵蓋圖層的環域、裁剪、交集、聯集、旋轉與縮放、空間與屬性資料合併等，諸項空間操作皆為地理資訊分析的基礎元件。

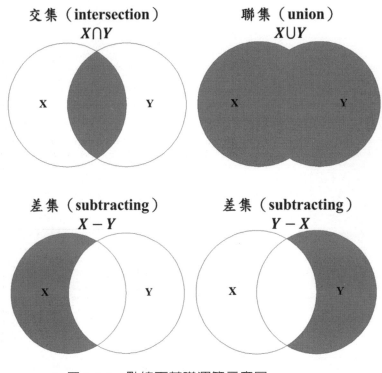

▲ 圖 1.1.3　點線面基礎運算示意圖

　　「展示」為地理資訊系統中的產出程序，藉由主題地圖之繪製可將經分析後的量化資料透過視覺化呈現予讀者，進而延伸研究結果之討論。常見的統計地圖包含點子圖、面量圖（區域密度圖）、線量圖、分級符號圖等。

- 點子圖乃利用符號表示地理現象區域分布的疏密程度，此外亦可利用點子的顏色與大小以表達特定屬性的分類或數值高低，例如：圖 1.1.4 之各級學校分布圖，其中可透過點子的數量判讀學校聚集分布的區域，並可利用形狀或顏色標記不同級別之學校。

▲ 圖 1.1.4　點子圖示例（臺北市學校分布點子圖）

・面量圖則是利用不同條紋或顏色顯示各區域地理現象的類別或數量差異，例如：圖 1.1.5 之人口數面量圖，可透過漸層顏色表達人口多寡之分布。

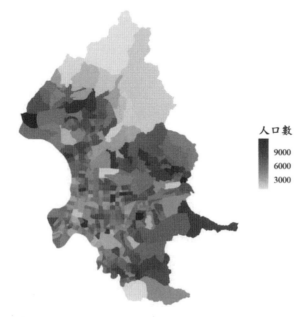

▲ 圖 1.1.5　面量圖示例（臺北市人口數面量圖）

- 線量圖係以線的粗細或顏色深淺表示特定地理現象（如移動）的流向與流量，可顯示該地理現象在兩區域的密切程度，例如：圖 1.1.6 之 YouBike 公共自行車流量圖，其中線條愈粗且顏色愈深者表示起訖對間的騎乘流量愈大。

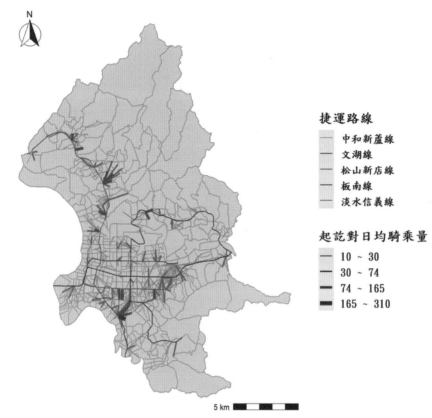

▲ 圖 1.1.6　線量圖示例（臺北市 YouBike 站點起訖對流量線量圖）

- 分級符號圖乃以圓餅大小表示數量多寡，可表現各地數量之差異，以及各屬性比例分配之概況，例如：圖 1.1.7 之水庫有效蓄水量圖，其中圓餅圖的大小表示各水庫有效蓄水量的相對多寡，而比例分配則表示實際蓄水量與達滿水位之差異（圖中紅色爲實際蓄水比例；綠色爲缺水比例）。

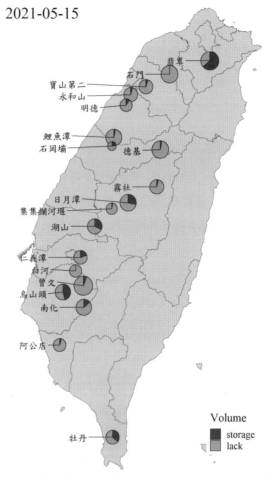

▲ 圖 1.1.7　分級符號圖示例（全臺水庫蓄水比例分級符號圖）

　　此外，地圖繪製的重要元素包含標題、地圖、圖例、比例尺、方向等，建立一個良好的地圖，上述元素缺一不可，且必須注意標記與顏色的使用、地圖元素的擺放位置，企求最佳的視覺化呈現。本書中認為「展示」為最基本且較易上手的地理資訊系統操作，亦可快速使讀者對於此系統有深入了解，故先行編排繪製地圖之章節（第 2 章）。

　　綜上所論，地理資訊系統的應用繁多，就功能而論可分為儲存、查詢、分析、展示，每一子項的操作方式將會在本書後續章節中一一詳述，並以實際地理資料進行實務分析。為更了解地理資訊系統技術層面的背景知識，本章 1.2 至 1.4 節詳細介紹地理資料的儲存格式及地理相關座標，建議在進行實務操作前必須熟悉此三節之觀念，尚能清楚理解地理資料的建構形式。

1.2 空間資料純文本標記格式：Well-known text (WKT)

　　描述空間資料的形式繁多，其中最為簡單者為純文本標記格式（Well-known text, WKT），其用於描述向量資料的空間位置，而在二維空間中可表示的幾何圖形含括：點（Point）、線（LineString）、面（Polygon）、多點（MultiPoint）、多線（MultiLineString）、多面（MultiPolygon）、幾何集合（GeometryCollection）。惟須注意的是，本小節所敘述之「點線面」專指純文本標記格式，與 1.1 節中的泛稱不大相同。此類文字標記格式方便人們判讀，然在電腦中必須進一步轉換為十六進位形式（Well-known binary），尚能使空間資料的判讀及運算更加有效率。點線面的純文本標記格式整理於表 1.2-1。

▼ 表 1.2-1　點線面純文本標記格式

幾何形式	圖示	純文本標記格式（WKT）
點		POINT (3 3)
線		LINESTRING (1 4, 3 3, 5 5)

幾何形式	圖示	純文本標記格式（WKT）
面	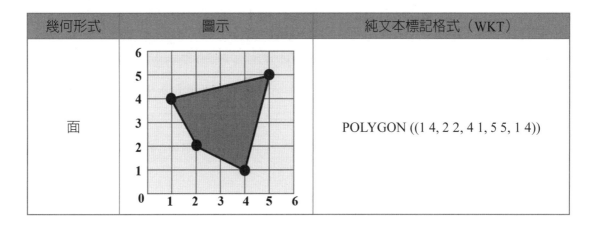	POLYGON ((1 4, 2 2, 4 1, 5 5, 1 4))

　　觀察表 1.2-1 的 WKT 格式，無論是點線面皆由「點」作爲最基本的描述單元，而「點」的描述乃由橫座標與縱座標所構成，亦或可解釋爲經度與緯度，其中兩數值必須以空格作爲分界。以點的描述爲例，若欲表示點 (3, 3)，其 WKT 格式即爲 POINT (3 3)。線是由多個點串接而成，在 WKT 的描述中具有次序性，以表 1.2-1 的線爲例，LINESTRING (1 4, 3 3, 5 5) 表示第一個點爲 (1, 4)，接著連結 (3, 3)，最終連結至 (5, 5)，故線段的 WKT 描述中，點的出現次序決定線的走向。面亦是由多個點所組成，與線的 WKT 描述雷同，點的出現次序決定面的建構形狀，而唯二不同之處在於面的 WKT 描述中，前後的括號爲兩個，另外最前面與最後面兩個點的座標值必須相同，換言之，須爲封閉的幾何形狀尚能構成面。以表 1.2-1 的面爲例，POLYGON ((1 4, 2 2, 4 1, 5 5, 1 4)) 表示的是由點 (1, 4)、點 (2, 2)、點 (4, 1)、點 (5, 5) 四個點所包圍而出的面。

　　單一點線面（single geometry）或許無法描述現實中的所有幾何圖形，舉例而言，陽明交通大學在新竹縣市與臺北市共有 6 個校區，若要標記所有校區的點座標，使用單一點可能面臨的問題是：屬性（校名）相同，但空間資料不同，造成同一個名稱的地理資料共有數筆的重複狀況。此非良好的資料建構，後續進行地理分析或資料合併時將延伸諸多問題，應利用多點（MultiPoint）描述此資料型態。此外，部分圖層所需記錄的幾何圖形可能須同時包含點線面三者，故 WKT 提供幾何集合（GeometryCollection）之形式，其內部可放置完整的（多）點線面文字標記。多個點線面的 WKT 格式整理如表 1.2-2 所示。

▼ 表 1.2-2　多個點線面之純文本標記格式

幾何形式	圖示	純文本標記格式（WKT）
多點	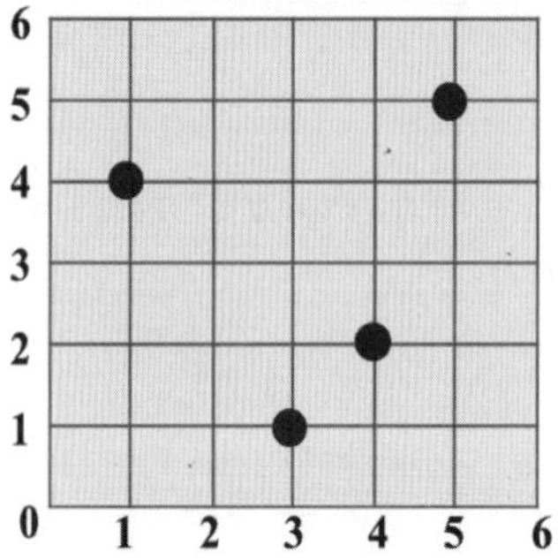	MULTIPOINT ((1 4), (3 1), (4 2), (5 5))
多線	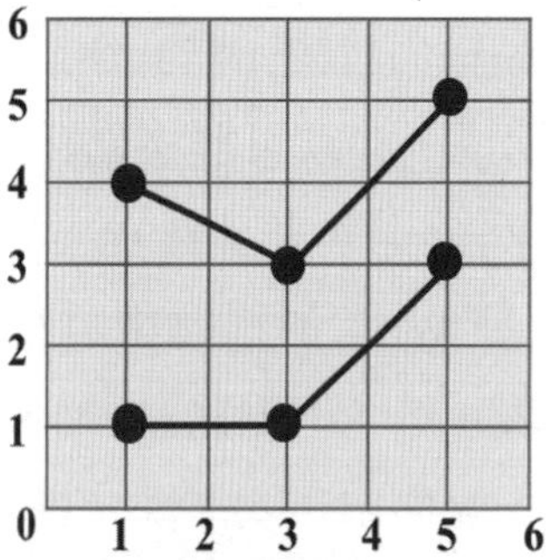	MULTILINESTRING ((1 4, 3 3, 5 5), (1 1, 3 1, 5 3))
多面	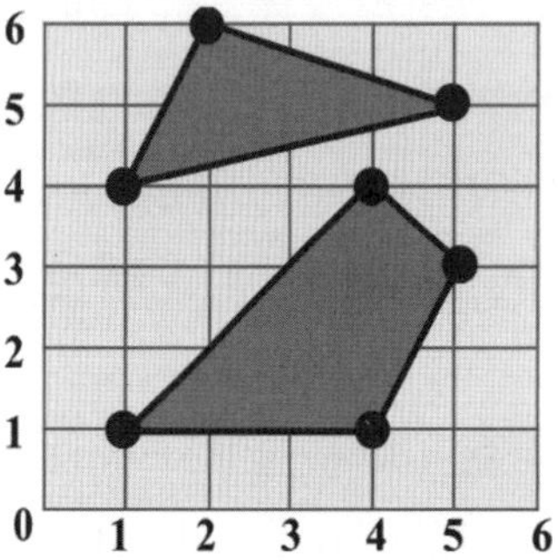	MULTIPOLYGON (((1 1, 4 1, 5 3, 4 4, 1 1)), ((1 4, 5 5, 2 6, 1 4)))
幾何集合	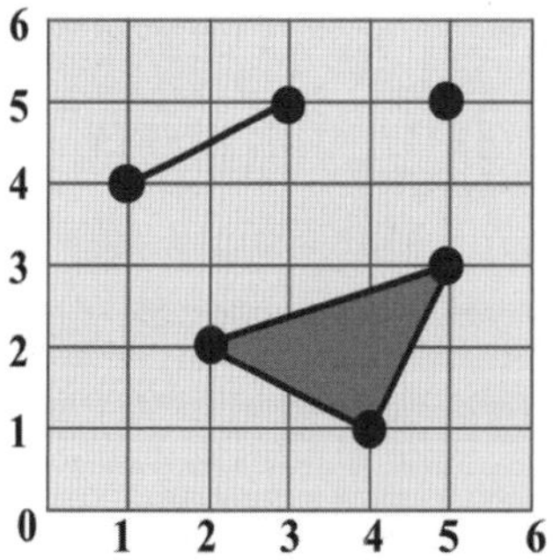	GEOMETRYCOLLECTION (POINT (5 5), LINESTRING (1 4, 3 5), POLYGON ((2 2, 4 1, 5 3, 2 2)))

　　WKT 的資料相當常見，通常寫於 XML 標記語言、JSON 資料交換語言或 .csv 文件中，可同時記錄空間與屬性資料，以方便撰寫程式介接並進行分析。以交通部運輸資料流通服務平臺（https://tdx.transportdata.tw/）的新竹市市區公車線型資料服務之 JSON 文件為例，擷取部分畫面如圖 1.2.1 所示，以新竹公車 81 路為例。圖中 RouteUID、RouteID、RouteName、SubRouteUID、SubRouteName、Direction 等標籤皆表示公車屬性資料（新竹公車 81 路），而 Geometry 標籤則記載空間資料。由於公車路線屬於單一連續的線型，Geometry 採用 LINESTRING 格式記錄之。綜上所論，WKT 的格式為基本且直覺的地理資料記錄形式，其應用範圍甚廣，國際間多數的地理資料亦會採純文本方式儲存，乃因其具有節省儲存空間之優點。本書將於 3.2 節中解析在 R 軟體中如何讀取純文本標記格式資料。

```
[{"RouteUID":"HSZ0007","RouteID":"0007","RouteName":
{"Zh_tw":"81","En":"81"},"SubRouteUID":"HSZ000701","SubRouteID":"
000701","SubRouteName":
{"Zh_tw":"81","En":"81"},"Direction":0,"Geometry":"LINESTRING(120
.97974 24.77892,120.97984 24.77882,120.9799 24.77888,120.98005
24.77899,120.98131 24.77977,120.98137 24.77966,120.98137
24.77966,120.98147 24.7795,120.98163 24.77927,120.98175
24.77909,120.98206 24.7787,120.98211 24.77864,120.98211
24.77864,120.98214 24.77859,120.98254 24.7781,120.9831
24.77743,120.9831 24.77743,120.98314 24.77738,120.98332
24.77715,120.98336 24.7771,120.98386 24.77749,120.9843
24.77783,120.98444 24.77794,120.98451 24.778,120.98474
```

▲ 圖 1.2.1　公共運輸整合資訊流通服務平台 XML 文件

（以新竹市區公車為例）

　　除了國際間通用的 WKT 純文本標記外，在地圖與圖資應用上相當廣泛的 Google 地圖，其為了使應用程式的路徑規劃回傳速度更迅速，自行發展線段編碼演算法（Encoded Polyline Algorithm Format），亦即將一條曲折的路線拆分為數條直線段，並記錄線段間的節點，再利用節點的座標值經該演算法轉換為電腦可快速判讀的文字格式，如是即可壓縮地理資料的儲存空間。惟因 Polyline encoding 資料格式的應用性較 WKT 為低，除 Google 應用程式介面（API）以外，僅少部分政府文件資料會加註採用此種格式，故本書中並不詳加敘述編碼及解碼方式，若有興趣的讀者煩請參閱 Google 地圖 API 的 Encoded Polyline Algorithm Format 相關文件。

1.3 空間資料開放格式：Shapefile

　　Shapefile (shp) 為美國環境系統研究所公司（ESRI）所開發的空間資料開放格式，該公司最知名的產品為 ArcGIS，即全球市場占有率最高的地理資訊系統。雖然 Shapefile 格式僅是由其中一間私人企業所開發、定義，然為目前所有地理資訊軟體界的開放標準，足見此間公司在該領域中的影響力。幾乎所有其他公司所出版的地理資訊系統皆可讀取、匯出、分析 Shapefile 的格式，R 軟體也不例外，顯示 Shapefile 在國際間為相當重要的地理資料交換格式。

　　Shapefile 格式可用以描述（多）點線面，然與 WKT 格式最大不同點在於 Shapefile 無法儲存幾何集合（GeometryCollection），而其應用多以二維平面的空間描述為主。須注意的是，Shapefile 是一種格式名稱，並非檔案名稱，該格式主要由四個檔案所組成，即「.shp」、「.shx」、「.dbf」、「.prj」四者，而「.shp」、「.dbf」、「.prj」三個檔案至關重要，缺少其中一者將無法正確讀取或投影。以下分述四個檔案的用途：

- .shp 檔案是圖形格式，用以儲存幾何元素的實體，亦即記錄點線面的實際座標。
- .shx 檔案是圖形索引格式，是用來建構幾何元素的索引，記錄彼此間的相對位置，以提升地理資訊系統的搜索效率。
- .dbf 是記錄幾何元素的屬性資料，舉例而言，「學校圖資」中除了學校經緯度位置的空間資料外，尚包含各學校的電話、地址、級別等屬性資料，必須儲存於 .dbf 中。另外一提，.dbf 的全名是 Database File，其格式記錄與試算表雷同，然而目前市面上常見的 Excel 等軟體無法正確開啟，若欲開啟該檔案，建議可下載 LibreOffice，其中的 Calc 應用程式即能開啟 .dbf 的檔案。
- .prj 為投影格式，用以儲存地理座標系統的投影資訊，詳細概念請參見 1.4 的座標參考系統。

　　綜上所述，Shapefile 的每一檔案各司其職，依此建構地理資訊中完整的空間及屬性資料，上述各檔案的功能彙整如表 1.3-1 所示，其中為使讀者更了解檔案功能間的關係，可參照最右側欄位中以「圖書館書籍資料庫」為比喻聯想。

▼ 表 1.3-1　Shapefile 主要格式彙整

檔案	格式類型	功能	類比（圖書館資料庫）
.shp	圖形格式	記錄點線面的實際座標	圖書放在書架上的位置
.shx	圖形索引格式	建構幾何元素索引，提升搜索效率	圖書前後相連的書籍
.dbf	屬性資料格式	記錄幾何元素的屬性資料	書的屬性資料（圖書類別、出版商、年分……）
.prj	投影格式	儲存地理座標系統的投影資訊	-

1.4 座標參考系統：Coordinate Reference System (CRS)

　　地球是一個橢球體，空間資料的描述理應利用三維空間的概念建構，然而三維空間的地圖繪製或視覺化分析不甚容易，且人們在判讀時亦不易理解，故必須進一步轉為平面的座標，如圖 1.4.1 所示。由三維空間轉換平面座標的方法依使用者需求或研究區域而不一致，故座標參考系統係規範各種轉換立體至平面座標的數學方法。座標參考系統是使地理資訊系統精確運作的基石，而其對於後續的空間分析操作至關重要。舉例而言，若進行交集（intersection）分析時，兩個圖層的座標參考系統不一致，將使地理資訊系統出現錯誤，而無法順利回傳空間操作的結果。又例如，不同座標系統所使用的單位亦有所出入，在進行環域（buffer）分析時，必須輸入以公制單位計量的半徑數值，然若未使用合適的座標參考系統，將無法如期執行。

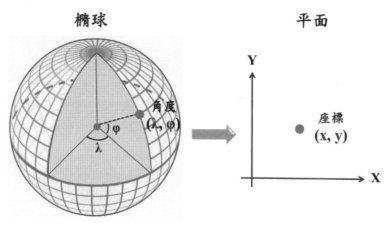

▲ 圖 1.4.1　座標參考系統概念示意圖

　　座標參考系統主要可分為兩大類型，即地理座標系統（Geographic Coordinate System, GCS）與投影座標系統（Projected Coordinate System，PCS）。地理座標系統較為直覺，乃逕將「經度」定義為「X」、「緯度」定義為「Y」，並且以赤道及本初子午線之交點作爲原點，依此系統之建構，可廣泛定義全球所有區域。然而讀者至此可能有個疑惑：既然是利用經緯度定義 X、Y 軸，那麼此類座標系統不就只有一種嗎？絕非如此！經緯度的計算事實上與「大地基準」及「參考橢球面」有關。在此之前，必須了解經緯度是如何定義的。經度（λ）係指所在位置與本初子午線在同一緯度平面上的夾角，緯度（φ）則爲所在位置與地球中心間的仰角（參照圖1.4.1 橢球示意圖），然而須注意的是，地球是凹凸不平的橢球體，若欲計算角度，必須先以數學方程式建構完美的橢球體，亦即「參考橢球面」。「大地基準」是指以地球質量爲中心，重力相等所構成的球面，然而由於地表呈高低起伏狀，該基準面必然爲不規則面，無法以單純的數學方程式表達，故需建構「參考橢球面」以近似大地基準，如圖 1.4.2 所示。綜上所述，地理座標系統（GCS）的四大元素包含：參考橢球面（ellipsoid）、大地基準（datum）、本初子午線（prime meridian）以及角度（angular units）。再次思考上文的提問，我們可以發現只要參考橢球面不同，經緯度的座標計算必然會有些許出入。而各國間在進行地理調查、繪製地圖時，爲使自身國家的地圖呈現最爲精確，會分別建構不同的地理座標系統，是故其種類不僅一種。舉例而言，全球通用的地理座標系統爲 WGS 1984，而英國不列顛群島適合使用 OSGB36 之地理座標系統，然在諸多的系統間，仍以 WGS 1984 參考橢球面所建構的地理座標系統最爲普遍使用。此外地理座標系統所採用的單位爲「角度」，故無法進一步藉此計算距離或面積等，在進行空間分析時須特別注意此類型座標系統的使用限制。

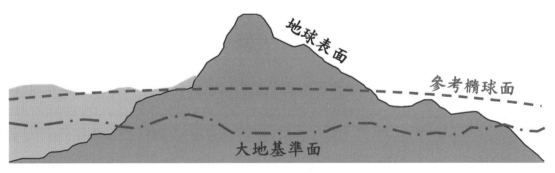

▲ 圖 1.4.2　大地基準與參考橢球面示意圖

　　地理座標系統看似已能將地球表面的任何一點，直接利用經緯度的數值定義平面座標，然而其最大缺點乃無法計算距離或面積。投影座標系統爲此改善了使用經緯度來定義座標位置的缺失，利用數學方法將橢球體投影至平面地圖上，再依據投影的結果給定原點與座標軸，如是即可定義投影結果上所有點的座標值。此類型的座標系統的單位通常採用公制單位的公尺，故可進一步計算每一個區域的面積或任兩點間的直線距離（Euclidean distance）。提及至此，接下來最大的問題就是「如何投影」？投影的方法依據不同的地理位置或產出地圖之使用特性而截然不同，然無論是何種投影座標系統，其基本概念皆是最小化地圖扭曲的程度。投影的類型可分為圓柱投影（cylindrical）、圓錐投影（conical）以及方位投影（azimuthal），其特性、優缺點及應用整理如表 1.4-1。

▼ 表 1.4-1 投影方法類型

	圓柱投影	圓錐投影	方位投影
圖示	 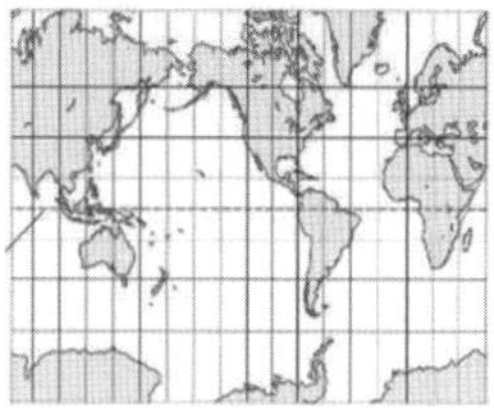	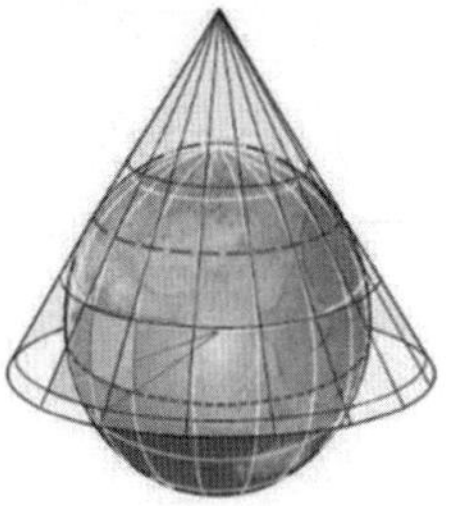 	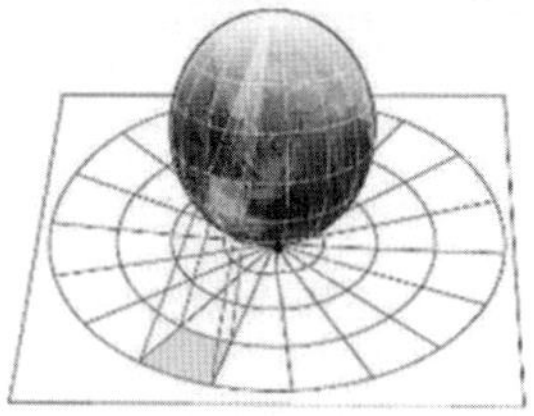 
投影光源	球心	球心	平面
經緯線	經緯線為垂直相交的直線	經線為直線；緯線為同心圓弧線	經線為直線；緯線為同心圓弧線
優點	方向、角度正確	中緯度形狀、面積正確	中心點至任意點距離皆有相同比例
	等角	等積	等距
缺點	高緯地區放大甚多	高低緯地區形狀、面積有誤差	世界地圖變形甚多
應用	航海圖、航空圖	中緯度地區地圖	以某地為中心的世界地圖（尤其南北極最為適用）

　　除了上述基本的投影方法外，對於幅員面積較小（大比例尺），且國土成南北狹長狀的國家如臺灣，則適合利用橫麥卡托圓柱投影（Transverse Mercator Projection）繪製平面地圖。一般的圓柱投影係將赤道作為切線，而橫麥卡托圓柱投影則將與赤道相切的直立圓柱，改為和經線相切的橫放圓柱，如圖 1.4.3 所示。圓柱和經線的相切線定義為中央經線，所投影出的形狀最為正確，欲往中央經線兩側移動，其所造成的誤差愈大。若分帶愈細，誤差即愈小。以臺灣的橫麥卡托圓柱投影（TM2 度分帶）為例，中央經線為 121°E（澎湖、金門、馬祖則以 119°E 為中央經線），表示該線段與投影平面相切，二度分帶則表示以每 2 度經度為一帶，亦即橫跨 120°E 至 122°E。該系統中定義座標原點為 121°E 和赤道交點之西方 250,000 公尺處，而平移的目的乃為了確保臺灣本島的橫座標值皆為正值，以便觀察。臺灣（本島）橫麥卡托圓柱投影如圖 1.4.4 所示。

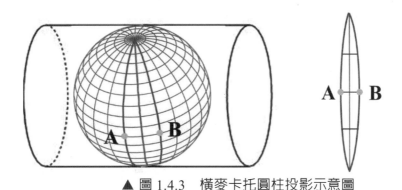

▲ 圖 1.4.3　橫麥卡托圓柱投影示意圖

　　了解地理座標系統與投影座標系統兩種類型後，對於地理資訊系統的運作原理有更深度的認識，而在實務操作上亦有必要每次再進行分析前，先行查看所蒐集圖層採用的座標系統，以避免分析結果產生謬誤。目前為止，我們認識了不同的座標系統，但要如何知道圖層是採用何種類型呢？又我們該如何轉換想要使用的座標系統呢？於後續的章節中，我們會學習利用 R 軟體查看圖層採用的座標系統，同時也會學習如何針對同一圖層資料在不同座標系統間轉換。不過在此之前，我們必須先進一步了解常用的座標系統代碼。

　　對於繁多的座標系統，EPSG（European Petroleum Survey Group）定義唯一代碼 WKID（Well-Known ID），方便分析者辨識與轉換。地理座標系統（GCS）中

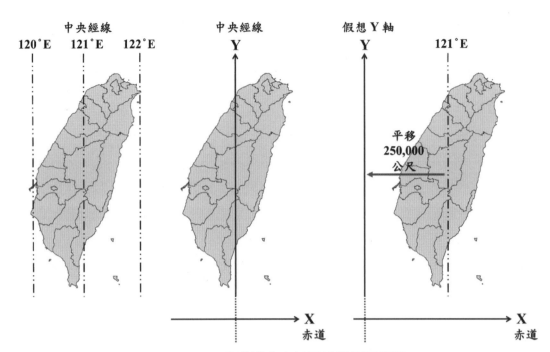

▲ 圖 1.4.4　臺灣橫麥卡托圓柱投影示意圖

全球通用的 WGS 1984 之 WKID 爲 EPSG:4326，乃相當普遍使用者。對於臺灣而言，常用的投影座標系統（GCS）爲 TWD97 121 分帶之 EPSG:3826，以及 TWD97 119 分帶之 EPSG:3825，前者的中央經線爲 121°E，適用於臺灣本島，而後者的中央經線則爲 119°E，適用於澎湖、金門、馬祖離島地區。在臺灣本島的空間分析中，最常使用 EPSG:4326 與 EPSG:3826 兩者，建議讀者可加以註記，方便後續地理分析時座標之轉換與辨識。另外，對於其他國家的 WKID 代碼，可以直接在 EPSG 的官網（https://epsg.io/）上查詢，搜尋方式如圖 1.4.5 所示。圖中以日本東京爲例，通常採用第一筆所回傳的結果即可，亦即 EPSG:30178。另可點選該回傳結果，以詳細了解該座標系統的屬性資料與注意事項。

爲了加深了解地理座標系統（GCS）與投影座標系統（PCS）兩者的差異，最後再以表格簡單整理兩者的特性，並提供一實際範例，如表 1.4-2 所示。其中臺北車站的地理座標即爲經緯度兩值之組合，而投影座標爲 (302221.3, 2770999.06)，表示該位置距離假想 Y 軸約 302221.38 公尺，並距離赤道約 2770999.06 公尺。另外亦可依據圖 1.4.3 臺灣橫麥卡托圓柱投影的示意圖推敲，中央經線 121°E 位於假想 Y 軸之東側 250 公里處，故臺北車站應位於中央經線以東 302.22 – 250 = 52.22 公里處。

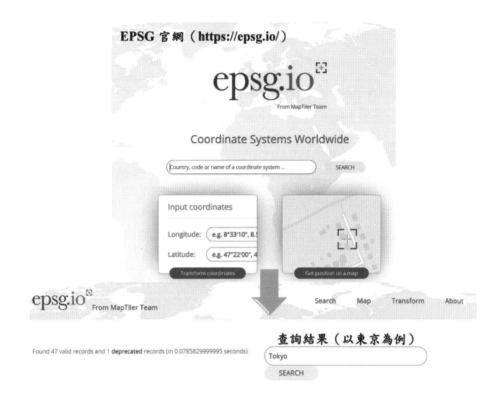

▲ 圖 1.4.5　EPSG 官網查詢 WKID 示意圖

▼ 表 1.4-2　地理與投影座標系統比較綜整

座標類型	特徵	單位	臺灣常用 WKID	實例 （臺北車站）
地理座標系統 （GCS）	經緯度座標	角度	EPSG:4326 （WGS 84）	(121.51754, 25.04624)
投影座標系統 （PCS）	利用投影所得的 平面座標	公尺	EPSG:3826 （TWD97/TM2 121 分帶）	(302221.38, 2770999.06)

1.5 地理資訊系統與 R 軟體之關聯

　　R 軟體是一種自由軟體程式與操作環境，主要用於統計分析、繪圖及資料探勘，在當今大數據的世代，該軟體成為數據科學家或資料分析師熟知且廣為使用的程式語言之一。R 軟體的核心開發團隊為統計學家，故該語言本身內建諸多統計與數字分析的函式，且在矩陣的處理效能上亦媲美商業軟體 MATLAB。除了基本統計學外，R 軟體背後有許多專家致力於開發多種功能的套件，尤其支援計量經濟、社會科學、人工智慧等專業學科的套件，目前各類套件總計約含一萬多個。此類套件皆會放置於 CRAN（Comprehensive R Archive Network），可逕撰寫函式自 CRAN 安裝使用者所需的套件，並在使用時應瀏覽文件檔，以了解各個函式所需要的資料格式、參數設定與預期產出等。

　　地理資訊系統在近 30 年來有諸多軟體問世，如 ArcGIS、QGIS 等使用者介面軟體皆相當常見，然而為何需要特別使用 R 軟體呢？原因不外乎有兩點，其一乃大部分使用者介面的地理資訊系統，若欲擁有良好開發套件或功能，必須花費一大筆支出，這對個人而言是相當大的開銷，研究者在所屬機構中若無購置該軟體，分析上處處充滿限制。商業地理資訊系統軟體雖然擁有許多開發完備的套件或功能（甚至是其他軟體難以取代者），然而並非免費取得，而若使用試用版本則會遭遇諸多限制。其二是彈性度，使用者介面軟體雖能快速呈現空間操作的視覺化結果，分析者可直接瀏覽介面上的地圖，然而這也導致該軟體在運作時消耗大量的記憶體。此外僅利用介面操作空間分析，可能無法針對空間分析的元件進行微調，參數設定亦備受限制，抑或在進行後端統計處理時，必須在地理資訊系統與其他統計軟體間轉換，而使分析過程甚為繁複。部分免費開源的地理資訊系統軟體可裝載由專業人士開發的擴充套件（plugins），然而可利用的擴充套件並不多，可能無法滿足使用者的客製化需求，故彈性度較低。R 軟體只須先行安裝需要用到的套件，並可在同一程式檔案中執行上游的空間分析至中游的統計分析，乃至下游的報表輸出與儀表板網頁設計，使分析流程更為輕巧順暢。根據上述，將「使用者介面形式」與「應用 R 軟體」的地理資訊系統彙整如表 1.5-1 所示。

▼ 表 1.5-1　地理資訊系統軟體比較

地理資訊系統類型	使用者介面	程式語言（R 軟體）
主要功能	空間分析	統計分析、數值處理
執行方式	圖形使用者介面	命令 / 撰寫程式
顯示地圖	有（可即時顯示，故消耗記憶體）	有（必須利用程式操控輸出）
分析彈性度	低	高
介面示意圖	圖 1.5.1	圖 1.5.2

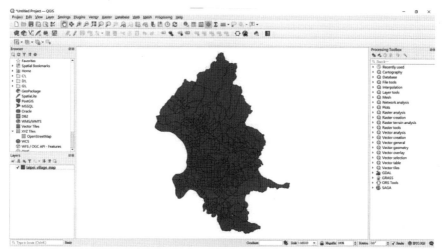

▲ 圖 1.5.1　使用者介面地理資訊系統軟體之介面示意圖（QGIS）

▲ 圖 1.5.2　R 軟體操作地理資訊系統之介面示意圖

　　利用 R 軟體操作地理分析具諸多優勢，然而畢竟該軟體的功能本身並非以空間分析爲主，故部分地理資訊系統的功能如路網分析（Network Analysis）、地理參照（Georeferencing）等顯得稍嫌困難，亦即兩種不同的操作介面實各具優缺點。而本書亦建議讀者可先初步學習使用者介面的地理資訊系統（如免費開源的 QGIS），對於其系統的背景知識能有更全盤的掌握。另外值得一提的是，現在大部分使用者介面爲主的地理資訊系統多有提供程式語法介接，使其彈性度大幅提升，如 ArcGIS 及 QGIS 皆可連結至 Python，惟此類應用的中文教學亦相當稀少，需自行查閱國外教科書或操作手冊。

1.6 R 軟體開發環境與套件需求

本書著墨於 R 軟體在地理資訊系統的應用，需以 R 為主要的程式語言，麻煩讀者先行至 https://cran.csie.ntu.edu.tw/ 網站，依據使用者電腦的作業系統安裝相對應最新版本的 R 軟體。以下將依序介紹 Windows 與 Mac 作業系統的下載步驟，惟須注意的是，後續章節將會以 Windows 作業系統為主要介面介紹 R 軟體在地理資訊系統的應用。

▌ 1.6.1 Windows 作業系統安裝程序

使用 Windows 作業系統者，安裝 R 軟體的詳細步驟如下：

步驟一：進入網站後，點選「Download R for Windows」。

The Comprehensive R Archive Network

Download and Install R

Precompiled binary distributions of the base system and contributed packages, **Windows and Mac** users most likely want one of these versions of R:

- Download R for Linux (Debian, Fedora/Redhat, Ubuntu)
- Download R for macOS
- Download R for Windows

R is part of many Linux distributions, you should check with your Linux package management system in addition to the link above.

Source Code for all Platforms

Windows and Mac users most likely want to download the precompiled binaries listed in the upper box, not the source code. The sources have to be compiled before you can use them. If you do not know what this means, you probably do not want to do it!

- The latest release (2021-08-10, Kick Things) R-4.1.1.tar.gz, read what's new in the latest version.

- Sources of R alpha and beta releases (daily snapshots, created only in time periods before a planned release).

- Daily snapshots of current patched and development versions are available here. Please read about new features and bug fixes before filing corresponding feature requests or bug reports.

步驟二：點選「install R for the first time」。

R for Windows

Subdirectories:

base	Binaries for base distribution. This is what you want to **install R for the first time**.
contrib	Binaries of contributed CRAN packages (for R >= 2.13.x; managed by Uwe Ligges). There is also information on third party software available for CRAN Windows services and corresponding environment and make variables.
old contrib	Binaries of contributed CRAN packages for outdated versions of R (for R < 2.13.x; managed by Uwe Ligges).
Rtools	Tools to build R and R packages. This is what you want to build your own packages on Windows, or to build R itself.

Please do not submit binaries to CRAN. Package developers might want to contact Uwe Ligges directly in case of questions / suggestions related to Windows binaries.

You may also want to read the R FAQ and R for Windows FAQ.

Note: CRAN does some checks on these binaries for viruses, but cannot give guarantees. Use the normal precautions with downloaded executables.

步驟三：點選「Download R X.X.X for Windows」（圖例版本為 4.1.1 版，請下載最新版本）。

R-4.1.1 for Windows (32/64 bit)

Download R 4.1.1 for Windows (86 megabytes, 32/64 bit)
Installation and other instructions
New features in this version

If you want to double-check that the package you have downloaded matches the package distributed by CRAN, you can compare the md5sum of the .exe to the fingerprint on the master server. You will need a version of md5sum for windows: both graphical and command line versions are available.

▌1.6.2　Mac 作業系統安裝程序

　　使用 Mac 作業系統者，安裝 R 軟體的詳細步驟如下：

步驟一：進入網站後，點選「Download R for macOS」。

The Comprehensive R Archive Network

Download and Install R

Precompiled binary distributions of the base system and contributed packages, **Windows and Mac** users most likely want one of these versions of R:

- Download R for Linux (Debian, Fedora/Redhat, Ubuntu)
- Download R for macOS
- Download R for Windows

R is part of many Linux distributions, you should check with your Linux package management system in addition to the link above.

Source Code for all Platforms

Windows and Mac users most likely want to download the precompiled binaries listed in the upper box, not the source code. The sources have to be compiled before you can use them. If you do not know what this means, you probably do not want to do it!

- The latest release (2021-08-10, Kick Things) R-4.1.1.tar.gz, read what's new in the latest version.

- Sources of R alpha and beta releases (daily snapshots, created only in time periods before a planned release).

- Daily snapshots of current patched and development versions are available here. Please read about new features and bug fixes before filing corresponding feature requests or bug reports.

步驟二：點選第一個連結「R-X.X.X.pkg」下載 .pkg 檔案。

R for macOS

This directory contains binaries for a base distribution and packages to run on macOS. Releases for old Mac OS X systems (through Mac OS X 10.5) and PowerPC Macs can be found in the old directory.

Note: Although we take precautions when assembling binaries, please use the normal precautions with downloaded executables.

Package binaries for R versions older than 3.2.0 are only available from the CRAN archive so users of such versions should adjust the CRAN mirror setting (https://cran-archive.r-project.org) accordingly.

R 4.1.1 "Kick Things" released on 2021/08/10

Please check the SHA1 checksum of the downloaded image to ensure that it has not been tampered with or corrupted during the mirroring process. For example type
openssl sha1 R-4.1.1.pkg
in the *Terminal* application to print the SHA1 checksum for the R-4.1.1.pkg image. On Mac OS X 10.7 and later you can also validate the signature using
pkgutil --check-signature R-4.1.1.pkg

Latest release:

R-4.1.1.pkg (notarized and signed)
SHA1-hash: d0eed7d0755bc80911acb616508d41e1396f810e
(ca. 86MB)

R 4.1.1 binary for macOS 10.13 (**High Sierra**) and higher, **Intel 64-bit** build, signed and notarized package. Contains R 4.1.1 framework, R.app GUI 1.77 in 64-bit for Intel Macs, Tcl/Tk 8.6.6 X11 libraries and Texinfo 6.7. The latter two components are optional and can be ommitted when choosing "custom install", they are only needed if you want to use the tcltk R package or build package documentation from sources.

Note: the use of X11 (including tcltk) requires XQuartz to be installed since it is no longer part of OS X. Always re-install XQuartz when upgrading your macOS to a new major version.

This release supports Intel Macs, but it is also known to work using Rosetta2 on M1-based Macs. For native Apple silicon arm64 binary see below.

Important: this release uses Xcode 12.4 and GNU Fortran 8.2. If you wish to compile R packages from sources, you may need to download GNU Fortran 8.2 - see the tools directory.

　　完成上述步驟後，即自動下載安裝 R 軟體的執行檔，開啟執行檔案，持續點選「下一步」，依照原預設值下載即可，直至安裝完成結束。

　　安裝完成後，我們可以嘗試先打開 R 軟體的應用程式，如圖 1.6.1 所示，其為原生的圖形使用者介面模式，操作介面較為簡易，可直接在圖中白色方框內紅色箭頭後方輸入指令或程式碼，即可直接運作。其運作方式乃每次輸入完一行程式碼，便立即執行，難以儲存多行程式碼，亦無法輕鬆執行逐行或多行測試。

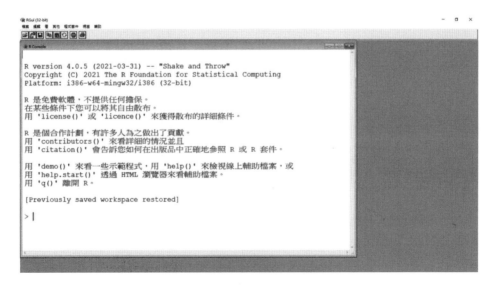

▲ 圖 1.6.1　R 應用程式使用者介面（GUI）

▌ 1.6.3 RStudio 安裝程序

為了提升編撰程式的操作互動性、多功能元件，與優化編寫環境，建議可安裝一般桌面版的 RStudio。RStudio 為一個集成開發環境（Integrated Development Environment, IDE），其可協助 R 軟體編寫原始碼文本，為設計更佳的程式語言編輯器，並支援多項圖形用戶界面工具。安裝 RStudio 請先連結至以下網站，並移動到如圖 1.6.2 之 All Installers，依據作業系統下載安裝檔。安裝過程中直接點選下一步 /同意，採用預設之設定即可。

下載網址：https://www.rstudio.com/products/rstudio/download/

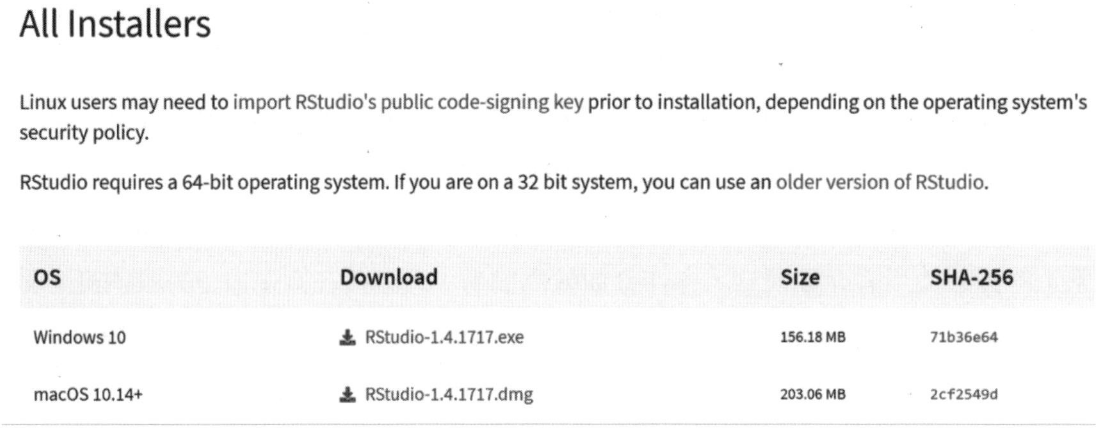

All Installers

Linux users may need to import RStudio's public code-signing key prior to installation, depending on the operating system's security policy.

RStudio requires a 64-bit operating system. If you are on a 32 bit system, you can use an older version of RStudio.

OS	Download	Size	SHA-256
Windows 10	⬇ RStudio-1.4.1717.exe	156.18 MB	71b36e64
macOS 10.14+	⬇ RStudio-1.4.1717.dmg	203.06 MB	2cf2549d

▲ 圖 1.6.2　RStudio 安裝頁面示意圖

▌ 1.6.4 RStudio 介面與面板功能介紹

安裝完成後 RStudio 即會連結至我們已下載好的 R 軟體，並可直接開始撰寫程式碼。在進入到 R 軟體的分析指令與地理資訊系統的應用前，必須先熟悉 RStudio 編程環境。請先打開 RStudio，初始開啟畫面如圖 1.6.3 所示。

▲ 圖 1.6.3　RStudio 初始化介面

　　接著依序點選左上角的 File >> New File >> R Script，即可開啟編寫程式的面板（R Script），如圖 1.6.4 所示。若是 Windows 使用者可以按住 Ctrl + Shift，並點選 N，亦可開啟新面板。

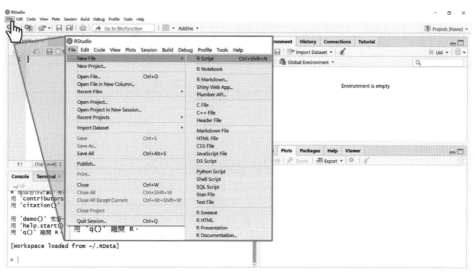

▲ 圖 1.6.4　RStudio 開啟編寫程式面板

　　RStudio 的介面主要可分爲四大區塊：左上角爲程式編寫面板，即 R Script，所有 .R 檔案皆可在此顯示、修改、執行；左下角爲 Console，是 R 程式執行的結果面板，除可顯示執行結果外，執行過程中若出現警訊（warning）、錯誤（error）皆會在此面板中以紅色字樣顯示；右上角爲環境，儲存執行程式過程中所產生的變數，含括：文字（character）、數值（numeric）、陣列（array）、矩陣（matrix）、資料框（data frame）、公式（function）等；右下角則功能繁多，爲顯示資料夾（Files）、繪圖（Plots）、套件（Packages）、查詢資訊（Help），以及動態圖表（Viewer）之處。RStudio 介面中各項面板的主要功能整理如圖 1.6.5 所示。

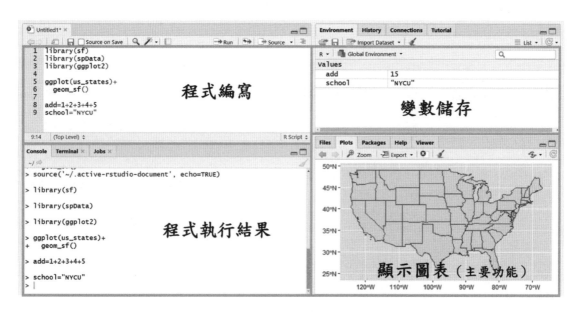

▲ 圖 1.6.5　RStudio 介面各面板功能

　　在 RStudio 中執行程式碼，可點選最上排的 Run 逐行執行，或在 Windows 中按 Ctrl + Enter 亦可達相同結果。若要整個程式碼一次執行完畢，則按 Ctrl + Shift + Enter 即可。

　　本書主要針對 R 軟體於地理資訊系統與空間分析之應用，故並不著墨於基礎的 R 軟體的程式指令學習，請讀者先行學習該程式語言的基礎語法。

▌1.6.5　本書套件需求

　　本書中所使用的三大套件為：sf、ggplot2 及 dplyr 套件，請讀者務必下載之，並在執行程式碼前須載入該套件。R 軟體的大部分套件皆放置於 CRAN 上，可直接利用 install.packages() 函式安裝之。安裝完的套件會存放於本機中，然每次開啓 R 軟體時，並不會主動呼叫該套件，故若欲使用時，則必須透過 library() 函式載入之。安裝與載入套件的概念整理如圖 1.6.6 所示。

　　自 CRAN 直接安裝套件的程式碼如下：

```
install.packages("sf")
install.packages("ggplot2")
install.packages("dplyr")
```

　　自本機中載入套件的程式碼如下：

```
library(sf)
library(ggplot2)
library(dplyr)
```

▲ 圖 1.6.6　安裝與載入套件示意圖

sf 套件為支援 R 軟體使用地理資訊系統的重要工具，協助我們進行諸多空間分析。ggplot2套件為繪圖的工具，其可繪製長條圖、折線圖、圓餅圖等基礎統計圖表，而在本書中亦可利用該套件繪製地圖。此外該套件提供非常完整的函式及參數，供使用者細部調整圖表及地圖繪製的視覺化設計。dplyr 套件可協助處理大量的資料，並進行統整，使凌亂的資料得以經清洗、分析、運算等程序，該套件亦為 R 軟體中被廣泛應用於大數據分析的工具，同時亦可支援地理資料格式，故可大幅提升空間分析上的效能。

▌ 1.6.6　本書使用資料下載

本書所使用的資料可由以下兩種方式取得：

1. 方法一：藉由網址連結直接下載檔案

自 https://github.com/ChiaJung-Yeh/Spatial-Analysis/raw/master/data.zip 網址連結逐下載壓縮檔案（請直接將連結複製至瀏覽器上，即自動下載檔案至本機），並解壓縮至本機端的資料夾中，其檔案名稱為「data」。若採用此方法取得資料，請利用 read_sf() 函式讀取資料，此函式將於 3.2.1 小節中詳述，讀者可先參閱之。

以下操作示範利用網址連結下載讀取檔案之程序。假設下載檔案並解壓縮後，將檔案移入「C:\Users\R 軟體應用」路徑中，則「data」資料夾的完整路徑即為「C:\Users\R 軟體應用 \data」。若欲使用「data」資料夾中「taipei_map」子資料夾內的「taipei_village_map.shp」資料，則讀取 Shapefile 格式資料的程式碼撰寫如下。

```
# 使用read_sf()函式，必須先載入sf 套件
library(sf)

# 讀取資料（絕對路徑）
taipei_village_map=
read_sf("C:/Users/R 軟體應用/data/taipei_map/taipei_village_map.shp")
```

　　若程式碼檔案（R Script）同樣是存於「C:\Users\R 軟體應用」的資料夾中，則可以不用完整寫出路徑的名稱，利用「相對路徑」即可，程式碼撰寫方式如下：

```
# 讀取資料（相對路徑）
read_sf("./data/taipei_map/taipei_village_map.shp")
```

　　程式碼中一個句點「.」表示與程式碼檔案（R Script）同一層資料夾者，若為兩個句點「..」則表示為程式碼檔案（R Script）所在資料夾的上一層。

2. 方法二：藉由下載 R 軟體套件取得資料

　　本資料亦同時更新於 GitHub 上，故讀者可直接藉由 R 軟體 devtools 套件中的 install_github() 函式載入程式中。若欲使用 devtools 套件，請先利用 install.packages() 函式安裝該套件。而在 install_github() 函式中，僅需依序輸入 GitHub 用戶名稱（ChiaJung-Yeh），以及套件名稱（TWspdata）即可順利安裝之，並可直接呼叫使用套件內的資料集。

　　透過下載 R 軟體套件取得資料之程式碼撰寫如下：

```
# 使用 install.packages() 函式安裝 devtools 套件
install.packages(devtools)


# 在 GitHub 上安裝 ChiaJung-Yeh 用戶的 TWspdata 套件
devtools::install_github("ChiaJung-Yeh/TWspdata")


# 載入 TWspdata 套件
library(TWspdata)


# 查看資料（直接呼叫資料名稱）
taipei_village_map
```

　　請注意，本書在第 2 章繪製地圖的章節中尚未介紹 read_sf() 函式讀取資料的方法，故在第 2 章若須使用到本書所提供的資料，煩請透過下載 R 軟體套件取得資料的方式（方法二），並直接引用資料名稱即可呼叫使用。在 3.2.1 小節尙細部討論如何使用 `read_sf()` 函式讀取 Shapefile 格式的資料，也請讀者務必熟悉使用 `read_sf()` 函式的方法，以便未來讀取自行下載的地理資料。

▌ 1.6.7　本書程式碼

本書的程式碼請於以下網站下載，該檔案爲壓縮檔，解壓縮後即可執行。

https://github.com/ChiaJung-Yeh/Spatial-Analysis/raw/master/CODE.zip

CHAPTER 2

視覺化資料基本分析─地圖
分析與繪製地圖

　　在大數據時代，除了資料分析方法、模型建構爲數據分析的基石外，更重要的是要如何讓閱聽者快速且正確地了解分析結果，最簡單的方式就是將一群複雜的數值經整理後繪製成圖表，有助於讀者快速與直觀理解分析結果。圖表不僅可忠實視覺化呈現數據的樣貌，使研究主題具有故事性，亦可協助研究者尋找資料中可能的問題，如數值闕漏、記錄謬誤等現象，以上皆可透過簡單的圖表觀察而出；同時也能從圖表初步觀察資料呈現的趨勢與走向，進而延伸研究課題，鎖定研究方向。由上述顯見，視覺化資料爲一有效的資料呈現方式，使原本不具有故事性的冰冷數字，瞬間躍然紙上。對於地理資料亦如是，隨著科技的蓬勃發展，我們能夠蒐集到的地理資料愈加龐雜，也愈加細緻，若只是提供簡單的表格呈現空間關係，恐怕仍讓人無法理解與進行延伸分析。此時，可仰賴地圖的呈現，將各空間所對應的屬性資料繪製於地圖中，必然可初步觀察屬性與空間分布的概況。

　　地理資訊系統的功能繁多，其中最後一步驟即爲產出地圖。通常在許多教材中，繪製地圖皆是置於書末，引導讀者將已分析的資料透過視覺化地圖呈現輸出。然而本書特別以地圖繪製開啓 R 軟體地理資訊系統應用之序幕，主要乃因地圖的繪製在 R 軟體中相對簡單，且程式碼的編撰方法易於理解。此外，地圖的繪製對於實務分析者不僅是產出結果、撰寫報告之功能，更爲重要的是，可以從地圖中先初步探勘資料趨勢與可能的問題點，亦或尋找潛在的研究方向，進而按圖索驥探究影響結果的可能因子。

　　本章中將先行於 2.1 章節簡介透過 `ggplot2` 套件繪製地圖的基礎語法，使讀者大略了解地圖繪製的程式架構。然而在 2.1 章節僅單純繪製地圖，未在地圖上標記屬性，無法呈現視覺化圖表，故並無實質分析上的意義，須進一步學習如何將屬性資料透過文字、顏色、形狀、大小等形式呈現。在標記屬性前，必須了解如何查看與操作屬性資料，故於 2.2 章節中討論擷取屬性資料之方法。在 2.3 章節中則進一步闡述如何在地圖上標記文字，使地圖所呈現的資訊愈加充分。而透過不同顏色標記屬性資料之呈現，即爲 1.1 章節中所提及的「面量圖（區域密度圖）」，其可細分爲數值性資料的漸層地圖（graduated）、類別資料地圖（categorized），以及具規則標記的地圖（rule-based），將於 2.4 至 2.6 節逐一簡介。在了解所有地圖類型的繪製方法後，爲使視覺化之設計更佳，必須學習如何改變地圖上點線面的樣式，以及圖片主題之設定；此外須加上地圖的基礎要件，如方向標、比例尺等，尚爲一完整的地圖，此兩大內容將於 2.7 節中詳細描述。在 2.8 節中將進一步介紹優化地圖視覺化呈現之函式與參數，使地圖繪製至臻完善。最後 2.9 節則另外介紹在 R 軟體中其他繪製地圖的套件，其中包含動態地圖的呈現，可任意縮放地圖或開關圖層，進而與使用者產生更多的互動。

　　在進入本章前，請確保已安裝 R 軟體的 ggplot2 套件。另外，本章中所使用的資料大多來自於 spData 套件，故請先安裝該套件，並載入程式中。

```
install.packages("spData")
library(spData)
```

2.1 以地理資料繪製簡單地圖

　　繪製地圖的套件繁多，在此我們先以 ggplot2 套件繪製。ggplot2 套件並非僅限用於繪製地圖，其實該套件最初是用以繪製折線圖、長條圖、圓餅圖等基礎統計圖表，顯見 ggplot2 套件應用廣泛。換言之，無論是地圖或基礎統計圖，在 ggplot2 套件若欲進行點線面樣式上的修正，亦或繪製漸層式及類別式的圖表，其所使用語法皆相同，爲相當統一且應用廣泛的繪圖語法。

　　ggplot2 套件中 gg 的意思表示「繪圖文法（Grammar of Graphics）」，亦即所有繪製的圖表皆可利用同一概念的語法產出，地圖亦不例外。每次畫圖時皆必須使用 ggplot() 此一函式建構圖表中的底圖，爲繪圖指令中的初始化步驟，我們可將其想像爲畫布，提供繪圖一初始化平臺（讀者可試試看直接執行 ggplot() 函式，可以發現產出結果爲一純灰色底圖）。接著必須利用 + 連結其後，利用 geom_sf() 函式明確告知 ggplot() 必須繪製地圖。

　　接下來，以美國爲示範案例，我們可以利用上述方法，使用 spData 套件中的 us_states 資料來繪製美國 49 個州（未包含夏威夷州）的地圖，程式碼撰寫方式如下，結果如圖 2.1.1 所示。

```
ggplot(data=us_states)+
  geom_sf()
```

或，

```
ggplot()+
  geom_sf(data=us_states)
```

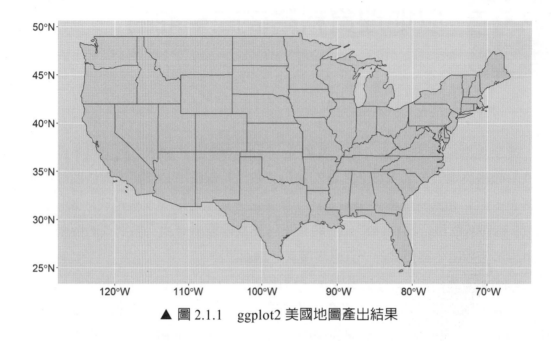

▲ 圖 2.1.1 ggplot2 美國地圖產出結果

　　這裡可以發現一個很有趣的現象，無論將 us_states 資料放置於 ggplot() 函式中，亦或置於 geom_sf() 函式皆可產生相同結果。惟須注意的細節是，若把資料放在 ggplot() 函式中，可以不必加上參數名稱 data=，然若使用 geom_sf() 函式則不可遺漏該參數名稱，原因是 geom_sf() 函式中的第一個預設參數並非 data，故若未詳細定義參數，必然發生錯誤訊息。

　　接著我們可以試試看調整地圖面和邊框的顏色與線條粗細。geom_sf() 中提供三種參數調整之：size= 是用以調整點的大小、線的粗細，以及面的邊框大小；color= 是用以改變點和線的顏色；fill= 是用以填充面的顏色。綜上所述，將三個參數的設置功能整理如表 2.1-1：

▼ 表 2.1-1 geom_sf() 參數設置功能

參數	功能	調整幾何對象		
		點	線	面
size=	調整幾何大小	V	X	X
linewidth=	調整幾何大小	X	V	V
color=	調整幾何顏色	V	V	V（框線）
fill=	調整幾何填充顏色	X	X	V

以 `us_states` 資料爲例，若我們欲將美國地圖的邊框調整爲紅色，面的顏色調整爲藍色，且邊框改爲粗線條，則程式碼撰寫如下，結果如圖 2.1.2 所示。

```
ggplot()+
  geom_sf(data=us_states, linewidth=2, color="red", fill="blue")
```

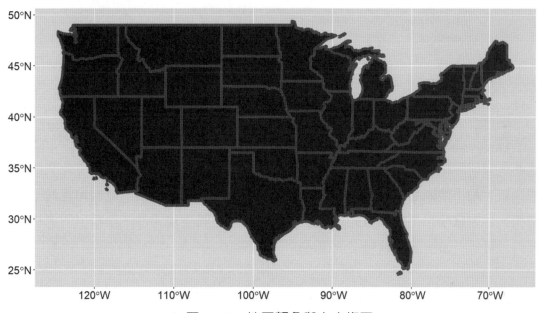

▲ 圖 2.1.2　地圖顏色與大小修正

另外必須注意的是，`linewidth=` 的參數設定值可能因電腦不同而有些許差異，建議讀者多嘗試幾次，即可尋找到合適的設定參數值。顏色參數（`color=`、`fill=`）的設定若爲常見的顏色，可使用一般化文字，舉例而言，藍色即爲「`blue`」；紅色爲「`red`」，讀者可以使用 `colors()`，以尋找 R 軟體所能辨識的常見顏色名稱，其中包含 657 種。此外，爲使顏色呈現愈加細緻及客製化，該參數亦支援十六進位的顏色代碼，讀者可直接上網搜尋「顏色代碼表」（如網站：https://www.ifreesite.com/color/），即可搜索顏色十六進位代碼。以圖 2.1.3 爲例，可先在調色盤中選取欲使用的顏色，並調整其飽和度及亮度，在 Hexadecimal（十六進位制）的欄位中即會顯示代碼名稱。依據此範例設置，可設定顏色參數程式碼：`geom_sf`（……, `color="#9FCFDF"`）。

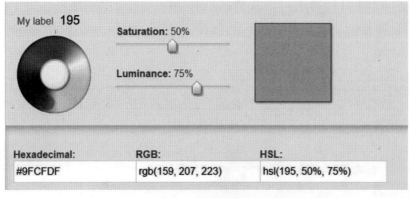

▲ 圖 2.1.3　色碼查詢示意圖

（擷取自https://www.ifreesite.com/color/）

　　透過以上簡單範例的測試，我們可以發現使用 R 軟體繪製地圖有一很大的優勢：快速，只需簡單數行程式碼，便可產出地圖。而對比其他使用者介面導向的地理資訊系統，輸出地圖必須透過滑鼠操作，並且須調整至適當的輸出範圍向能輸出最終結果。然若欲輸出更為複雜的地圖，並加上許多地圖附加元件，則輸出的過程更為耗時，可能不如使用 R 軟體之便捷。

2.2　屬性資料擷取

▌2.2.1　基本資料屬性

在上一章節中已學會如何輸出簡單的地圖，但當然這不是我們要的最終結果，須進一步納入屬性資料來繪製更具有故事性的主題地圖。不過在此之前，我們必須先初步了解使用的地理資料，也就是前面用的 us_states 到底是什麼？了解一個資料屬於什麼類型，在 R 軟體中只需使用 class() 的函式即可一覽無遺。程式碼撰寫如下，而分隔線之下爲執行結果。

```
class(us_states)
```
```
## [1] "sf"          "data.frame"
```

由此可見，us_states 屬於兩種資料類型，一個是 sf，另一則爲 data.frame。sf 爲簡單圖徵（simple features），其中除了儲存空間資料外，亦存取屬性資料，在後續的 3.1 章節中將仔細著墨，在此可先簡單理解爲包含空間及屬性的完整地理資料；而 data.frame 即資料框，用以儲存類似試算表中行列格式的資料，適合存取大量資料集並運算。換言之，我們可以確定 us_states 資料中除擁有空間資料外，亦包含屬性資料。但 us_states 內儲存了哪些屬性資料呢？我們可以利用 head() 函式以回傳資料前 6 筆內容。程式碼撰寫如下，而分隔線之下爲執行結果。

```
head(us_states)
```
```
## Simple feature collection with 6 features and 6 fields
## Geometry type: MULTIPOLYGON
## Dimension:     XY
## Bounding box:  xmin: -114.8136 ymin: 24.55868 xmax: -71.78699 ymax: 42.04964
## Geodetic CRS:  NAD83
```

```
##   GEOID        NAME   REGION         AREA total_pop_10 total_pop_15
## 1    01     Alabama    South 133709.27 [km^2]     4712651      4830620
## 2    04     Arizona     West 295281.25 [km^2]     6246816      6641928
## 3    08    Colorado     West 269573.06 [km^2]     4887061      5278906
## 4    09 Connecticut Norteast  12976.59 [km^2]     3545837      3593222
## 5    12     Florida    South 151052.01 [km^2]    18511620     19645772
## 6    13     Georgia    South 152725.21 [km^2]     9468815     10006693
##                        geometry
## 1 MULTIPOLYGON ((((-88.20006 3...
## 2 MULTIPOLYGON ((((-114.7196 3...
## 3 MULTIPOLYGON ((((-109.0501 4...
## 4 MULTIPOLYGON ((((-73.48731 4...
## 5 MULTIPOLYGON ((((-81.81169 2...
## 6 MULTIPOLYGON ((((-85.60516 3...
```

在輸出結果中「6 features and 6 fields」意味著這份回傳的資料中共計 6 筆
（features），而屬性的個數（fields）則共計 6 個，其中包含：GEOID（本資料的
編碼）、NAME（州名）、REGION（地區）、AREA（州面積）、total_pop_10（西
元 2010 年州總人口數），以及 total_pop_15（西元 2015 年州總人口數）。但我們
仔細數一數這份資料的總行數（讀者可利用 `ncol(us_states)` 計算資料的總行數），
共計 7 行，也就表示最後一行 geometry 是用以記錄空間資料，並不列計於屬性的個
數（fields）中。由此可見，在 R 中 `sf` 簡單圖徵的構成必然含括空間資料與屬性資
料兩者。另外，仔細觀察最後一行的 geometry 空間資料欄位，我們可以發現其記錄
方式乃採用 WKT 格式，並利用 MULTIPOLYGON（多面）建構。

▋ 2.2.2　基本資料擷取

資料擷取可分為選取直行或橫列，前者乃篩選需要的屬性資料，後者則表示篩
選所需要的資料索引。以下小節將進一步說明行（columns）資料擷取與列（rows）
資料擷取。

1. 行（columns）資料擷取

若我們想羅列表中的屬性資料，可以利用 R 內建的基礎語法執行之。在此，針對單一屬性資料與多屬性資料擷取常用的方法進行介紹。

- **單一屬性資料擷取**

若欲回傳**單**一一組向量（文字、數值）資料，在變數後方加上「**$**」符號即可，惟須注意的是，透過此種方法所回傳的向量中**不包含**空間資料。以 us_states 資料為例，若欲回傳其中名為 NAME（州名）的屬性資料，則程式碼撰寫如下，而分隔線下方為執行結果。

```
us_states$NAME
```

```
##  [1] "Alabama"         "Arizona"              "Colorado"
##  [4] "Connecticut"     "Florida"              "Georgia"
##  [7] "Idaho"           "Indiana"              "Kansas"
## [10] "Louisiana"       "Massachusetts"        "Minnesota"
## [13] "Missouri"        "Montana"              "Nevada"
## [16] "New Jersey"      "New York"             "North Dakota"
## [19] "Oklahoma"        "Pennsylvania"         "South Carolina"
## [22] "South Dakota"    "Texas"                "Vermont"
## [25] "West Virginia"   "Arkansas"             "California"
## [28] "Delaware"        "District of Columbia" "Illinois"
## [31] "Iowa"            "Kentucky"             "Maine"
## [34] "Maryland"        "Michigan"             "Mississippi"
## [37] "Nebraska"        "New Hampshire"        "New Mexico"
## [40] "North Carolina"  "Ohio"                 "Oregon"
## [43] "Rhode Island"    "Tennessee"            "Utah"
## [46] "Virginia"        "Washington"           "Wisconsin"
## [49] "Wyoming"
```

- **多屬性資料擷取**

　　若欲回傳的資料含括兩個以上的屬性（行），第一種方法即無法順利執行，則必須利用矩陣的索引（index）回傳指定資料。在 R 軟體中可有兩種不同方法。

方法一：

　　以 us_states 資料為例，回傳其中名為 NAME（州名）及 REGION（地區）兩屬性資料。在此之前必須觀察此兩屬性位於原資料中哪幾行，以確定所使用的索引值，如 NAME（州名）位於第 2 行，而 REGION（地區）則位於第 3 行，索引值即為 2、3。依此可撰寫程式如下，分隔線之下為執行結果。

```
us_states[, c(2,3)]
```

```
## Simple feature collection with 49 features and 2 fields
## Geometry type: MULTIPOLYGON
## Dimension:     XY
## Bounding box: xmin:-124.7042 ymin:24.55868 xmax:-66.9824 ymax:49.38436
## Geodetic CRS:  NAD83
## First 10 features:
##           NAME    REGION                          geometry
## 1      Alabama     South MULTIPOLYGON (((-88.20006 3...
## 2      Arizona      West MULTIPOLYGON (((-114.7196 3...
## 3     Colorado      West MULTIPOLYGON (((-109.0501 4...
## 4  Connecticut  Norteast MULTIPOLYGON (((-73.48731 4...
## 5      Florida     South MULTIPOLYGON (((-81.81169 2...
## 6      Georgia     South MULTIPOLYGON (((-85.60516 3...
## 7        Idaho      West MULTIPOLYGON (((-116.916 45...
## 8      Indiana   Midwest MULTIPOLYGON (((-87.52404 4...
## 9       Kansas   Midwest MULTIPOLYGON (((-102.0517 4...
## 10   Louisiana     South MULTIPOLYGON (((-92.01783 2...
```

如同結果所呈現，使用索引值的方式擷取 `sf` 資料，必然會保留原本的空間資料（geometry），亦即我們產生的新資料類型仍然屬於 `sf` 及 `data.frame`。

方法二：

在索引值中改爲直接寫入屬性的名稱亦可達到回傳多個屬性的結果，同樣地，回傳的資料中會包含屬性與空間資料兩者。程式碼撰寫如下。

```
us_states[, c("NAME", "REGION")]
```

此程式碼所回傳的結果與方法一相同。雖然使用方法一的程式碼相當簡潔，但在每次執行時皆必須查看屬性所在的行數，相當麻煩。此外，若屬性的出現順序遭變動，或屬性資料行數增減，必然會影響索引值，故建議仍以方法二的撰寫方式較爲保險。

2. 列（rows）資料擷取

若欲回傳第 n 筆資料，則可利用索引值的方法回傳所需欄位的資料。以 `us_states` 資料爲例，回傳第 2 至 4 欄位。程式碼撰寫如下，分隔線之下爲執行結果。

```
us_states[c(2:4),]
## Simple feature collection with 3 features and 6 fields
## Geometry type: MULTIPOLYGON
## Dimension:     XY
## Bounding box: xmin:-114.8136 ymin:31.33224 xmax:-71.78699 ymax:42.04964
## Geodetic CRS:  NAD83
##   GEOID       NAME   REGION          AREA total_pop_10 total_pop_15
## 2    04    Arizona     West 295281.25 [km^2]      6246816      6641928
## 3    08   Colorado     West 269573.06 [km^2]      4887061      5278906
## 4    09 Connecticut Norteast 12976.59 [km^2]      3545837      3593222
##                        geometry
## 2 MULTIPOLYGON (((-114.7196 3...
## 3 MULTIPOLYGON (((-109.0501 4...
## 4 MULTIPOLYGON (((-73.48731 4...
```

▍2.2.3 特定資料篩選與編修

　　至此我們可以發現資料的擷取在 R 軟體中甚為容易，使用基礎的 R 語法即可達成我們的目的。此外，由於地理資料的類型除了是 sf 外，亦為 data.frame，故可利用 dplyr 套件進行大數據的資料處理，該套件包含三大函式：filter()、select()、mutate()。filter() 是用以篩選符合屬性條件的「欄位」；select() 是選擇資料中的屬性，即挑選需用到的「行」；mutate() 可用以新增或修改屬性資料，即增修「行」資料。

　　接下來讓我們應用 dplyr 套件的 filter()、select()、mutate() 三大函式來進行簡易的屬性資料擷取及編修。請確認已安裝 dplyr 套件，並載入程式中。

1. filter 應用

　　filter() 函式中，第一個參數必須放置資料名稱，而後則填入各項判別式，不同的判別式間須以逗號分隔。filter() 的參數設定如下所示：

```
filter(資料名稱, 判斷式1, 判斷式2, 判斷式3, ……)
```

　　若我們想了解 us_states 資料中，西部區域於 2015 年人口數超過五百萬人的州份，則應利用 filter() 處理資料，程式碼撰寫如下，分隔線之下則為執行結果。

```
filter(us_states, REGION=="West", total_pop_15>5000000)
## Simple feature collection with 4 features and 6 fields
## Geometry type: MULTIPOLYGON
## Dimension:     XY
## Bounding box: xmin:-124.7042 ymin:31.33224 xmax:-102.0422 ymax:49.00236
## Geodetic CRS:  NAD83
##   GEOID        NAME REGION           AREA total_pop_10 total_pop_15
## 1    04     Arizona   West 295281.3 [km^2]      6246816      6641928
## 2    08    Colorado   West 269573.1 [km^2]      4887061      5278906
## 3    06  California   West 409747.1 [km^2]     36637290      3842146
```

```
## 4    53 Washington    West 175436.0 [km^2]      6561297      6985464
##                       geometry
## 1 MULTIPOLYGON (((-114.7196 3...
## 2 MULTIPOLYGON (((-109.0501 4...
## 3 MULTIPOLYGON (((-118.6034 3...
## 4 MULTIPOLYGON (((-122.7699 4...
```

　　結果顯示符合條件者包含 Arizona、Colorado、California、Washington 位於西部區域的四大州。在 `filter()` 函式中必須注意，判斷式中等於的運算符號必須為 `==`，若寫成 `=`，乃指命令變數的名稱或數值，並非等號判斷。

2. `select` 應用

　　屬性資料的擷取除了可以利用「`$`」回傳特定單一屬性資料，以及使用索引值「`[ , ]`」擷取多個屬性及空間資料外，亦可藉由 `dplyr` 套件中的 `select()` 擷取之。`select()` 函式中，第一個參數必須放置資料名稱，而欲回傳的屬性（變數名稱）則依序填入其後，其參數設定如下所示：

```
select(資料名稱, 變數名稱 1, 變數名稱 2, ……)
```

　　在 `us_states` 資料中，若欲回傳資料中 NAME（州名）及 REGION（地區）兩屬性，則程式碼撰寫方式如下：

```
select(us_states, NAME, REGION)
```

　　程式產出結果與前文利用索引值擷取屬性所得結果一致，須注意的是，使用 `select()` 所回傳的結果亦含有空間資料。

3. `mutate` 應用

　　`mutate` 函式的第一個參數需設定爲資料名稱，而後的參數則填入新增欄位的運算式，其參數設定如下：

```
mutate(資料名稱, 新變數 1=運算式 A, 新變數 2=運算式 B, ……)
```

在 `us_states` 資料中，若我們欲增加一欄位爲西元 2020 年總人口數，則必須使用 `mutate` 新增一個變數，在此範例中稱該新變數爲 total_pop_20。接下來必須思考的是，該如何計算西元 2020 年的人口總數呢？我們可以利用最簡單的想法，假定人口呈線性成長（註：當然人口通常並非線性成長，但這裡先簡化處理的程序），則 2020 年的人口即爲兩倍的 2015 年人口數減去 2010 年人口數。有了此運算式後，即可撰寫程式碼如下，分隔線下方爲執行結果，

```
mutate(us_states, total_pop_20=2*total_pop_15-total_pop_10)
## Simple feature collection with 49 features and 7 fields
## Geometry type: MULTIPOLYGON
## Dimension:     XY
## Bounding box: xmin:-124.7042 ymin:24.55868 xmax:-66.9824 ymax:49.38436
## Geodetic CRS:  NAD83
## First 10 features:
##  GEOID    NAME     REGION        AREA   total_pop_10  total_pop_15
## 1    01    Alabama    South 133709.27 [km^2]     4712651      4830620
## 2    04    Arizona     West 295281.25 [km^2]     6246816      6641928
## 3    08    Colorado    West 269573.06 [km^2]     4887061      5278906
## 4    09 Connecticut Norteast  12976.59 [km^2]     3545837      3593222
## 5    12    Florida    South 151052.01 [km^2]    18511620     19645772
## 6    13    Georgia    South 152725.21 [km^2]     9468815     10006693
## 7    16      Idaho     West 216512.66 [km^2]     1526797      1616547
## 8    18    Indiana  Midwest  93648.40 [km^2]     6417398      6568645
## 9    20     Kansas  Midwest 213037.08 [km^2]     2809329      2892987
## 10   22  Louisiana    South 122345.76 [km^2]     4429940      4625253
##                         geometry    total_pop_20
## 1  MULTIPOLYGON (((-88.20006 3...      4948589
## 2  MULTIPOLYGON (((-114.7196 3...      7037040
## 3  MULTIPOLYGON (((-109.0501 4...      5670751
```

```
## 4  MULTIPOLYGON (((-73.48731 4...     3640607
## 5  MULTIPOLYGON (((-81.81169 2...    20779924
## 6  MULTIPOLYGON (((-85.60516 3...    10544571
## 7  MULTIPOLYGON (((-116.916 45...     1706297
## 8  MULTIPOLYGON (((-87.52404 4...     6719892
## 9  MULTIPOLYGON (((-102.0517 4...     2976645
## 10 MULTIPOLYGON (((-92.01783 2...     4820566
```

　　從所得結果中可以發現，我們新增的變數 total_pop_20 列於資料的最末一行，資料的屬性個數（fields）也從原本的 6 個增為 7 個。透過 `mutate()` 函式的運算，可擴充屬性資料，在後續的 2.6 節中會利用此函式新增我們所建構的新準則，並建構規則標記（rule-based）地圖。

　　本節中利用諸多方法擷取屬性資料，`$` 可擷取單一屬性的純向量資料；`[ , ]` 可回傳多個屬性（行）及欄位的空間與屬性資料；`dplyr` 套件中的 `select()` 函式亦可擷取多個屬性及空間資料；`filter()` 函式可回傳符合條件屬性的資料；`mutate()` 函式則可擴充資料的屬性，使原資料的應用性愈廣。

地圖文字標記

在繪製地圖時，除了最基本的空間圖層繪製外，有時候我們會利用文字來標註所屬空間的名稱，亦或標記屬性值，以直接描述該空間的屬性資料。舉例而言，美國州地圖中除了顯示各州的邊界與分布位置外，我們可以再加上州的名稱，又或者標記人口數，以直接呈現各州人口數之高低。在 ggplot2 套件中，我們可以在 geom_sf() 函式後，利用 geom_sf_text() 來表達在圖層上「以文字標記屬性資料」。其中 geom_sf_text() 函式中，參數 data= 須放置所使用的資料，參數 mapping= 須放置 aes(label=)，內部參數 label= 則須放置所參照的屬性名稱。

具體操作如下：假使我們希望繪製美國地圖後，標記各州的名稱，程式碼撰寫如下，結果則如圖 2.3.1 所示。

```
ggplot()+
  geom_sf(data=us_states)+
  geom_sf_text(data=us_states, mapping=aes(label=NAME))
```

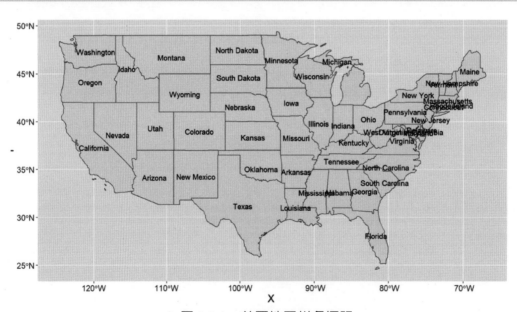

▲ 圖 2.3.1　美國地圖州名標記

　　這裡有幾點必須注意。首先，`geom_sf_text()` 必須擺在 `geom_sf()` 之後，乃因 `ggplot2` 套件在繪製圖層時，是一層一層往上疊加，故若先標記州名，再繪製地圖，則地圖將會完全覆蓋在文字之上，所呈現結果並非如我們預期。其次則是 `geom_sf_text()` 函式中的參數 `mapping=` 可以不用寫出，乃因該函式的第一個參數即為 `mapping=`，故無需特別標註參數名。若有興趣的讀者可以參考 `geom_sf()` 與 `geom_sf_text()` 文件檔（documentation）中的參數設置規則，可以發現第一個參數為 `mapping=`，而第二個參數為 `data=`，故若按照該順序即可不用完整列出所有參數名稱，並簡化如下：

```
ggplot()+
  geom_sf(data=us_states)+
  geom_sf_text(aes(label=NAME), us_states)
```

　　惟本書基於習慣與統一，一貫使用第一種寫法，並省略參數 `mapping=`，使編撰程式的邏輯較為清晰明瞭，煩請讀者特別注意。

　　繪製完圖 2.3.1 的地圖後，我們可以發現此張地圖中右上角區塊有許多標記重疊一團，影響判讀與識別，應進一步修正之。`geom_sf_text()` 函式確實有標記重疊的缺點，且目前尚未有參數可以對此作修整，然而另有名為 `ggsflabel` 之套件可修正標記重疊之情形。不過須注意的是，`ggsflabel` 並未上傳至 CRAN，故無法逕藉由 `install.packages()` 安裝，而必須在套件作者的 GitHub 下載。

　　GitHub 下載套件的程式撰寫方法說明如下：請先利用 `install.packages()` 安裝 `devtools` 套件，並載入至程式碼中，其中有個函式：`install_github()` 可協助我們自 GitHub 下載套件。而存有 `ggsflabel` 套件的 GitHub 用戶為 yutannihilation，故 `install_github()` 函式中寫下 yutannihilation/ggsflabel（用戶 / 資料夾名稱）的字串並執行之，即可成功自 GitHub 安裝套件，程式碼撰寫如下。更多關於 `devtools` 套件的運作方式，煩請參考 `devtools` 套件的文件檔。

```
install.packages("devtools")
devtools::install_github("yutannihilation/ggsflabel")
library(ggsflabel)
```

　　有了以上套件後，我們就可以重新繪製美國州名標記地圖，使用函式為 `geom_sf_text_repel()`，程式碼撰寫如下，出圖結果如圖 2.3.2 所示。

```
ggplot()+
  geom_sf(data=us_states)+
  geom_sf_text_repel(data=us_states, aes(label=NAME), nudge_x=-0.1,
                     nudge_y=0.4, size=4, color="blue")
```

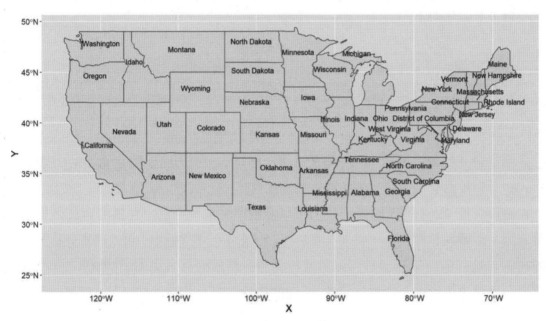

▲ 圖 2.3.2　美國地圖州名標記（修正）

　　由圖中結果我們可以發現，標記名稱皆不再重疊。在原本的 `geom_sf_text()` 中，強迫使所有標記皆在每一區塊的中心點，使得密集區域的文字標記交疊情況特別嚴重，而利用 `geom_sf_text_repel()` 函式則可在密集區域拉延伸線段標記，避免交疊的情況。另外，在程式碼中，我們使用了參數 `nudge_x` 及 `nudge_y`，兩者分別用以表示「橫座標的微調」與「縱座標的微調」，進而使標記的位置更加客製化，且視覺化效果愈理想。

2.4 數值型資料漸層地圖

連續型資料係指該欄位以**數值（numeric）**形式儲存，並可細分爲**連續型（continuous）**與**離散型（discrete）**分布，其中連續型是指資料可在任意兩數值間插入無限多個數值；離散型則意指具最小計量單位的可計數資料，如人數（最小計量單位爲 1 人）、車輛數（最小計量單位爲 1 臺車）等。具體而論，在 `us_states` 資料中，AREA（州面積）、total_pop_10（西元 2010 年州總人口數），以及 total_pop_15（西元 2015 年州總人口數）三者皆屬於數值型資料，惟面積是連續型資料，而人口數屬於離散型資料。連續資料必然可以利用漸層形式表達，而離散型資料在全距（range）甚大時，亦可視爲連續型分布，故利用漸層地圖繪製並沒有太大問題。然而若離散型資料的全距很小，使用連續型的漸層地圖恐怕在判讀地圖上並非那麼容易，視覺化的效果亦較差。

漸層地圖的應用相當廣泛，舉例而言，人口密度（連續型資料）分布圖中，密度愈高者採以愈深的顏色呈現；反之，密度愈低者採以淺色表示，如是有助於視覺化地圖之呈現。此外，除了顏色漸變外，亦可利用點子的大小呈現數值高低，舉例而言，在學校分布地圖中，若教職員生數愈多，點子愈大，如此可讓視覺化的地圖愈加生動。

在 `geom_sf()` 函式中，若欲繪製漸層地圖，則必須調整 `mapping=` 參數如下：

```
geom_sf(aes(size =屬性名稱))

geom_sf(aes(color =屬性名稱))

geom_sf(aes(fill =屬性名稱))
```

其中，`aes` 全名爲 Aesthetic mappings，表示利用屬性來繪製視覺化圖表，不僅可應用於地圖中，亦可廣泛應用於 `ggplot2` 套件所能繪製的圖表中。而我們若要依據某個屬性改變面的填充顏色，則應將設定參數（`size=`、`color=`、`fill=`）寫入 `aes` 中。其中，`geom_sf()` 參數設置功能請參閱表 2.1-1。

接著，繼續利用 `us_states` 資料來繪製漸層地圖，並以 2015 年人口數量面量圖為例，其中 total_pop_15 變量雖屬於離散型分布，但因其全距很大，可簡化視為連續型資料，並不影響視覺化的呈現。在此範例中，我們必須在 `geom_sf()` 函式內設定 `aes(fill=total_pop_15)`，以確保地圖填色乃依據 total_pop_15 變量繪製。本範例的程式碼撰寫如下，出圖結果如圖 2.4.1 所示。

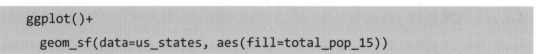

```
ggplot()+
  geom_sf(data=us_states, aes(fill=total_pop_15))
```

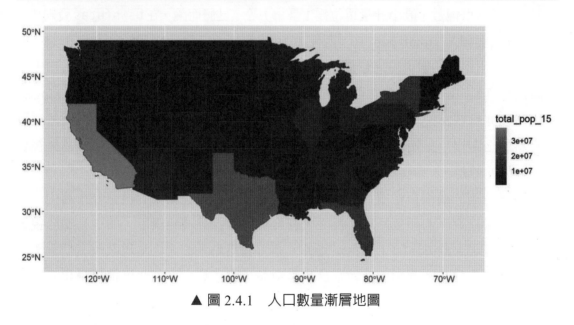

▲ 圖 2.4.1　人口數量漸層地圖

圖 2.4.1 的產出結果為預設的漸層地圖。在大部分的漸層面量圖中，通常顏色愈深表示數值愈大，反之愈淺者應代表數值較小，然而圖中的顏色分布與一般情況完全相反，在判讀上恐會產生誤解。R 軟體的顏色漸層分布預設情況顯然不符合人們在判讀圖表時的直覺，故必須針對「漸層顏色」做客製化的調整。`ggplot2` 套件提供 `scale_*_continuous()` 函數調整之，其中的「*」可為：`size`、`color`、`fill`，如此便能針對漸變的方式做修正。在該函式中，若為改變顏色者（`color`、`fill`），須設定兩個主要參數：`low=` 與 `high=`，前者用以表示最低數值的顏色，而後者即表示最高數值所採用的顏色。若為改變大小（`size`）者，則須設定參數 `range=c(x, y)`，確保點的大小或線的粗細在 x 與 y 區間。

　　以 us_states 資料繪製 2015 年人口為例，若欲修正 aes(fill=total_pop_15)
的填色漸變方式，則必須在 geom_sf() 函式後方附加 scale_fill_continuous()，
並設定數值最低的顏色為 #D2E9FF；數值最高的顏色為 #004B97。關於顏色參數的
設定請參閱 2.1 章節，十六進位的顏色代碼說明則請參考圖 2.1.3。程式撰寫如下，
出圖結果如圖 2.4.2 所示。

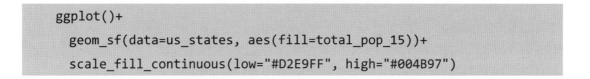

```
ggplot()+
  geom_sf(data=us_states, aes(fill=total_pop_15))+
  scale_fill_continuous(low="#D2E9FF", high="#004B97")
```

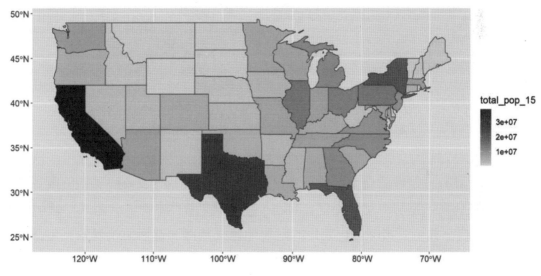

▲ 圖 2.4.2　人口數量漸層地圖（修正）

　　除了可以使用 scale_*_continuous() 函式調整顏色漸層的樣式外，另外可利
用 scale_*_gradient() 修正之，該函式的參數設定與前者相同。若漸層顏色的分
布包含三段（如紅色→橘色→綠色），則應利用 scale_*_gradient2() 調整之，
其中參數除了 low= 與 high= 外，尚包含 mid=，意指漸層分布中間段的顏色。以下
範例同樣以 us_states 資料繪製 2015 年各州人口為例，並設定數值最低的顏色為
紅色；數值居中者為橘色；數值最高者為綠色。依此顏色配置原則，我們可以利用
scale_*_gradient2() 函式調整顏色，程式碼如下，出圖結果則如圖 2.4.3 所示。

```
ggplot()+
  geom_sf(data=us_states, aes(fill=total_pop_15))+
  scale_fill_gradient2(low="red", mid="orange", high="green")
```

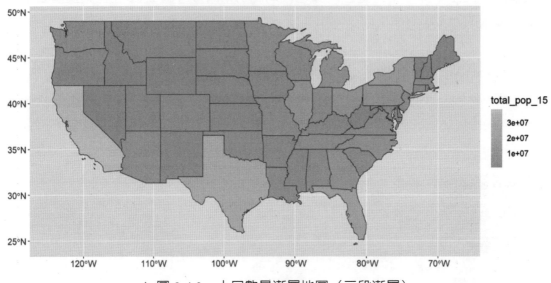

▲ 圖 2.4.3　人口數量漸層地圖（三段漸層）

　　然而或許有些讀者認為自己設定顏色參數，並要尋找到合適、美觀的配色，恐怕不是那麼容易，為解決此視覺化之問題，`ggplot2` 套件中提供一函式：`scale_*_distiller()`，其可直接呼叫已寫定的階層顏色來繪圖，進而使視覺效果更佳。不過在此之前，讀者須先行安裝 `RColorBrewer` 套件，該套件為 R 軟體的擴充調色板，提供使用者直接利用階層顏色繪圖。

```
install.packages("RColorBrewer")
library(RColorBrewer)
```

　　安裝完成後，我們可以呼叫函式 `display.brewer.all()` 查看所有支援的階層顏色，如圖 2.4.4 所示。後續利用 `RColorBrewer` 套件時，皆必須使用圖中所顯示的名稱。

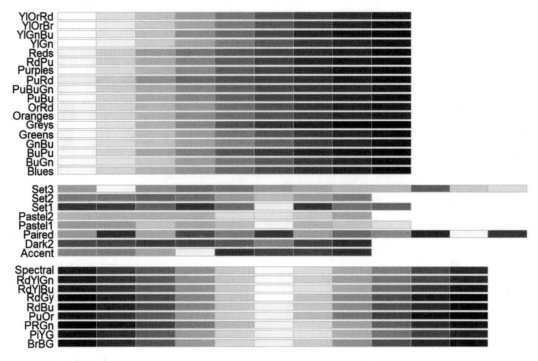

▲ 圖 2.4.4　RColorBrewer 套件階層顏色

有了 RColorBrewer 套件後，我們再回到 scale_*_distiller() 函式，其中須設定兩個參數：palette= 以及 direction=，前者乃用以告知函式必須參照哪一個階層顏色的調色板；後者則用以告知顏色填充的順序。direction= 參數的預設值為 -1，其表示「數值由大到小依序以階層顏色由左到右填充」，也就是說，請參照圖 2.4.4，最左端顏色所對應的數值最大，反之最右端顏色所對應的數值最小。若欲使用反向關係，則請設定參數 direction=1。

再以 us_states 資料繪製 2015 年各州人口為例，並選定利用「YlOrRd」的調色板。惟須注意的是，我們希望數值愈大，其顏色愈深，故必須設定參數 direction=1。程式碼撰寫如下，出圖結果則如圖 2.4.5 所示。

```
ggplot()
  geom_sf(data=us_states, aes(fill=total_pop_15))+
  scale_fill_distiller(palette="YlOrRd", direction=1)
```

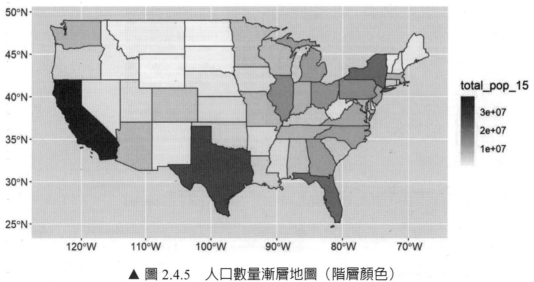

▲ 圖 2.4.5 人口數量漸層地圖（階層顏色）

類別型資料地圖通常用以表達各空間所屬類別，亦或呈現全距小的離散型變量，諸如學校分布地圖中以學校級別（國小、國中、高中、大專院校等）作為填色對象；公路地圖中以公路類型（國道、省道、縣道、鄉道等）作為線條顏色之依據；行政區（鄉鎮市區）依照各區域內的臺鐵車站數量（0~7 個，全距小）填色等。在 **ggplot2** 套件中，類別型資料的繪製與數值型資料的漸層地圖雷同，程式撰寫方式亦一致，惟微調所使用的函式與參數設定不大相同，必須特別注意。

以 `us_states` 資料為例，可將地圖中的 REGION（區域）屬性作為填色之變量。將 `aes(fill=REGION)` 寫於 `geom_sf()` 函式中，即會產生以區域變量劃分的類別型地圖。程式碼如下，出圖結果如圖 2.5.1 所示。

```
ggplot()+
  geom_sf(data=us_states, aes(fill=REGION))
```

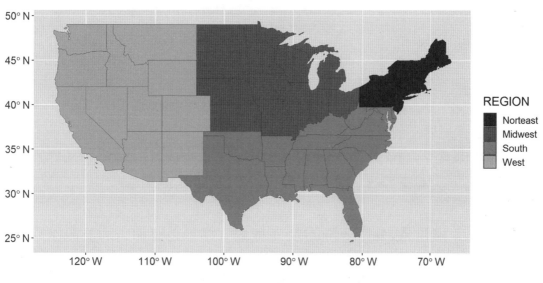

▲ 圖 2.5.1　美國區域類別地圖

　　透過上述的方式雖可簡單繪製類別型資料的視覺化地圖，然而若欲客製化調整填充的顏色，則必須再增加函式 `scale_*_manual()`，以手動修正之。該函式中必須設定參數 `values=`，以指明不同屬性值所對應的顏色，其標記方式如下：

```
values=c(屬性值 1="顏色 1", 屬性值 2="顏色 2", ……)
```

　　再以 `us_states` 資料為例，依據 REGION（區域）屬性填色，並希望東北部為淺粉色（#FFC1E0）、中西部為淺藍色（#97CBFF）、南部為淺綠色（#A6FFA6）、西部為淡黃色（#FFFFE0）。程式碼如下，出圖結果則如圖 2.5.2 所示。

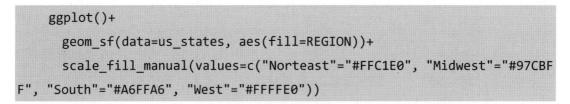

```
ggplot()+
  geom_sf(data=us_states, aes(fill=REGION))+
  scale_fill_manual(values=c("Norteast"="#FFC1E0", "Midwest"="#97CBF
F", "South"="#A6FFA6", "West"="#FFFFE0"))
```

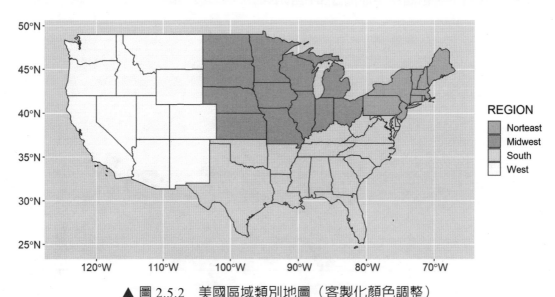

▲ 圖 2.5.2　美國區域類別地圖（客製化顏色調整）

　　同樣地，使用 `scale_*_manual()` 可能難以掌握地圖配色的美觀性，故若欲提升視覺化之美感，可利用 `RColorBrewer` 套件直接呼叫調色板，並利用函式 `scale_*_brewer()` 中設置參數 `palette=`，以選定欲使用的調色板。調色板參數煩請參照圖 2.4.4 階層顏色總表。

再以 `us_states` 依 REGION 變數填色為例，程式碼修正如下，出圖結果則如圖 2.5.3 所示。

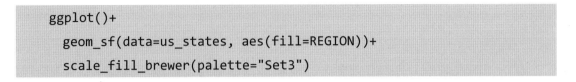

```
ggplot()+
  geom_sf(data=us_states, aes(fill=REGION))+
  scale_fill_brewer(palette="Set3")
```

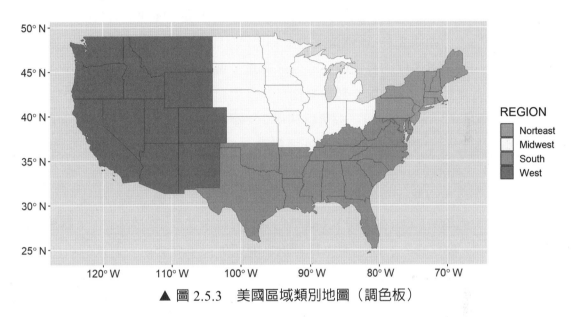

▲ 圖 2.5.3　美國區域類別地圖（調色板）

2.6 規則標記地圖

　　在上述兩章節中，我們分別學習如何繪製連續型資料的漸層地圖，以及類別型資料之地圖，然而可以發現，上述兩者皆使用資料中「單一屬性」繪製，無法同時考量多個屬性，例如圖 2.4.5 僅依據人口多寡繪圖，而圖 2.5.1 僅依據美國區域劃分繪圖，並未同時考量不同的屬性欄位。若欲考量多個屬性值，則必須先行在資料中建構判斷式（規則），並新增一類別屬性，以針對所有欄位分門別類。由於需要在原資料中增加一行（類別欄位），故可以利用 dplyr 套件的 mutate() 函式達成目的。存有類型的屬性建立完成後，我們可以再利用 2.5 類別地圖的技巧繪製規則標記地圖。

　　讓我們先以單一屬性的規則標記爲例。假使我們希望將 us_states 資料州名開頭爲 A~I 者分爲第一群（9 個字母）；開頭爲 J~R 分爲第二群（9 個字母）；最後 S~Z 分爲第三群（8 個字母），則必須先針對州名開頭進行字串分析。若欲分析所有州名的開頭字母，可以利用 R 軟體原生函式 substr()，其中第一個參數須放置欲分析的向量（州名）；第二個參數須爲擷取字串的起頭位置；第三個參數則須放置擷取字串的結束位置。若是只擷取第一個字母，則函式即可設定爲 substr(資料 , 1, 1)。另外，爲了建立規則關係，我們亦可利用 R 原生函式 ifelse() 建構巢狀判斷式執行之，而該巢狀結構撰寫方法如下：

```
ifelse(判斷式 1, 判斷式 1 成立的值,
            ifelse(判斷式 2, 判斷式 2 成立的值, 判斷式皆不成立的值))
```

　　以下程式碼乃利用上述方法，將州名進行分類，分隔線之下爲產出結果。

```
us_states_rule1=us_states

# 在 us_states_rule1 資料中新增 CLASS 屬性
```

```
us_states_rule1$CLASS=""

# 利用 ifelse() 巢狀結構建立判斷式
us_states_rule1$CLASS=ifelse(substr(us_states_rule1$NAME, 1, 1) %in%
LETTERS[1:9], "A~I",
    ifelse(substr(us_states_rule1$NAME, 1, 1) %in% LETTERS[10:18], "J~
R", "S~Z"))

# 查看 us_states_rule1 資料
head(us_states_rule1)
```

```
## Simple feature collection with 6 features and 7 fields
## Geometry type: MULTIPOLYGON
## Dimension:     XY
## Bounding box: xmin:-114.8136 ymin:24.55868 xmax:-71.78699 ymax:42.04964
## Geodetic CRS:  NAD83
##   GEOID       NAME  REGION          AREA total_pop_10 total_pop_15
## 1    01    Alabama   South 133709.27 [km^2]      4712651      4830620
## 2    04    Arizona    West 295281.25 [km^2]      6246816      6641928
## 3    08   Colorado    West 269573.06 [km^2]      4887061      5278906
## 4    09 Connecticut Norteast  12976.59 [km^2]      3545837      3593222
## 5    12    Florida   South 151052.01 [km^2]     18511620     19645772
## 6    13    Georgia   South 152725.21 [km^2]      9468815     10006693
##                       geometry   CLASS
## 1 MULTIPOLYGON (((-88.20006 3...    A~I
## 2 MULTIPOLYGON (((-114.7196 3...    A~I
## 3 MULTIPOLYGON (((-109.0501 4...    A~I
## 4 MULTIPOLYGON (((-73.48731 4...    A~I
## 5 MULTIPOLYGON (((-81.81169 2...    A~I
## 6 MULTIPOLYGON (((-85.60516 3...    A~I
```

　　須注意的是，程式碼中「向量 %in% 集合」表示的是向量內的元素是否存於某一個集合中，而「LETTERS[1:9]」表示的是第一個字母至第九個字母（即 A~I）。完成分類後，我們可以依樣畫葫蘆，利用類別地圖的技巧繪製規則標記地圖，並可加註 `geom_sf_text_repel()` 函式標記文字。程式碼如下，出圖結果如圖 2.6.1 所示。

```
ggplot()+
    geom_sf(data=us_states_rule1, aes(fill=CLASS))+
    geom_sf_text_repel(data=us_states_rule1, aes(label=NAME))
```

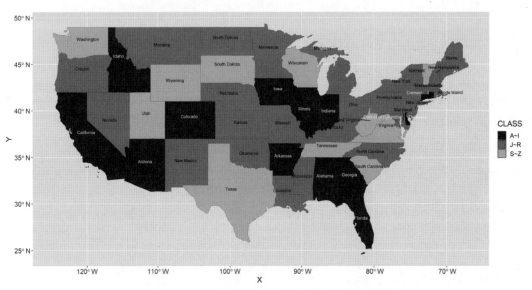

▲ 圖 2.6.1　依州名開頭字母繪製規則地圖

　　然而使用 `ifelse()` 建構巢狀迴圈可能稍嫌冗贅（太多括號），未來在進行偵錯時亦不易辨識，故建議可使用 `dplyr` 套件的 `mutate()` 及 `case_when()` 函式達成目的，前者是用以擴充新的欄位，後者則類似 `ifelse()` 的功能，可建構判斷式將各欄位分門別類。`dplyr` 套件中 `mutate()` 及 `case_when()` 函式的撰寫方法彙整如下：

```
mutate(資料, 新增屬性名稱=case_when(
    判斷式 1 ~ 類別 1,
    判斷式 2 ~ 類別 2,
    TRUE ~ 類別 3
))
```

其中，`TRUE` 表示不符合所列判斷式的所有情況。

利用上述方法分類的程式碼如下，出圖結果則與圖 2.6.1 相同：

```
us_states_rule2=us_states
us_states_rule2=mutate(us_states_rule2, CLASS=case_when(
  substr(NAME, 1, 1) %in% LETTERS[1:9] ~ "A~I",
  substr(NAME, 1, 1) %in% LETTERS[10:18] ~ "J~R",
  TRUE ~ "S~Z"
))
```

最後讓我們再回到考量多個屬性的規則標記地圖，並繼續以 `us_states` 資料為例。若希望利用 2015 年人口及土地面積兩屬性建立四個象限：「人口數少、土地面積小」、「人口數少、土地面積大」、「人口數多、土地面積小」、「人口數多、土地面積大」，則必須先行針對此二變數進行分析，並新增屬性資料。本範例中簡單定義人口數多係指人口數大於整體平均值者，而土地面積亦是利用平均值分界。程式碼撰寫如下，出圖結果如圖 2.6.2 所示。

```
# 計算人口與土地平均值
pop_mean=mean(us_states$total_pop_15)
area_mean=mean(us_states$AREA)

# 分類
us_states_rule3=mutate(us_states,CLASS=case_when(
  total_pop_15>pop_mean & AREA>area_mean ~ "HPHA",    #人口多、面積大
  total_pop_15>pop_mean & AREA<area_mean ~ "HPLA",    #人口多、面積小
  total_pop_15<pop_mean & AREA>area_mean ~ "LPHA",    #人口少、面積大
  total_pop_15<pop_mean & AREA<area_mean ~ "LPLA"     #人口少、面積小
))
```

```
# 查看新建資料
head(us_states_rule3)
```

```
## Simple feature collection with 6 features and 7 fields
## Geometry type: MULTIPOLYGON
## Dimension:     XY
## Bounding box: xmin:-114.8136 ymin:24.55868 xmax:-71.78699 ymax:42.04964
## Geodetic CRS:  NAD83
##   GEOID        NAME   REGION          AREA total_pop_10 total_pop_15
## 1    01     Alabama    South 133709.27 [km^2]      4712651      4830620
## 2    04     Arizona     West 295281.25 [km^2]      6246816      6641928
## 3    08    Colorado     West 269573.06 [km^2]      4887061      5278906
## 4    09 Connecticut Norteast  12976.59 [km^2]      3545837      3593222
## 5    12     Florida    South 151052.01 [km^2]     18511620     19645772
## 6    13     Georgia    South 152725.21 [km^2]      9468815     10006693
##                       geometry  CLASS
## 1 MULTIPOLYGON (((-88.20006 3...  LPLA
## 2 MULTIPOLYGON (((-114.7196 3...  HPHA
## 3 MULTIPOLYGON (((-109.0501 4...  LPHA
## 4 MULTIPOLYGON (((-73.48731 4...  LPLA
## 5 MULTIPOLYGON (((-81.81169 2...  HPLA
## 6 MULTIPOLYGON (((-85.60516 3...  HPLA
```

```
# 繪製地圖
ggplot()+
  geom_sf(data=us_states_rule3, aes(fill=CLASS))
```

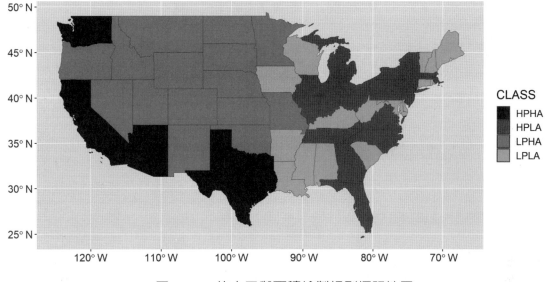

▲ 圖 2.6.2　依人口與面積繪製規則標記地圖

　　本節承繼連續型與類別型資料地圖，採用雷同的方式繪製規則標記地圖，惟須注意的是，在產出地圖前，必須針對原始地理資料內的屬性進行初步分析，並利用 R 原生 `ifelse()` 或 `dplyr` 套件的 `mutate()`、`case_when()` 等函式建構屬性類別規則。若欲進一步客製化改變填色，可參考 2.5 章節中的函式 `scale_*_manual()` 或 `scale_*_brewer()` 調整之。

　　在 2.4 至 2.6 節中提供許多繪製面量圖（區域密度地圖）的輔助函式，為避免混淆，整理眾多函式的功能及重要參數設定如表 2.6-1 所示。

▼ 表 2.6-1　面量圖設置函式綜覽

資料型態	函式	功能	參數設置	
		geom_sf(data= 資料 , aes(*= 屬性))+		
數值型	scale_*_continuous()	給定兩端點顏色，以設置漸層	low=	最低數值顏色
			high=	最高數值顏色
	scale_*_gradient()	給定兩端點顏色，以設置漸層	low=	最低數值顏色
			high=	最高數值顏色
	scale_*_gradient2()	給定兩端點及中間點顏色，以設置漸層	low=	最低數值顏色
			high=	最高數值顏色
			mid=	中間值顏色
	scale_*_distiller()	給定調色板，以設置階層顏色	palette=	參考調色板
			direction=	填色順序
類別型	scale_*_manual()	設定各屬性值所對應之顏色	value=c()	各屬性值顏色
	scale_*_brewer()	給定調色板，以設置階層顏色	palette=	參考調色板

* 可填入color、fill以調整顏色，惟scale_*_continuous()與scale_*_manual()可另填入size或linewidth，以調整點的大小與線的粗細。

圖層套疊與地圖元件設定

本節中先行討論在 `ggplot2` 套件中如何將不同的圖層套疊，以進行簡易的疊圖分析。另外，繪製地圖有五個基本的重要元素：標題、地圖、圖例、指北針、比例尺。在上述的章節中，我們僅呈現地圖本身與圖例，其他基本要素仍未附加至地圖上，無法完整描述地圖資訊，恐會影響地圖分析結果之判讀，故必須進一步修正。在本節中將會著墨於地圖元件，諸如指北針、比例尺與標題的設置，使地圖所提供的訊息更加完備。

▌2.7.1　圖層套疊（Overlay）

在前幾個小節當中，我們從最基礎的地圖繪製、設定顏色與大小等操作開始，至學習使用屬性值填色，進而繪製數值型資料的漸層地圖與類別資料地圖，然皆僅限於呈現特定一個空間資料，並未將來源不同的空間資料彙整於同一張圖中。而在地理資訊系統有一相當重要的功能，即「疊圖分析」，乃將「同一座標參考系統（CRS）」的圖資相疊，以初步分析地圖點線面的相對位置分布。本小節將學習如何利用 `ggplot2` 套件進行疊圖作業。

其實在 `ggplot2` 套件中疊圖相當容易，只要重複使用 `+geom_sf(data=)` 之函數即可。本節將使用 `spData` 套件中的 `nz` 與 `nz_height` 資料作為範例，前者乃紐西蘭行政區劃地圖（面），後者則為紐西蘭的 101 座高峰地理資料（點），我們將利用此二資料疊圖。請再次確認已安裝 `spData` 套件並載入程式中。疊圖的程式碼撰寫如下，出圖結果如圖 2.7.1 所示。

```
ggplot()+
  geom_sf(data=nz)+
  geom_sf(data=nz_height, color="red")
```

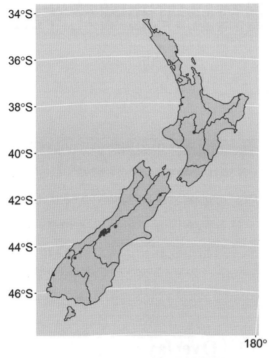

▲ 圖 2.7.1　　紐西蘭高峰疊圖

　　請特別注意，若兩資料的座標參照系統（CRS）不同，將無法順利使兩張地圖相疊，故在疊圖前煩請讀者務必檢查兩張地圖所使用的參照系統是否一致，可利用 st_crs() 函式檢查之，若不一致則必須先利用 st_transform() 函式調整至統一的座標系統，此二函式將會在 3.3.1 小節有更深入的描述。

2.7.2　地圖元件：指北針與比例尺

　　若欲使用指北針與比例尺，請先安裝 ggspatial 套件，並載入程式中。

```
install.packages("ggspatial")
library(ggspatial)
```

套件中 annotation_north_arrow() 函式用以新增指北針；annotation_

scale() 則用以新增比例尺，兩者皆可置於 ggplot()+ 後。兩函式中可設定參數 location=，以調整擺放地圖元件的位置，惟僅四個參數值可決定：br（bottom right，右下角）、tr（top right，右上角）、bl（bottom left，左下角）、tl（top left，左上角）。然而若不滿意預設位置，則可利用 pad_x= 與 pad_y= 兩參數微調，前者表示橫向移動，後者則為縱向調動。但必須特別注意的是，pad_x= 與 pad_y= 兩參數所需填入的數值應為「單位格式」，故須利用 unit() 函式（為 ggplot2 套件其中一函式）轉換，其中第一個參數為數值，第二個參數則設定「單位」，故參數設定即 unit(數值 , " 單位 ")，例如 pad_x=unit(10, "cm") 即表示橫向移動 10 公分。另外亦可設定指北針的寬度與高度，以及比例尺的高度（條帶狀的厚度），參數設定分別為：width=unit()、height=unit()，兩參數的設定值皆屬於「單位格式」。

　　在 annotation_north_arrow() 函式中，可另外設定指北針的樣式，僅須修正參數 style= 即可，有四種參數值可供設定，整理如表 2.7-1 所示。另外必須特別注意參數 which_north= 之設定，which_north=grid 表示指北針永遠指向地圖的正上方（可能不符合實際狀況），which_north=true 則表示指北針指向實際正北方，參數設定時建議須設定為後者。

▼ 表 2.7-1　指北針樣式參數設定

參數值 style=	north_arrow_ orienteering （預設）	north_arrow_ fancy_ orienteering	north_arrow_ minimal	north_arrow_ nautical
指北針 圖示				

　　在 annotation_scale() 函式中，亦提供樣式之設定，可修正參數 style= 以達成目的，共兩種參數值可供選擇，整理如表 2.7-2 所示。

▼ 表 2.7-2　比例尺樣式參數設定

參數值 style=	bar（預設）	ticks
比例尺 圖示	400 km ▰▱▰▱	400 km ⊢——⊣

　　本節利用圖 2.7.1 的紐西蘭高峰疊圖，進一步加註其指北針與比例尺，程式碼如下（新增程式碼以粗體字型標記），產出地圖則如圖 2.7.2 所示。

```
ggplot()+
  geom_sf(data=nz)+
  geom_sf(data=nz_height, color="red")+
  annotation_scale(location="br", height=unit(2.5, "mm"))+
  annotation_north_arrow(location="tl", which_north="true")
```

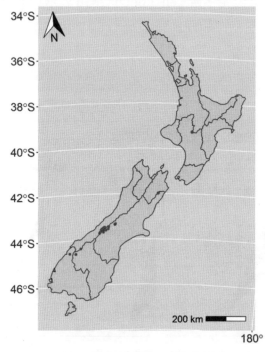

▲ 圖 2.7.2　紐西蘭高峰疊圖（指北針與比例尺）

　　本小節介紹指北針與比例尺的建構方式，以及諸多修正擺放位置與外觀的參數，然而事實上各項函式的參數非常多樣且齊全，本書中僅能大略將重要參數羅列講解，如無法滿足讀者客製化地圖之需求，煩請參閱 `ggspatial` 套件中各函式的文件，例如執行「`?annotation_scale`」可查詢比例尺的細部參數設定。

▌2.7.3　地圖元件：地圖標題

　　設置地圖標題亦相當簡單，可在 `ggplot()+` 後方加註 `ggtitle()` 函式，以表達整張地圖的標題，而標題名稱則直接寫於 `ggtitle()` 函式內即可。請注意，`ggtitle()` 函式並不是僅限於加註地圖標題，所有利用 `ggplot2` 套件所繪製的圖表皆可利用其新增圖標題。

　　本小節再利用圖 2.7.2 產出結果，繪製含有地圖標題的紐西蘭高峰疊圖，標題為「New Zealand Map」，程式碼如下，最終產出結果如圖 2.7.3 所示。

```
ggplot()+
  geom_sf(data=nz)+
  geom_sf(data=nz_height, color="red")+
  annotation_scale(location="br", height=unit(2.5, "mm"))+
  annotation_north_arrow(location="tl", which_north="true")+
  ggtitle("New Zealand Map")
```

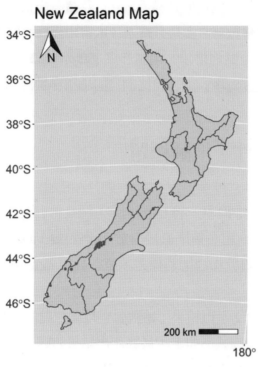

▲ 圖 2.7.3　紐西蘭高峰疊圖（標題）

2.8 地圖設計細節

在 2.7 章節中我們已學習套疊圖層，並增加基本的地圖要素，然而就美觀與客製化需求而論，目前為止的輸出成果不甚完美，有許多細節仍必須著墨與修正。舉例而言，目前地圖上所呈現的英文字皆是 Arial 字體（中文為新細明體），是否能夠修正為預期的字體呢？再者，目前的點線面都是同一種樣式，點都是小圓點、線皆為實線，我們是否能修正為其他樣式呢？還有，前幾章節所輸出的地圖中皆會顯示經緯度座標值，且背景為帶有經緯線的灰底，是否可剔除之？顯然，仍有諸多地圖呈現的細節待以討論，期能透過此章節的地圖設計細節，使輸出結果至臻完善。

2.8.1 修正點線面圖形樣式

在 geom_sf() 函式中，我們可以利用 size=、color=、fill=、linewidth= 四大參數，分別設定幾何的大小、顏色、填色。除此之外，亦可利用 shape= 與 line-type= 分別設定點與線的樣式。兩參數設定值整理於圖 2.8.1。

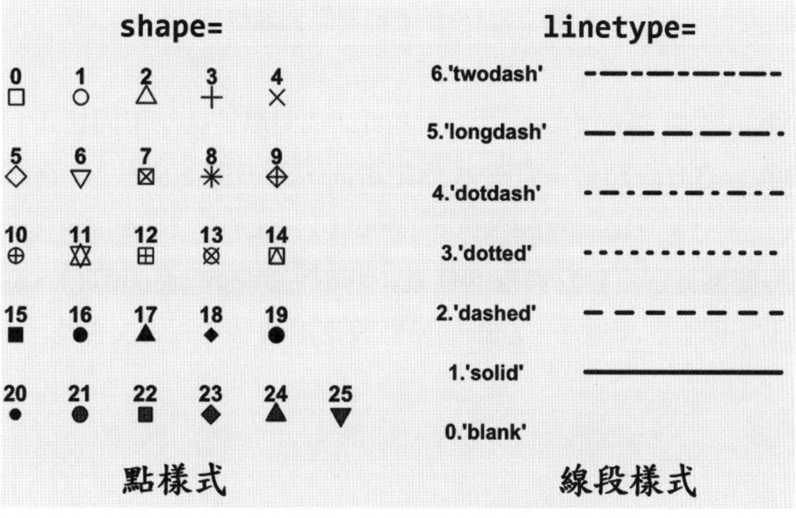

▲ 圖 2.8.1　點與線樣式參數彙整表

再以紐西蘭高峰疊圖為範例，假使我們希望紐西蘭行政區界線更改為圖 2.8.1 的虛線（2，dashed），且高峰所在位置的打點更換為打叉符號（4，X），則程式碼撰寫如下，出圖結果則如圖 2.8.2 所示。

```
ggplot()+
    geom_sf(data=nz, color="blue", linetype="dashed")+
    geom_sf(data=nz_height, color="red", size=2, shape=4)
```

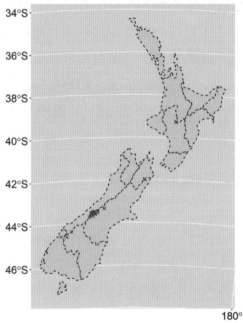

▲ 圖 2.8.2　修正地圖點與線樣式

另外，`shape=` 與 `linetype=` 兩函式亦可「依照屬性給予不同樣式」，其與「依屬性調整顏色」的方法類似，且參數設定雷同，請參閱 2.3 與 2.4 章節。在 `geom_sf()` 函式後方加上 `scale_shape_continuous()`、`scale_linetype_continuous()` 可依據數值型屬性分別更動點與線的樣式；`scale_shape_manual()`、`scale_linetype_manual()` 則手動調整之。詳細的參數設定煩請參考函式文件檔。

2.8.2　圖例名稱與次序調整

在前面章節的圖表中，圖例皆採用預設值，並未進一步手動修正。圖例名稱預設乃以屬性欄位名稱命名，而針對類別型資料的圖例則會採用首字編排次序，如依照字母順序、中文字筆畫順序等原則。然而有時候我們希望圖例可以依據自訂的原則編排，使圖例之呈現更具邏輯，以免造成判讀之困難。

設定圖例名稱必須搭配 `scale_*_*()`，譬如用以調整數值型資料顏色漸層的 `scale_color_continuous()`、調整類別型資料填色的 `scale_fill_manual()` 等相關函式，並在函式中設定參數 `name=`，即可更改圖例名稱。以圖 2.4.5 產出地圖為例，更改其圖例名稱（原名稱為 total_pop_15，更為 Population），修正程式碼如下（新增程式碼以粗體字型標記），產出結果則如圖 2.8.3 所示。

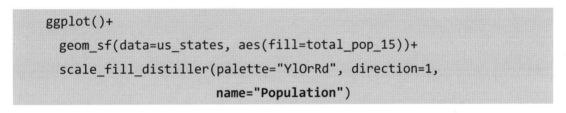

```
ggplot()+
    geom_sf(data=us_states, aes(fill=total_pop_15))+
    scale_fill_distiller(palette="YlOrRd", direction=1,
                         name="Population")
```

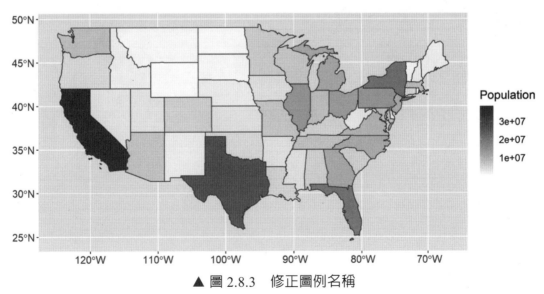

▲ 圖 2.8.3　修正圖例名稱

接著回顧圖 2.6.2 的範例，該圖乃以美國各州人口數及土地面積兩屬性建構規則標記地圖，將所有州劃分為「人口數少、土地面積小（LPLA）」、「人口數少、土地面積大（LPHA）」、「人口數多、土地面積小（HPLA）」、「人口數多、土地面積大（HPHA）」等四類。在自動化設定下，我們的屬性值會依據字母順序編排，即依序為 HPHA、HPLA、LPHA、LPLA。若我們希望能修正為 LPLA、LPHA、HPLA、HPHA 之順序，則必須先行修正資料中該屬性之欄位，明確指定各屬性值的級別順序。在 R 軟體中，我們可以利用 factor() 函式加以設定，其中第一個參數須放置原資料向量；第二個參數為 levels=，須放置級別順序。

　　具體操作如以下程式碼，修正後的出圖結果則如圖 2.8.4 所示。

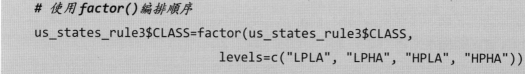

```
# 使用 factor() 編排順序
us_states_rule3$CLASS=factor(us_states_rule3$CLASS,
                            levels=c("LPLA", "LPHA", "HPLA", "HPHA"))


# 重新繪製地圖
ggplot()+
  geom_sf(data=us_states_rule3, aes(fill=CLASS))
```

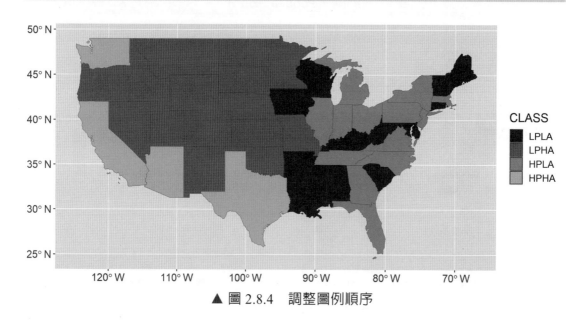

▲ 圖 2.8.4　調整圖例順序

▍2.8.3　地圖主題設定

地圖主題涵蓋座標軸、座標、圖例、標題、背景等的樣式，並且包含顏色、字型、大小、透明度等外觀之調整，本節中將細部介紹調整主題的函式，進而優化地圖的產出結果。`ggplot2` 套件中提供 `theme()` 函式，可利用參數指定欲調整的對象，而每一參數皆有其所對應的「調整函式」，包括：`element_text()` 用以調整字型；`element_rect()` 用以調整邊框與背景的樣式；`element_line()` 用以調整圖中的格線；`element_blank()` 則消除所有的背景。地圖樣式設定之主要參數，及其所對應的「調整函式」整理如表 2.8-1；「調整函式」內需設定的參數整理如表 2.8-2。

▼ 表 2.8-1　地圖樣式設定主要參數

調整對象	參數	功能	調整函式
背景 （panel）	`panel.background=`	調整整體背景樣式 （含邊框與格線）	`element_rect()` `element_blank()`
	`panel.border=`	調整邊框樣式	
	`panel.grid.major=`	調整格線樣式	`element_line()` `element_blank()`

座標軸
（axis）
	`axis.text=`
	`axis.text.x=`
	`axis.text.y=`
		調整座標文字樣式	`element_text()`
			`element_blank()`

	`axis.title=`
	`axis.title.x=`
	`axis.title.y=`
		調整座標軸軸線樣式	

	`axis.ticks=`
	`axis.ticks.x=`
	`axis.ticks.y=`
		調整座標軸標記樣式	`element_line()`
			`element_blank()`

圖例 （legend）	`legend.background=`	調整圖例背景樣式	`element_rect()` `element_blank()`
	`legend.key=`	調整圖例標記樣式	
	`legend.text=`	調整圖例內文樣式	`element_text()` `element_blank()`
	`legend.title=`	調整圖例標題樣式	
	`legend.position=`	調整圖例位置	`c(x=, y=)`

調整對象	參數	功能	調整函式

	`legend.spacing=`
	`legend.spacing.x=`
	`legend.spacing.y=`
		調整圖例間距	`unit(` 數值 `,` 單位 `)`

標題 （plot.title）	`plot.title=`	調整標題文字樣式	`element_text()` `element_blank()`
	`plot.title.position=`	調整標題位置	`c(x=, y=)`

▼ 表 2.8-2　調整函式內設定參數

調整函式	參數設定	物件	功能
`element_blank()`	（無）	消除地圖上所有背景與框線	
`element_rect()`	`fill=`	地圖背景（`panel.`） 圖例（`legend.`）	背景顏色
	`color=`		框線顏色
	`size=`		框線粗細
	`linetype=`		框線樣式
`element_text()`	`color=`	座標（`axis.`） 圖例（`legend.`） 標題（`plot.title.`）	文字顏色
	`size=`		文字大小
	`angle=`		文字角度
	`hjust=`		文字水平位置
	`vjust=`		文字垂直位置
	`face=`		文字字型
	`family=`		文字字體
	`margin=`		文字間距大小
`element_line()`	`color=`	地圖格線（`panel.`） 座標（`axis.`）	線段顏色
	`size=`		線段粗細
	`linetype=`		線段樣式

在表 2.8-2 中，大部分參數（`size=`、`fill=`、`color=`、`linetype=`）皆在前幾個章節已使用過，即不再細談，惟其他參數的說明如下。

• 參數 `angle=` 乃指文字逆時針旋轉角度數，如 `angle=90` 即表示逆時針旋轉 90 度。

- 參數 `hjust=` 與 `vjust=` 分別指文字水平與垂直位置，該參數值必須介於 0 與 1 之間，0 表示最左側或最下面；1 則為最右側或最上面，故若設定為 0.5，即表示文字置中。
- 參數 `face=` 為調整文字字型，可設定的類型包含：無（plain，預設值）、斜體（italic）、粗體（bold）與粗斜體（bold.italic）。
- 參數 `family=` 是用以調整文字字體，在設定參數值之前，我們必須先行在程式內定義字體變數。本書中採 Windows 作業系統中調整字體的方法為範例，程式碼如下：

```
windowsFonts(A=windowsFont("標楷體"))
windowsFonts(B=windowsFont("Times New Roman"))
```

如此一來，後續即可在 `element_text()` 中設定參數 `family="A"`，表示使用標楷體字體；而 `family="B"` 則表示使用 Times New Roman 字體。
- 參數 `margin=` 是用以調整文字上下左右的間距大小，其調整方式乃利用 `margin(t=, r=, b=, l=, unit=)` 函式，其中有五個參數須設定，依序為文字上方、右方、下方、左方的間距，而最後一個參數則為單位（可設定為 `"pt"` 或 `"cm"` 等）。

　　在表 2.8-1 中，大部分的樣式皆可透過表 2.8-2 的調整函式進行設定，惟須注意位置與間距的設定參數方法。`legend.spacing=` 系列的參數不得是單純數值，而須為單位格式，如 `legend.spacing.x=unit(3, "cm")`，即表示將圖例向右移動 3 公分。此外，`legend.position=` 與 `plot.title.position=` 兩者皆為設定位置之參數，其參數值需設定為 `c(x=, y=)`，請特別注意 `x` 與 `y` 的值皆須介於 0 與 1 之間，0 表示最左側或最下面，1 則為最右側或最上面。

　　為使讀者更了解主題參數設定，以下利用美國地圖範例繪製經修正的地圖，程式碼撰寫如下，出圖結果如圖 2.8.5 所示，其中標註各項地圖物件的調整參數名稱。而圖 2.8.5 各函式與參數調整的細項內容整理如表 2.8-3。

```
ggplot()+
  geom_sf(data=us_states, aes(fill=REGION))+
  ggtitle("美國地圖")+
```

```
theme(panel.border=element_rect(color="black", fill=NA),
      panel.background=element_rect(fill="#A3B3C1"),
      panel.grid.major=element_line(color="#808080", linetype=2),
      axis.text=element_text(size=15, family="B"),
      axis.ticks=element_line(size=3),
      legend.background=element_rect(fill=alpha("#778899", 0.4)),
      legend.key=element_rect(fill=NA, color=NA),
      legend.text=element_text(size=15, family="B"),
      legend.title=element_text(size=15, family="B", hjust=0.5),
      legend.position=c(0.91, 0.2),
      plot.title=element_text(size=25, hjust=0.5, family="A"))
```

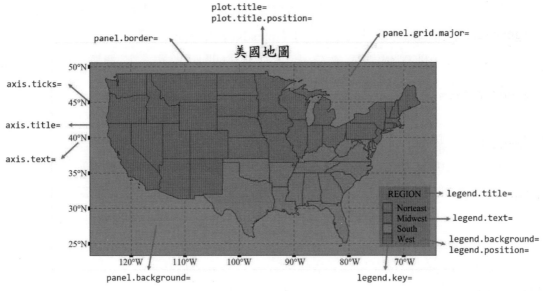

▲ 圖 2.8.5　地圖主題調整

▼ 表 2.8-3　地圖主題調整函數與參數設定說明

theme() 參數	參數設定值	意義
panel.border=	element_rect(color="black", fill=NA)	地圖外框改為黑色，且地圖框線內不填色
panel.background=	element_rect(fill="#A3B3C1")	地圖的背景顏色改為代碼 #A3B3C1

theme() 參數	參數設定值	意義
panel.grid.major=	element_line(color="#808080", linetype=2)	經緯線顏色改為代碼 #808080，且樣式改為虛線
axis.text=	element_text(size=15, family="B")	座標軸文字大小設定為 15，且字體改為 Times New Roman
axis.ticks=	element_line(size=3)	座標軸標記的大小設定為 3
legend.background=	element_rect(fill=alpha ("#778899", 0.4))	圖例背景的顏色改為代碼 #778899，且透明度設定為 0.4
legend.key=	element_rect(fill=NA, color =NA)	圖例標記的背景改為無填色、無框線顏色
legend.text=	element_text(size=15, family= "B")	圖例內容文字大小設定為 15，且字體改為 Times New Roman
legend.title=	element_text(size=15, family= "B", hjust=0.5)	圖例標題文字大小設定為 15，且字體改為 Times New Roman
legend.position=	c(0.91, 0.2)	圖例的位置設定在靠右下角處
plot.title=	element_text(size=25, hjust =0.5, family="A"))	地圖標題文字的大小設定為 25，位置置中，且字體改為標楷體

　　除了 theme() 函式可用以調整地圖的主題外，在 ggplot2 套件中亦提供簡便的設定方式可快速設定格式化的主題，僅需在繪圖成果中銜接「theme_*()」函式即可，而「*」為該樣式的名稱。以下以美國地圖的繪製為範例，程式碼建構如下，各個 theme_*() 函式所呈現的樣式彙整如表 2.8-4 所示。

▼ 表 2.8-4　`theme_*()` 函式主題設定彙整

`theme_*()` 函式	說明	範例圖示
`theme_gray()`	灰底布景主題、白色格線，為預設值	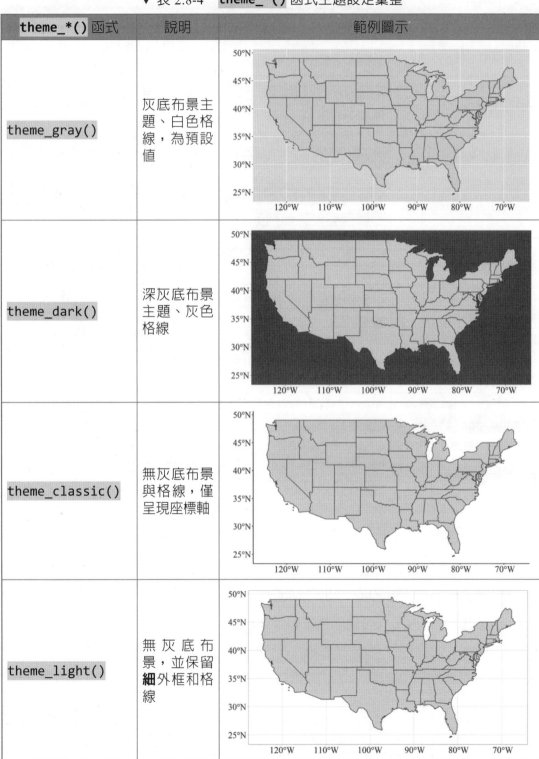
`theme_dark()`	深灰底布景主題、灰色格線	
`theme_classic()`	無灰底布景與格線，僅呈現座標軸	
`theme_light()`	無灰底布景，並保留**細**外框和格線	

theme_*() 函式	說明	範例圖示
theme_linedraw()	無灰底布景，並保留**粗**外框和格線	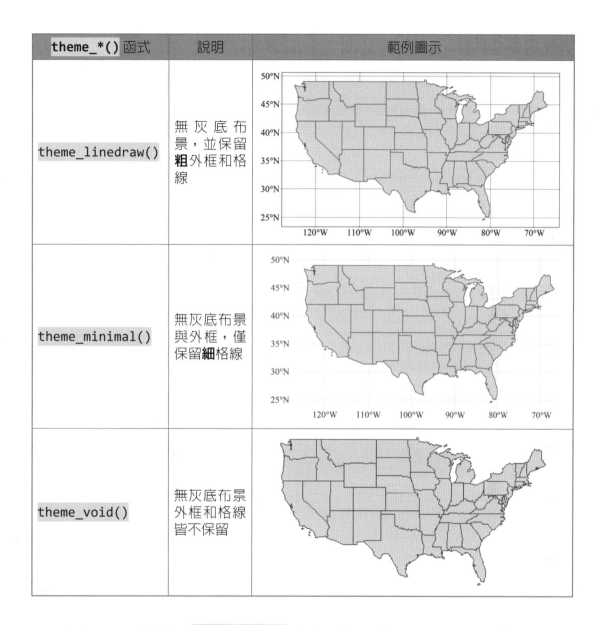
theme_minimal()	無灰底布景與外框，僅保留**細**格線	
theme_void()	無灰底布景外框和格線皆不保留	

　　由表 2.8-4 可發現，theme_void() 函式可將所有格線與外框去除，功能類似於將 panel.border=（設定圖片邊框）、panel.background=（設定背景）、panel.grid.major=（設定格線）三參數設定為「element_blank()」，故在繪製地圖時相當常使用之。另外須注意的是，theme() 函式可與 theme_*() 函式並用，然而請務必將 theme_*() 函式放置於 theme() 函式之前，尚能同時保留兩者的功能，亦即先利用 theme_*() 函式設置格式化的主題樣式，再透過 theme() 函式細部修正其他樣式。地圖主題設定的程式撰寫架構如下：

```
ggplot()+
  geom_sf()+
  theme_*()+
  theme()
```

2.8.4　地圖範圍調整

在以上章節中，我們繪製了美國和紐西蘭的全域地圖，然而有時候我們希望聚焦於特定小範圍上，此時就必須設定繪製地圖的橫座標與縱座標之範圍。在 ggplot2 套件中，我們可以直接利用 xlim() 與 ylim() 兩函式分別設定地圖的橫座標與縱座標範圍。請注意此函式的使用並非僅限於地圖，任何透過 ggplot2 套件所繪製的地圖皆可藉由此二函式調整座標軸範圍。

本節再以紐西蘭高峰疊圖（圖 2.7.1）為例，假設我們欲將地圖聚焦在 West Coast 上，其橫座標介於 1205019.303 與 1571336.246 間；縱座標介於 5062352.347 與 5485976.072 間。繪製該地圖的程式碼撰寫如下（新增程式碼以粗體字型標記），產出結果則如圖 2.8.6 所示。

```
ggplot()+
  geom_sf(data=nz)+
  geom_sf(data=filter(nz, Name=="West Coast"), fill="#B5B5B5")+
  geom_sf(data=nz_height, color="red")+
  xlim(1205019.303, 1571336.246) + ylim(5062352.347, 5485976.072)+
  theme(panel.background=element_blank(),
        axis.text=element_blank(),
        axis.title=element_blank(),
        axis.ticks=element_blank())
```

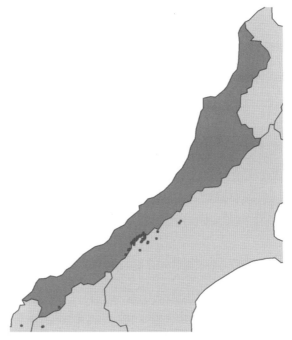

▲ 圖 2.8.6　地圖範圍調整

　　除了 xlim() 與 ylim() 兩函式外，ggspatial 套件中有一函式 coord_sf()，亦可提供我們調整地圖繪製範圍，該函式的設定方法與前者大同小異，其必須設定兩個參數 xlim=c(,) 與 ylim=c(,)，前者表示橫座標的範圍，後者則表示縱座標的範圍，惟兩者的參數設定值必須爲一向量，用以限定值域。程式碼撰寫如下（新增程式碼以粗體字型標記），產出結果與圖 2.8.6 一致。

```
ggplot()+
  geom_sf(data=nz)+
  geom_sf(data=filter(nz, Name=="West Coast"), fill="#B5B5B5",)+
  geom_sf(data=nz_height, color="red")+
  coord_sf(xlim=c(1205019.303, 1571336.246),
           ylim=c(5062352.347, 5485976.072))+
  theme(panel.background=element_blank(),
        axis.text=element_blank(),
        axis.title=element_blank(),
        axis.ticks=element_blank())
```

至此，讀者想必有個疑問，我們該如何尋找到橫座標與縱座標範圍的值域呢？若所繪製的圖層的座標參考系統是屬於經緯度格式（地理座標系統），那麼其一最簡單的方法是，直接在 Google 地圖上查詢欲繪製範圍的邊界經緯度即可。然若非經緯度系統（如本節範例的 nz 資料），在 Google 地圖上是難以查詢的，故必須藉由 sf 套件中的函式 st_bbox()，以回傳擷取資料（如本節範例 nz 中名為 West Coast 的資料）的邊界範圍。該函式的操作將於 3.3.3 小節詳述。

2.8.5　地圖縮圖

在繪製地圖時，我們所呈現的範圍可能僅聚焦於某一個小區域，未把所有周遭的空間納入地圖中（如圖 2.8.6 的紐西蘭地圖中，並未涵蓋所有紐西蘭全貌），如此一來，對於大部分判讀地圖的人而言，恐怕難以了解地圖所呈現區域的相對位置關係。想像一下，若我們對紐西蘭各行政區一竅不通，那麼圖 2.8.6 似乎無法讓人第一時間清楚地圖呈現區域位於紐西蘭的何處。此時必須佐以地圖縮圖，亦即將全域地圖繪製於原地圖的角落，使判讀地圖者得以參照。舉例而言，在圖 2.8.6 中，我們可在圖中的左上角放置紐西蘭全域地圖之縮圖，以利判讀地圖者大略了解 West Coast（深灰色區塊）的相對位置。

R 軟體中若要在圖表上附加其他圖片，可利用 cowplot 套件的 ggdraw() 與 draw_plot() 函式達成目的。煩請讀者先行安裝並載入 cowplot 套件。

```
install.packages("cowplot")
library(cowplot)
```

ggdraw() 與 draw_plot() 函式的建構方式如下：

```
ggdraw(p1)+
  draw_plot(p2, x=, y=, scale=)
```

其中，p1 為原始大地圖；p2 為縮圖；x 與 y 分別設定縮圖在原始大地圖中的相對位置；scale 則設定縮圖的縮放比例。須特別注意，x 與 y 的預設值皆為 0，其表示將縮圖放置於原始大地圖的正中央，而左上角座標值為 (-0.5, 0.5)；右下角座標值為 (0.5, -0.5)，其他則以此類推。

以圖 2.8.6 的紐西蘭地圖為例，若欲加上縮圖，則其程式碼如下，產出地圖如圖 2.8.7 所示。程式碼中 **p1** 為聚焦於 West Coast 的紐西蘭地圖；**p2** 則為紐西蘭全域地圖。

```
# 繪製原始大地圖
p1=ggplot()+
  geom_sf(data=nz)+
  geom_sf(data=filter(nz, Name=="West Coast"), fill="#B5B5B5")+
  geom_sf(data=nz_height, color="red")+
  coord_sf(xlim=c(1205019.303, 1571336.246),
           ylim=c(5062352.347, 5485976.072))+
  theme_void()

# 繪製全域縮圖
p2=ggplot()+
  geom_sf(data=nz)+
  geom_sf(data=filter(nz, Name=="West Coast"), fill="#B5B5B5")+
  theme(panel.border=element_rect(color="black", fill=NA, size=2),
        panel.background=element_blank(),
        axis.text=element_blank(),
        axis.ticks=element_blank())

# 合併大地圖與縮圖
ggdraw(p1)+
  draw_plot(p2, x=-0.35, y=0.35, scale=0.27)
```

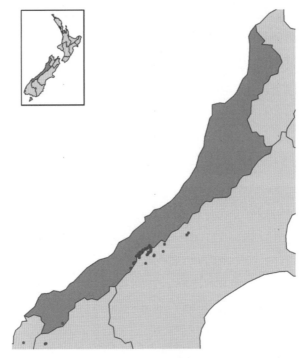

▲ 圖 2.8.7　地圖縮圍

▋ 2.8.6　合併多張地圖

　　合併多張地圖可讓我們綜觀所有輸出結果，進而比較不同時間、地點、屬性間之差異，供分析者初步判斷空間資料的依時變化。`cowplot` 套件中提供 `plot_grid()` 函式，其可合併多張地圖，而 `draw_label()` 函式則可爲合併後的整張地圖附註圖名。`plot_grid()` 函式中主要設定參數如下：

```
plot_grid(p1, p2, p3, …, ncol=, nrow=, byrow=)
```

其中 `p1`、`p2`、`p3` 爲欲合併的地圖，參數 `ncol=` 爲合併地圖中的行數，參數 `nrow=` 爲合併地圖中的欄位數。參數 `byrow=` 乃設定地圖填放順序爲逐欄（`byrow=T`）或逐行（`byrow=F`），若未設定此參數，其預設值爲逐欄填放。`plot_grid()` 主要參數設定如圖 2.8.8 之示意圖所示。另外，`plot_grid()` 函式事實上亦提供設定每張地圖標籤名稱的參數（`labels=c()`），然而在產出地圖時，若每張地圖的標籤文字長度不一，將使標籤位置無法落在預設位置上，手動調整上亦相當困難，故建議若要為每張地圖註記圖名，利用 `ggplot2` 套件所提供的 `ggtitle()` 函式先行設定每張地圖的圖名即可，其調整文字的位置與樣式相對而言更為容易。

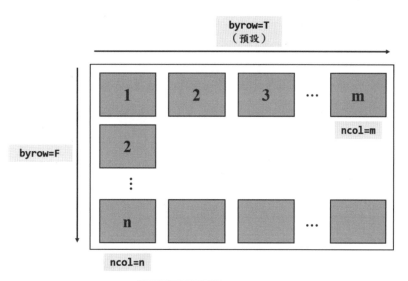

▲ 圖 2.8.8　`plot_grid()` 主要參數設定示意圖

`draw_label()` 函式的主要參數建構如下：

```
draw_label(label=, x=, y=, fontfamily=, fontface=, color=, size=)
```

其中 `label=` 用以設定標籤文字，`x=` 與 `y=` 分別調整標籤所在位置，其預設值為 $(0, 0)$，表示位於合併地圖的左下角，而右上角則為 $(1, 1)$，其他座標則以此類推，設定參數值皆必須介於 0 與 1 間。`fontfamily=` 與 `fontface=` 參數分別用以調整標籤的文字字體及字型，此二設定方法與 2.8.3 小節中文字樣式設定的方法一致。

　　本節中以合併圖 2.4.1、圖 2.4.2、圖 2.4.3 及圖 2.4.5 四張數值型資料漸層地圖為例，程式碼撰寫如下，出圖結果如圖 2.8.9 所示。

```
# 圖 2.4.1  人口數量漸層地圖
p1=ggplot()+
```

```
  geom_sf(data=us_states, aes(fill=total_pop_15))+
  ggtitle("人口數量漸層地圖")+
  theme_void()+
  theme(title=element_text(size=12, family="A"),
        legend.title=element_text(size=10, family="B"),
        legend.text=element_text(size=8, family="B"))


# 圖 2.4.2　人口數量漸層地圖（修正）
p2=ggplot()+
  geom_sf(data=us_states, aes(fill=total_pop_15))+
  scale_fill_continuous(low="#D2E9FF", high="#004B97")+
  ggtitle("人口數量漸層地圖（修正）")+
  theme_void()+
  theme(title=element_text(size=12, family="A"),
        legend.title=element_text(size=10, family="B"),
        legend.text=element_text(size=8, family="B"))


# 圖 2.4.3　人口數量漸層地圖（三段漸層）
p3=ggplot()+
  geom_sf(data=us_states, aes(fill=total_pop_15))+
  scale_fill_gradient2(low="red", mid="orange", high="green")+
  ggtitle("人口數量漸層地圖（三段漸層）")+
  theme_void()+
  theme(title=element_text(size=12, family="A"),
        legend.title=element_text(size=10, family="B"),
        legend.text=element_text(size=8, family="B"))


# 圖 2.4.5　人口數量漸層地圖（階層顏色）
p4=ggplot()+
  geom_sf(data=us_states, aes(fill=total_pop_15))+
  scale_fill_distiller(palette="YlOrRd", direction=1)+
  ggtitle("人口數量漸層地圖（階層顏色）")+
```

```
    theme_void()+
    theme(title=element_text(size=12, family="A"),
         legend.title=element_text(size=10, family="B"),
         legend.text=element_text(size=8, family="B"))

# 合併地圖
plot_grid(p1, p2, p3, p4, ncol=2, nrow=2)+
    draw_label("合併多張地圖", fontface='bold', fontfamily="A",
             size=20, x=0.5, y=0.97)
```

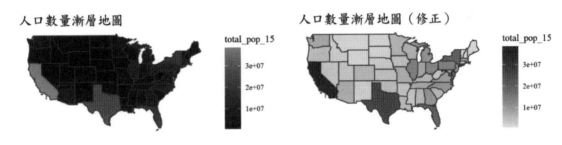

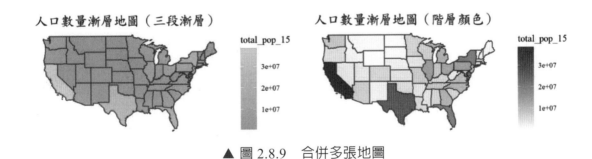

▲ 圖 2.8.9　合併多張地圖

　　若在合併的多張地圖中所使用的圖例皆一致，應將圖例另外繪製，無須特別在所有地圖上重複標記相同圖例。為了達成此目的，可以使用 `ggpubr` 套件所提供的 `ggarange()` 函式，請先安裝該套件，並載入程式中。

```
install.packages("ggpubr")
library(ggpubr)
```

此函式的參數設定與 `plot_grid()` 函式雷同，惟新增 `common.legend=` 與 `legend=` 兩參數。`common.legend=` 乃用以告知是否使用共同圖例，若是則須設定 `common.legend=T`，若未設定則預設為不使用共同圖例之功能，而此結果即與前述 `plot_grid()` 函式相同。參數 `legend=` 乃用以設定共同圖例呈現位置，僅四個參數值可供設定：top（上）、bottom（下）、left（左）、right（右）。

本節利用 `spData` 套件所提供的 `nz` 資料（紐西蘭地圖）繪製多個變數的共用圖例地圖，其中選取四個變數繪製數值型漸層地圖，即土地面積、人口數、收入中位數與性別比。然而上述四個變數的單位皆不一致，故其圖例必定不相同，為了能夠使用共用圖例，在此可先將所有數值先行轉換為歸一化格式（Normalization），亦即使資料全距必定介於 0 與 1 之間。歸一化的計算方式乃利用原數值減去最小值後，再除以原始資料的全距。程式碼撰寫如下，出圖結果則如圖 2.8.10 所示。

```
nz_revised=nz

# 歸一化公式
maxmin=function(x) (x - min(x))/(max(x)-min(x))

# 將資料歸一化
nz_revised$Land_area=maxmin(nz_revised$Land_area)
nz_revised$Population=maxmin(nz_revised$Population)
nz_revised$Median_income=maxmin(nz_revised$Median_income)
nz_revised$Sex_ratio=maxmin(nz_revised$Sex_ratio)

# 土地面積漸層地圖
p1=ggplot()+
  geom_sf(data=nz_revised, aes(fill=Land_area))+
  scale_fill_distiller(palette="YlOrRd", direction=1,
                       name="歸一化數值")+
```

```
    ggtitle("土地面積")+
    theme_void()+
    theme(title=element_text(size=15, family="A"),
          legend.title=element_text(size=15, family="A"),
          legend.text=element_text(size=12, family="B"))


# 人口數漸層地圖
p2=ggplot()+
    geom_sf(data=nz_revised, aes(fill=Population))+
    scale_fill_distiller(palette="YlOrRd", direction=1,
                         name="歸一化數值")+
    ggtitle("人口數")+
    theme_void()+
    theme(title=element_text(size=15, family="A"),
          legend.title=element_text(size=15, family="A"),
          legend.text=element_text(size=12, family="B"))


# 收入中位數漸層地圖
p3=ggplot()+
    geom_sf(data=nz_revised, aes(fill=Median_income))+
    scale_fill_distiller(palette="YlOrRd", direction=1,
                         name="歸一化數值")+
    ggtitle("收入中位數")+
    theme_void()+
    theme(title=element_text(size=15, family="A"),
          legend.title=element_text(size=15, family="A"),
          legend.text=element_text(size=12, family="B"))


# 性別比漸層地圖
p4=ggplot()+
    geom_sf(data=nz_revised, aes(fill=Sex_ratio))+
    scale_fill_distiller(palette="YlOrRd", direction=1,
```

```
                          name="歸一化數值")+
    ggtitle("性別比")+
    theme_void()+
    theme(title=element_text(size=15, family="A"),
          legend.title=element_text(size=15, family="A"),
          legend.text=element_text(size=12, family="B"))


# 繪製合併地圖
ggarrange(p1, p2, p3, p4, ncol=2, nrow=2,
          common.legend=T, legend="right")
```

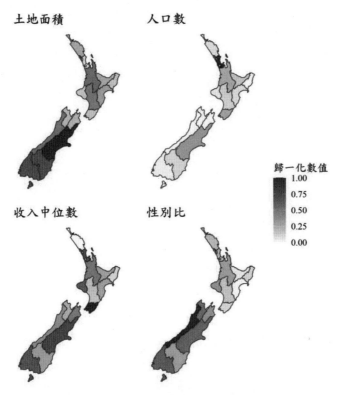

▲ 圖 2.8.10　合併多張地圖（共用圖例）

▋ 2.8.7　多重地理資料之顏色調整

　　在 2.4 至 2.6 節中提供諸多繪製面量圖（區域密度地圖）的樣式設定函式，利用不同階層之顏色或形狀表達該地理位置某項特徵的屬性或數值大小，可使地圖更具視覺化呈現。然而若有兩個地理資料欲使用同一函式（scale_*_*()）給定樣式，原始 ggplot2 套件會選擇僅利用後者的函式設定之，與預期的設定狀況不同。以下以紐西蘭地圖及其高程爲例，將紐西蘭地圖先以「土地面積」的大小調整邊框顏色，土地愈大之行政區，該邊框顏色（綠）即愈深；此外將紐西蘭的高程以「高程高度」的大小調整點的顏色，高程愈高之行政區，該高程的點顏色（紅）即愈深。程式碼撰寫如下，分隔線下方爲執行結果，出圖結果如圖 2.8.11 所示。其中爲使土地面積與高程皆得以依數值大小呈現相對應顏色，程式碼中乃利用 scale_color_distiller() 達成此一目的。

```
ggplot()+
  geom_sf(data=nz, aes(color=Land_area))+
  scale_color_distiller(palette="YlOrRd", direction=1)+
  geom_sf(data=nz_height, aes(color=elevation))+
  scale_color_distiller(palette="YlGn", direction=1)+
  theme_void()
```
```
## Scale for 'colour' is already present. Adding another scale for
## 'colour', which will replace the existing scale.
```

　　由圖 2.8.11 可發現原程式碼中將地圖邊框的顏色樣式設定爲「YlOrRd」，亦即預期邊框顏色應爲橘紅色漸層系列，且土地面積愈大，愈趨近於紅色。然而該圖中的地圖邊框顏色受到後者設定的影響，改變爲「YlGn」之設定，且數值分布與紐西蘭的高程資料合併，顏色皆屬於黃綠色系列，並非預期的狀況。此外，在程式碼執行回傳結果中顯示「replace the existing scale」，亦即後者的 scale_color_distiller() 函式取代前者之設定。由上述範例可見，由於程式碼中出現兩次 scale_color_distiller() 函式，使地圖的顏色設定時選擇後者的設定方法，並忽略前者函式設定。

▲ 圖 2.8.11　使用多重地理資料顏色調整之錯誤

為修正此一情形，可利用 ggnewscale 套件予以修正，請先安裝並載入該套件，程式碼撰寫如下。

```
install.packages("ggnewscale")
library(ggnewscale)
```

該套件中提供 new_scale_color() 函式與 new_scale_fill() 函式，並可置入 ggplot2 套件所建構的繪圖函式中，分別乃告知繪圖程式碼使用新的邊框／點的顏色（color）設置，或使用新的填色（fill）設置。再次以上述範例為例，修正顏色呈現之狀況。程式碼撰寫如下，出圖結果則如圖 2.8.12 所示。

```
ggplot()+
  geom_sf(data=nz, aes(color=Land_area))+
  scale_color_distiller(palette="YlOrRd", direction=1)+
```

```
new_scale_color()+
geom_sf(data=nz_height, aes(color=elevation))+
scale_color_distiller(palette="YlGn", direction=1)+
theme_void()
```

　　上述程式碼中，由於 scale_color_distiller() 函式乃設定邊框或點的顏色，故應使用 new_scale_color() 函式，並將其插入於第一個地理資料之顏色設定後，如是即可確保第二個地理資料的顏色乃依照第二個 scale_color_distiller() 函式所設定。

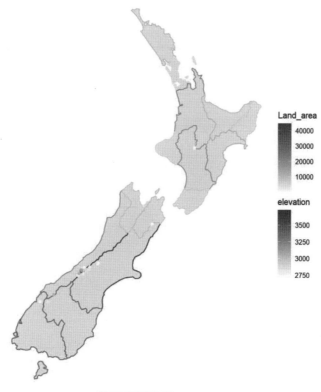

▲ 圖 2.8.12　**ggnewscale** 套件修正多重顏色設定

2.9 其他繪製地圖套件

本章中著重於 `ggplot2` 套件繪製地圖的介紹，並同時簡介其他相搭配以提升視覺化呈現的套件，諸如 `ggsflabel`、`ggspatial`、`cowplot`、`ggpubr`、`ggnewscale` 等，然而事實上 R 軟體中亦提供其他多種套件乃專用以繪製地圖，且應用性甚廣，其中最爲常見者包括：`tmap` 與 `leaflet`。本節將導覽此二套件的操作方式，惟因本書主要採用 `ggplot2` 套件繪製地圖，故並不會深入著墨 `tmap` 與 `leaflet` 細部的操作方法，僅講述主要的參數設定。

2.9.1 `tmap` 套件

`tmap` 套件與 `ggplot2` 套件相仿，皆是利用格式化之參數調整輸出地圖的樣式。在此之前，請先行安裝該套件，並載入程式中。

```
install.packages("tmap")
library(tmap)
```

在 `ggplot2` 套件若欲繪製地圖，須使用 `ggplot()` 函式初始化繪製地圖的面板，並利用 `geom_sf()` 函式將資料寫入其中，進而直接設定圖層的線條粗細、面的填色等外觀樣式。另外在該套件中，無論地理資料屬於點、線、面何種型態，皆可使用同一函式（`geom_sf()`）繪製地圖，且多個函式間可以透過「+」串聯，進而細部修正地圖的樣式，亦可藉此完成疊圖作業。在 `tmap` 套件中繪製地圖的函式亦類似，必須利用 `tm_shape()` 初始化繪製地圖的面板，並將所需使用的資料置於該函式中，而套件內所有的函式亦可利用「+」串聯。然而必須特別注意的是，`tm_shape()` 後面乃連接「詳細定義地理資料型態」的函式，用以繪製各項幾何元素，如 `tm_polygons()` 與 `tm_fill()` 乃用以繪製「面」資料；`tm_lines()` 用以繪製「線」資料；

tm_dots() 與 tm_symbols() 則用以繪製「點」資料等，故使用前必須自行判斷欲繪製的地理資料型態。此外，tmap 套件在疊圖作業中，必須重複使用 tm_shape() 函式，以重新定義所使用的圖層資料。tmap 套件繪製地圖的程式碼建構如下：

```
tm_shape(資料)+
  tm_*()+
  tm_shape(資料)+
  tm_*()+
  ......
```

接下來將進一步簡介各項 tm_* 函式的使用時機與參數設定，並繪製地圖範例，以了解 tmap 套件繪製地圖的基礎方法，其中包括「地理資料建構函式」、「地圖文字標記」，以及「地圖基本要素：指北針、比例尺」。惟因本小節中所提及的內容或許有限，無法包羅所有細項參數設定之功能，故建議讀者若有興趣，可網頁搜尋各項函式的文件檔，或逕自使用 R 軟體所提供的查詢功能，例如在程式中輸入「?tm_fill」，即可查詢該函式的文件檔，其中詳列函式建構方式、參數定義與實際繪圖範例。

1. 地理資料建構函式

本小節將依序簡介在套件中，繪製「面」圖層的 tm_polygons() 與 tm_fill() 函式、繪製「面」圖層邊框的 tm_border() 函式、繪製「線」圖層的 tm_lines() 函式、繪製「點」圖層的 tm_dots() 與 tm_symbols() 函式。

- tm_polygons()

tm_polygons() 為繪製「面」圖層的基本函式，其主要參數包括：col= 用以調整面的顏色，border.col= 用以調整邊框顏色，lwd= 用以調整邊框粗細，lty= 用以調整邊框樣式。顏色的參數設定與 ggplot2 套件相同，可利用 R 軟體文字化的顏色名稱（利用 colors() 函式查詢），如「red」、「blue」等文字形式，亦可使用顏色的十六進位制格式（請參照 2.1 章節）。邊框樣式的參數設定則與 2.8.1 小節中的圖形樣式設定方法一致。

再次以紐西蘭資料 nz 為例，繪製紐西蘭基礎地圖，並將面的顏色調整為藍色、

邊框顏色調整爲黃色、邊框樣式更改爲虛線，程式碼撰寫如下，出圖結果則如圖2.9.1
所示。

```
tm_shape(nz)+
  tm_polygons(col="blue", border.col="yellow", lty="dashed")
```

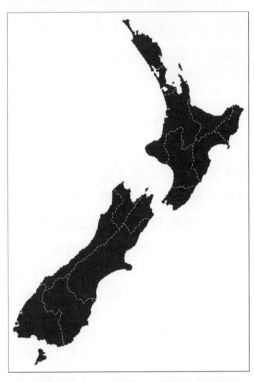

▲ 圖 2.9.1　紐西蘭基礎地圖繪製

　　若欲利用該函式繪製數值型資料漸層地圖或類別型資料地圖，其設定方法與
ggplot2 套件類似，皆必須將參數設定爲指定屬性欄位的名稱，惟須注意的是，屬
性名稱必須是文字形式，亦即欄位名稱應使用引號標註，如下列程式碼中的「"Pop-
ulation"」，而在 ggplot2 套件中的屬性參數乃塡入資料的「變數」，並非文字形式。
以紐西蘭地圖爲例，繪製人口數量的漸層地圖，程式碼撰寫如下，產出結果如圖2.9.2
所示。

```
tm_shape(nz)+
    tm_polygons(col="Population")
```

▲ 圖 2.9.2　依屬性繪製地圖

　　從圖 2.9.2 中可發現，人口數地圖以 tmap 套件繪製，乃將連續型的數值先行分類，再依據各分類屬性填色，故每一固定顏色表示該區域的人口數介於特定數值區間中，其預設分類方法為整數等分法（pretty），亦即確保每一個分類區間的全距皆同。此外，對照 2.4 章節中提及的 ggplot2 套件，該地圖針對數值型資料乃以漸層式分布呈現，而每一顏色皆代表一特定數值，與圖 2.9.2 之產出結果不同。若欲改變分層的方式或修正資料的分層個數，則可變更函式中的參數 style= 與 n=，前者用以定義資料分類的方法，後者則為依據指定分類方式的分層數目。

　　資料分類的方法共有六種參數可設定，分述如下。

✓ style="pretty"

　　style="pretty" 為預設參數，表示將最大值與最小值取至整數位，並平均切割此範圍內的資料。

✓ `style="equal"`

　　`style="equal"` 表示將資料依照原全距等分，與 `style="pretty"` 的最大差別在於未將極值取整數位。

✓ `style="quantile"`

　　`style="quantile"` 則將資料依據百分位數繪製，如分為四層者，即表示資料乃依據第一四分位數、中位數、第三四分位數切割。

✓ `style="jenks"`

　　`style="jenks"` 為一套由 George Frederick Jenks 所設計的演算法，其目的乃最小化群組內變異，並最大化群組間的變異，相當適合使用於視覺化地圖之呈現，惟該分類的演算法較為複雜，若資料筆數過多恐使分類時間過長，而不適合使用此種分類。

✓ `style="cont"`

　　`style="cont"` 乃指定資料以連續型分布繪製，毋須將數值先行分為離散區間，此與 `ggplot2` 套件繪製數值型資料所預設的呈現結果相同。

✓ `style="cat"`

　　`style="cat"` 則將資料視為類別型態，此設定對於「以數字為類別」的資料而言相當重要，可避免類別資料被默認為數值型態。

　　此外，針對數值型資料漸層地圖或類別資料地圖，皆可透過 `palette=` 參數自行設定欲使用的調色盤，使用參數值則可利用 `RColorBrewer` 套件所提供之調色板，請參考圖 2.4.4 中 `RColorBrewer` 套件的階層顏色設置參數。

　　根據上述參數之設定方法，可進一步修正圖 2.9.2 之繪圖結果，分別繪製各種資料分類方法所產出之人口分布地圖。此外，分層數（`n=`）之設定與調色盤顏色之設定詳見程式碼。程式碼撰寫如下，地圖繪製結果如圖 2.9.3 所示。

```
# 圖 2.9.3_A
tm_shape(nz)+
  tm_polygons(col="Population", n=5, style="pretty", palette="Reds")

# 圖 2.9.3_B
tm_shape(nz)+
  tm_polygons(col="Population", n=5, style="equal")

# 圖 2.9.3_C
tm_shape(nz)+
  tm_polygons(col="Population", n=4, style="quantile")

# 圖 2.9.3_D
tm_shape(nz)+
  tm_polygons(col="Population", n=5, style="jenks")

# 圖 2.9.3_E
tm_shape(nz)+
  tm_polygons(col="Population", style="cont")

# 圖 2.9.3_F
tm_shape(nz)+
  tm_polygons(col="Population", style="cat")
```

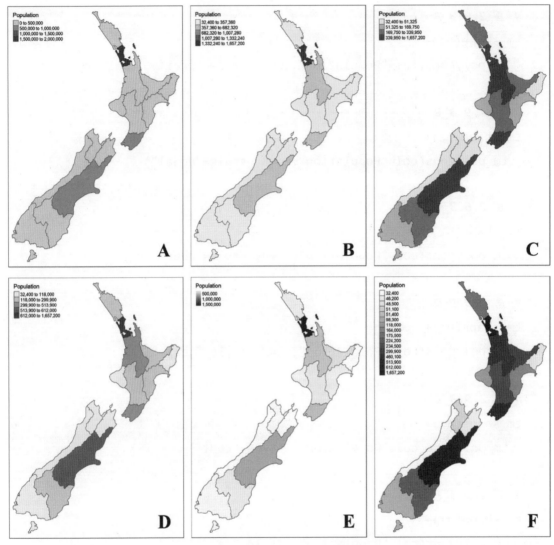

▲ 圖 2.9.3　依屬性繪製地圖（修正）

- **tm_fill()**

　　tm_fill() 與 **tm_polygons()** 的設定參數幾乎一致，且兩函式的功能亦完全相同，皆用於繪製面的地理資料，惟 **tm_fill()** 函式無法調整框線的樣式，並預設地圖不產出框線。以圖 2.9.3 的 A 圖為例，進一步利用 **tm_fill()** 函式修正之，程式碼撰寫如下，產出地圖如圖 2.9.4 所示。

```
tm_shape(nz)+

  tm_fill(col="Population", n=5, style="jenks")
```

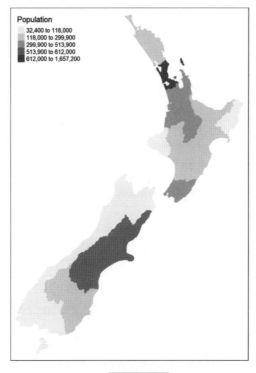

▲ 圖 2.9.4　`tm_fill()` 繪製地圖

* `tm_borders()`

　　`tm_borders()` 乃用以繪製「面」圖層中邊框的函式，其主要參數包括：用以調整邊框顏色之 `col=`、用以調整邊框粗細之 `lwd=`，以及用以調整邊框樣式之 `lty=`。其中邊框樣式的參數值包括實線、虛線等眾多樣式，參數值與前文中 `ggplot2` 套件中的 `linetype=` 參數設定相同，請參閱圖 2.8.1 之線條樣式參數設定值。

　　另外，`tm_borders()` 與 `tm_fill()` 兩函式可合併使用，前者繪製面圖層的邊框，而後者則繪製填滿面圖層之底色，其所繪製之地圖與 `tm_polygons()` 必然相同。再以紐西蘭人口分布圖為例，程式碼撰寫如下，產出之地圖即與圖 2.9.2 相同。

```
tm_shape(nz)+
  tm_fill(col="Population")+
  tm_borders()
```

- **tm_lines()**

　　tm_lines() 乃用以繪製「線」圖層的函式，其主要參數包括：用以調整線條顏色之 **col=**、用以調整線條粗細之 **lwd=**、用以調整線的樣式之 **lty=**。此外，若欲繪製數值型資料漸層地圖或類別型地圖，則僅需在上述參數中設定爲屬性名稱即可。若欲調整屬性值的分類方法，可利用 **style=** 修正之，並藉 **n=** 參數設定分類個數值。詳細的參數設置方法與前文中 **tm_polygons()** 繪製「面」圖層者完全相同，請參考之。

- **tm_dots()**、**tm_symbols()**

　　tm_dots() 與 **tm_symbols()** 爲繪製「點」圖層的函式，其主要參數包括：用以調整點的顏色之 **col=**、用以調整點的大小之 **size=**、用以調整點的形狀之 **shape=**。其中 **shape=** 參數之調整與 2.8.1 小節中的圖形樣式設定方法一致。**tm_dots()** 與 **tm_symbols()** 兩函式亦可調整點的邊框顏色、粗細，其設定參數分別爲 **border.col=** 與 **border.lwd=**。若欲利用點資料繪製數值型漸層地圖或類別資料地圖，可逕將參數值設定爲屬性名稱即可。此外，在漸層或類別地圖中，若欲更改分層方法，可以利用 **style=** 修正之，並藉 **n=** 參數設定分類個數值；若欲修正顏色分布樣式，可修正 **palette=** 參數。針對上述所有參數的設置方法，請參閱前述 **tm_polygons()** 的簡介內文。

　　接著利用 **tm_symbols()** 繪製 **nz_height** 資料（紐西蘭地貌高峰），並以高度值（**elevation**）屬性作爲填色依據，程式碼撰寫如下，出圖結果則如圖 2.9.5 所示。

```
tm_shape(nz)+
  tm_polygons()+
  tm_shape(nz_height)+
  tm_symbols(col="elevation", size=0.1, shape=4,
             palette="Reds", style="quantile")
```

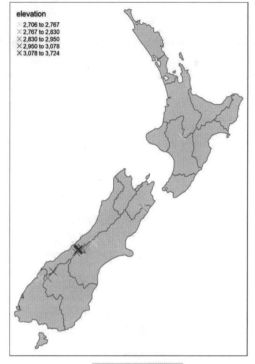

▲ 圖 2.9.5　`tm_symbols()` 繪製地圖

2. 地圖文字標記

- `tm_text()`

　　在 `tmap` 套件中，若欲加上地圖文字標記，可使用 `tm_text()` 函式，其中第一個參數 `text =` 需設置參照的屬性欄位，同樣地，在標示該欄位名稱時必須使用文字形式，亦即應在名稱前後加註引號。其他較為重要的參數包括：用以調整文字顏色之 `col=`、用以調整文字大小之 `size=`、用以設定字型之 `fontface=`、用以設定字體之 `fontfamily=`。其中，參數 `fontface=` 與 `fontfamily=` 的設定值與 `ggplot2` 套件中 `face=` 與 `family=` 參數一致，請參閱 2.8.3 地圖主題設定小節中的文字設定。

　　在此以圖 2.9.3 的 A 圖為例，進一步利用 `tm_text()` 函式加註每一個行政區的名稱。程式碼撰寫如下，產出結果如圖 2.9.6 所示。請注意程式碼中使用 `fontfamily="B"` 參數設定，其中的參數值乃在 2.8.3 小節中定義 `windowsFonts(B= windowsFont("Times New Roman"))`，故可直接利用 `"B"` 作為參數設定值。

```
tm_shape(nz)+
    tm_polygons(col="Population", n=5, style="jenks")+
    tm_text(text="Name", size=1, fontfamily="B")
```

▲ 圖 2.9.6　地圖文字標記

3. 地圖基本要素：指北針、比例尺

- **tm_compass()**

　　tm_compass() 函式用以設定指北針，主要參數含括：**north=**、**type=**、**size=**、**position=**。參數 **north=** 用以設定指北針的角度，若參數值為 90 表示正北方位於地圖的右側；參數值為 180 則表示正北方位於地圖的下方。參數 **type=** 乃供使用者選定指北針的樣式，所有樣式及其參數值羅列如表 2.9-1 所示。參數 **size=** 可調整指北針在地圖中的大小。參數 **position=** 則調整指北針所擺設的位置，其參數值須為 **c(x, y)**，其中 (0, 0) 表示指北針位於整張地圖的左下角，(1, 1) 則表示位

於右上角。

▼ 表 2.9-1　指北針樣式參數設定

參數值	"arrow"	"4star"	"8star"
圖示	N	N	N
參數值	"radar"	"rose"	
圖示	N	N	

- `tm_scale_bar()`

`tm_scale_bar()` 函式用以設定比例尺，主要參數含括：`break=`、`text.size=`、`position=`。參數 `break=` 用以指定比例尺中顯示的數值，必須透過一組數值向量設定之，如 `c(0, 100, 200, 300)` 即表示比例尺中含有向量中的三個數字，惟須注意向量中的第一個元素必須為 0，而此預設輸出比例尺的單位為公里。參數 `text.size=` 用以設定比例尺中數字與文字標示的大小。參數 `position=` 則用以指定比例尺的擺放位置，其參數設定值與 `tm_compass()` 函式中的 `position=` 相同。

再以圖 2.9.3 的 A 圖為例，增加指北針與比例尺兩基本地圖要素，程式碼撰寫如下，產出地圖如圖 2.9.7 所示。

```
tm_shape(nz)+
    tm_polygons(col="Population", n=5, style="jenks")+
```

```
        tm_compass(north=0, type="rose", size=4,
                  position=c(0.83, 0.89))+
        tm_scale_bar(breaks=c(0, 50, 100, 150, 200), text.size=1,
                  position=c(0.7, 0.02))
```

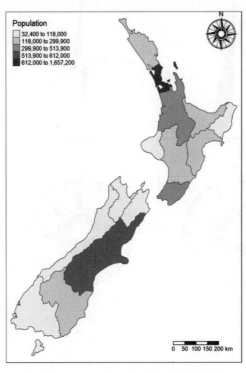

▲ 圖 2.9.7　指北針與比例尺繪製

4. 地圖主題設定

• tm_layout()

　　在 ggplot2 套件中可以利用 theme() 函式細部調整地圖的樣式，而在 tmap 套件中則可利用 tm_layout() 設定之。該函式所提供的參數非常豐富，可調整地圖外框（frame）、圖例（legend）、地圖標題（title）、地圖背景（bg）、標記文字（label）的顏色（color）、大小（size）、線條粗細（lwd）、透明度（alpha）、字型（fontface）、字體（fontfamily）、位置（position）等外觀樣式，本節中不逐一細論，惟簡單利用 `tm_layout()` 函式設定地圖主題作為範例，建議讀者可在 R 軟體中查看 `tm_layout()` 的參數建構方式（`?tm_layout`），以更熟悉如何使用 `tmap` 套件繪製視覺化的地圖。範例程式碼撰寫如下，繪製地圖結果如圖 2.9.8 所示。

請注意程式碼中使用 `fontfamily="B"`、`title.fontfamily="A"` 等相關字體參數設定，其中的參數值乃在 2.8.3 小節中已定義：

```
windowsFonts(A=windowsFont("標楷體"))
windowsFonts(B=windowsFont("Times New Roman"))
```

，故可直接利用 `"A"` 與 `"B"` 作為參數設定值。

```
tm_shape(nz)+
  tm_polygons(col="Population", n=5, style="jenks")+
  tm_shape(nz)+
  tm_text(text="Name", size=1, fontfamily="B")+
  tm_compass(north=0, type="rose", size=4,
             position=c(0.83, 0.89))+
  tm_scale_bar(breaks=c(0, 50, 100, 150, 200), text.size=1,
               position=c(0.7, 0.02))+
  tm_layout(title="紐西蘭人口地圖", title.fontfamily="A",
            title.size=2,
            legend.title.size=1.7, legend.title.fontfamily="B",
            legend.title.fontface="bold",
            legend.text.size=1, legend.text.fontfamily="B",
            legend.frame=T, legend.frame.lwd=1,
            legend.bg.color="#CCCCFF", legend.bg.alpha=0.4,
            bg.color="#A3B3C1")
```

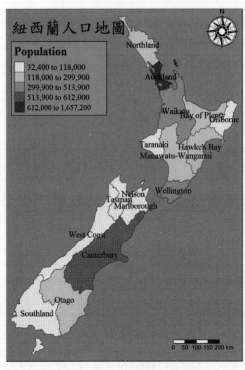

▲ 圖 2.9.8　地圖主題設定

圖 2.9.8 所使用的程式碼中，各參數的功能彙整如表 2.9-2 所示。

▼ 表 2.9-2　`tm_layout()` 範例程式碼參數功能彙整

參數	功能
`title=`	設定地圖標題名稱
`title.fontfamily=`	設定地圖標題字體
`title.size=`	設定地圖標題文字大小
`legend.title.size=`	設定圖例標題文字大小
`legend.title.fontfamily=`	設定圖例標題字體
`legend.title.fontface=`	設定圖例標題字型
`legend.text.size=`	設定圖例內文文字大小
`legend.text.fontfamily=`	設定圖例內文字體
`legend.frame`	設定是否需要圖例框線
`legend.frame.lwd`	設定圖例框線粗細

參數	功能
`legend.bg.color`	設定圖例背景顏色
`legend.bg.alpha`	設定圖例背景透明度
`bg.color`	設定整張地圖背景顏色

- `tm_style()`

　　`tmap` 套件提供自動化調整地圖風格之功能，可直接利用 **`tm_style()`** 函式設定之，其中參數包括：**`"white"`**（預設）、**`"bw"`**、**`"classic"`**、**`"cobalt"`**、**`"natural"`**、**`"beaver"`** 等，惟僅使用此一函數設定，無法細緻調整地圖各元件的樣式，故視覺效果未若直接使用 **`tm_layout()`** 函式為佳。以 **`"classic"`** 為例，程式碼撰寫如下，產出結果如圖 2.9.9 所示。

```
tm_shape(nz)+
    tm_polygons(col="Population", n=5, style="jenks")+
    tm_style("classic")
```

▲ 圖 2.9.9　**`tm_style()`** 經典地圖繪製

　　截至目前為止，我們已學習如何使用 `ggplot2` 與 `tmap` 套件繪製靜態地圖，而 `tmap` 套件最為人稱道的是，其在 R 軟體中亦能繪製互動地圖，產生線上地圖介面，以提供分析者更具互動性的操作與分析，並得以縮放地圖觀察圖層的實際地理位置，有助於分析後的解讀與判斷。繪製互動地圖在 `tmap` 套件甚為容易，無須改變上述任何程式碼的撰寫，僅須在執行產出圖表之程式碼前，加上以下函式與參數設定即可。

```
tmap_mode("view")
```

　　以圖 2.9.3 之 A 圖為例，將原靜態地圖更改為互動地圖，程式碼修正如下，互動地圖呈現結果如圖 2.9.10 所示。線上地圖介面網址為 https://rpubs.com/Chia-JungYEH/tmap_view。

```
# 更換為動態地圖輸出模式
tmap_mode("view")
tm_shape(nz)+
  tm_polygons(col="Population", n=5, style="jenks")
```

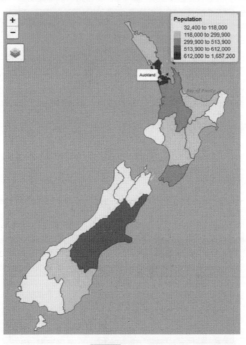

▲ 圖 2.9.10　`tmap` 套件動態地圖呈現

　　圖 2.9.10 的動態地圖中會呈現圖例、縮放工具，以及圖層控制設定等元件，可進一步作調整，以細部透過動態地圖判讀分析結果。

　　若欲更改爲原本的靜態地圖繪製，則僅需再次設定該參數如下。

```
tmap_mode("plot")
```

　　爲清楚 ggplot2 與 tmap 套件兩者於繪製地圖上的異同之處，表 2.9-3 羅列諸項函式與參數相互對應，以對照雷同功能的函式撰寫方法。

▼ 表 2.9-3　**ggplot2** 與 **tmap** 套件函式與參數對照表

	tmap	ggplot2
基礎架構	tm_shape(資料)+ 　 tm_*	ggplot2(資料)+ 　 geom_sf()
疊圖	tm_shape(資料)+ 　 tm_*+ tm_shape(資料)+ tm_*+...	ggplot2(資料)+ 　 geom_sf()+ 　 geom_sf()+...
點	tm_dots(col=X, size=Y, shape=Z) tm_symbols(col=X, size=Y, shape=Z)	geom_sf(color=X, size=Y, shape=Z)
線	tm_lines(col=X, lwd=Y, lty=Z)	geom_sf(color=X, size=Y, linetype=Z)
框線	tm_borders(col=X, lwd=Y, lty=Z)	geom_sf(color=X, size=Y, linetype=Z)
面	tm_polygons(col=X)	geom_sf(fill=X)
	tm_fill(col=X)	geom_sf(color=NA, fill=X)
文字標記	tm_text(text, col=X, size=Y)	geom_sf_text(text, color=X, size=Y)
屬性填色	tm_*(col="ATTRIBUTE")	geom_sf(aes(color=ATTRIBUTE))

　　綜上所論，透過本小節 tmap 套件繪製地圖的函式建構與產出範例可以發現，

該套件的使用彈性不亞於 ggplot2 套件，兩者皆提供諸多參數供使用者調整，並盡可能使地圖之呈現至臻完善。惟本書中繪製地圖仍以 ggplot2 套件為主，乃因該套件不僅提供繪製地圖之功能，同時亦可繪製一般的統計圖，諸如折線圖、長條圖、散布圖等，且樣式調整的參數設定皆與本章節所介紹者一致，故學習本章針對 ggplot2 套件繪製地圖的方法，亦可擴及應用至諸多層面。

2.9.2　leaflet 套件

Leaflet 為一開源 JavaScript 函式庫，主要應用於建構互動地圖，可供網頁開發者介接使用，且其程式碼撰寫結構易於理解，方便開發者繪製互動地圖與增加互動性元件。在 R 軟體中亦可連接至此函式庫，請先下載 leaflet 套件，並載入程式中。

```
install.packages("leaflet")
library(leaflet)
```

本節中僅介紹 leaflet 套件繪製互動地圖的基礎元件，細部的函式與參數設定，請參見 RStudio 官方的 GitHub 教學網站（https://rstudio.github.io/leaflet/），其中詳述 R 軟體中 leaflet 套件的操作方式與各項應用。

在 ggplot2 套件中初始化面板的函式為 ggplot()；在 tmap 套件中初始化面板的函式則為 tm_shape()；同樣地，在 leaflet 套件亦有初始化函式：leaflet()。此外在上述前二套件中，可利用「+」連結各項函式，以達成疊圖作業或各項幾何元素的樣式設定，而在 leaflet 套件中則是使用「%>%」串聯函式。繪製互動地圖時，除了必須初始化面板外，更重要的是必須匯入線上地圖，乃利用 addTiles() 函式添加。以下示範繪製全世界的互動地圖，程式碼撰寫如下，產出結果如圖 2.9.11 所示。

```
leaflet()%>%
  addTiles()
```

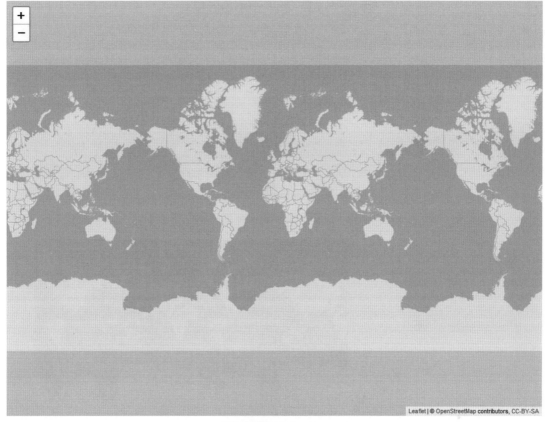

▲ 圖 2.9.11　`leaflet` 套件繪製世界動態地圖

　　預設的線上地圖爲開放街圖（OpenStreetMap, OSM），其爲內容開放，且能讓所有人共同編輯的世界地圖。若欲更改線上地圖之介接，則必須利用 `addProvider-Tiles()` 函式設定之。程式碼修正如下（以 Esri 線上地圖爲例），產出結果則依據各參數值不同整理如表 2.9-4 所示。須特別注意，各參數值代表不同地圖服務供應者所產出之線上地圖，如 `providers$Esri` 即表示介接美國環境系統研究所公司（ESRI）的線上地圖。

```
leaflet()%>%
    addProviderTiles(providers$Esri)
```

▼ 表 2.9-4　線上地圖樣式彙整

參數名稱	產出地圖
providers$Esri	
providers$Stamen	
providers$CartoDB	
providers$Wikimedia	

請注意表 2.9-4 僅羅列常用的線上地圖，其他參數值請參閱函式 `addProvider-Tiles()` 的文件檔（`?addProviderTiles`）。

接著，若欲加上各項點、線、面資料，則必須加上地理資料相關函式。「點」資料可由 `addCircles()` 建構，其中基本參數羅列如下。`data=` 函式用以連結所使用資料；`radius=` 用以設定點的大小；`stroke=` 用以設定是否需附加點的外框（參數值為 True 或 False，預設值為 True）；`color=` 用以設定點的顏色；`weight=` 用以設定外框的粗細；`opacity=` 用以決定外框的透明度；`fillColor=` 用以調整點內部的顏色；`fillOpacity=` 用以設定點內部的透明度；`label=` 用以設定點的標記文字。此外亦可使用地圖標記符號打點，即以 `addMarkers()` 函式建構之，其常用參數包括 `data=` 與 `label=`，請參照前文的設定方式，惟此原生函式修正樣式的參數較缺乏彈性。

「線」資料可由 `addPolylines()` 建構，而「面」資料則可透過 `addPoly-gons()` 建構，其中兩者的基本參數包括：`data=`、`color=`、`weight=`、`opacity=`、`fillColor=`、`fillOpacity=`、`label=`，參數之功能與設定方式與前文雷同，故不詳加贅述。

在參數 `label=` 後方必須連接屬性名稱變量，以確保地圖輸出結果中乃以該屬性標記文字，然必須特別注意的是，在屬性名稱前務必加上波浪號「`~`」。另外，由於 Leaflet 本身為 JavaScript 函式庫，故可利用 JavaScript 程式語言修正其外觀之呈現，使其功能得以擴充。

本節簡單透過紐西蘭地圖及其地貌高峰圖，繪製 `leaflet` 套件動態地圖，程式碼撰寫如下，出圖結果則如圖 2.9.12 所示。程式碼中 `st_transform()` 函式係轉換座標參考系統，將於 3.3 章節中詳述，請先忽略之。

```
leaflet()%>%
    addProviderTiles(providers$CartoDB)%>%
    addPolygons(data=st_transform(nz, 4326), color="red",
                fillColor="#CCCCFF", weight=2, label=~Name)%>%
    addCircleMarkers(data=st_transform(nz_height, 4326), stroke=F,
                radius=8, fillOpacity=0.2, label=~elevation)
```

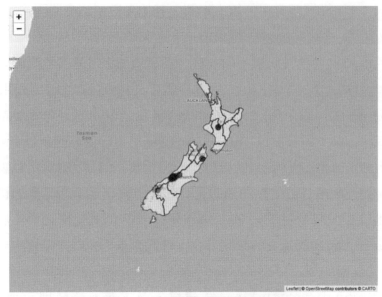

▲ 圖 2.9.12　　動態地圖繪製範例

　　Leaflet 繪製動態地圖廣泛應用於網頁與手機應用程式，而在 R 軟體中提供的 leaflet 套件則可進一步應用於 shiny 與 flexdashboard 套件，前者用以搭建網頁，後者則可建置動態儀表板，進而提供更具互動性與視覺化的地圖呈現。以下參考網頁乃利用 leaflet 套件搭配 flexdashboard 套件，製作新竹市區公共運輸（市區公車與公共自行車）動態資訊儀表板，如圖 2.9.13 所示，其中的動態地圖即是利用 Leaflet 繪製。

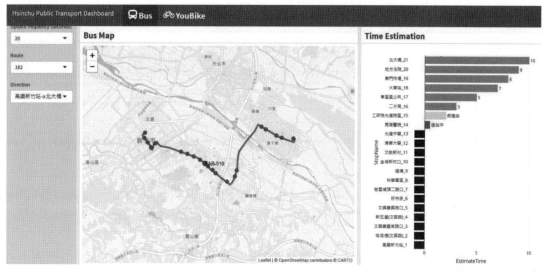

▲ 圖 2.9.13　動態地圖應用範例（新竹市區公共運輸儀表板）

CHAPTER 3

R 軟體地理資料建立及編修

在第 2 章中介紹地圖繪製的方法，我們所使用的地理資料（美國、紐西蘭地圖）皆來自 `spData` 套件，且其資料類型屬於 `sf` 與 `data.frame` 格式，故可逕自繪圖、分析空間與屬性資料。然而在實務上，地理資料通常是自圖資平臺或官方網站下載而得，抑或自行建立、編修，鮮少可以直接透過套件下載取得，故必須進一步學習如何在本機直接讀取與建立地理資料格式，如 Shapefile。此外，由於 Shapefile 格式具有儲存容量上的限制（最大 2 GB），針對巨量的地理資料難以透過 Shapefile 格式儲存傳輸，因此資料管理單位可能利用文字檔（如 .csv、.txt），或可擴展標記語言（XML）檔案貯存，而其中的空間資料則以 WKT 形式編碼，故必須進一步學習如何將文字資料轉換爲地理資料，便於後續空間分析。

在大部分的使用者介面軟體中，匯入地圖的方式相當容易，對於 Shapefile 格式僅需將檔案中的資料拖曳至軟體中，便可順利讀取使用；對於文字檔案，則可直接在軟體中設定參照的空間資料欄位，抑或選取參照的經緯度欄位，即可順利將文字資料轉換爲地理資料，並載入至軟體中進行分析。在 R 軟體中，若欲匯入 Shapefile 格式的地理資料，僅需簡單使用讀取的函式即可；然而對於文字資料的格式則必須經過諸多轉換步驟，較爲繁雜，故本章將先行說明在 R 軟體中如何藉由 WKT 格式定義空間資料，以了解利用程式建構地理資料的基礎原理。

本章 3.1 節中，將介紹簡單圖徵的功能，其爲空間資料的建立基礎，接著依序說明簡單圖徵幾何元素、簡單圖徵向量與簡單圖徵（`sf` 型態資料）三者的建構與彼此間之關係。3.2 節中探討在 R 軟體中匯入地理資料的方法，以及透過讀取文字資料之方式，進一步將其轉換爲地理資料。在空間資料建立完成後，最關鍵步驟乃賦予空間資料參照的座標系統，使其得以正確投影，進而有效進行空間分析。無論是自建的資料，抑或讀取者，皆須特別注意圖層的座標系統，以避免繪製地圖或空間分析時無法執行或產生謬誤，故於 3.3 章節中將細述查詢與轉換座標系統的方法。在新增或整理地理資料完成後，爲方便下次直接讀取使用，或需傳輸予其他使用者，則必須將地理資料匯出爲 Shapefile（或其他可讀取者）格式，抑或轉存爲一般文字資料，故於 3.4 節中將描述匯出檔案之方法，並羅列數種 R 軟體中可接受的地理資料格式，及其優缺點。最後，若是空間及屬性資料兩者的來源地不同，必須將其合併，以便進行空間分析，故本章於 3.5 節中將細步說明屬性資料與空間資料合併之方法。綜上所論，第 3 章乃著重於地理資料的建構，由空間資料的建立，乃至地理資料的讀取與匯出，最後再討論空間及屬性資料之合併。

　　請注意本章中將大量使用 1.2 章節 WKT 與 1.4 章節座標參考系統的觀念，故請再次複習此二章節內容，以利後續 R 軟體中空間資料建立及編修之實務操作。另外，在進入本章前，請確保已安裝 sf 套件，以便利用該套件建立、讀取、匯出、合併地理資料。

3.1 簡單圖徵之建構

　　在資料庫管理系統的概念中，資料模式（data model）係指資料庫的資料結構（data structures）、整合限制條件（integrity constraints）與資料運算（data manipulation）的整體架構。簡單圖徵即是一種資料模式，為許多地理資訊系統中資料結構的基礎，乃建立一套共同的「二維地理資料」存取標準，使任何符合標準的地理資料皆可在各系統中載入與匯出。此外，定義簡單圖徵的機構為開放地理空間協會（Open Geospatial Consortium, OGC），其為一標準化國際組織，致力於建構地理資料的開放式標準，以便資料於系統間轉換及共享。

　　簡單圖徵的最基本要素為簡單圖徵幾何元素（Simple Feature Geometries, sfg），其表示「一筆空間資料」，而多個簡單圖徵幾何元素即構成簡單圖徵向量（Simple Feature Columns, sfc），其仍為一組空間資料，並無附加屬性資料。若將空間資料附接屬性資料，即為簡單圖徵（Simple Features, sf），亦即一組完整的地理資料，必然同時含括空間及屬性資料。須注意的是，在 R 軟體中，`sf` 型態的資料即為簡單圖徵（可利用 `class()` 函式檢查資料型態，應為 `sf`），於 3.1.3 章節中將統整以上觀念，並具體利用實際資料說明各項要件的組成。另外，回顧 2.2「屬性資料擷取」章節中，一開始為了了解 `spData` 套件內 `us_states` 資料的類型，我們利用 `class()` 函式回傳結果，其資料類型乃 `sf` 與 `data.frame` 兩種型態。在該章節我們僅大略說明簡單圖徵的概念，而在此已有更加詳盡的認識，了解簡單圖徵在整個系統中的定義，以及構成簡單圖徵的元素、向量。接著，為更清楚理解如何利用 R 軟體的 `sf` 套件建構地理資料，以下小節將依序說明簡單圖徵幾何元素、簡單圖徵向量、簡單圖徵的建構，以及程式碼之撰寫。

▌ **3.1.1** 簡單圖徵幾何元素：Simple Feature Geometries (sfg)

空間資料純文本標記格式（WKT）乃利用單純文字記錄空間資料（請參閱 1.2 章節），得以壓縮儲存空間，並可描述二維空間中的幾何圖形，包括（多）點、（多）線、（多）面、幾何集合。在 R 軟體，可以利用 `sf` 套件中，以「`st_`」與「幾何名稱」所構成的函式建立簡單圖徵幾何元素，例如：`st_point()` 函式可建立點資料；`st_multipolygon()` 函式可建立多面的資料等。而各項函式中必須放置數值向量（numeric）、矩陣（matrix），或列表（list），以利用 R 軟體中原生的資料型態描述幾何元素。以下將逐一說明各幾何元素的程式撰寫。

1. 點（**POINT**）

單一點資料可透過 `st_point()` 函式建構，該函式中需設定一組向量 `c(x, y)`，明確定義點資料的橫座標（或經度）與縱座標（或緯度）。建立點資料的程式撰寫架構如下：

```
st_point(c(x, y))
```

以建構座標 (2, 3) 的空間資料為例，程式碼撰寫如下，其中分隔線之下為執行結果。

```
# 設定一組向量c(x, y)
point_eg=st_point(c(2, 3))

# 檢視point_eg
point_eg
```

```
## POINT (2 3)
```

範例中定義橫座標為 2，縱座標為 3，並利用 `st_point()` 函式建構，將地理資料儲存於變數 `point_eg` 中。而執行結果中，空間資料乃以 WKT 格式呈現（`POINT`

(2 3)）。另外，亦可進一步藉由 `class()` 函式查證 `point_eg` 變數的資料型態，程式碼撰寫如下，分隔線之下為執行結果。

```
# 檢查 point_eg 的資料型態
class(point_eg)
```
```
## [1] "XY"     "POINT" "sfg"
```

由上述程式碼回傳結果可知，利用 `st_point()` 函式建構的資料型態屬於「簡單圖徵幾何元素（sfg）」，且為「二維（XY）」的「點（POINT）」空間資料。值得一提的是，若是 `st_point()` 函式中所存放的向量含有 3 個元素，則第三個元素即表示 Z 座標的位置，亦即高度值。若為更明確驗證 `point_eg` 變數的資料型態，可以利用 `ggplot2` 套件直接繪製簡單圖徵幾何元素，程式碼撰寫如下，結果則如圖 3.1.1 所示。

```
# 繪圖
ggplot()+
  geom_sf(data=point_eg)
```

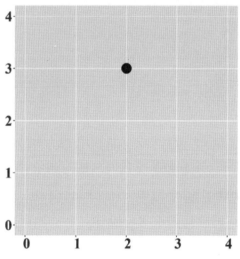

▲ 圖 3.1.1　點的簡單圖徵幾何元素圖示

圖 3.1.1 顯示 `point_eg` 變數的座標值爲 (2, 3)。此外，由上述繪圖程式碼及結果亦可發現，雖然簡單圖徵幾何元素（sfg）並無任何屬性資料，且僅爲單一的空間資料，仍可透過 `ggplot2` 套件繪製之。

2. 線（LINESTRING）

單一線資料可透過 `st_linestring()` 函式建構，該函式中必須設定爲一組陣列，而陣列在 R 軟體中乃透過 `rbind()` 函式建置。`rbind()` 函式內部則必須記錄數個向量 `c(x, y)`，乃將多個「向量」合併於「陣列」中，亦即將多個「點」合併爲「線」。必須注意的是，在陣列中向量出現的順序即表示線的走向，建立線資料的程式撰寫架構如下：

```
st_linestring(rbind(c(x1, y1), c(x2, y2), c(x3, y3), ……)))
```

以建構座標 (2, 3)、(4, 4)、(3, 5)、(1, 4) 四個點所構成的線資料爲例，程式碼撰寫如下，分隔線之下爲執行結果。

```
# 設定一組陣列 rbind()
linestring_eg=st_linestring(rbind(c(2,3), c(4,4), c(3,5), c(1,4)))

# 檢視 linestring_eg
linestring_eg
```
```
## LINESTRING (2 3, 4 4, 3 5, 1 4)
```

範例中四個點用向量 `c(x, y)` 記錄，並利用 `rbind()` 合併所有向量，最後再將合併的結果放置於 `st_linestring()` 函式內，即可建立由該四點所組成的線，並將空間資料儲存於 `linestring_eg` 變數中。由 `class()` 函式進一步查證 `linestring_eg` 變數的資料型態，程式碼撰寫如下，分隔線之下爲執行結果。

```
# 檢查 linestring_eg 的資料型態
class(linestring_eg)
```
```
## [1] "XY"        "LINESTRING" "sfg"
```

由 class() 函式輸出結果可知，利用 st_linestring() 函式所建構的資料型態屬於「簡單圖徵幾何元素（sfg）」，且爲「二維（XY）」的「線（LINESTRING）」空間資料。同樣地，亦可直接利用 ggplot2 套件繪製 linestring_eg 簡單圖徵，如圖 3.1.2 所示。

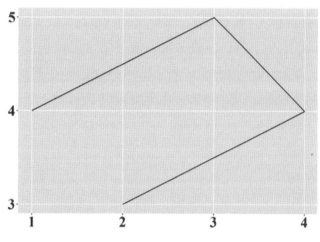

▲ 圖 3.1.2　線的簡單圖徵幾何元素圖示

3.面（POLYGON）

單一面資料可透過 st_polygon() 函式建構，該函式中必須設定爲一組列表，而列表在 R 軟體中乃透過 list() 函式建置。建構單一面資料僅須將線資料的 rbind() 函式全部移入 list() 內部即可，惟須注意 rbind() 函式內第一個向量與最後一個向量必須相同，以形成封閉的空間。建立面資料的程式撰寫架構如下：

```
st_polygon(list(rbind(c(x1, y1), c(x2, y2), ……, c(x1, y1)))))
```

以建構座標 (2, 3)、(4, 4)、(3, 5)、(1, 4) 四個點所構成的面資料爲例，程式碼撰寫如下，分隔線之下爲執行結果。

```
# 設定一組列表 list()
polygon_eg=st_polygon(list(rbind(c(2,3), c(4,4), c(3,5),
                                 c(1,4), c(2,3))))
```

```
# 檢視 polygon_eg
polygon_eg
```
```
## POLYGON ((2 3, 4 4, 3 5, 1 4, 2 3))
```

　　範例中四個點用向量 `c(x, y)` 記錄，並利用 `rbind()` 合併所有向量。此處須特別注意，第一個向量為 (2, 3)，而最後一個亦必須為 (2, 3)，以確保形成封閉面狀空間，故 `rbind()` 函式中共有 4+1=5 個向量。接著將合併結果放入 `list()` 內部，並將列表資料放置於 `st_polygon()` 函式內，即可建立由該四點所組成的面。範例中乃將空間資料儲存於 `polygon_eg` 變數。由 `class()` 函式進一步查證 `polygon_eg` 變數的資料型態，程式碼撰寫如下，分隔線之下為執行結果。

```
# 檢查 polygon_eg 的資料型態
class(polygon_eg)
```
```
## [1] "XY"        "POLYGON" "sfg"
```

　　由 `class()` 函式輸出結果可知，利用 `st_polygon()` 函式所建構的資料型態屬於「簡單圖徵幾何元素（sfg）」，且為「二維（XY）」的「面（POLYGON）」空間資料。圖 3.1.3 為 `polygon_eg` 的簡單圖徵圖示。

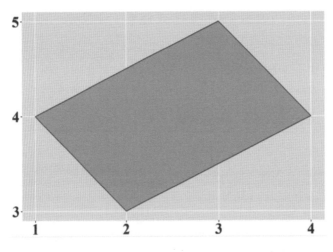

▲ 圖 3.1.3　面的簡單圖徵幾何元素圖示

4. 多點（MULTIPOINT）

　　多點資料可透過 `st_multipoint()` 函式建構，該函式中需設定一組陣列 `rbind()`，並於其中填入向量 `c(x, y)`，乃將「向量」合併於「陣列」中，亦即將各個「單一點」組合為「多點」。此建構方法與線（LINESTRING）完全相同，惟所使用的「`st_*`」函式不同。多點資料的程式撰寫架構如下：

```
st_multipoint(rbind(c(x1, y1), c(x2, y2), ……))
```

　　以建構座標 (2, 3)、(4, 4)、(3, 5)、(1, 4) 四個點所構成的多點資料為例，程式碼撰寫如下，分隔線之下為執行結果。

```
# 設定一組陣列 rbind()
mpoint_eg=st_multipoint(rbind(c(2,3), c(4,4), c(3,5), c(1,4)))

# 檢視 mpoint_eg
mpoint_eg
```
```
## MULTIPOINT ((2 3), (4 4), (3 5), (1 4))
```

　　範例中四個點用向量 `c(x, y)` 記錄，並利用 `rbind()` 合併所有向量。最後再將合併的結果放置於 `st_multipoint()` 函式內，即可建立由該四點所組成的多點。範例中乃將空間資料儲存於 `mpoint_eg` 變數。由 `class()` 函式進一步查證 `polygon_eg` 變數的資料型態，程式碼撰寫如下，其中分隔線之下為執行結果。

```
# 檢查 mpoint_eg 的資料型態
class(mpoint_eg)
```
```
## [1] "XY"         "MULTIPOINT" "sfg"
```

　　由 `class()` 函式輸出結果可知，利用 `st_multipoint()` 函式所建構的資料型態屬於「簡單圖徵幾何元素（sfg）」，且為「二維（XY）」的「多點（MULTIPOINT）」空間資料。圖 3.1.4 為 `polygon_eg` 的簡單圖徵圖示。

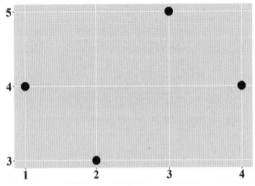

▲ 圖 3.1.4 多點的簡單圖徵幾何元素圖示

5. 多線（MULTILINESTRING）

　　多線資料可透過 `st_linestring()` 函式建構，該函式內可設定一組列表 `list()`，並於其中填入多組 `rbind()` 函式。`rbind()` 函式乃用以將多個「向量」合併於「陣列」中，即為將多個「點」合併為「線」。一組線資料由一組 `rbind()` 函式構成，而不同的線段間在 `list()` 函式內則以逗號分隔。此建構方法與面（POLYGON）類似，惟所使用的「`st_*`」函式不同。多線資料的程式撰寫架構如下。

```
st_multilinestring(list(rbind(c(x1, y1), c(x2, y2), ……),
                        rbind(c(x3, y3), c(x4, y4), ……)))
```

　　若欲建構兩條直線：(2, 3)、(4, 4)、(3, 5) 所構成的第一條線，以及 (2, 5)、(1, 2) 所構成的第二條線，則程式碼撰寫如下，分隔線之下為執行結果。

```
# 設定一組列表 list()
mlinestring_eg=st_multilinestring(list(rbind(c(2,3), c(4,4), c(3,5)),
                                       rbind(c(2,5), c(1,2))))

# 檢視 mlinestring_eg
mlinestring_eg
## MULTILINESTRING ((2 3, 4 4, 3 5), (2 5, 1 2))
```

範例中各單一線段乃利用 `rbind()` 函式構成，並透過 `list()` 函式將所有線段整併為多線空間資料。範例中乃將空間資料儲存於 `mlinestring_eg` 變數。由 `class()` 函式進一步查證 `mlinestring_eg` 變數的資料型態，程式碼撰寫如下，其中分隔線之下為執行結果。

```
# 檢查 mlinestring_eg 的資料型態
class(mlinestring_eg)
```
```
## [1] "XY"              "MULTILINESTRING" "sfg"
```

由 `class()` 函式輸出結果可知，利用 `st_multilinestring()` 函式所建構的資料型態屬於「簡單圖徵幾何元素（sfg）」，且為「二維（XY）」的「多線（MULTILINESTRING）」空間資料。圖 3.1.5 為 `mlinestring_eg` 的簡單圖徵圖示。

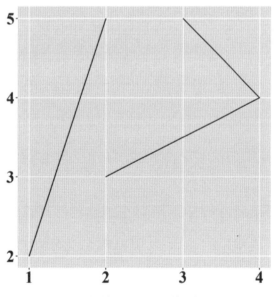

▲ 圖 3.1.5　多線的簡單圖徵幾何元素圖示

6. 多面（MULTIPOLYGON）

多面資料可透過 `st_multipolygon()` 函式建構，該函式內可設定一組列表 `list()`，而在該最外層的列表內部，可置入多組列表 `list()`，以表示建構多個不同的面資料。一組面資料由一組 **list()** 函式構成，而不同的面資料間在最外層的列表 **list()** 中乃以逗號分隔。另外必須注意的是，每一個面資料當中，第一個向量與最後一個向量必須一致，以確保建構封閉的面空間資料。多面資料的程式撰寫架構如下。

```
st_multilpolygon(list(list(rbind(c(x1, y1), ……, c(x1, y1))),
                      list(rbind(c(x2, y2), ……, c(x2, y2)))))
```

若欲建構兩個面：(2, 3)、(4, 4)、(3, 5)、(1, 4) 所構成的四邊形，以及 (1, 5)、(2, 5)、(3, 6) 所構成的三角形，則程式碼撰寫如下，分隔線之下為執行結果。

```
# 設定一組列表 list()
mpolygon_eg=st_multipolygon(list(list(rbind(c(2,3), c(4,4), c(3,5),
                                            c(1,4), c(2,3))),
                                 list(rbind(c(1,5), c(2,5), c(3,6),
                                            c(1,5)))))

# 檢視 mpolygon_eg
mpolygon_eg
```
```
## MULTIPOLYGON (((2 3, 4 4, 3 5, 1 4, 2 3)), ((1 5, 2 5, 3 6, 1 5)))
```

範例中乃將空間資料儲存於 **mpolygon_eg** 變數。由 **class()** 函式進一步查證該變數的資料型態，程式碼撰寫如下，其中分隔線之下為執行結果。

```
# 檢查 mmpolygon_eg 的資料型態
class(mpolygon_eg)
```
```
## [1] "XY"            "MULTIPOLYGON" "sfg"
```

由 **class()** 函式輸出結果可知，利用 **st_multipolygon()** 函式所建構的資料型態屬於「簡單圖徵幾何元素（sfg）」，且為「二維（XY）」的「多面（MULTI-POLYGON）」空間資料。圖 3.1.6 為 **mpolygon_eg** 的簡單圖徵圖示。

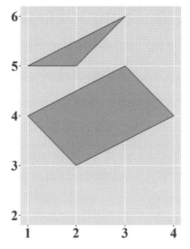

▲ 圖 3.1.6　多面的簡單圖徵幾何元素圖示

　　本小節中介紹諸多常用的簡單圖徵幾何元素（sfg），（多）點線面皆可由 R 軟體中的數值向量（numeric）、陣列（matrix），以及列表（list）建構，然建構幾何元素的程式碼稍嫌凌亂，為避免混淆，將本小節所提及的簡單圖徵幾何元素，及其建構程式碼整理如表 3.1-1 所示。

▼ 表 3.1-1　簡單圖徵幾何元素建構程式碼彙整

幾何	簡單圖徵幾何元素	建構程式碼
點	`st_point()`	`c( )`
線	`st_linestring()`	`rbind(c( ), ……, c( ))`
面	`st_polygon()`	`list(rbind(c( ), ……, c( )))`
多點	`st_multipoint()`	`rbind(c( ), ……, c( ))`
多線	`st_multilinestring()`	`list(rbind(c( ), ……, c( )), ……,` `rbind(c( ), ……, c( )))`
多面	`st_multipolygon()`	`list(list(rbind(c( ), ……, c( ))), ……,` `    list(rbind(c( ), ……, c( ))))`

3.1.2　簡單圖徵向量：Simple Feature Columns (sfc)

　　簡單圖徵向量（sfc）即由多個簡單圖徵幾何元素（sfg）所構成，此外亦可賦予座標參考系統，使空間資料的定義更加完整。R 軟體中，`sf` 型態資料內的空間資料即爲簡單圖徵向量（sfc），可以利用 `class()` 函式檢驗之。以下檢驗 `spData` 套件所提供之 `us_states` 資料內的空間資料類型，其中 `us_states` 的空間資料名爲「`geometry`」。程式碼撰寫如下，分隔線下方爲執行結果。

```
class(us_states$geometry)
## [1] "sfc_MULTIPOLYGON" "sfc"
```

　　由上述結果可知，`us_states` 資料內的空間資料屬於簡單圖徵向量（sfc），此外亦可發現，該簡單圖徵向量乃由「多面（MULTIPOLYGON）」的幾何元素所構成。

　　接著讓我們實際透過簡單圖徵幾何元素（sfg）建構簡單圖徵向量（sfc），在 `sf` 套件中可利用 `st_sfc()` 函式達成此一目的，該函式內部需填放簡單圖徵幾何元素（sfg）的建置結果。以下範例先行建立三個點資料，隨後再將所有點集結爲簡單圖徵向量（sfc），程式碼撰寫如下，分隔線下方爲執行結果。

```
# 建立簡單圖徵幾何元素
point1=st_point(c(3, 5))
point2=st_point(c(2, 6))
point3=st_point(c(1, 4))

# 建立簡單圖徵向量
point123=st_sfc(point1, point2, point3)

# 查看 point123 資料型態
class(point123)
## [1] "sfc_POINT" "sfc"
```

　　程式碼中 point1 為點 (3, 5)；point2 為點 (2, 6)；point3 為點 (1, 4)，而 point123 乃將以上三點合併至一向量中。從上述結果可證，由 st_sfc 函式所建構的資料類型乃屬於簡單圖徵向量（sfc），且亦可發現該資料係由「點（POINT）」幾何元素所構成。此外，為更理解 st_sfc() 函式回傳結果的細部資訊，請直接執行 point123 此一變數，即可回傳空間資料報表以進一步判讀，程式碼如下，報表回傳結果陳列於分隔線下方。

```
# 查看 point123 細目
point123
```

```
## Geometry set for 3 features
## Geometry type: POINT
## Dimension:      XY
## Bounding box:   xmin: 1 ymin: 4 xmax: 3 ymax: 6
## CRS:            NA
## POINT (3 5)
## POINT (2 6)
## POINT (1 4)
```

　　從報表中判讀，Geometry set for 3 features 表示 point123 中含有 3 筆地理資料，Geometry type: POINT 意指本資料中由單一點之幾何元素所構成。Bounding box: 一欄則顯示 point123 資料中，所有幾何元素的最外框邊界，在 point123 的所有三個點中，橫座標最大值為 3（xmax: 3），最小值為 1（xmin: 1）；縱座標最大值為 6（ymax: 6），最小值為 4（ymin: 4）。CRS: 乃描述 point123 空間資料所採用的座標參考系統，然而由於我們並未定義之，故上述報表中僅呈現 NA。最後報表詳列每一個幾何元素的 WKT 格式，如 POINT (3 5)。

　　在 3.1.1 小節中，我們可以直接將簡單圖徵幾何元素（sfg）透過 ggplot2 套件繪製地圖，同樣地，該套件亦支援簡單圖徵向量（sfc）之繪製。以 point123 資料為例，其地圖繪製如圖 3.1.7 所示。

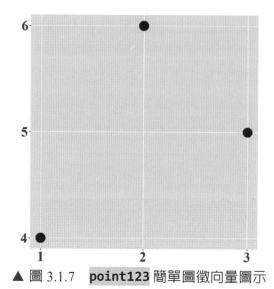

▲ 圖 3.1.7　**point123** 簡單圖徵向量圖示

　　接著，我們必須進一步學習如何透過 `st_sfc()` 函式給定座標參考系統，使地理資料的建構更加完整。在該函式中僅需設定 `crs=` 參數即可賦予座標參考系統，而參數值可直接寫下 EPSG 代碼（請參閱 1.4 章節中關於 EPSG 之設定方式）。假使 `point123` 資料所記錄的座標值為經緯度格式，可以設定參數值 `crs=4326`，表示使用地理座標系統，且其 EPSG 代碼為 4326。程式碼撰寫如下，其中分隔線下方為執行結果，產出地圖則如圖 3.1.8 所示。

```
# 建立簡單圖徵向量（附加CRS）
point123=st_sfc(point1, point2, point3, crs=4326)

# 查看point123細目
point123
```
```
## Geometry set for 3 features
## Geometry type: POINT
## Dimension:     XY
## Bounding box:  xmin: 1 ymin: 4 xmax: 3 ymax: 6
## Geodetic CRS:  WGS 84
## POINT (3 5)
## POINT (2 6)
## POINT (1 4)
```

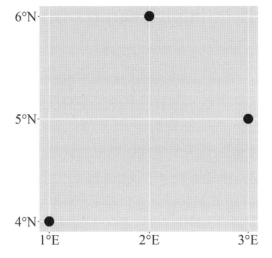

▲ 圖 3.1.8　**point123** 簡單圖徵向量圖示（crs 設定為 4326）

　　在上述程式碼執行結果中可以發現，Geodetic CRS: 爲「WGS 84」，亦即使用的是全球通用的經緯度座標系統，其 EPSG 代碼爲 4326。讀者可特別注意圖 3.1.7 與圖 3.1.8 兩張出圖結果之差異，前者因未設定參考座標系統，故座標軸僅填列純數值；而後者因指明座標系統乃採用 WGS 84 經緯度系統，故橫座標的數值 1 即表示東經 1 度，縱座標的數值 4 即表示北緯 4 度。

　　另外，爲查看或確認資料的參考座標系統，可以利用「st_crs(資料)$epsg」回傳 EPSG 的代碼。關於 st_crs() 函式的說明，將於 3.3 章節中有更細部的介紹，在此僅先引用該函式來檢查建構完成的簡單圖徵向量是否具有座標參考系統。再以 point123 資料爲例，前文已添加 EPSG:4326 之座標參考系統，透過 st_crs()$epsg 函式加以檢查確認。程式碼撰寫如下，分隔線下方爲執行結果。

```
st_crs(point123)$epsg
```
```
## [1] 4326
```

　　由此可證，point123 資料確實使用 EPSG:4326 之座標參考系統。

3.1.3　簡單圖徵：Simple Features (sf)

　　簡單圖徵向量（sfc）建構完成後，即代表地理資料中的「空間資料」已成功建立，接下來必須思考的是如何將空間資料對應至其屬性資料，以建構完整的簡單圖徵（Simple Features, sf），亦即 R 軟體中 `sf` 型態的資料。簡單圖徵（Simple Features, sf）乃為一組由 `data.frame` 所建構的純屬性資料，與建構純空間資料的簡單圖徵向量（sfc）合併而成。為了更清楚了解簡單圖徵（Simple Features, sf）的概念，以下利用 `us_states` 資料進一步說明，並統整 3.1 所提及的各項名詞及其概念，如圖 3.1.9 所示。

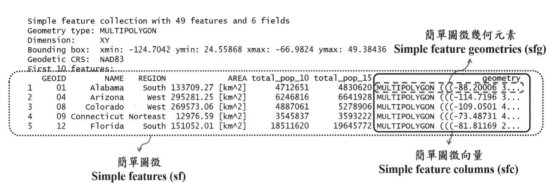

▲ 圖 3.1.9　簡單圖徵相關名詞總整理

　　圖 3.1.9 顯示完整的 `sf` 型態資料，其中簡單圖徵幾何元素（sfg）表示「一筆空間資料」，其表示方法乃利用 WKT 格式呈現，如圖中淺灰虛框線處表示的是 Alabama 州的多面（Multipolygon）幾何資料。若將多筆空間資料合併，即形成簡單圖徵向量（sfc），如深灰實框線處表示的是美國各州的所有空間資料。若將空間資料與屬性資料合併，即能建構簡單圖徵（Simple Features, sf）資料，如深灰虛框線處表示的是美國各州的屬性與空間資料，其中空間資料的表頭名稱通常定為 geometry，即圖 3.1.9 中綠色框線內的表頭。僅僅定義空間與屬性資料仍稱不上一完整的地理資料，必須進一步設定座標參考系統，尚能使地理資料的描述更加完整、精確，如 `us_states` 資料的座標參考系統為 NAD83（EPSG:4269）。

　　在 R 軟體中，可以利用 `st_sfc()` 函式建構純空間資料，即簡單圖徵向量（sfc），並可利用 data.frame() 函式將屬性資料與 st_sfc() 函式所建構之空間資料合併，最後再藉由 st_sf() 函式將 data.frame 格式轉換爲簡單圖徵之 sf 格式。st_sf() 函式中必須放置具有屬性及空間資料之 data.frame 格式，此外另有一參數 crs= 乃設定地理資料的座標參考系統。惟須注意的是，若在 st_sfc() 函式中已設定座標參考系統，則在 st_sf() 函式中可不必再次設定。建構地理資料的方法與步驟整理如下：

```
空間資料=st_sfc(……, crs=)
屬性與空間資料=data.frame(屬性資料, 空間資料)
地理資料=st_sf(屬性與空間資料, crs=)
```

爲具體了解建構完整地理資料的方式，本節乃利用新竹市三個行政區（東區、北區、香山區）的區公所爲例，建立其空間與屬性（地址、電話）資料。我們可以先行自 Google 地圖查詢以上三個區公所的經緯度，以及其屬性資訊，整理如表 3.1-2 所示。詳細建立步驟與說明則如後文。

▼ 表 3.1-2　新竹市區公所空間及屬性資料彙整

區公所	經度	緯度	地址	電話
東區區公所	120.973255	24.805162	民族路 40 號	03-5218231
北區區公所	120.970314	24.816374	國華街 69 號	03-5152525
香山區區公所	120.942268	24.794044	育德街 188 號	03-5307105

首先，利用 st_sfc() 函式建構新竹市各區公所的空間資料，並在此定義座標參考系統係採用 EPSG:4326，程式碼撰寫如下：

```
# 依序建立空間資料
office_geom=st_sfc(
  st_point(c(120.973255, 24.805162)),   # 東區區公所經緯度
  st_point(c(120.970314, 24.816374)),   # 北區區公所經緯度
  st_point(c(120.942268, 24.794044)),   # 香山區區公所經緯度
  crs=4326)                             # 設定座標參考系統
```

此時，我們可以先利用 class() 函式初步觀察此空間資料（office_geom）的類型，程式碼撰寫如下，分隔線下方為執行結果。

```
# 檢查 office_geom 資料型態
class(office_geom)

## [1] "sfc_POINT" "sfc"
```

由上述回傳結果可發現，office_geom 空間資料乃屬於簡單圖徵向量（sfc），且幾何元素係以點（POINT）所構成。接著，可利用 data.frame() 函式進一步建立屬性資料，同時必須在最後一欄位填放已建立完成的空間資料（office_geom），程式碼撰寫如下。

```
# 依序建立屬性資料，並將空間資料合併於後
office=data.frame(
    name=c("東區","北區","香山區"),                          # 區域名稱
    address=c("民族路 40 號","國華街 69 號","育德街 188 號"),   # 區公所地址
    phone=c("03-5218231","03-5152525","03-5307105"),       # 區公所電話
    office_geom                                             # 放入空間資料
)
```

同樣地，可以再次利用 class() 函式檢查 office 資料所屬類型，程式碼撰寫如下，分隔線下方則為執行結果。

```
# 檢查 office 資料型態
class(office)

## [1] "data.frame"
```

由以上結果觀之，office 資料中即便含有簡單圖徵向量（sfc）的空間資料，仍屬於 data.frame 之格式，如是該資料尚無法進行空間操作與分析，故必須進一步透過 st_sf() 函式加以轉換，並再次檢驗新資料的所屬型態，程式碼撰寫如下。

```
# 轉換 office 的資料格式
office=st_sf(office)


# 再次檢查 office 資料型態
class(office)
```

```
## [1] "sf"           "data.frame"
```

由以上結果可發現，將 data.frame 之格式透過 st_sf() 函式轉換後，其資料型態仍保留 data.frame 之格式，同時含有 sf 之型態，表示最終結果為完整的地理資料。輸出 office 資料內容如下所示。

```
# 輸出 office 資料
office
```

```
## Simple feature collection with 3 features and 3 fields
## Geometry type: POINT
## Dimension:     XY
## Bounding box:  xmin: 120.9423 ymin: 24.79404 xmax: 120.9733 ymax: 24.81637
## Geodetic CRS:  WGS 84
##      name     address      phone                 geometry
## 1   東區   民族路 40 號 03-5218231 POINT (120.9733 24.80516)
## 2   北區   國華街 69 號 03-5152525 POINT (120.9703 24.81637)
## 3 香山區 育德街 188 號 03-5307105 POINT (120.9423 24.79404)
```

以上程式碼的空間資料乃在 st_sfc() 函式中設定座標參考系統，此外亦可直接在 st_sf() 函式中設定，程式碼修正如下，所得結果則與前文完全一致。

```
# 依序建立空間資料 ( 暫且不設定 CRS )
office_geom=st_sfc(
  st_point(c(120.973255, 24.805162)),    # 東區區公所經緯度
  st_point(c(120.970314, 24.816374)),    # 北區區公所經緯度
  st_point(c(120.942268, 24.794044)))    # 香山區區公所經緯度
```

```
# 依序建立屬性資料，並將空間資料合併於後
office=data.frame(
    name=c("東區","北區","香山區"),                    # 區域名稱
    address=c("民族路 40 號","國華街 69 號","育德街 188 號"),  # 區公所地址
    phone=c("03-5218231","03-5152525","03-5307105"),       # 區公所電話
    office_geom                                         # 放入空間資料
)

# 轉換 office 的資料格式（在此設定 CRS）
office=st_sf(office, crs=4326)
```

　　最後，為了檢驗所建構的地理資料是否確為 sf 型態，亦可利用 ggplot2 套件繪製地圖，並添加屬性文字訊息。請讀者參考第 2 章繪製地圖之內容練習，產出結果如圖 3.1.10 所示，其中文字訊息添加區名與區公所電話。

▲ 圖 3.1.10　簡單圖徵建構範例（新竹市區公所）

3.2 讀取地理資料

在 3.1.3 小節中介紹如何手動建立空間及屬性資料，然而實務上地理資料多以
Shapefile 格式或純文字格式儲存，無須自行手動建置，故本章節中將進一步於 3.2.1
小節討論如何利用 `sf` 套件讀取既有的 Shapefile 格式地理資料，並於 3.2.2 小節中介
紹如何將純文字資料轉換爲地理資料。

請先確認已下載本書所使用的資料，若尚未取得，煩請參考 1.6.6 小節「藉由網
址連結（https://github.com/ChiaJung-Yeh/Spatial-Analysis/raw/master/data.zip） 直
接下載檔案」的操作方式取得之。

3.2.1 匯入 Shapefile 格式

在 `sf` 套件中提供 `read_sf()` 函式讀取本機的資料，其中函式內必須填放資料
的存取路徑，可爲絕對路徑或相對路徑。請注意，在撰寫路徑時，各資料夾間的分
隔號務必使用「/」（單一斜線），或「\\」（雙反斜線）。在相對路徑中，第一個
字元爲句點「.」，其表示與程式檔案（R Script）同一層資料夾；若爲兩個句點「..」，
則表示爲程式檔案（R Script）所在資料夾的上一層。

在本書所提供的檔案（「data」資料夾）中，請尋找到「taipei_map」子資料夾
內的「taipei_village_map.shp」地理資料。以下範例程式碼中係利用相對路徑讀取
該資料，且假設「data」資料夾與程式檔案（R Script）位於同一層資料夾中。程式
碼中爲確認資料是否正確讀取，可利用 `head()` 函式輸出結果，以查看其前六筆資
料。

```
# 讀取資料（相對路徑）
taipei_village_map1=
read_sf("./data/taipei_map/taipei_village_map.shp")
```

```
# 查看 taipei_village_map 前六筆資料
head(taipei_village_map1)
```

```
## Simple feature collection with 6 features and 10 fields
## Geometry type: POLYGON
## Dimension:    XY
## Bounding box:  xmin: 305833.7 ymin: 2761906 xmax: 308529.2 ymax: 2764253
## Projected CRS: TWD97 / TM2 zone 121
## # A tibble: 6 x 11
## VILLCODE COUNTYNAME TOWNNAME VILLNAME VILLENG COUNTYID COUNTYCODE TOWNID
## <chr>     <chr>     <chr>    <chr>    <chr>   <chr>    <chr>      <chr>
## 1 63000080031 臺北市    文山區   樟新里   Zhangxin ~ A    63000      A11
## 2 63000080037 臺北市    文山區   老泉里   Laoquan V~ A    63000      A11
## 3 63000080032 臺北市    文山區   樟腳里   Zhangjiao~ A    63000      A11
## 4 63000080041 臺北市    文山區   樟文里   Zhangwen ~ A    63000      A11
## 5 63000080043 臺北市    文山區   樟樹里   Zhangshu ~ A    63000      A11
## 6 63000080029 臺北市    文山區   順興里   Shunxing ~ A    63000      A11
## # ... with 3 more variables: TOWNCODE <chr>, PP <int>, geometry <POLYGON [m]>
```

除了 read_sf() 函式外，sf 套件亦提供 st_read() 函式可讀取 Shapefile 格式，
程式碼撰寫如下，分隔線下方為該函式的產出結果。

```
# 讀取資料 (相對路徑)
taipei_village_map2=
st_read("./data/taipei_map/taipei_village_map.shp")
```

```
## Reading layer `taipei_village_map' from data source
##   using driver `ESRI Shapefile'
## Simple feature collection with 456 features and 10 fields
## Geometry type: POLYGON
## Dimension:    XY
## Bounding box:  xmin: 296103.7 ymin: 2761535 xmax: 317204.1 ymax: 2789175
## Projected CRS: TWD97 / TM2 zone 121
```

st_read() 函式執行完成會在 R Studio 的 Console 中自動生成摘要表，其中羅列地理資料的幾何類型、邊界範圍等，而 read_sf() 函式讀取完資料後，並不會自動產出任何報表。此外，兩函式的最大差別在於「資料型態」，可利用 class() 函式檢驗兩讀取資料的類型，程式碼撰寫如下。

```
# 使用 read_sf() 匯入的資料型態

class(taipei_village_map1)

## [1] "sf"          "tbl_df"     "tbl"        "data.frame"
```

```
# 使用 st_read() 匯入的資料型態

class(taipei_village_map2)

## [1] "sf"          "data.frame"
```

read_sf() 函式讀取所得資料除了是 sf 與 data.frame 格式外，亦為 tbl_df 與 tbl 格式，乃 tidyverse 套件中的 tibble 物件，類似 data.frame 之資料型態。惟 tibble 與 data.frame 兩者並沒有太大的差異，僅是不同套件儲存或操作資料的特定格式，使用上沒有太多限制，且亦可相互轉換，故本書中不深入探討兩者間的差別，僅須了解 read_sf() 與 st_read() 函式皆可讀取 Shapefile 格式。而基於統一與習慣，本書後續讀取檔案皆採用 read_sf() 函式。

▌3.2.2　匯入文字格式（.csv、.txt）與建構地理資料

在 3.2.1 小節中，了解如何利用 sf 套件直接讀取 Shapefile 格式，然而實務上資料管理單位不一定會直接提供 Shapefile 格式，乃因該格式具最大儲存空間之限制（2 GB），且變數名稱最多僅能有 10 個字元，故若資料量相當龐大，即不適合透過 Shapefile 格式儲存。而單純文字資料中，除了可儲存屬性資料，亦可利用 WKT 格式記錄空間資料，使資料的容量大幅減少。此外，在地理資料開放平臺上，有諸多「點」幾何形態的資料，通常會將「經緯度」直接儲存於文字資料的其二欄位中（如

其中一欄經度為 Longitude；另一欄則為 Latitude），如是可以節省許多儲存空間。綜上所述，為更靈活運用實務上的資料，本小節將進一步介紹如何將純文字資料轉換為具有空間及屬性的完整地理資料。

由於文字資料內的空間資料大多是以 WKT 格式儲存，我們必須將 WKT 格式轉變為簡單圖徵向量（sfc），以初步建構空間資料。在 **sf** 套件中 **st_as_sfc()** 函式可將一組文字資料直接轉換為簡單圖徵向量（sfc），其建構方式如下：

```
st_as_sfc("WKT 文字資料")
```

以「POINT (2 3)」的 WKT 文字格式為例，僅需將該組文字直接置入 **st_as_sfc()** 函式中，即可回傳簡單圖徵向量（sfc），程式碼撰寫如下，分隔線下方為執行結果。

```
# 將 WKT 文字資料放入 st_as_sfc 函式中
point1=st_as_sfc("POINT (2 3)")

# 查看 point1 資料
point1
```

```
## Geometry set for 1 feature
## Geometry type: POINT
## Dimension:     XY
## Bounding box:  xmin: 2 ymin: 3 xmax: 2 ymax: 3
## CRS:           NA
## POINT (2 3)
```

```
# 檢查 point1 的資料類型
class(point1)
```

```
## [1] "sfc_POINT" "sfc"
```

由上述回傳結果可知，藉由 **st_as_sfc()** 函式可將純文字資料轉變為簡單圖徵向量（sfc）。而若欲合併多組 WKT 文字格式，可建立一組純文字向量，並將該

向量置於 `st_as_sfc()` 函式，亦可取得多個幾何元素所構成的空間資料。以建構「POINT (2 3)、POINT (4 5)、POINT (6 7)」三個單一點所構成的空間資料爲例，程式碼撰寫如下，執行結果如分隔線下方所示。

```
# 建立文字向量
point2=c("POINT (2 3)", "POINT (4 5)", "POINT (6 7)")

# 將 WKT 文字向量放入 st_as_sfc 函式中
point2=st_as_sfc(point2)

# 查看 point2 資料
point2
```
```
## Geometry set for 3 features
## Geometry type: POINT
## Dimension:      XY
## Bounding box:   xmin: 2 ymin: 3 xmax: 6 ymax: 7
## CRS:            NA
## POINT (2 3)
## POINT (4 5)
## POINT (6 7)
```

```
# 檢查 point2 的資料類型
class(point2)
```
```
## [1] "sfc_POINT" "sfc"
```

透過以上範例，我們可以清楚了解如何透過 `st_as_sfc()` 函式將文字格式轉變爲簡單圖徵向量（sfc），此一操作方法對於後續的資料轉換甚爲重要。

在探討文字資料轉換爲完整地理資料的操作方法之前，我們必須先學習讀取文字資料的方式。R 軟體中，可透過 `read.csv()` 或 `read.table()` 函式讀取文字資料，其中「.csv」檔案可以利用上述兩函式讀取之，而「.txt」檔案則僅可使用後者讀取。`read.csv()` 函式中必須填入文字資料的路徑，可爲相對路徑或絕對路徑。參數 `header=` 設定該資料是否有表頭，若有應設定「`header=T`」；否則設定為「`header=F`」。此外必須特別注意的是「文字資料的編碼」，該函式中提供參數 `fileEncoding=` 可設置文字編碼，通常中文採用的是 UTF-8 或 Big5 字符標準，故應設定該參數為「`fileEncoding="UTF-8"`」或「`fileEncoding="Big5"`」，即可避免出現中文亂碼問題。

　　了解上述函式的參數設定及用途後，接著以下使用實際的純文字資料建構完整地理資料，以熟稔資料間轉換的操作程序。在本書所提供的檔案（「data」資料夾）中，請尋找到「csv_files」子資料夾內的「hsinchu_bus_route.csv」逗號分隔資料。該資料中乃記錄新竹市區公車的空間及屬性資訊，含括公車路線代碼（RouteUID）、公車路線名稱（RouteName）、公車子路線代碼（SubRouteUID），以及最重要的 WKT 格式之空間資料（Geometry）。以下範例中係利用 `read.csv()` 函式先行讀取該文字資料，並藉由 `st_as_sfc()` 函式將 WKT 文字資料轉換為空間資料，最後再透過 `st_sf()` 函式將 `data.frame()` 資料轉便為簡單圖徵（Simple Features, sf）。程式碼撰寫依序說明如下，分隔線下方為執行結果。

```
# 讀取 .csv 檔案
hsinchu_bus_route=read.csv("./data/csv_files/hsinchu_bus_route.csv")

# 檢查 hsinchu_bus_route 資料型態
class(hsinchu_bus_route)
```
```
## [1] "data.frame"
```

利用 `read.csv()` 函式讀取的資料，其資料型態屬於 `data.frame`。由於 `hsinchu_bus_route` 中，空間資料乃利用 WKT 文字格式儲存於 Geometry 欄位，故必須利用 `st_as_sfc` 函式將該文字向量（欄位）轉換為簡單圖徵向量（sfc）。

```
# 將 WKT 文字向量放入 st_as_sfc 函式中
hsinchu_bus_route$Geometry=st_as_sfc(hsinchu_bus_route$Geometry)

# 檢查 hsinchu_bus_route 資料型態
```

```
class(hsinchu_bus_route)
```

```
## [1] "data.frame"
```

```
# 檢查 hsinchu_bus_route 中 Geometry 的資料型態
class(hsinchu_bus_route$Geometry)
```

```
## [1] "sfc_LINESTRING" "sfc"
```

　　由上述資料型態檢驗結果可以發現，`hsinchu_bus_route` 中的 Geometry 欄位屬於簡單圖徵向量（sfc），且該空間資料乃以「線（LINESTRING）」幾何元素所構成。然而將 WKT 格式轉變爲簡單圖徵向量（sfc）後，`hsinchu_bus_route` 的資料型態仍屬於 `data.frame`，故緊接著必須將該資料利用 3.1.3 小節中所提及的 `st_sf()` 函式，進一步將 `data.frame` 資料型態轉換爲簡單圖徵（Simple Features, sf），亦即 R 軟體中 `sf` 型態的資料。其中必須注意的是，在 `st_sf()` 函式中必須設定座標參考系統，由於原始資料的公車路線乃以經緯度記錄，屬於全球通用的地理座標系統（WGS 84），其 EPSG 代碼爲 4326，故設定參數 `crs=4326`。

```
# 將 WKT 文字向量放入 st_as_sfc 函式中
hsinchu_bus_route=st_sf(hsinchu_bus_route, crs=4326)

# 檢查資料型態
class(hsinchu_bus_route)
```

```
## [1] "sf"          "data.frame"
```

　　經上述轉換後，已將原純文字資料轉換爲完整的地理資料，其資料型態既爲 `sf`，亦爲 `data.frame`，如是尚能進一步繪圖或進行空間操作與分析。`hsinchu_bus_route` 資料羅列如下，並利用 `ggplot2` 套件繪製新竹市區公車地圖如圖 3.2.1 所示。

```
# 查看 hsinchu_bus_route 資料
hsinchu_bus_route
```

```
## Simple feature collection with 53 features and 3 fields
```

```
## Geometry type: LINESTRING
## Dimension:     XY
## Bounding box: xmin: 120.9164 ymin: 24.75539 xmax: 121.0417 ymax: 24.84744
## Geodetic CRS:  WGS 84
## First 10 features:
##    RouteUID RouteName SubRouteUID                    Geometry
## 1   HSZ0007        81  HSZ000701 LINESTRING (120.9797 24.778...
## 2   HSZ0007        81  HSZ000702 LINESTRING (121.0212 24.788...
## 3   HSZ0008        83  HSZ000801 LINESTRING (120.958 24.7942...
## 4   HSZ0008        83  HSZ000802 LINESTRING (120.9964 24.795...
## 5   HSZ0010    藍線1區  HSZ001001 LINESTRING (120.9719 24.803...
## 6   HSZ0020         2  HSZ002001 LINESTRING (120.9719 24.803...
## 7   HSZ0020         2  HSZ002002 LINESTRING (120.9994 24.788...
## 8   HSZ0020         2  HSZ0020A1 LINESTRING (120.9719 24.803...
## 9   HSZ0020         2  HSZ0020A2 LINESTRING (120.9994 24.788...
## 10  HSZ0100        10  HSZ010001 LINESTRING (120.9705 24.801...
```

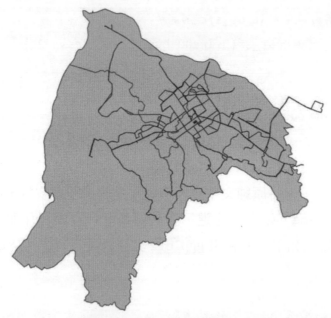

▲ 圖 3.2.1　文字資料建構地理資料範例（新竹市區公車）

在文字格式中，實務資料中大多以 WKT 形式儲存複雜的空間資料（線與面），然若是「點」幾何形態的資料，為節省儲存空間，通常會將橫座標（經度值）儲存於其一欄位，且將縱座標（緯度值）儲存於另一欄位，此時即難以透過 `st_as_sfc()` 函式直接轉換，必須先行編撰 WKT 格式的文字向量。點的 WKT 格式為「POINT (X Y)」，在 R 軟體中可以透過 `mutate()` 函式新增記錄 WKT 之欄位（可命名為 Geometry），並利用 `paste0()` 函式將文字「POINT」、橫座標、縱座標，及括號「( )」全部串聯，其建構方法如下，並請參照圖 3.2.2 之示意圖 WKT 文字向量建構示意圖。

```
原資料=mutate(原資料,
              Geometry=paste0("POINT (", 橫座標, " ", 縱座標, ")"))
```

抑或可直接利用「`$`」新增幾何欄位，建構方式如下：

```
原資料$Geometry=paste0("POINT (", 原資料$橫座標, " ", 原資料$縱座標, ")"))
```

paste0("POINT (", Longitude, " ", Latitude, ")")

代號	屬性	Longitude	Latitude	Geometry
1	…	X1	Y1	POINT (X1 Y1)
2	…	X2	Y2	POINT (X2 Y2)
3	…	X3	Y3	POINT (X3 Y3)
4	…	X4	Y4	POINT (X4 Y4)
5	…	X5	Y5	POINT (X5 Y5)

▲ 圖 3.2.2　WKT 文字向量建構示意圖

建立完成 WKT 文字向量後，即可利用 `st_as_sfc()` 函式將幾何欄位轉換為簡單圖徵向量（sfc），進而藉由 `st_sf()` 函式將 `data.frame` 格式轉換為 `sf` 型態的資料，並設定座標參考系統，即可建立簡單圖徵（Simple Features, sf），亦即完整的地理資料。程式撰寫架構如下：

```
原資料$Geometry=st_as_sfc(原資料$Geometry)
原資料=st_sfc(原資料, crs=)
```

以下範例程式碼將利用實際資料展示如何自行撰寫 WKT 文字向量，並將該資料轉換為簡單圖徵（Simple Features, sf）。在本書所提供的檔案（「data」資料夾）中，請尋找到「csv_files」子資料夾內的「hsinchu_scenicSpot.csv」逗號分隔資料。該資料中乃記錄新竹市區觀光景點的屬性及經緯度資料，含括景點代碼（ID）、景點名稱（Name）、景點位置緯度（PositionLat）、景點位置經度（PositionLon）。程式碼中先行讀取 .csv 檔案，隨後新增空間資料之 WKT 文字向量（新增欄位命名為 Geometry），最後再將該資料轉換為簡單圖徵（Simple Features, sf）。程式撰寫如下，最終所得 sf 型態資料可進一步利用 ggplot2 套件繪製地圖，結果如圖 3.2.3 所示。

```
# 讀取 .csv 檔案
hsinchu_scenicSpot=read.csv("./data/csv_files/hsinchu_scenicSpot.csv")


# 新增 WKT 文字向量
hsinchu_scenicSpot=mutate(hsinchu_scenicSpot,
        Geometry=paste("POINT(", PositionLon, " ", PositionLat, ")"))


# 將 Geometry 欄位轉變為 sfc
hsinchu_scenicSpot$Geometry=st_as_sfc(hsinchu_scenicSpot$Geometry)


# 建立 sf 資料
hsinchu_scenicSpot=st_sf(hsinchu_scenicSpot, crs=4326)


# 檢查 hsinchu_scenicSpot 資料型態
class(hsinchu_scenicSpot)
```
```
## [1] "sf"          "data.frame"
```

```
# 查看 hsinchu_scenicSpot 前六筆資料
head(hsinchu_scenicSpot)
```

```
## Simple feature collection with 6 features and 4 fields
## Geometry type: POINT
## Dimension:     XY
## Bounding box: xmin: 120.9139 ymin: 24.76312 xmax: 120.9771 ymax: 24.80947
## Geodetic CRS:  WGS 84
##                  ID              Name  PositionLat  PositionLon
## 1 C1_376580000A_000101 新竹公園(中山公園)    24.80125     120.9771
## 2 C1_376580000A_000029            進士第    24.80947     120.9653
## 3 C1_376580000A_000037         楊氏節孝坊    24.80311     120.9646
## 4 C1_376580000A_000045         香山火車站    24.76312     120.9139
## 5 C1_376580000A_000085        于飛島(鳥島)    24.77494     120.9718
## 6 C1_376580000A_000079   十草原(櫻花草原)    24.76732     120.9379
##                Geometry
## 1 POINT (120.9771 24.80125)
## 2 POINT (120.9653 24.80947)
## 3 POINT (120.9646 24.80311)
## 4 POINT (120.9139 24.76312)
## 5 POINT (120.9718 24.77494)
## 6 POINT (120.9379 24.76732)
```

十七公里海岸風景區
南寮漁港(南寮舊港)

新竹都城隍廟
新竹市立動物園

香山溼地
十九公頃青青草原

▲ 圖 3.2.3　經緯度欄位建構地理資料範例（新竹市觀光景點）

　　本節介紹兩種方式讀取文字格式的檔案，包括以 WKT 形式儲存的資料，以及經緯度儲存於欄位的資料，兩方法不外乎皆是藉由 st_as_sfc() 函式將純文字轉換為空間資料。然而事實上，read_sf() 與 st_read() 函式提供更為便捷的方式讀取文字格式的檔案（.txt 及 .csv），僅需在函式中加入 options= 參數即可。options= 參數中應設定橫座標與縱座標的對照欄位，亦或設定為記錄 WKT 的所在欄位，參數撰寫架構分別如下所示。

• 設定橫座標與縱座標對照欄位

```
options=c("X_POSSIBLE_NAMES=X", "Y_POSSIBLE_NAMES=Y")
```

• 設定 WKT 對照欄位

```
options=c"GEOM_POSSIBLE_NAMES=WKT"
```

其中 options= 參數內的 *X*、*Y*、*WKT* 即各資料中的欄位名稱。

以讀取本書提供的檔案（「data」資料夾）爲例，再次利用「csv_files」子資料夾內的「hsinchu_bus_route.csv」及「hsinchu_scenicSpot.csv」逗號分隔資料，並透過 read_sf() 函式逕讀取爲地理資料，程式撰寫如下：

```
# 逕讀取文字格式爲地理資料
bus_route_read=read_sf("./data/csv_files/hsinchu_bus_route.csv",
                       options="GEOM_POSSIBLE_NAMES=Geometry")

scenicSpot_read=read_sf("./data/csv_files/hsinchu_scenicSpot.csv",
                        options=c("X_POSSIBLE_NAMES=PositionLon",
                                  "Y_POSSIBLE_NAMES=PositionLat"))
```

「hsinchu_bus_route.csv」中的空間資料係以 WKT 形式儲存，該欄位名稱爲 Geometry，故設定 options= 參數爲 "GEOM_POSSIBLE_NAMES=Geometry"。而「hsinchu_scenicSpot.csv」中的空間資料乃將經度（PositionLon）與緯度（PositionLat）分開儲存，故必須於 options= 參數分別設定之。讀取結束後再利用 st_sf() 函式將該資料轉換爲地理資料，即可用以繪製地圖或進行空間分析。

由此範例顯見，讀取文字資料可逕透過 read_sf() 之參數設定快速取得地理資料，簡化諸多純文字轉換空間資料的繁瑣程序。惟須注意的是，並非所有文字資料皆可透過此種方式讀取，如 XML 標記語言格式，此格式通常是自網路介接之資料，且多具有繁瑣的階層、巢狀結構，須事先於 R 軟體中轉換爲 data.frame 的格式，尚能進一步建構空間資料，故建議讀者仍應熟稔本小節文字資料轉換爲地理資料的基礎建構方法。

3.3 座標參考系統與地理資料邊界

　　在利用 `read_sf()` 或 `st_read()` 函式讀取 Shapefile 格式後，通常即可直接使用該資料繪圖或進行空間分析，無須特別定義該地理資料的座標參考系統，而使用文字資料則必須在 `st_as_sfc()` 或 `st_sf()` 函式中利用參數 `crs=` 進一步設定之。根據上述，Shapefile 格式看似相當方便，少了定義座標參考系統的程序，然而事實上，若使用者未清楚了解所讀取資料的座標參考系統，恐導致後續空間分析錯誤，亦可能在繪製地圖時產生無法疊圖的情況。

　　讀者可回顧圖 2.9.12 利用 `leaflet` 套件繪製互動地圖的程式範例，程式碼中有一函式：`st_transform()`，在 2.9.2 小節中請讀者暫且忽略之，而該函式的功能主要是轉換座標系統，以避免出現無法疊圖之窘況，乃因原始互動地圖的底圖爲全球通用的經緯度座標系統（EPSG:4326），而紐西蘭地圖 `nz` 及其高程地圖 `nz_height` 則非，故應先調整爲一致的參考座標系統。讀者可嘗試將圖 2.9.12 的原程式碼修正如下，警告訊息陳列於分隔線下方，而出圖結果則如圖 3.3.1 所示。

```
leaflet()%>%
  addProviderTiles(providers$CartoDB)%>%
  addPolygons(data=nz)%>%
  addCircleMarkers(nz_height)
```

```
## Warning: sf layer is not long-lat data
## Warning: sf layer has inconsistent datum (+proj=tmerc +lat_0=0 +lon_0
=173 +k=0.9996 +x_0=1600000 +y_0=10000000 +ellps=GRS80 +towgs84=0,0,0,0,0,0,
0 +units=m +no_defs).
## Need '+proj=longlat +datum=WGS84'
## Warning: sf layer is not long-lat data
## Warning: sf layer has inconsistent datum (+proj=tmerc +lat_0=0 +lon_0
=173 +k=0.9996 +x_0=1600000 +y_0=10000000 +ellps=GRS80 +towgs84=0,0,0,0,0,0,
0 +units=m +no_defs).
## Need '+proj=longlat +datum=WGS84'
```

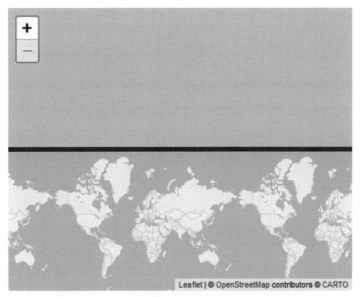

▲ 圖 3.3.1　座標參考系統不同之疊圖錯誤

　　由上述程式碼修正之範例結果可發現，若未調整為相同的座標參考系統很可能無法順利疊圖。此外在警告訊息中提及「Warning: sf layer is not long-lat data」以及「Need '+proj=longlat +datum=WGS84'」，兩者皆表示使用者輸入錯誤座標參考系統的地理資料，並要求使用全球通用的地理座標系統（WGS 84），亦即 EPSG 代碼為 4326 者。

　　綜上所論，座標參考系統的查詢乃使用地理資料的最基本程序，以確保使用精確的資料進行分析。若各地理資料的座標參考系統不一，則應在執行繪製地圖及空間分析前，先行轉換並採用統一的格式。本章節將介紹如何透過 sf 套件的函式查詢所使用的座標參考系統，並進一步介紹轉換座標參考系統的方法。此外，為了解地理資料的邊界座標值，以方便後續設定繪製地圖的呈現區域，亦或藉由邊界裁切地圖，本章節最後一部分將介紹查詢地理資料邊界之方法。

3.3.1　查詢座標參考系統

　　在 R 軟體中可透過 sf 套件的 st_crs() 函式查詢座標參考系統，只要將 sf 型態的資料置於函式內即可回傳所使用的座標參考系統，並詳列其他地理相關資訊。

以 `spData` 套件中的 `nz` 資料（紐西蘭地圖）為例，若欲查詢該地理資料的座標參考系統，程式碼撰寫如下，分隔線下方為執行結果。

```
st_crs(nz)
```

```
## Coordinate Reference System:
##   User input: EPSG:2193
##   wkt:
## PROJCS["NZGD2000 / New Zealand Transverse Mercator 2000",
##     GEOGCS["NZGD2000",
##         DATUM["New_Zealand_Geodetic_Datum_2000",
##             SPHEROID["GRS 1980",6378137,298.257222101,
##                 AUTHORITY["EPSG","7019"]],
##             TOWGS84[0,0,0,0,0,0,0],
##             AUTHORITY["EPSG","6167"]],
##         PRIMEM["Greenwich",0,
##             AUTHORITY["EPSG","8901"]],
##         UNIT["degree",0.0174532925199433,
##             AUTHORITY["EPSG","9122"]],
##         AUTHORITY["EPSG","4167"]],
##     PROJECTION["Transverse_Mercator"],
##     PARAMETER["latitude_of_origin",0],
##     PARAMETER["central_meridian",173],
##     PARAMETER["scale_factor",0.9996],
##     PARAMETER["false_easting",1600000],
##     PARAMETER["false_northing",10000000],
##     UNIT["metre",1,
##         AUTHORITY["EPSG","9001"]],
##     AUTHORITY["EPSG","2193"]]
```

回傳結果中詳列諸多地理資訊，主要可分為兩大區塊，一為 `input:`，其表示地理資料所使用的 EPSG 代碼；另一為 `wkt:`，其表示座標參考系統的純文本標記。在座標參考系統中的 WKT，亦表示純文本標記格式，但請勿與 1.2 章節之內容，以及

第 2 章、第 3 章所提及的同一用詞混淆。在本書中僅詳細說明「空間資料」的純文本標記格式（1.2 章節），並未著墨於「記錄座標參考系統」的純文本格式，請務必注意兩者用詞（WKT）相同，但意義大相逕庭。無論是 EPSG 代碼或座標參考系統的 WKT 純文本格式，兩者皆用以描述地理資料所使用的座標參考系統，而前者的定義較爲明確簡單，後者所提供的訊息較爲充分，惟因本書中並未細部著墨地理技術與地圖投影等相關知識，故不深入探討「記錄座標參考系統」的純文本標記格式（WKT）。

由於直接使用 `st_crs()` 函式所回傳的結果過於複雜，在本書中針對座標參考系統僅聚焦於 EPSG 代碼，故可在 `st_crs()` 函式後方冠上「`$epsg`」，以逕查詢地理資料的 EPSG 代碼。再次以 `nz` 資料（紐西蘭地圖）爲例，程式碼撰寫如下，分隔線下方爲執行結果。

```
st_crs(nz)$epsg
```
```
## [1] 2193
```

由以上回傳結果可發現，透過 `st_crs()$epsg` 函式所獲得的訊息更爲精簡易懂，建議讀者後續在檢驗讀取的地理資料時，可藉此一函式快速查詢座標參考系統的 EPSG 代碼。除了 `$epsg` 之外，亦必須注意其他參數之使用，包括 `$Name`、`$Is-Geographic`、`$units` 三者，分述如下：

- `$Name` 是用以查詢所使用座標參考系統的文字名稱，如臺灣最常見的投影座標系統之名稱爲「TWD 97 二度分帶」。
- `$IsGeographic` 是用以檢驗座標參考系統是否屬於地理座標系統，回傳結果若爲「TRUE」，表示確實使用「地理座標系統（GCS）」；若爲「FALSE」，則代表使用「投影座標系統（PCS）」，此二系統的特性詳見 1.4 章節。
- `$units` 是用以查詢座標參考系統所採用的單位，若爲「m」，表示數值的單位爲公尺，通常表示其採用「投影座標系統（PCS）」；而若是使用「地理座標系統（GCS）」，則因該系統係利用角度定義座標值，故並無單位，回傳結果爲「NULL」。

表 3.3-1 呈現三個不同來源的資料：`spData` 套件的 `us_states` 及 `nz` 資料，以及 `TWspdata` 套件（此套件安裝方式詳如 1.6.6 小節之說明，另可連結至本書所提供

之資料檔取得相同資料集）的 `taipei_boundary` 資料，並羅列各別的 `$Name`、`$epsg`、`$IsGeographic`、`$units` 四大參數回傳結果。

▼ 表 3.3-1　各地理資料 `st_crs()` 參數回傳結果

`st_crs()` 參數	意義	資料		
		`us_states`	`nz`	`taipei_boundary`
`$Name`	座標參考系統名稱	NAD83	NZGD2000 / New Zealand Transverse Mercator 2000	TWD97 / TM2 zone 121
`$epsg`	座標參考系統 EPSG 代碼	4269	2193	3826
`$IsGeographic`	是否為地理座標系統	TRUE	FALSE	FALSE
`$units`	座標參考系統單位	NULL	m	m

3.3.2　轉換座標參考系統

　　轉換座標系統對於繪製地圖與進行空間分析兩者而言甚為重要，在實務分析中相當普遍使用轉換座標系統的功能，以確保分析或繪圖得以順利進行。繪製地圖時，不同座標系統的圖層間疊圖恐發生問題，故必須統一格式。而在空間分析中，若欲計算距離、面積、進行環域分析，必須確保使用「投影座標系統（PCS）」，乃因該系統的單位為「m」；否則若採用「地理座標系統」，其座標數值並無單位，無法進行合理的分析。另外空間分析中的交集、聯集等基礎空間操作必須確保兩圖層的座標參考系統一致，否則無法順利進行分析。

　　在 R 軟體的 `sf` 套件中可以利用 `st_transform()` 函式轉換，其中第一個參數必須放置欲轉換的資料，另外須輸入參數 `crs=`，以告知新採用的座標參考系統之 EPSG 代碼。以 `spData` 套件的 `nz` 資料為例，該地理資料的原座標參考系統為 EPSG:2193，且屬於投影座標系統（PCS），若欲將其座標參考系統轉換為全球通用的經緯度座標（EPSG:4326），則程式碼撰寫及文字說明如下，分隔線下方為輸出結果。

```
# 先查看 nz_height 資料
head(nz_height)
```

```
## Simple feature collection with 6 features and 2 fields
## Geometry type: POINT
## Dimension:    XY
## Bounding box: xmin: 1204143 ymin: 5048309 xmax: 1389460 ymax: 5168749
## Projected CRS: NZGD2000 / New Zealand Transverse Mercator 2000
##    t50_fid elevation                 geometry
## 1 2353944      2723 POINT (1204143 5049971)
## 2 2354404      2820 POINT (1234725 5048309)
## 3 2354405      2830 POINT (1235915 5048745)
## 4 2369113      3033 POINT (1259702 5076570)
## 5 2362630      2749 POINT (1378170 5158491)
## 6 2362814      2822 POINT (1389460 5168749)
```

　　讀者可注意輸出結果中的 geometry 欄位，其中的 X 與 Y 座標的數值皆很大，X 座標表示橫座標與假想 Y 軸間的距離，Y 座標表示縱座標與假想 X 軸間的距離，兩者的單位皆為公尺。另外報表中亦顯示該資料屬於投影座標系統（Projected CRS），座標參考系統為「NZGD2000 / New Zealand Transverse Mercator 2000」。

```
# 轉換座標參考系統
nz_height_4326=st_transform(nz_height, crs=4326)
```

```
# 查看 nz_height_4326 資料
head(nz_height_4326)
```

```
## Simple feature collection with 6 features and 2 fields
## Geometry type: POINT
## Dimension:    XY
## Bounding box: xmin: 168.013 ymin: -44.6257 xmax: 170.391 ymax: -43.6045
## Geodetic CRS:  WGS 84
```

```
##   t50_fid elevation                 geometry
## 1 2353944      2723 POINT  (168.0125 -44.5946)
## 2 2354404      2820 POINT (168.3954 -44.62567)
## 3 2354405      2830 POINT (168.4106 -44.62236)
## 4 2369113      3033 POINT (168.7279 -44.38421)
## 5 2362630      2749 POINT (170.2473 -43.69345)
## 6 2362814      2822 POINT (170.3913 -43.60447)
```

經過座標參考系統轉換後，將轉換結果儲存於 nz_height_4326 變數中。該資料屬於地理座標系統（Geodetic CRS），且座標參考系統的名稱為「WGS 84」，亦即 EPSG 代碼為 4326。另外值得注意的是，該資料中 geometry 欄位之數值皆更為經緯度座標，如第一筆資料表示經度 168.0125°E、緯度 44.5946°S。

3.3.3 地理資料邊界

地理資料邊界在 R 軟體的 sf 套件中可透過 st_bbox() 函式回傳四邊形邊界，以取得該地理資料橫座標與縱座標的極值，而在 st_bbox() 函式中，僅須放置地理資料即可，其中地理資料可為任何幾何型態（點、線、面）。以 spData 套件中的 nz_height 資料為例，若欲知道紐西蘭 101 座高峰（點資料）的橫座標與縱座標之極值，程式碼撰寫如下，分隔線下方則為執行結果。

```
# 回傳 nz_height 的座標極值
st_bbox(nz_height)
```

```
##    xmin    ymin    xmax    ymax
## 1204143 5048309 1822492 5650492
```

由以上回傳結果可知，紐西蘭 101 座高峰點資料中，最西邊（xmin）的座標值為 1204143；最南邊（ymin）的座標值為 5048309；最東邊（xmax）的座標值為 1822492；最北邊（max）的座標值為 5650492。此外，可以透過 class() 函式進一步觀察 st_bbox() 函式回傳資料的所屬型態，程式碼撰寫如下，分隔線下方則為執行結果。

```
# 查看 st_bbox() 回傳資料型態
class(st_bbox(nz_height))
```

```
## [1] "bbox"
```

回傳的資料型態爲 bbox，該資料可進一步藉由 st_as_sfc() 函式轉變爲簡單
圖徵向量（sfc），如是即可利用 ggplot2 套件繪製地圖。程式碼撰寫如下，繪圖結
果如圖 3.3.2 所示。圖中綠色打點爲紐西蘭 101 座高峰位置，而藍色方框則爲 nz_
height 的地理邊界。

```
# 轉變爲簡單圖徵向量格式
st_as_sfc(st_bbox(nz_height))
```

```
## Geometry set for 1 feature
## Geometry type: POLYGON
## Dimension:     XY
## Bounding box: xmin: 1204143 ymin: 5048309 xmax: 1822492 ymax: 5650492
## Projected CRS: NZGD2000 / New Zealand Transverse Mercator 2000
## POLYGON ((1204143 5048309, 1822492 5048309, 182...
```

▲ 圖 3.3.2　st_bbox() 地理邊界繪圖（紐西蘭高峰地理邊界）

接著回顧2.8.4小節地圖範圍調整之內容，我們使用 `coord_sf()` 函式裁切地圖，並聚焦於指定區域（West Coast）。在該小節中係直接給定 West Coast 的邊界，並未清楚說明如何尋找地理範圍的邊界。於此章節中了解 `st_bbox()` 的操作後，可以直接利用 `st_bbox()` 函式先行尋找 West Coast 的邊界，隨後再將邊界值設定至 `coord_sf()` 函式中對應的參數。程式碼修正如下，地圖繪製結果則與圖 2.8.6 一致。

```r
# 擷取紐西蘭West Coast 的地理資料
nz_wc=filter(nz, Name=="West Coast")

# 記錄West Coast 的地理邊界
nz_wc_box=st_bbox(nz_wc)

# 繪製地圖
ggplot()+
  geom_sf(data=nz)+
  geom_sf(data=nz_wc, fill="#B5B5B5")+
  geom_sf(data=nz_height, color="red")+
  coord_sf(xlim=c(nz_wc_box[1], nz_wc_box[3]),
           ylim=c(nz_wc_box[2], nz_wc_box[4]))+
  theme(panel.background=element_blank(),
        axis.text=element_blank(),
        axis.title=element_blank(),
        axis.ticks=element_blank())
```

須特別注意，在 `st_bbox()` 函式所回傳的資料中，「第一筆」資料為最西邊的座標值（xmin），「第三筆」資料尚為最東邊的座標值（xmax），故在 `coord_sf()` 函式中的 `xlim=` 參數必須為 `c(nz_wc_box[1], nz_wc_box[3])`。

綜上範例所論，`st_bbox()` 函式在繪製地圖的應用上甚廣，可裁切整張地圖，進而聚焦至特定區域，亦可將該函式所回傳結果直接轉換為簡單圖徵向量（sfc），進而在既有圖層上繪製特定區域地理範圍的邊界。

3.4 地理資料輸出與格式

在 3.2.1 小節中已了解如何讀取 Shapefile 格式，接著必須思考的是如何將 R 軟體中的簡單圖徵（Simple Features）輸出為 Shapefile 格式，進而將完整的地理資料傳予其他使用者，並在各地理資訊系統間交換、共用資料。除了最為常見的 Shapefile 格式外，另可儲存為多種不同的地理資料格式，諸如 GeoJSON、GeoPackage 等。此外，為了壓縮儲存空間，亦可將地理資料儲存為純文字格式（.csv 或 .txt 檔案），其中包含屬性資料以及透過 WKT 純文本標記記錄的空間資料。本章節將先行簡介各地理資料的格式，及其優缺點，並進一步介紹如何在 R 軟體的套件中輸出資料。

3.4.1 地理資料格式輸出

Shapefile 乃最為常見的地理資料格式，雖然在各國的地理資料開放平臺中容易取得，且應用性最廣，惟有以下臚列缺點可能使資料儲存或使用上不甚方便：

- 至少需有三個基本檔案，即「.shp」、「.dbf」、「.prj」（關於 Shapefile 的詳細介紹請參見 1.3 章節）缺一不可，且若未將三個檔案置於同一層資料夾中，即無法讀取，故檔案管理或傳輸不易。
- 最多僅能儲存 255 個欄位（屬性資料）。
- 儲存容量上限為 2GB。
- 屬性欄位名稱最多不得超過 10 個字元。

據上述所論，本書中將進一步淺談其他常見的地理資料輸出格式，含括：GeoJSON（.geojson）、GPX（.gpx）、KML（.kml）、GeoPackage（.gpkg）。

- **GeoJSON（.geojson）**

GeoJSON 實為 JSON 格式於地理空間數據的應用，而 JSON 係指一種輕量的資料交換格式，在資料處理能力上優於其他資料格式；內容則由屬性名稱與屬性值所建構，故有利於識別。GeoJSON 即為地理空間數據交換格式，其中空間資料的屬性必定包含「type」與「coordinates」，前者記錄幾何元素型態（點線面），後者則記錄座標值。GeoJSON 基本的幾何圖形建構如表 3.4-1 所示。實務上，許多政府機關或資料開放平臺上的地理資料亦利用此格式儲存。在 R 軟體中可逕透過 `read_sf()` 或 `st_read()` 函式讀取之。

▼ 表 3.4-1　幾何元素（點線面）GeoJSON 格式

幾何元素	GeoJSON 格式

點	```json
	{
	    "type": "Point",
	    "coordinates": [2, 3]
	}
	``

線	```json
	{
	    "type": "LineString",
	    "coordinates": [
	        [2, 3], [4, 5], [6, 7]
	    ]
	}
	``

面	```json
	{
	    "type": "Polygon",
	    "coordinates": [
	        [[2, 3], [4, 5], [6, 7], [2, 3]]
	    ]
	}
	``

• **GPX**（.gpx）

　　GPX 實為 XML 格式於地理空間數據的應用，而 XML 是一種可擴展標記式語言，利用標籤格式儲存資料，分析者得以透過標籤節點快速檢索，故廣泛利用於網路上及跨平臺間的數據傳遞。GPX 多用以記錄打點位置（lat、lon）、高程（ele）、時間（time）等屬性資料，大部分的導航系統皆採取此統一的格式，以利於不同的 GPS 裝置及軟體間交換數據。實務上，若利用導航蒐集空間打點數據，或下載登山、運動軌跡路線資料，大部分皆是利用 GPX 儲存資料。在 R 軟體中可逐透過 `read_sf()` 或 `st_read()` 函式讀取之。GPX 的資料建構範例如下所示（擷取自健行筆記網站：https://hiking.biji.co/）。

```
<metadata>
 <name>210930 虎豹潭古道.gpx</name>
 <link href="https://greentracks.app/">
   <text>GTs(Green Tracks)</text>
 </link>
 <time>2021-09-30T08:43:00Z</time>
</metadata>

 <wpt lat="24.973011" lon="121.82768">
   <ele>376.0</ele>
   <time>2021-09-30T01:44:27Z</time>
   <name>虎豹潭停車場</name>
   <cmt>2021-09-30 09:44:27</cmt>
   <desc>0944 376</desc>
   <sym>Information</sym>
 </wpt>

 <wpt lat="24.971754" lon="121.82832">
   <ele>372.0</ele>
   <time>2021-09-30T02:29:17Z</time>
   <name>虎豹潭古道口</name>
   <cmt>2021-09-30 10:29:17</cmt>
   <desc>1029 372 4 分</desc>
   <sym>Information</sym>
 </wpt>
```

- **KML（.kml）**

　　KML 亦爲採用 XML 格式的標記式語言，含有巢狀的元素和屬性，主要應用於 Google 地圖的相關應用程式中（如：Google Map、Google Earth）。以 Google Map 的「你的時間軸」功能爲例，畫面如圖 3.4.1 所示。圖中點選右下角設定按鈕，接著再點選「將這一天的資料匯出爲 KML」，即可取得 KML 資料。在 R 軟體中可逐透過 `read_sf()` 或 `st_read()` 函式讀取之，且函式將自動擷取資料中的節點，並轉換爲 R 軟體中 `sf` 型態之資料。Google Map「你的時間軸」的 KML 匯出資料如圖 3.4.2 所示，其中含括三個欄位，即 Name（停留點或運具）、Description（若爲停留點，敘述停留的起訖時間；若爲運具，敘述乘車或移動的起訖時間）、geometry（若爲停留點，記錄點資料；若爲運具，記錄線資料）。

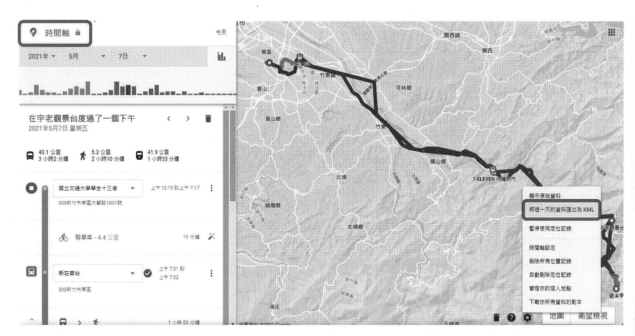

▲ 圖 3.4.1　Google Map「你的時間軸」匯出 KML 資料示意圖

		Name	Description	geometry
點	1	國立交通大學學生十三舍	學校宿舍 from 2021-05-06T16:19:04.177Z to 2021-0...	c(120.996249, 24.7839747, 0)
線	2	Cycling	Cycling from 2021-05-06T23:17:11.219Z to 2021-05...	c(120.996249, 120.996249, 120.9971558, 120.993...
點	3	新莊車站	火車站 from 2021-05-06T23:31:50.000Z to 2021-05-...	c(121.0217809, 24.7881702, 0)
線	4	On a train	On a train from 2021-05-06T23:52:10.000Z to 2021...	c(121.0217809, 121.0217809, 121.0218962, 121.0...
線	5	Walking	Walking from 2021-05-07T00:38:32.000Z to 2021-0...	c(121.1824606, 121.1824606, 121.1820466, 121.1...
點	6	7-ELEVEN 內灣門市	便利店 from 2021-05-07T01:45:17.000Z to 2021-05-...	c(121.1834107, 24.7035835, 0)
線	7	On a bus	On a bus from 2021-05-07T02:05:08.260Z to 2021-...	c(121.1834107, 121.183348, 121.2019194, 121.20...
線	8	Walking	Walking from 2021-05-07T03:20:20.000Z to 2021-0...	c(121.2864869, 121.2864869, 121.2864898, 121.2...
點	9	觀溪亭	橋探 from 2021-05-07T03:34:49.000Z to 2021-05-07...	c(121.286077, 24.6172791, 0)
線	10	Walking	Walking from 2021-05-07T03:46:17.128Z to 2021-0...	c(121.286077, 121.2856339, 121.2856568, 121.28...
線	11	Driving	Driving from 2021-05-07T04:35:01.000Z to 2021-05...	c(121.2827084, 121.2827084, 121.2753917, 121.2...
點	12	宇老觀景台	觀景台 from 2021-05-07T04:53:29.000Z to 2021-05-...	c(121.2820511, 24.6676311, 0)
線	13	On a bus	On a bus from 2021-05-07T07:49:53.000Z to 2021-...	c(121.2820511, 121.2820511, 121.2819389, 121.2...
點	14	內灣車站	火車站 from 2021-05-07T08:44:45.000Z to 2021-05-...	c(121.182563, 24.705305, 0)
線	15	On a train	On a train from 2021-05-07T08:47:23.000Z to 2021...	c(121.182563, 121.1826454, 121.1822755, 121.18...
點	16	新莊車站	火車站 from 2021-05-07T09:33:51.794Z to 2021-05-...	c(121.0217809, 24.7881702, 0)
線	17	On a bus	On a bus from 2021-05-07T09:47:31.000Z to 2021-...	c(121.0217809, 121.0210472, 121.0187775, 121.0...
點	18	國立交通大學學生十三舍	學校宿舍 from 2021-05-07T10:39:48.257Z to 2021-0...	c(120.996249, 24.7839747, 0)

▲ 圖 3.4.2　KML 匯出資料示意圖

• GeoPackage（.gpkg）

　　GeoPackage 為由開放地理空間協會（OGC）所定義的空間數據交換格式，並儲存於 SQLite 關聯式資料庫。在前述的所有資料格式中皆僅能存取向量資料，直至 2014 年尚完成 GeoPackage 資料格式的建構，並能儲存且有效處理向量及網格資料。

　　在 R 軟體中若欲輸出地理資料，可利用 `write_sf()` 或 `st_write()` 函式匯出，其中第一個參數須放置地理資料，而第二個參數則為輸出的路徑，應在路徑中指明輸出的格式（如：.shp、.geojson 等）。匯出地理資料的函式建構如下：

```
write_sf(地理資料, "./資料夾/地理資料檔名.資料格式")
```

以下以 `us_states` 為例，將該資料匯出為 Shapefile 格式，程式碼撰寫如下。

```
# 輸出 us_states 資料
write_sf(us_states, "./us_states_export.shp")

## Warning in abbreviate_shapefile_names(obj):
## Field names abbreviated for ESRI Shapefile driver
```

　　以上程式碼乃利用相對路徑存取該地理資料至與程式碼（R Script）同一層之資料夾中。接著我們可以進一步讀取甫匯出的資料（us_states_export.shp），以觀察原資料與匯出資料欄位名稱的差異。程式碼撰寫如下，分隔線下方為執行結果。

```r
# 讀取 us_states_export.shp  資料
us_states_export=read_sf("./us_states_export.shp")

# 檢查原資料與匯出資料的名稱差異
colnames(us_states)
```
```
## [1] "GEOID"       "NAME"        "REGION"       "AREA"        "total_pop_10"
## [6] "total_pop_15" "geometry"
```

```r
colnames(us_states_export)
```
```
## [1] "GEOID"  "NAME"   "REGION"   "AREA"   "ttl__10"  "ttl__15"  "geometry"
```

　　由上述兩資料的欄位名稱可發現，匯出資料的欄名皆被修正為 10 個字元以內，以符合 Shapefile 的建構條件，如是對於分析者而言甚為不便，此為 Shapefile 格式的一大缺點。而輸出 us_states 資料時出現的警告訊息「Field names abbreviated for ESRI Shapefile driver」，即是說明匯出過程中，系統自動裁減欄位名稱至符合條件之字串。

　　另外必須特別注意的是，若輸出的地理資料中含有中文字元，若僅透過上述程式碼匯出資料，中文字元將變為亂碼。為修正中文亂碼問題，務必在 write_sf() 或 st_write() 函式中添加參數 layer_options="ENCODING=UTF-8"，以確保利用字元係以 UTF-8 編碼。以 3.2.2 小節中所建構的 hsinchu_scenicSpot 地理資料為例，輸出其 Shapefile 格式，程式碼撰寫如下。

```r
# 輸出 hsinchu_scenicSpot 資料
write_sf(hsinchu_scenicSpot, "./hsinchu_scenicSpot.shp",
         layer_options="ENCODING=UTF-8")
```
```
## Warning in abbreviate_shapefile_names(obj):
## Field names abbreviated for ESRI Shapefile driver
```

進一步觀察匯出的資料夾，匯出的檔案除了「.shp」、「.shx」、「.dbf」、「.prj」四種常見類型外，尚包含「.cpg」，該格式乃用以記錄文字編碼（UTF-8）的格式，以確保在各地理資訊系統開啟該地理資料時，所有的文字皆以 UTF-8 編碼，即不會造成中文亂碼問題。

3.4.2　文字資料格式輸出

於 3.4.1 小節已簡介諸多地理資料格式的發展背景及其主要應用範疇，然在實務上為方便使用者下載、儲存資料，亦可能希望匯出純文字資料的格式。在 3.2.2 小節中詳述如何讀取純文字資料，並將其轉換為地理資料，而本小節將進一步討論如何將 R 軟體中的 sf 型態的地理資料輸出為純文字的格式。

若欲將地理資料中轉換為一般屬性資料，亦即在 R 軟體中由原本的 sf 型態資料轉換為 data.frame 型態，可透過 sf 套件的 st_drop_geometry() 函式擷取之。該函式中僅需將地理資料放入參數中，便可將空間資料移除，僅保留屬性資料。以 us_states 資料為例，擷取該資料中的屬性，並移除空間資料欄位，程式碼撰寫如下，分隔線下方為產出結果。

```
# 移除地理資料中的空間欄位
us_states_att=st_drop_geometry(us_states)


# 查看 us_states_att 資料
head(us_states_att)
```

##	GEOID	NAME	REGION	AREA	total_pop_10	total_pop_15
## 1	01	Alabama	South	133709.27 [km^2]	4712651	4830620
## 2	04	Arizona	West	295281.25 [km^2]	6246816	6641928
## 3	08	Colorado	West	269573.06 [km^2]	4887061	5278906
## 4	09	Connecticut	Norteast	12976.59 [km^2]	3545837	3593222
## 5	12	Florida	South	151052.01 [km^2]	18511620	19645772
## 6	13	Georgia	South	152725.21 [km^2]	9468815	10006693

透過 `st_drop_geometry()` 函式擷取屬性資料，可另外透過 R 軟體中的 `dplyr` 套件針對屬性資料進行基本的統計或大數據分析。然而在匯出地理資料時不可能僅包括屬性資料，是故必須進一步擷取 `us_states` 中的空間資料，並轉換為 WKT 文字格式。為輸出 WKT 空間資料，可藉由 `sf` 套件的 `st_as_text()` 函式達成此一目的。該函式中必須放入地理資料中儲存空間的欄位，若空間資料欄位名稱為 Geometry，則程式撰寫架構如下：

```
st_as_text(地理資料$Geometry)
```

以 `us_states` 資料為例，擷取資料中 geometry 欄位的 WKT 格式，程式碼撰寫如下，分隔線下方為執行結果。

```
# 擷取空間資料WKT格式
us_states_WKT=st_as_text(us_states$geometry)

# 查看第一筆資料的空間WKT格式
us_states_WKT[1]
```

```
## [1] "MULTIPOLYGON (((-88.20006 34.99563, -88.20296 35.00803, -87.4286
 35.00279, -86.86215 34.99196, -85.60516 34.98468, -85.47047 34.32824, -
5.30449 33.48288, -85.1844 32.86132, -85.12219 32.77335, -85.10534 32.64
84, -85.0071 32.52387, -84.96343 32.42254, -85.00187 32.32202, -84.89184
32.2634, -85.05875 32.13602, -85.05382 32.0135, -85.14183 31.83926, -85.
2553 31.69496, -85.05817 31.62023, -85.04499 31.51823, -85.09249 31.3628
, -85.10752 31.18645, -85.03562 31.10819, -85.0025 31.00068, -85.89363 3
.99346, -86.52 30.99322, -87.59894 30.99742, -87.63494 30.86586, -87.532
2 30.74347, -87.40697 30.67515, -87.44659 30.52706, -87.42958 30.40649,
87.51832 30.28044, -87.65689 30.24971, -87.75552 30.29122, -87.90634 30.
0938, -87.90171 30.55088, -87.93672 30.65743, -88.0084 30.68496, -88.100
7 30.50975, -88.10727 30.37725, -88.20449 30.3621, -88.33228 30.38844, -
8.39502 30.36942, -88.43898 31.2469, -88.47323 31.89386, -88.40379 32.44
77, -88.33093 33.07312, -88.21074 34.0292, -88.09789 34.8922, -88.20006
4.99563)))"
```

```
# 查看 us_states_WKT 的資料型態
class(us_states_WKT)
```
```
## [1] "character"
```

　　由上述程式可發現，us_states 資料為「MULTIPOLYGON」，且透過 st_as_text() 函式所轉換的空間資料屬於文字形式，其資料型態為「character」。在此，我們已輸出地理資料中的屬性資料（us_states_att），以及空間資料（us_states_WKT），兩者皆為文字格式。接著必須進一步藉由 data.frame() 函式將兩文字資料合併，後續便能夠輸出為 .csv 或 .txt 檔案。至於輸出文字檔案，在 R 軟體中提供兩大函式可達成此目的，即 write.csv() 函式與 write.table() 函式，兩者皆可匯出 .csv 與 .txt 兩種類型的文字檔案。惟須注意的是，在 write.table() 函式中必須藉由 sep= 參數定義文字間分隔的符號。若文字資料中含有中文字元，則請務必在 write.csv() 函式加註參數 fileEncoding="UTF-8"；在 write.table() 函式加註參數 encoding="UTF-8"，以確保資料內的字元不會變為亂碼。此外，此二函數的其他設定細節請參考表 3.4-2，表中彙整主要參數設定的注意事項。

▼ 表 3.4-2　write.csv() 與 write.table() 函式參數設定彙整

函式		write.csv()	write.table()
功能		匯出 .txt 與 .csv 檔案	
參數	分隔符號	-（無此參數）	sep= 若欲匯出為 .csv 檔（逗號分隔）， 必須設定 sep=","
	編碼	fileEncoding=	encoding=
	引號	quote= 文字型態欄位的每個資料單元是否加註引號 通常設定為 quote=T（預設）	
	列名稱	row.names= 每列資料是否標註列名 通常設定為 row.names=F	

以下程式碼乃將屬性（`us_states_att`）與空間（`us_states_WKT`）資料的文字格式透過 `data.frame()` 函式合併，並透過 `write.csv()` 函式輸出為逗號分隔文字檔案。程式碼撰寫如下，分隔線下方為執行結果。

```
# 合併屬性及空間的文字資料
us_states_text=data.frame(us_states_att, geometry=us_states_WKT)

# 查看 us_states_text 的資料型態
class(us_states_text)
```

```
## [1] "data.frame"
```

```
# 匯出地理資料文字格式
write.csv(us_states_text, "./us_states_text.csv", row.names=F)
```

在 `write.csv()` 函式執行後，指定路徑資料夾中便會自動產出 `us_states` 地理資料的純文字格式。利用 Excel 等試算表軟體開啓該匯出資料如圖 3.4.3 所示。

	A	B	C	D	E	F	G
1	GEOID	NAME	REGION	AREA	total_pop_10	total_pop_15	geometry
2	1	Alabama	South	133709.3	4712651	4830620	MULTIPOLYGON (((-88.20006 34.9956
3	4	Arizona	West	295281.3	6246816	6641928	MULTIPOLYGON (((-114.7196 32.7187
4	8	Colorado	West	269573.1	4887061	5278906	MULTIPOLYGON (((-109.0501 41.0006
5	9	Connecticu	Norteast	12976.59	3545837	3593222	MULTIPOLYGON (((-73.48731 42.0496
6	12	Florida	South	151052	18511620	19645772	MULTIPOLYGON (((-81.81169 24.5687
7	13	Georgia	South	152725.2	9468815	10006693	MULTIPOLYGON (((-85.60516 34.9846
8	16	Idaho	West	216512.7	1526797	1616547	MULTIPOLYGON (((-116.916 45.99541
9	18	Indiana	Midwest	93648.4	6417398	6568645	MULTIPOLYGON (((-87.52404 41.7083
10	20	Kansas	Midwest	213037.1	2809329	2892987	MULTIPOLYGON (((-102.0517 40.0030

▲ 圖 3.4.3　地理資料純文字格式輸出結果示意圖

上述文字格式的輸出乃將空間資料轉換為 WKT 純文本格式，而若為點資料，亦可將橫座標與縱座標值（或經緯度）分別儲存於兩欄位中，進而輸出含有座標值的文字資料。「點」地理資料中的經緯度可透過 `st_coordinates()` 函式擷取，其中函式內可放置地理資料，回傳結果則為一矩陣，包含記錄橫座標的 X，以及記錄縱座標的 Y。

　　以紐西蘭 101 座高峰的點資料 `nz_height` 為例，利用 `st_coordinates()` 函式擷取各高峰的橫座標與縱座標值。程式碼撰寫如下，分隔線下方為執行結果。

```
# 擷取點資料的座標值
nz_height_WKT=st_coordinates(nz_height)

# 查看輸出結果
head(nz_height_WKT)
```

```
##         X        Y
## 1 1204143 5049971
## 2 1234725 5048309
## 3 1235915 5048745
## 4 1259702 5076570
## 5 1378170 5158491
## 6 1389460 5168749
```

　　以上所得結果為空間資料的文字形式，接著應進一步利用前述提及的 `st_drop_geometry()` 函式擷取屬性資料，並以 `data.frame()` 函式將兩文字資料合併，最後再藉 `write.csv()` 或 `write.table()` 輸出文字資料。以下將 `nz_height` 地理資料轉換為純文字格式並匯出，程式碼撰寫如下。

```
# 移除地理資料中的空間欄位
nz_height_att=st_drop_geometry(nz_height)

# 合併屬性及空間的文字資料
nz_height_text=data.frame(nz_height_att, nz_height_WKT)

# 匯出地理資料文字格式
write.csv(nz_height_text, "./nz_height_text.csv", row.names=F)
```

　　使用純文字資料的最大優勢在於所需的儲存空間較小，可節省硬體的空間。以上述 `us_states` 及 `nz_height` 資料為例，分別匯出 Shapefile 格式與純文字格式，比較兩者間容量上的差異如表 3.4-3 所示。表中顯示純文字格式的容量皆小於 Shapefile 格式，而當數據更大量時，兩者所需的容量即會有相當明顯的差異。相較於 Shapefile 格式最大 2 GB 的限制，純文字得以處理更大數據的地理資料，惟在讀入 R 軟體時必須先利用 3.2.2 的方法先行將純文字資料轉換為 `sf` 型態之資料，尚能進行空間分析或繪製地圖。

▼ 表 3.4-3　Shapefile 與純文字格式地理資料容量比較

資料 ＼ 檔案格式	Shapefile 格式	純文字格式
`us_states`	共計 74.7 KB	73.1 KB
`nz_height`	共計 6.13 KB	4.34 KB

* Shapefile格式除「.shp」檔案外，亦會產出其他檔案，計算容量時需合併計算。

3.5 屬性資料合併

地理資料乃由空間與屬性資料所構成，在本章節之前，我們所使用的資料諸如 `us_states`、`nz`、`nz_height` 等皆為完整的地理資料，其中必定包含儲存幾何空間的欄位，以及描述該空間的各項屬性欄位，因此可以直接針對該資料繪製面量圖或以文字標記屬性值。然而實務上我們所蒐集的地理資料可能不包含欲使用的屬性，此時必須另外蒐集屬性資料，並將原始的地理資料與新蒐集的屬性資料進行合併，以擴充原有的屬性欄位。舉例而言，在 `us_states` 資料中含括州名、區域、面積、2010 年人口總數、2015 年人口總數等屬性資料，然而若我們的研究主題是關於美國各州 COVID-19 總確診人數，並依據各州確診人數繪製面量圖，則無法僅利用原始的資料達成目的，必須先行下載、整理 COVID-19 各州的確診資料，隨後再依據州名將原始的地理資料與新蒐集的資料進行配對，即可建構含有 COVID-19 確診人數的地理資料。

蒐集其他屬性資料的方式繁多，可能來自於網路上的公開資料（Open Data）、公家機關或私人企業管理的非公開資料，亦或自行蒐集而得的資料。舉例而論，若欲以臺北捷運站點進出量為課題，可自臺北捷運官網下載每月進出站統計數據；若欲以電子票證為題統計各站點起訖對間的運量，則應向交通主管單位申請票證資料；若欲以路口行人穿越量為題，應架設計數行人數的設備或派遣工讀生，以取得第一手統計資料。在蒐集完所有屬性資料後，更重要的是必須結合目前已擁有的地理資料，尚能進一步分析空間與屬性間的關係，亦或依據屬性值繪製視覺化地圖。綜上所述，如何將現有地理資料圖層與新蒐集的屬性資料合併，是本章節的重要課題。

在關聯式資料庫（Relational database）中，合併資料表必須有一組主鍵（primary key），主鍵係指資料表中的唯一識別碼，亦即每一筆資料具唯一的主鍵值，不可能有任兩個主鍵值對應到相異資料。以表 3.5-1 所羅列的 `us_states` 資料為例，GEOID 和 NAME 兩個欄位內的資料皆屬唯一值，可作為識別「美國各州」之功能，故兩者皆可做為主鍵。而 REGION 欄位內的資料非唯一值，如 Alabama 為 South，而 Florida 亦為 South，故無法僅利用 REGION 識別「美國各州」。另外主鍵通常為文字型態或數字序號，以便於資料庫識別，故 AREA、total_pop_10、total_pop_15 皆不適合做為主鍵。

▼ 表 3.5-1　`us_states` 資料範例

GEOID	NAME	REGION	AREA	total_pop_10	total_pop_15
1	Alabama	South	133,709.3	4,712,651	4,830,620
4	Arizona	West	295,281.3	6,246,816	6,641,928
8	Colorado	West	269,573.1	4,887,061	5,278,906
9	Connecticut	Norteast	12,976.59	3,545,837	3,593,222
12	Florida	South	151,052	18,511,620	19,645,772
13	Georgia	South	152,725.2	9,468,815	10,006,693

　　有了關聯式資料庫的基礎概念後，接著進一步討論如何合併來源不同的資料。合併兩份資料必須擁有主鍵相互配對，即兩份資料中必須具「相互參照的欄位」。在 R 軟體中，欲將地理資料與新增的屬性資料合併可直接利用 `dplyr` 套件中的 `left_join()` 函式，函式中第一個參數必須放置原始的地理資料，第二個參數則需放置新蒐集得來的屬性資料，第三個參數 `by=` 則必須定義參照的欄位名稱。若並未設定參數 `by=`，該函式將自動尋找兩份資料中共同的欄位名稱，作為「相互參照的欄位」。必須注意的是，若兩份資料中欲參照的欄位名稱不一致，恐無法順利執行 `left_join()`，此時必須在參數 `by=` 中利用 `c("col1"="col2")` 定義參照的欄位，其中 `col1` 表示原始地理資料中欲參照的欄位名稱，`col2` 則表示新蒐集資料中欲參照的欄位名稱。`left_join()` 函式的建構方式整理如下：

```
left_join(原始地理資料, 新蒐集屬性資料, by=c("col1"="col2"))
```

　　本章節後續將以美國各州截至 2021 年 9 月 30 日的 COVID-19 死亡率為題，先行擷取確診總數及死亡總數，最後繪製 COVID-19 確診死亡率面量圖。在此先簡單將確診死亡率定義為：累積死亡人數除以累積確診人數。目前我們已擁有美國各州的地理圖資（`spData` 套件中的 `us_states` 資料），接著我們必須自行尋找美國 COVID-19 確診與死亡數的統計數據，可在以下網站蒐集相關資料：https://data.humdata.org/dataset/nyt-covid-19-data

該網站中的「us-states.csv」資料中詳細羅列逐日（date）各州（state）的累積確診（cases）與累積死亡（deaths）個案數。在 R 軟體中的 `read.csv()` 與 `read.table()` 函式除可透過指定路徑讀取本機資料外，亦可直接連結至存取文字資料的網址，並下載資料至程式中。以下先行讀取美國 COVID-19 的各州統計資料。

```
# 讀取美國 COVID 19 統計資料
us_covid=read.csv("https://data.humdata.org/hxlproxy/api/data-preview.csv?url=https%3A%2F%2Fraw.githubusercontent.com%2Fnytimes%2Fcovid-19-data%2Fmaster%2Fus-states.csv&filename=us-states.csv")

# 查看 us_covid 資料
head(us_covid)
```

```
##         date       state fips cases deaths
## 1 2020-01-21 Washington   53     1      0
## 2 2020-01-22 Washington   53     1      0
## 3 2020-01-23 Washington   53     1      0
## 4 2020-01-24    Illinois   17     1      0
## 5 2020-01-24 Washington   53     1      0
## 6 2020-01-25 California    6     1      0
```

接著必須將資料修正為「各州截至 2021 年 9 月 30 日的總確診與死亡人數」，故應透過 `dplyr` 套件的 `filter` 函式擷取 2021 年 9 月 30 日的資料。程式碼撰寫如下，分隔線下方為產出結果。

```
# 轉換日期格式
us_covid$date=as.Date(us_covid$date)

# 擷取指定日期的累積統計數據
us_covid=filter(us_covid, date==as.Date("2021/9/30"))

# 查看整理後的 us_covid 資料
```

```
head(us_covid)

##          date        state fips    cases deaths
## 1 2021-09-30      Alabama    1   796475  14299
## 2 2021-09-30       Alaska    2   113835    559
## 3 2021-09-30 American Samoa 60        1      0
## 4 2021-09-30      Arizona    4  1093583  19984
## 5 2021-09-30     Arkansas    5   496077   7691
## 6 2021-09-30   California    6  4739046  69278
```

　　上述程式碼中須注意的是，由於在一開始所讀取的 us_covid 中，日期資料乃以文字型態呈現，在 R 軟體中若欲比較日期前後間的關係，亦或計算日期差，必須先行透過 as.Date() 函式將文字格式轉換為日期格式。本段程式碼最終所得結果儲存於 us_covid，以回傳結果中的第一列為例，其表示 Alabama 州在截至 2021 年 9 月 30 日止，累積確診總數為 796,475 人，而死亡人數為 14,299 人。

　　以上結果即為整理完成的屬性資料，接著必須進一步合併 spData 中的 us_states 原地理資料與整理後的屬性資料。兩份資料中應分別以「NAME」與「state」相互參照，亦即設定 left_join() 函式中的參數 by=c("NAME"="state")。不過在此之前，讀者可先利用 setdiff() 函式檢驗兩份資料中的欄位是否能夠相互參照。setdiff() 函式中必須依序放入兩個向量，該函式用以檢查前者向量與後者向量間的「差集」，故若回傳結果為「character(0)」，即表示前者資料內的元素皆存在於後者。另外為方便後續繪製美國各州確診死亡率的面量圖，可新增一欄位用以記錄確診死亡率。合併地理資料與屬性資料的程式碼撰寫如下，分隔線下方為執行結果。最終繪製地圖結果如圖 3.5.1 所示。

```
# 利用setdiff()檢查兩份資料內的名稱是否一致
setdiff(us_states$NAME, us_covid$state)
```
```
## character(0)
```

```
# 合併原地理資料與新蒐集的屬性資料
us_states_covid=left_join(us_states, us_covid, by=c("NAME"="state"))
```

```
# 新增一欄位記錄確診死亡率
us_states_covid$death_rate=us_states_covid$deaths/us_states_covid$cases
```

```
# 查看合併後的 us_states_covid 資料
head(us_states_covid)
```

```
## Simple feature collection with 6 features and 11 fields
## Geometry type: MULTIPOLYGON
## Dimension:     XY
## Bounding box: xmin: -114.814 ymin: 24.559 xmax: -71.787 ymax: 42.050
## Geodetic CRS:  NAD83
##   GEOID      NAME     REGION           AREA total_pop_10 total_pop_15
## 1    01   Alabama      South 133709.27 [km^2]      4712651      4830620
## 2    04   Arizona       West 295281.25 [km^2]      6246816      6641928
## 3    08  Colorado       West 269573.06 [km^2]      4887061      5278906
## 4    09 Connecticut Norteast  12976.59 [km^2]      3545837      3593222
## 5    12   Florida      South 151052.01 [km^2]     18511620     19645772
## 6    13   Georgia      South 152725.21 [km^2]      9468815     10006693

##     date     fips  cases  deaths               geometry death_rate
## 1 2021-09-30    1  796475  14299 MULTIPOLYGON (((-88.20006 3...      0.018
## 2 2021-09-30    4 1093583  19984 MULTIPOLYGON (((-114.7196 3...      0.018
## 3 2021-09-30    8  674847   7731 MULTIPOLYGON (((-109.0501 4...      0.011
## 4 2021-09-30    9  390345   8629 MULTIPOLYGON (((-73.48731 4...      0.022
## 5 2021-09-30   12 3570752  55009 MULTIPOLYGON (((-81.81169 2...      0.015
## 6 2021-09-30   13 1544381  25224 MULTIPOLYGON (((-85.60516 3...      0.016
```

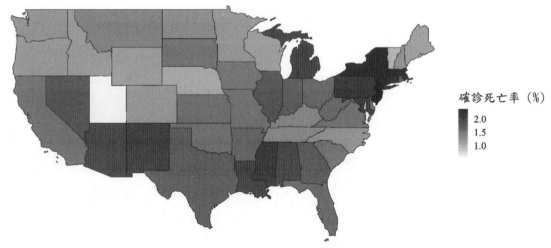

▲ 圖 3.5.1　合併地理資料與新增屬性資料

（美國COVID-19確診死亡率圖）

　　在本章節中了解如何合併原始地理資料與新增的屬性資料，以擴充屬性欄位，此一方法對於地理資料分析而言甚為基礎，也相當重要。實務中的地理資料通常不會包含我們欲分析的屬性，故必須另外蒐集屬性資料，使地理資料得以擴充延展。蒐集資料與整理空間及屬性資料是在進入空間分析相關研究前的重要程序，務必熟稔本章節合併資料的操作方法。

CHAPTER 4

地理空間運算

　　了解第 2 章地圖繪製與第 3 章地理資料建構的方法後，我們已能夠取得外部數據，並整理爲完整的地理資料，此爲地理資訊系統的前置作業；而後亦可透過視覺化的方式呈現地圖，此爲地理資訊系統的最終產出結果。於本章中將進一步討論中間分析的過程，亦即如何處理讀取的資料，藉由地理空間運算（Geocomputation）進行空間操作（Spatial Operations），並針對地理資料進行基礎統計與分析，如是尚能藉由地圖敘說結論。

　　地理空間運算所涵蓋的項目繁多，包含常見的交集（intersection）、聯集（union）、取中心點（centroid）、環域（buffer）等，透過執行地理空間運算可使分析者更快速統計幾何元素，同時能夠了解各空間圖層間的關係。舉例而言，假使我們想了解各行政區（鄉鎮市區）的中小學數量，必須先行蒐集鄉鎮市區的面圖層與中小學地理位置的點圖層，隨後將兩者進行「空間資料合併」之操作，回傳各個點所坐落的面圖層，抑或利用「空間交集」的操作，亦可取得各個學校所在的鄉鎮市區。完成上述兩種操作後，接著必須統計每一鄉鎮市區所含有的中小學之總數量，進而能夠彙整各行政區的中小學個數一覽表。上述分析流程中，「空間資料合併」與「空間交集」皆屬於地理空間運算，其可協助分析者快速處理地理資料，進而得到最終所需的統計數據。計算行政區中小學數量的分析流程如圖 4.1 所示。

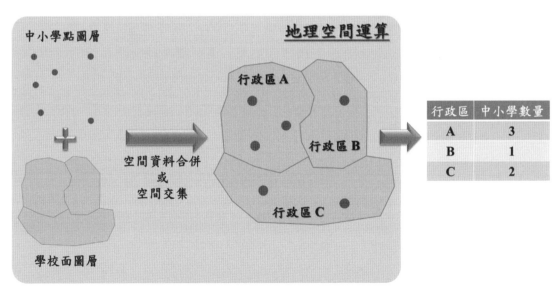

▲ 圖 4.1　行政區中小學數量計算流程

　　再舉一稍嫌複雜的案例：若想了解某一行政區內，所有捷運站 500 公尺範圍內的公共自行車站點密度，則必須先蒐集捷運及公共自行車站點的點圖層，隨後將捷運站點圖層進行「環域」分析，亦即以各捷運站點為中心，500 公尺為半徑設定為環域區。由於各站點間的環域區域可能會重疊，故應將環域區取「聯集」。另外，環域區的範圍可能超出研究範圍，故應先將環域區及研究範圍取「交集」，將超出的範圍予以裁切。緊接著，再將環域區與公共自行車站點取「交集」，即可保留坐落於環域區內的站點。最後計算修正處理後之環域區的「面積」與其內公共自行車的站點數，進而推算環域區內的站點密度。在本分析流程中，「環域」、「聯集」、「交集」、「計算面積」四者皆為地理空間運算，可協助分析者快速擷取需要的資料範疇，並進行計算與處理，進而得到最終所需的統計數據。計算特定行政區內捷運站 500公尺範圍的公共自行車密度之分析流程如圖 4.2 所示。

　　綜合以上具體範例可發現，地理空間運算的操作甚為重要，為地理分析的基礎。本章後續將逐一介紹各項地理空間運算的意義以及操作方式，並利用具體的案例予以示範。4.1 與 4.2 章節主要探討空間分析的合併與基礎統計；4.3 至 4.8 章節中將進一步描述各項基礎操作，諸如常見的交集、聯集、環域等；4.9 與 4.10 分別討論地理空間的簡化與旋轉、縮放；4.11 與 4.12 則了解如何計算幾何元素的長度、距離與面積，並了解如何回傳最近的幾何元素；4.13 與 4.14 乃較為進階的地理運算之應用，分別介紹凸包（Convex Hull）與沃羅諾伊圖（Voronoi Polygon），此二種空間分群演算法在未來的空間分析有相當程度的應用。本章為地理資訊系統的「中游」操作程序，為讀取資料後、輸出地圖前的分析方法，亦屬至關重要的步驟。

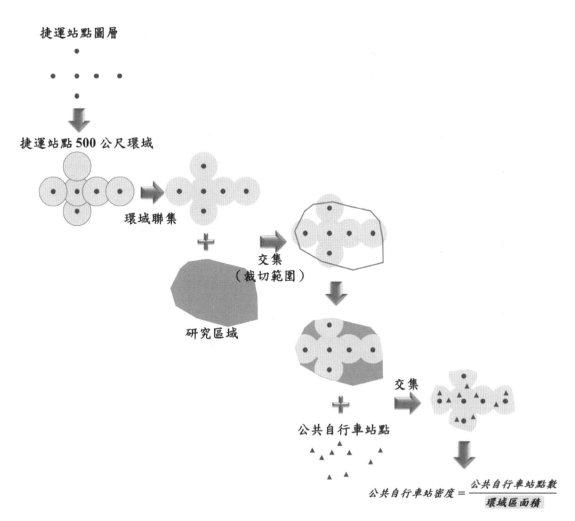

▲ 圖 4.2　捷運站 500 公尺範圍內的公共自行車密度計算流程

4.1 空間資料合併（Spatial Join）

在 3.5 小節中，我們已了解如何依據共同的主鍵（primary key）將地理資料與新增的屬性資料利用 dplyr 套件的 left_join() 函式合併，其中必須注意的是，原地理資料的格式係 sf，而新增的屬性資料屬於 data.frame，兩資料不得同時為 sf 之資料格式。讀者可嘗試將兩地理資料同時置於 left_join() 函式中，觀察程式執行結果：以記錄紐西蘭 101 座高峰位置的 nz_height，與紐西蘭行政區地圖 nz 為例，程式碼撰寫如下，分隔線下方為執行錯誤的警告訊息。此警告訊息表示 left_join() 函式無法合併兩地理資料，並建議我應們使用 st_join() 函式進行空間合併。

```
# 利用 left_join() 合併兩地理資料
left_join(nz, nz_height)
## 錯誤: y should not have class sf; for spatial joins, use st_join
```

在 sf 套件中提供 st_join() 函式可將兩種皆為 sf 格式的資料進行空間合併，惟須注意的是 left_join() 函式合併之基礎是透過主鍵的連結，亦即在兩份資料中必須具有相互參照的欄位；而 st_join() 函式合併的基礎乃先行檢驗兩空間資料是否有「交集」，若有則依據交集的地理資料進行屬性資料合併。在 st_join() 函式中應放置兩空間資料，第一個參數的地理資料乃最終執行結果中位於表格左側的資料，且最終結果將保留第一個參數的空間資料；反之第二個參數的地理資料則位於表格右側，並僅保留其屬性資料。另外參數 join= 乃設定地理操作的方式，預設參數值為「st_intersects」，亦即透過「交集」的方式配對地理資料，其他操作方法則包含「st_contains」、「st_covers」等，惟因其他元件在本函式中鮮少利用，故不深入著墨，利用預設值即可。參數 left= 則決定資料合併的方式，若 left=T（預設）表示僅所有第一個參數中的屬性資料須保留；反之 left=F 為所有第一個參數與第二個參數中的屬性資料皆須保留。st_join() 函式的程式撰寫架構如下：

```
st_join(地理資料 1, 地理資料 2, join=, left=)
```

　　爲更清楚說明 `st_join()` 函式的執行方法，以下利用具體範例解析其操作流程如圖 4.1.1 所示。圖 4.1.1 中分別有兩地理資料，一爲觀光景點的地標資料（地理資料 1），另一則爲各縣市行政區的地理資料（地理資料 2）。若欲將兩份資料進行空間合併（即程式碼 `st_join(` 地理資料 1, 地理資料 2)），則首先將地標資料中的每一個地標與縣市行政區進行「交集」，以確認各地標的所在縣市行政區，後續即可貼附對應縣市的所有屬性資料。舉例而言，一零一大樓透過函式中的「`st_inter-sect`」元件得知該點資料「交集於」臺北市的面圖層，則後續在合併時必須貼附臺北市該欄位的縣市行政區資料；又如淡水老街位於新北市，則空間合併時必須貼附新北市該欄位之資料，其他則以此類推。另外必須特別注意，最終的地理資料結果僅會保留第一個參數（地理資料 1）的空間資料，亦即在圖 4.1.1 中最終結果的空間資料係記錄每一個地標的點資料，而非縣市行政區的面圖層。

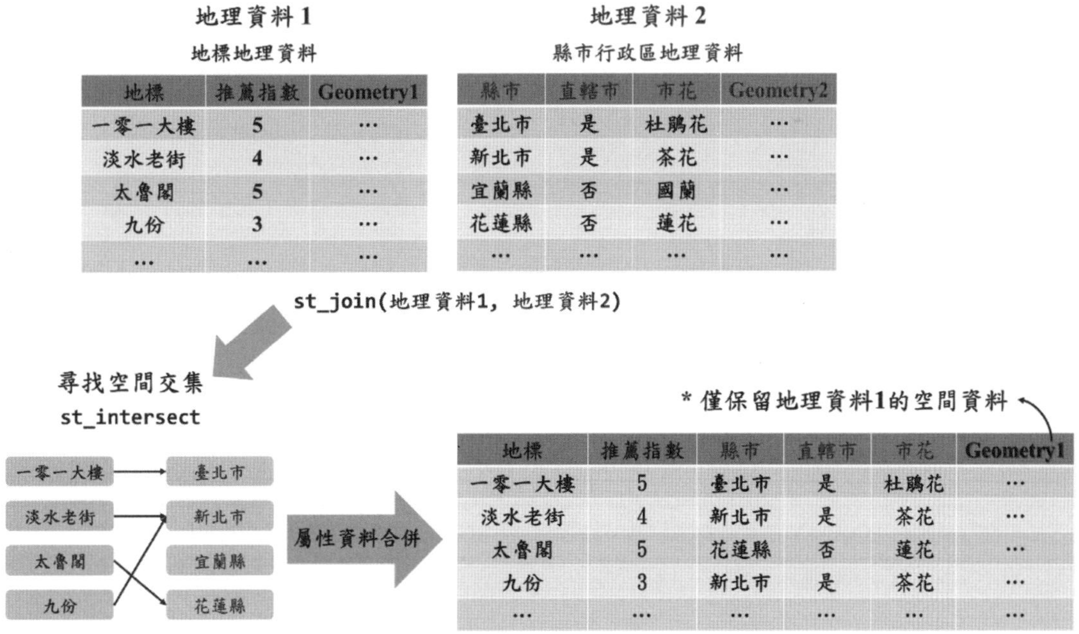

地理資料 1
地標地理資料

地標	推薦指數	Geometry1
一零一大樓	5	…
淡水老街	4	…
太魯閣	5	…
九份	3	…
…	…	…

地理資料 2
縣市行政區地理資料

縣市	直轄市	市花	Geometry2
臺北市	是	杜鵑花	…
新北市	是	茶花	…
宜蘭縣	否	國蘭	…
花蓮縣	否	蓮花	…
…	…	…	…

st_join(地理資料1, 地理資料2)

尋找空間交集
st_intersect

一零一大樓	→	臺北市
淡水老街	→	新北市
太魯閣	→	宜蘭縣
九份	→	花蓮縣

屬性資料合併

＊僅保留地理資料1的空間資料

地標	推薦指數	縣市	直轄市	市花	Geometry1
一零一大樓	5	臺北市	是	杜鵑花	…
淡水老街	4	新北市	是	茶花	…
太魯閣	5	花蓮縣	否	蓮花	…
九份	3	新北市	是	茶花	…
…	…	…	…	…	…

▲ 圖 4.1.1　`st_join()` 函式操作流程示意圖

　　由於 `st_join()` 函式在最終結果中僅保留第一個參數（地理資料 1）的空間資

料，故在操作此一函式時務必先行了解研究目的，以正確回傳預期的地理資訊。再以圖 4.1.1 的範例說明，本範例中希望最終能貼附各地標所在縣市的屬性資料，故應以地標資料為主，將地標資料放置於第一個參數中，如是即能保留每一個地標的空間資料，同時貼附所在縣市的屬性資料。在此回傳結果中，各別地標僅會出現於其一縣市，故空間資料不會重複。然若將兩參數放置的順序顛倒，則最終回傳結果將會是以縣市行政區資料為主，尋找所在縣市有哪些地標，並將地標資料的屬性貼附於所屬縣市行政區資料之後，而所保留的空間資料為縣市行政區的面圖層。在此回傳結果中，由於一個縣市可能會有多個地標，故空間資料會發生重複之窘況，並非預期之結果。綜上所論，在 st_join(地理資料 1, 地理資料 2) 中，第一個參數（地理資料 1）與第二個參數（地理資料 2）彼此空間關係應屬於「一對一」或「多對一」之關係，所得結果的空間資料尚不會重複；然而若為「一對多」（如上述說明中一個縣市可以對應多個地標）或「多對多」之關係，則回傳結果的空間資料將有重複之問題。針對以上說明，後續範例程式碼中將會進行測試，以實際了解回傳結果之差異。

接著，以 spData 套件中的 nz（紐西蘭行政區地圖）與 nz_height（紐西蘭 101 座高峰）資料為例，利用 st_join() 函式將 101 座高峰的所在行政區之屬性資料貼附其後。依上所述，本範例中必須以 nz_height 為主（地理資料 1），將其與 nz（地理資料 2）進行空間合併。程式碼撰寫如下，分隔號下方為執行結果。

```
# 空間資料合併
nz_height_join1=st_join(nz_height, nz)

# 檢視前6筆資料
head(nz_height_join1)
```

```
## Simple feature collection with 6 features and 8 fields
## Geometry type: POINT
## Dimension:     XY
## Bounding box: xmin: 1204143 ymin: 5048309 xmax: 1389460 ymax: 5168749
## Projected CRS: NZGD2000 / New Zealand Transverse Mercator 2000
##   t50_fid elevation   Name Island Land_area Population Median_income
```

```
## 1 2353944      2723  Southland  South  31196.06      98300      29500
## 2 2354404      2820      Otago  South  31186.31     224200      26300
## 3 2354405      2830      Otago  South  31186.31     224200      26300
## 4 2369113      3033 West Coast  South  23245.46      32400      26900
## 5 2362630      2749 Canterbury  South  44504.50     612000      30100
## 6 2362814      2822 Canterbury  South  44504.50     612000      30100
##    Sex_ratio                 geometry
## 1 0.9785069 POINT (1204143 5049971)
## 2 0.9511694 POINT (1234725 5048309)
## 3 0.9511694 POINT (1235915 5048745)
## 4 1.0139072 POINT (1259702 5076570)
## 5 0.9753265 POINT (1378170 5158491)
## 6 0.9753265 POINT (1389460 5168749)
```

以上程式碼中，第一個參數放置紐西蘭 101 座高峰的點資料，故最終結果（`nz_height_join1`）中乃保留 101 座高峰的地理位置，且該資料位於 `nz_height_join1` 結果中的左半邊，即 t50_fid 與 elevation 欄位。而第二個參數放置紐西蘭行政區之面資料，其屬性資料貼附於 `nz_height_join1` 結果中的右半側，即 Name 至 Sex_ratio 欄位。觀察最終執行結果，表中第一列係代碼為 2353944 的高峰，其所在位置位於 Southland，而每一座高峰僅會坐落於其中一個省分，故每一筆點資料（`nz_height`）必然僅會對應至一筆面資料（`nz`），不會有空間資料重複之問題。

接著，若將兩資料的參數設定順序顛倒，則程式碼撰寫如下，分隔線下方為執行結果。

```
# 空間資料合併
nz_height_join2=st_join(nz, nz_height)

# 檢視前6筆資料
head(nz_height_join2)
```

```
## Simple feature collection with 6 features and 8 fields
## Geometry type: MULTIPOLYGON
```

```
## Dimension:      XY
## Bounding box: xmin: 1568217 ymin: 5646123 xmax: 2051016 ymax: 6191874
## Projected CRS: NZGD2000 / New Zealand Transverse Mercator 2000
##       Name Island Land_area Population Median_income Sex_ratio t50_fid
## 1      Northland  North   12500.561     75500       23400 0.9424532      NA
## 2      Auckland   North    4941.573     57200       29600 0.9442858      NA
## 3      Waikato    North   23900.036    460100       27900 0.9520500 2408397
## 3.1    Waikato    North   23900.036    460100       27900 0.9520500 2408406
## 3.2    Waikato    North   23900.036    460100       27900 0.9520500 2408411
## 4   Bay of Plenty North   12071.145     29990       26200 0.9280391      NA
##      elevation                          geom
## 1          NA MULTIPOLYGON (((1745493 600...
## 2          NA MULTIPOLYGON (((1803822 590...
## 3        2751 MULTIPOLYGON (((1860345 585...
## 3.1      2720 MULTIPOLYGON (((1860345 585...
## 3.2      2732 MULTIPOLYGON (((1860345 585...
## 4          NA MULTIPOLYGON (((2049387 583...
```

由以上執行結果可發現，程式碼中第一個參數設定為 nz 資料，故最終結果亦為面圖層（Geometry type: MULTIPOLYGON），且 nz 資料排列於結果表中的左半側，即 Name 至 Sex_ratio 欄位；而第二個參數設定為 nz_height 資料，其位於結果表中的右側，即 t50_fid 與 elevation 欄位。由於每一個行政區可能擁有多個高峰，屬於一對多的空間對應，故回傳結果中將會有空間資料重複之問題，如上述回傳結果中的 3、3.1、3.2 列即表示有多個高峰皆位於 Waikato。此外亦可發現第一列中所對應的高峰資料為 NA，亦即該區域並無高峰存在。綜上所述，透過以上試驗可發現，參數設定中地理資料的擺放順序會影響最終結果的屬性呈現以及幾何元素的型態。

4.2 空間與屬性聚合（Spatial & Attribute Aggregation）

　　空間與屬性聚合係針對地理資料中同一類別的屬性進行基礎統計，諸如取平均值、加總等，此外亦會將同一類別的空間資料合併爲一。以 `spData` 中的 `us_states` 資料爲例，其屬性資料含括人口數（total_pop_15）及區域（REGION），若我們欲統計每一區域的人口總數，則必須先合併所有同一區域的州，並加總同一區域的人口資料，而所得結果的空間資料將會是區域地圖，亦即呈現區域間的界線，並消除原本各州間的疆界。

　　在 R 軟體中空間與屬性聚合可由 `sf` 套件中的 `aggregate()` 函式達成目的，亦可藉由 `dplyr` 套件中的 `group_by()` 與 `summarise()` 函式完成之，以下分述利用此二函式進行空間與屬性聚合之方式。

1. `aggregate` 函式

　　`aggregate()` 函式原爲 R 軟體中的原生函式（generic function），用以將資料依據變數 X 的類別分組，並針對特定變數 Y 計算每一分群中該值的加總或平均，惟須注意的是，利用原生函式所得結果爲 `data.frame` 之格式，而非 `sf`，故最終結果並非完整的地理資料，無法進一步進行空間分析與繪製地圖。`aggregate()` 函式的程式撰寫架構如下：

```
aggregate(變數 Y ~ 變數 X, FUN=計算方法, data=資料)
```

　　以 `us_states` 資料爲例，若欲了解每一區域（REGION）的總人口數（total_pop_15），則須將第一個參數設定爲 total_pop_15（即上述程式碼架構中的「變數 Y」），而第二個參數爲 REGION（即上述程式碼架構中的「變數 X」），第三個參數 `FUN` 則標示加總函式「`sum`」，最後參數 `data=` 爲資料 `us_states`。程式碼撰寫如下，分隔線下方爲執行結果。

```
# 屬性資料聚合
us_states_df=aggregate(total_pop_15 ~ REGION, FUN=sum,
                       data=us_states)


# 確認 us_states_df 資料屬性
class(us_states_df)
```

```
## [1] "data.frame"
```

```
# 查看 us_states_df
us_states_df
```

```
##      REGION total_pop_15
## 1 Norteast     55989520
## 2  Midwest     67546398
## 3    South    118575377
## 4     West     72264052
```

　　觀察上述 `us_states_df` 結果，以資料中第一列為例，美國東北地區的人口經各州合併後之加總為 55,989,520 人。此外必須注意的是，藉原生 `aggregate()` 函式所得結果已失去空間資料，且僅保存 REGION（變數 X）與聚合後的 total_pop_15 欄位（變數 Y），其他屬性資料皆一併去除。

　　`sf` 套件的 `aggregate()` 函式除可針對屬性資料進行聚合，同時亦能夠聚合空間資料，程式碼撰寫架構如下：

```
aggregate(x=資料["變數Y"], by=list(資料$變數X), FUN=計算方法)
```

其中第一個參數「資料 [" 變數 Y"]」為一完整的地理資料，並擷取其中的「變數 Y」之屬性，作為進行運算的對象；第二個參數 `by=` 則為分組的依據，必須將分組的變數轉換為 `list` 格式；最後參數 `FUN=` 則定義運算的方法。此外，函式中亦可輸入 `na.rm=T`，以避免資料中因出現 NA 之缺值而無法運算。在此必須特別說明，雖然兩套件所使用的函式名稱皆同，在 R 軟體中將會透過函式內參數的設定方式自行判定是否執行空間聚合：若出現「~」符號，表示使用原生套件的單純屬性聚合，而若出現「x=」與「by=」參數，則為 `sf` 套件的空間與屬性聚合。若讀者擔心兩不同套件的 aggregate() 函式容易混淆，建議可在 sf 套件中特別使用「sf:::aggregate.sf()」一函式即可。

　　再以 us_states 資料為例，計算每一區域（REGION）的總人口數（total_pop_15），同時須保留聚合後的空間資料，則程式碼撰寫如下，分隔線下方為執行結果。

```
# 屬性與空間資料聚合
us_states_sf=aggregate(x=us_states["total_pop_15"],
                       by=list(us_states$REGION), FUN=sum)


# 確認 us_states_sf 資料屬性
class(us_states_sf)
```

```
## [1] "sf"           "data.frame"
```

```
# 查看 us_states_sf
us_states_sf
```

```
## Simple feature collection with 4 features and 2 fields
## Attribute-geometry relationship: 0 constant, 1 aggregate, 1 identity
## Geometry type: MULTIPOLYGON
## Dimension:     XY
## Bounding box: xmin: -124.704 ymin: 24.559 xmax: -66.982 ymax: 49.384
## Geodetic CRS:  NAD83
##    Group.1 total_pop_15                       geometry
## 1 Norteast     55989520 MULTIPOLYGON (((-76.99106 3...
## 2  Midwest     67546398 MULTIPOLYGON (((-104.0555 4...
## 3    South    118575377 MULTIPOLYGON (((-94.59485 2...
## 4     West     72264052 MULTIPOLYGON (((-124.411 42...
```

　　由以上結果得知，透過 sf 套件的 aggregate() 函式可同時聚合屬性與空間資料，而空間聚合之結果詳列於結果表中的最後一欄位（geometry）。表中的第一個欄位「Group.1」表示第一種分組原則，由於以上程式碼中係將 us_states$REGION 置於 by= 參數之 list 中，故僅會有一種分組。若在 list 中增加參照的分群方式，則最終結果將出現「Group.2」、「Group.3」等分群方式。

　　接著我們可進一步繪製 `us_states_sf` 之地圖以觀察空間聚合結果，產出地圖如圖 4.2.1 所示。由此地圖顯見，`us_states_sf` 空間聚合將所有州的幾何資料全數合併，消除州與州間的界線，並僅保留區域之疆界。

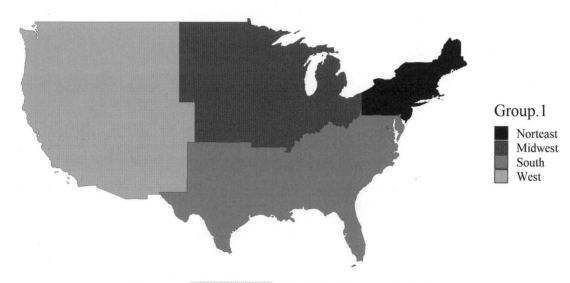

Group.1

- Norteast
- Midwest
- South
- West

▲ 圖 4.2.1　　`aggregate()` 函式空間聚合出圖結果（一）

　　`aggregate()` 函式除了可將空間與屬性依據特定欄位進行聚合，同時可輸入兩地理資料，以先行尋求兩者的「交集」，並依據交集結果進行空間與屬性聚合，最終所得結果亦為完整的地理資料。在 `aggregate()` 函式中，其程式撰寫架構如下：

```
aggregate(x=地理資料 1["變數 Y"], by=地理資料 2, FUN=計算方法)
```

此函式表示利用參數「`x=`」所設定的地理資料，先行與參數「`by=`」之地理資料進行交集，再依據交集結果分群，依此計算屬性（地理資料 1[" 變數 Y"]）的加總或平均值等。而最終的地理資料中，係承繼「地理資料 2」的空間資料。

　　以紐西蘭行政區劃地圖 `nz` 及紐西蘭高程 `nz_height` 兩資料為例，計算每一行政區中所有高程的平均高度，程式碼撰寫如下，分隔線下方為執行結果。

```
# 屬性與空間資料聚合
nz_ave_ele=aggregate(x=nz_height["elevation"], by=nz, FUN=mean)

# 查看 nz_ave_ele 前六筆資料
head(nz_ave_ele)
```

```
## Simple feature collection with 6 features and 1 field
## Geometry type: MULTIPOLYGON
## Dimension:      XY
## Bounding box: xmin: 1568217 ymin: 5518431 xmax: 2089533 ymax: 6191874
## Projected CRS: NZGD2000 / New Zealand Transverse Mercator 2000
##   elevation                         geometry
## 1        NA MULTIPOLYGON (((1745493 600...
## 2        NA MULTIPOLYGON (((1803822 590...
## 3  2734.333 MULTIPOLYGON (((1860345 585...
## 4        NA MULTIPOLYGON (((2049387 583...
## 5        NA MULTIPOLYGON (((2024489 567...
## 6        NA MULTIPOLYGON (((2024489 567...
```

以上程式係透過 aggregate() 函式計算紐西蘭各行政區內高程的平均高度，如第 3 列的行政區（即回傳結果中 ## 3），其高程的平均高度為 2734.333 公尺。而結果中的 NA 值，表示該行政區內並無任何山峰，故無高程資料。惟須注意的是，aggregate() 函式僅保留所計算資料的屬性，如上述程式碼中挑選「elevation」變數進行分群，故最終屬性欄位僅餘該變數，此一函式未能保留分群的屬性值（以本範例而言，即未保留各行政區的名稱），在後續實務操作上可能會有些許困擾。此外，由於此一回傳結果亦為完整地理資料，且保留參數「by=」所設定的空間資料（在本範例中即 nz 的空間資料），故可進一步繪製高程漸層地圖，如圖 4.2.2 所示。

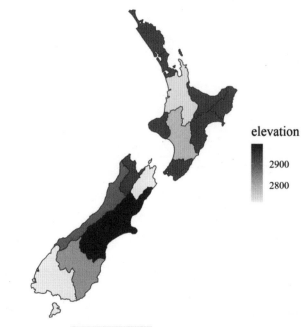

▲ 圖 4.2.2　`aggregate()` 函式空間聚合出圖結果（二）

2. `group_by() %>% summarise()` 函式

除了 `aggregate()` 函式外，亦可藉由 `dplyr` 套件的 `group_by() %>% sum-marise()` 函式進行屬性與空間聚合，其中「`%>%`」為一「水管」，可承繼前一個函式的結果，作為後一個函式的參數，並使程式碼更為簡潔易讀。`group_by() %>% summarise()` 的程式碼撰寫架構如下：

```
# 加總
group_by(地理資料, 變數 X)%>%
    summarise(sum(變數 Y))


# 平均
group_by(地理資料, 變數 X)%>%
    summarise(mean(變數 Y))
```

```
# 計算個數
group_by(地理資料, 變數 X)%>%
  summarise(n())
```

　　其中 **group_by()** 函式表示將資料依據「變數 X」先行分組，隨後再將「變數 Y」依公式進行運算。常見的公式包含 **sum()**、**mean()**、**n()** 等，依序表示針對分組內的屬性進行加總、取平均值、計算分組內總樣本數，此外亦可使用自定義的公式（function）。再以圖 4.2.1 **aggregate()** 函式空間聚合的範例為例，若欲透過 **group_by() %>% summarise()** 函式合併區域（REGION）內各州的空間資料，並計算人口總數，則程式碼撰寫如下，分隔線下方為執行結果。

```
# 屬性與空間資料聚合
us_states_sf2=group_by(us_states, REGION)%>%
  summarise(total_pop_15=sum(total_pop_15))

# 查看 us_states_sf2 前六筆資料
head(us_states_sf2)
```
```
## Simple feature collection with 4 features and 2 fields
## Geometry type: MULTIPOLYGON
## Dimension:     XY
## Bounding box: xmin: -124.704 ymin: 24.559 xmax: -66.982 ymax: 49.384
## Geodetic CRS:  NAD83
## # A tibble: 4 x 3
##   REGION    total_pop_15                                      geometry
##   <fct>        <dbl>                      <MULTIPOLYGON [arc_degree]>
## 1 Norteast    55989520 (((-76.99106 39.72006, -77.53488 39.720~
## 2 Midwest     67546398 (((-104.0555 43.85348, -104.0577 44.997~
## 3 South      118575377 (((-94.59485 29.4679, -94.54639 29.572~
## 4 West        72264052 (((-124.411 42.25055, -124.4351 42.440~
```

　　此一結果與 aggregate() 函式完全相同，且最終輸出結果亦爲完整的地理資料，而出圖結果與圖 4.2.1 一致。雖然此程式碼稍嫌冗長，但其撰寫架構更爲直觀，且對資料分析者而言更具彈性。在分組後若欲針對各種屬性進行不同運算，aggregate() 函式即難以達成此一目的，該函式僅能使用同一公式（FUN）計算各種屬性，而 group_by() %>% summarise() 函式則彌補此一限制，其可依據不同屬性給予指定公式運算，大幅提升資料處理之彈性。以 spData 套件中的 world 資料爲例，該資料中詳載全球各國的基礎資料，含括所屬洲別（continent）、所屬區域（region_un）、所屬子區域（subregion）、國體（type）、國土面積（area_km2）、總人口數（pop）、平均壽命（lifeExp）、國內人均生產毛額（gdpPercap）等。若欲計算「各子區域」的人口總數、平均壽命、國家總數，並將資料依據平均壽命遞減排列，則程式碼撰寫如下，分隔線下方爲執行結果。

```
# 屬性與空間資料聚合
subregion_info=group_by(world, subregion)%>%
  summarise(
    pop=sum(pop, na.rm=T),              # 利用sum()計算人口總數
    lifeExp=mean(lifeExp, na.rm=T),     # 利用mean()計算平均壽命
    num_cou=n()                         # 利用n()計算國家總數
  )%>%
  arrange(desc(lifeExp))

# 查看 subregion_info 前六筆資料
head(subregion_info)
```

```
## Simple feature collection with 6 features and 4 fields
## Geometry type: MULTIPOLYGON
## Dimension:     XY
## Bounding box: xmin: -171.791 ymin: -46.641 xmax: 178.517 ymax: 83.645
## Geodetic CRS:  WGS 84
## # A tibble: 6 x 5
##   subregion           pop lifeExp num_cou                        geom
##   <chr>             <dbl>   <dbl>   <int> <MULTIPOLYGON [arc_degre>
```

```
## 1 Australia and New Zealand   28013838      81.9      2 (((124.2216 -32.95949, -~
## 2 Western Europe             126347889      81.8      7 (((-52.93966 2.124858, -~
## 3 Northern America           354214168      80.4      3 (((-169.5294 62.97693, -~
## 4 Northern Europe             96640077      79.5     10 (((-17.79444 63.67875, -~
## 5 Southern Europe            152970653      78.4     12 (((-8.898857 36.86881, -~
## 6 Eastern Asia              1570332918      76.3      6 (((121.586 39.36085, 121~
```

由此一結果觀之，`group_by() %>% summarise()` 函式著實提升資料分析上
的實用性，讓使用者得以依據不同屬性指定不同運算公式。以上程式碼中另外利用
`arrange()` 函式將資料依據壽命排列，而其中的 `desc()` 函式即表示將數值由大到小
排列；若並未加註 `desc()` 函式，則預設將數值由小到大排列。接著，觀察回傳結果
前六筆資料，其表示紐澳地區的平均壽命為世界之最，約為 81.9 歲，其次依序為西
歐、北美、北歐、南歐、東亞。在以上程式碼中，針對 `pop` 屬性乃利用 `sum()` 函式
加總，故以第一筆資料為例，其表示紐澳地區的總人口數共計 28,013,838 人。此外，
在 `dplyr` 套件中提供 `n()` 函式計算每一分組的資料總筆數，於上述程式碼乃利用該
函式計算每一個子區域中的國家數，以第一筆資料中的「num_cou」為例，其表示
紐澳地區共有 2 個國家。

單純利用 `group_by() %>% summarise()` 函式的限制，乃該函式僅能針對一組
地理資料進行分析，未能如同 `aggregate()` 函式可輸入兩不同的地理資料，並尋找
空間交集，針對位於同一空間的屬性資料進行運算。雖說如此，我們可以結合 4.1
章節中所提及的 `st_join()` 函式與 `group_by() %>% summarise()` 函式，以達成相
同目的。再以圖 4.2.2 產出之結果為範例，程式碼撰寫如下，分隔線下方為執行結果。

```
# 屬性與空間資料聚合
ave_height=st_join(nz, nz_height)%>%
  group_by(Name)%>%
  summarise(elevation=mean(elevation),
            count=n())%>%
  mutate(count=ifelse(is.na(elevation), 0, count))%>%
  arrange(desc(count))
```

```
# 查看 ave_height 前六筆資料
head(ave_height)
## Simple feature collection with 6 features and 3 fields
## Geometry type: MULTIPOLYGON
## Dimension:      XY
## Bounding box: xmin: 1205019 ymin: 4830067 xmax: 1907315 ymax: 6007878
## Projected CRS: NZGD2000 / New Zealand Transverse Mercator 2000
## # A tibble: 6 x 4
##   Name                 elevation count                          geom
##   <chr>                    <dbl> <dbl>          <MULTIPOLYGON [m]>
## 1 Canterbury               2995.    70  (((1686902 5353233, 1679996 5344809~
## 2 West Coast               2889.    22  (((1557042 5319333, 1554239 5309440~
## 3 Waikato                  2734.     3  (((1860345 5859665, 1857808 5853929~
## 4 Manawatu-Wanganui        2777     2 (((1866732 5664323, 1868949 56544~
## 5 Otago                    2825     2 (((1335205 5126878, 1336956 51186~
## 6 Marlborough              2720     1 (((1686902 5353233, 1679241 53594~
```

　　以上程式碼中乃先行利用 `st_join()` 函式將紐西蘭行政區劃地圖與高程資料進行空間資料合併，如是可了解每一行政區所擁有的高程，並保留行政區的空間資料（面）。在此須特別注意，`st_join()` 函式中僅保留第一個參數的空間資料，而最終我們希望繪製如圖 4.2.2 之行政區面量圖，故必須先放置紐西蘭行政區劃地圖，以完整保留行政區的空間資料；反觀，若將兩資料的擺放順序顛倒，則最終所得地理資料為高程的空間資料（點），即無法繪製行政區之面量圖。在 `st_join()` 函式合併後，可針對每一個行政區域名稱進行分類，並將屬於同一行政區者的高程取平均值，即可得最終結果。此外，為了解每一行政區所擁有的高程數量，上述程式碼中特別於 `summarise()` 函式內，使用 `n()` 函式計算每一分組中的資料筆數。惟須注意的是，由於資料中會呈現所有的行政區，故利用 `n()` 函式計算個數時會將無高程的行政區（即 elevation 欄位中為 NA 者）一併計入，為修正之，應針對實際無高程的個數手動設定為 0。以上程式碼乃透過 `mutate()` 函式及 `ifelse()` 函式修正，其中 `is.na()` 函式乃用以判斷是否為 NA。關於 `mutate()` 函式的詳細描述請參照 2.2.3

小節；`ifelse()` 函式則參照 2.6 章節。以上述回傳結果的第一筆資料為例，其表示 Canterbury 行政區中高程的平均高度（elevation）為 2995 公尺，且該區域的高程總數（count）共計 70 個。

　　透過以上範例可發現，`group_by() %>% summarise()` 函式的彈性度更高，在屬性值的聚合上未受太多限制，可同時針對不同屬性計算加總、平均、個數等，且亦可進行空間資料的聚合，故其所應用之範圍甚廣。

4.3 空間插值計算（Interpolation）

　　空間插值是指由一地理資料估計另一「重疊（overlapping）」，但「不一致（incongruent）」的地理資料之屬性值，在操作上其假設所有平面的屬性為均質分布，故可利用平均劃分的方法推估。試想若欲計算「特定區域」（自定義的空間）的人口數，我們必須先蒐集人口統計資料，而人口資料可自政府開放資料平臺上取得各村里人口統計，抑或最小統計區人口統計，然而這些統計區域的劃分與我們所定義的「特定區域」並不一致，是故接下來分析者便須面臨「該參照哪一區域統計資料」的困難課題。而空間插值計算則解決此一問題，所有與「特定區域」具交集之統計區皆為參照的對象，並依照面積占比分配屬性值。在此必須注意的是，空間插值的計算乃假設屬性資料在各統計區為均勻分布，是故尚能透過面積分配數值。

　　空間插值的計算可分為兩大類型，一為空間加總型（spatially extensive），另一為空間密度平均型（spatially intensive）。空間加總型表示屬性資料會依據面積大小而改變，通常為計算的個數，諸如：人口數、事件數等，此一類型的變數應依據「特定區域」在各統計區交集的占比進行分配再加總。空間密度平均型表示屬性資料並不會依據面積大小而有所改變，通常為密度，諸如：人口密度、事件發生密度等，此一類型的變數須依據「特定區域」與統計區之交集在總體「特定區域」的面積占比進行分配。綜整上述的觀念，請參照表 4.3-1 之整理。

　　為了更具體了解空間插值之原理，以下以人口總數與人口密度之空間插值計算為範例說明，如圖 4.3.1 所示。假設我們欲計算特定區域（圖中藍色圓形區塊）的人口總數與人口密度，且該區域與統計區 A、B、C 共有三個交集。人口數須利用空間加總型的計算方式，應先計算出每一塊交集區域在各統計區中的比例，如特定區域占 A 統計區的面積占比為 5/20=0.25，故其人口分配即為 1000*0.25=250，其他則以此類推，並將所有結果進行加總即特定區域推估的人口總數。人口密度須利用空間平均型的計算方式，應先計算出每一塊交集區域在特定區域中的比例，如與 A 統計區交集的區塊占整體特定區域面積的比例為 5/(5+6+4)=0.333，故其人口密度分配即為 50*0.333=16.67，其他則以此類推，並將所有結果進行加總即特定區域推估的人

▼ 表 4.3-1　空間加總與平均比較整理

	空間加總型	空間密度平均型
定義	屬性值**會**依面積大小改變	屬性值**不會**依面積大小改變
計算 （參照圖示）	$\alpha * \dfrac{D}{A} + \beta * \dfrac{E}{B}$	$\alpha * \dfrac{D}{C} + \beta * \dfrac{E}{C}$
範例	人口數、事件數	人口密度、事件發生密度
圖示		

口密度。如圖 4.3.1 所呈現之計算結果，依上述方法可計算出特定區域的總人口數爲 750 人，而人口密度爲 50 人，此外亦可逕將推估的人口總數除以特定區域的總面積，其值必定等於推估的人口密度。

　　有了上述的概念後，接著進一步利用 `sf` 套件中的 `st_interpolate_aw()` 函式實現之。在 `st_interpolate_aw()` 函式中，第一個參數必須放置具有屬性值的「統計區」地理資料，第二個參數則須放置「特定區域」的地理資料。此外必須另設置參數 `extensive=`，以決定使用何種計算方式，若 `extensive=T`，即表示使用空間加總型；反之，若使用 `extensive=F` 則使用空間平均型。了解上述函式的參數設定及用途後，以下進一步操作實際的地理資料，以熟稔空間插值的方法。在本書所提供的檔案（「data」資料夾）中，請尋找到「taipei_mrt」子資料夾內的「taipei_mrt_station_buf.shp」資料，其爲「特定區域」的地理資料，係捷運站 200 公尺環域區域；另在「taipei_map」子資料夾中尋找「taipei_village_map.shp」資料，其爲「統計區」的地理資料，內含臺北市各村里的人口總數與人口密度。讀者亦可逕使用 `TWspdata` 套件中相同名稱的資料。以下程式碼乃計算各捷運站 200 公尺環域區域的總人數，

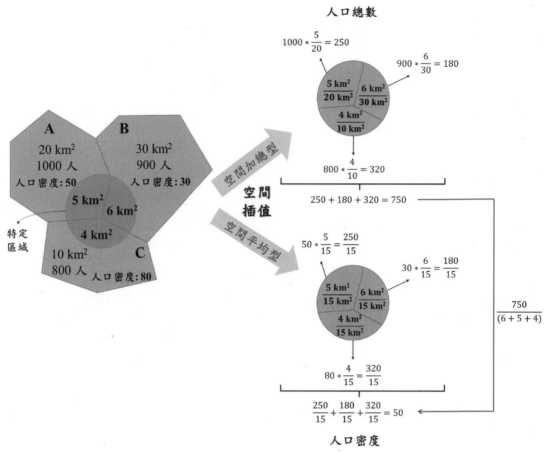

▲ 圖 4.3.1　空間插值計算範例說明

程式碼撰寫如下，分隔線下方為執行結果。

```
# 計算特定區域總人口數
PP_interpo=st_interpolate_aw(taipei_village_map["PP"],
                            taipei_mrt_station_buf, extensive=T)

# 查看PP_interpo 前六筆資料
head(PP_interpo)
```
```
## Simple feature collection with 86 features and 1 field
## Attribute-geometry relationship: 0 constant, 1 aggregate, 0 identity
## Geometry type: POLYGON
```

```
## Dimension:      XY
## Bounding box: xmin: 296891.3 ymin: 2764892 xmax: 312439 ymax: 2781295
## Projected CRS: TWD97 / TM2 zone 121
## First 10 features:
##          PP                      geometry
## 1    374.4286 POLYGON ((308696.3 2765704,...
## 2  1217.1181 POLYGON ((308052.9 2765705,...
## 3  1482.4531 POLYGON ((307544.1 2765739,...
## 4  1232.8199 POLYGON ((306534.7 2765818,...
## 5  1265.7893 POLYGON ((306426.3 2766497,...
## 6  2442.4100 POLYGON ((306600.8 2767942,...
```

```
# 插值資料筆數
nrow(PP_interpo)
```

```
# [1] 86
```

```
# 特定區域資料筆數
nrow(taipei_mrt_station_buf)
```

```
## [1] 121
```

　　由上述結果可發現，空間插值所得結果資料筆數為 86 筆，然事實上原始特定區域的資料筆數共計 121 筆，造成資料缺少的原因乃部分捷運站並非位於臺北市，而統計區的資料僅含臺北市的村里人口數及人口密度，故無法進一步計算之。此外亦可發現，回傳結果（PP_interpo）中並不包含原始資料的任何屬性值，故無法了解進行空間插值計算後的屬性名稱，此時我們必須先行利用 st_interpolate_aw() 函式中的 keep_NA= 參數進行修正，將無法計算的區域一併回傳，並顯示 NA，另外再透過 cbind() 函式將捷運站 200 公尺環域資料中的屬性名稱與之合併，即可確切了解各環域所對應的人口總數與人口密度。據上述修正，以下計算捷運站 200 公尺環域的人口總數與密度，程式碼撰寫如下，分隔線下方為執行結果。

```
# 計算特定區域總人口數
PP_interpo2=st_interpolate_aw(taipei_village_map["PP"],
                              taipei_mrt_station_buf,
                              extensive=T, keep_NA=T)
PP_interpo2=cbind(Station=taipei_mrt_station_buf$Zh_tw, PP_interpo2)

# 查看 PP_interpo2 前六筆資料
head(PP_interpo2)
```

```
## Simple feature collection with 6 features and 2 fields
## Geometry type: POLYGON
## Dimension:    XY
## Bounding box: xmin: 306026.3 ymin: 2765504 xmax: 308696.3 ymax: 2768142
## Projected CRS: TWD97 / TM2 zone 121
##    Station      PP                    geometry
## 1   動物園   374.4286 POLYGON ((308696.3 2765704,...
## 2     木柵  1217.1181 POLYGON ((308052.9 2765705,...
## 3 萬芳社區 1482.4531 POLYGON ((307544.1 2765739,...
## 4 萬芳醫院 1232.8199 POLYGON ((306534.7 2765818,...
## 5     辛亥  1265.7893 POLYGON ((306426.3 2766497,...
## 6     麟光  2442.4100 POLYGON ((306600.8 2767942,...
```

```
# 計算特定區域人口密度
PPDENS_interpo=st_interpolate_aw(taipei_village_map["PPDENS"],
                              taipei_mrt_station_buf,
                              extensive=F, keep_NA=T)
PPDENS_interpo=cbind(Station=taipei_mrt_station_buf$Zh_tw,
                PPDENS_interpo)

# 查看 PPDENS_interpo 前六筆資料
head(PPDENS_interpo)
```

```
## Simple feature collection with 6 features and 2 fields
## Geometry type: POLYGON
```

```
## Dimension:    XY
## Bounding box:  xmin: 306026.3 ymin: 2765504 xmax: 308696.3 ymax: 2768142
## Projected CRS: TWD97 / TM2 zone 121
## 1    動物園   2980.970 POLYGON ((308696.3 2765704,...
## 2     木柵   9689.945 POLYGON ((308052.9 2765705,...
## 3 萬芳社區  11802.379 POLYGON ((307544.1 2765739,...
## 4 萬芳醫院   9814.953 POLYGON ((306534.7 2765818,...
## 5     辛亥  10077.435 POLYGON ((306426.3 2766497,...
## 6     麟光  19444.965 POLYGON ((306600.8 2767942,...
```

由上述人口總數與人口密度之計算可知，動物園捷運站環域 200 公尺內的人口總數之推估值約為 374 人，而人口密度約為每平方公里 2980 人。此外，由於環域 200 公尺的面積必為固定之值，故將 PP_interpo2 的人口總數推估值除以 PPDENS_interpo 的人口密度推估值必為定值，且該值乃環域 200 公尺的面積。檢驗程式碼撰寫如下，分隔線下方為執行結果。

```
# 計算每一特定區域面積
head(PP_interpo2$PP/PPDENS_interpo$PPDENS)
```

```
## [1] 0.1256063 0.1256063 0.1256063 0.1256063 0.1256063 0.1256063
```

由以上結果顯見，一如預期地，每一特定區域面積為定值，且該值為環域 200 公尺的面積（0.1256 平方公里）。另將捷運站環域 200 公尺的人口密度計算結果進一步繪製成漸層地圖，如圖 4.3.2 所示，其中黑色環域區表示無資料，故未能呈現人口密度值。

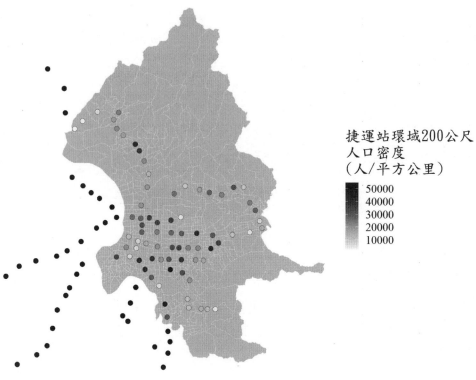

捷運站環域200公尺
人口密度
（人/平方公里）

50000
40000
30000
20000
10000

▲ 圖 4.3.2　空間插值計算結果（人口密度圖）

4.4 聯集（Union）

　　聯集是指將兩地理資料進行合併，合併過程中並不參照任何空間資料或屬性欄位，而輸出結果將保留兩圖層涵蓋的所有空間資料。在 `sf` 套件中可利用 `st_union()` 函式達成此一目的，該函式中可針對兩地理資料進行聯集，另可針對單一地理資料內的所有空間資料取聯集。惟須注意的是，在兩地理資料的聯集中，乃將兩份地理資料中的每一筆資料與另一者進行任兩兩配對，故若第一份地理資料共計 5 筆，第二份地理資料共計 10 筆，則任兩兩配對後所產生之聯集共計 50 筆資料。為進一步測試 `st_union()` 函式進行兩地理資料聯集之結果，以下範例乃使用本書所提供的檔案（「data」資料夾）中，「taipei_mrt」子資料夾內的「taipei_mrt_station.shp」，與「taipei_map」子資料夾內的「taipei_village_map.shp」，將捷運站（點）和村里（面）兩地理資料取聯集。讀者亦可自 `TWspdata` 套件中使用相對應名稱的資料。兩地理資料聯集的程式碼撰寫如下，分隔線下方為執行結果。

```
# 取捷運站（點）和村里（面）兩地理資料的聯集
mrt_vil=st_union(taipei_mrt_station[,c("Zh_tw")],
                 taipei_village_map[, c("VILLNAME")])


# 查看 mrt_vil 前六筆資料
head(mrt_vil)
```
```
## Simple feature collection with 6 features and 2 fields
## Geometry type: GEOMETRYCOLLECTION
## Dimension:     XY
## Bounding box: xmin: 305841 ymin: 2763273 xmax: 308496.3 ymax: 2767942
## Projected CRS: TWD97 / TM2 zone 121
## # A tibble: 6 x 3
##   Zh_tw   VILLNAME                                         geometry
##   <chr>   <chr>                               <GEOMETRYCOLLECTION [m]>
```

```
## 1 動物園    樟新里    GEOMETRYCOLLECTION (POINT (308496.3 2765704), POL~
## 2 木柵      樟新里    GEOMETRYCOLLECTION (POINT (307852.9 2765705), POL~
## 3 萬芳社區  樟新里    GEOMETRYCOLLECTION (POINT (307344.1 2765739), POL~
## 4 萬芳醫院  樟新里    GEOMETRYCOLLECTION (POINT (306334.7 2765818), POL~
## 5 辛亥      樟新里    GEOMETRYCOLLECTION (POINT (306226.3 2766497), POL~
## 6 麟光      樟新里    GEOMETRYCOLLECTION (POINT (306400.8 2767942), POL~
```

由此一範例可見，每一捷運站會與每一村里進行聯集，所得結果的地理資料型態為「GEOMETRYCOLLECTION」，乃因捷運站為點資料；村里為面資料，故兩者合併後必須使用幾何集合儲存。捷運站的資料共計121筆；臺北市村里的資料共計456筆，故兩地理資料聯集的結果為 121*456=55176 筆。然而，此種聯集配對的方式對分析者而言並無實際應用價值，乃因我們無法針對兩兩配對的聯集資料進行後續分析，故在應用上鮮少會使用 st_union() 函式取兩地理資料的聯集。

st_union() 函式通常用以將單一地理資料內的所有空間資料取聯集，例如可將所有村里的空間資料取聯集，以消除村里間的界線，而最終資料類型不再是 sf 格式，而為 sfc 格式。以下程式碼乃示範將臺北市各村里的空間資料進行合併，並檢查輸出結果的資料型態，程式碼撰寫如下，分隔線下方為執行結果。此外，亦可利用 ggplot2 套件繪製聯集產出之 sfc 格式，出圖結果如圖 4.4.1 所示。

```
# 取所有村里地理資料之聯集
vil_uni=st_union(taipei_village_map)

# 查看 vil_uni 資料
vil_uni
```
```
## Simple feature collection with 6 features and 2 fields
## Geometry type: GEOMETRYCOLLECTION
## Dimension:    XY
## Bounding box: xmin: 305841 ymin: 2763273 xmax: 308496.3 ymax: 2767942
## Projected CRS: TWD97 / TM2 zon
## POLYGON ((298768 2776910, 298761.1 2776913, 298...
```

```
# 查看 vil_uni 資料型態
class(vil_uni)
```

```
## [1] "sfc_POLYGON" "sfc"
```

原村里面圖層　　　　　　　　　　聯集後村里面圖層

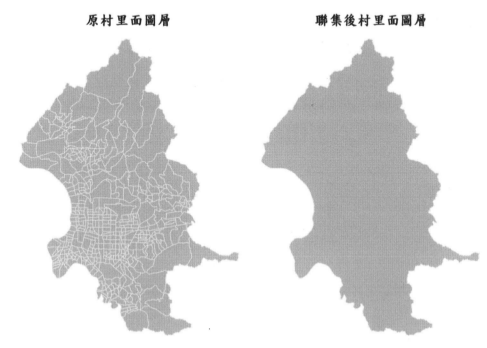

▲ 圖 4.4.1　地理資料聯集（臺北市各村里聯集）

　　以上回傳結果顯示該地理資料的聯集爲一面圖層（POLYGON），且其資料型態屬於 sfc 格式，另由圖 4.4.1 亦可知，圖層的村里界線在聯集之後不復存在。接著必須思考的是，若我們欲知悉兩份地理資料聯集的範圍，但又不希望使用 st_union() 函式後出現地理資料任兩元素相互配對的窘況，此時可利用各別單一地理資料的聯集後再取聯集，以達成目的，詳細操作方式如下，並再以臺北捷運站點圖層及臺北市村里面圖層爲例。程式碼撰寫如下，分隔線下方爲執行結果，出圖結果則如圖 4.4.2 所示。

```
# 取捷運站（點）和村里（面）兩地理資料聯集後的聯集
vil_mrt_uni=st_union(st_union(taipei_village_map),
                     st_union(taipei_mrt_station))
```

```
# 查看 vil_mrt_uni 資料
vil_uni
```

```
## Geometry set for 1 feature
## Geometry type: GEOMETRYCOLLECTION
## Dimension:     XY
## Bounding box: xmin: 291555.5 ymin: 2761190 xmax: 317204.1 ymax: 2789175
## Projected CRS: TWD97 / TM2 zone 121
## GEOMETRYCOLLECTION (POLYGON ((298761.1 2776913,...
```

```
# 查看 vil_mrt_uni 資料型態
class(vil_mrt_uni)
```

```
## [1] "sfc_GEOMETRYCOLLECTION" "sfc"
```

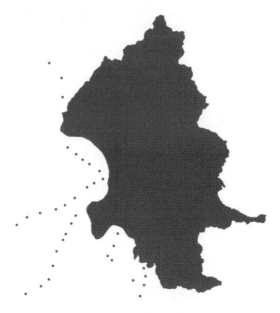

▲ 圖 4.4.2　兩地理資料各別聯集之聯集

　　由以上結果顯示，兩地理資料各別聯集後之聯集爲一幾何集合（GEOMETRY-COLLECTION），其中包含所有村里的面空間資料，同時亦含括捷運站的點空間資料。

4.5 交集（Intersection）

在 4.1 章節中所提到的 st_join() 函式乃先行尋找兩地理資料的「交集」，再依據交集結果對應屬性資料，以合併兩地理資料；於 4.2 章節中提及可利用 aggregate() 函式輸入兩地理資料，並依據「交集」結果進行屬性資料之聚合；在 4.3 章節中 st_interpolate_aw() 函式背後的演算法係尋找統計區與特定區域間的「交集」面積，以計算屬性值分配之比例。綜上所論，「交集」為至關重要的地理操作元件，本章節將進一步簡介地理資訊系統中交集的基礎概念，並深入討論在 sf 套件中所提供與交集相關的所有函式。

首先必須了解交集的定義，在地理資訊系統中「交集（intersection）」和「剪裁（clipping）」為非常相似的操作，皆尋找空間上具有重疊之處，並回傳階層較低的空間資料，如點與面取交集，回傳點資料；線與面取交集，則回傳線資料；若為面與面之交集，則回傳兩面資料的共同交集。惟兩者最大的差別在於「交集」會保留兩地理資料的所有屬性資訊，而「剪裁」僅保留其中一地理資料的屬性，另一者僅是用以剪裁之功能，其屬性資料無任何用途。具體說明如圖 4.5.1 所示，其中含有兩地理資料，一為點資料，另一為面資料。若將兩資料進行剪裁，則保留兩地理資料於空間中具重疊者（B、D、E 點），並僅保留「點」的屬性資料；反之，若將兩資料進行交集，則除保留兩地理資料重疊之幾何元素外，並同時保留「點與面」的屬性資料。

此一概念在地理資訊系統中甚為重要，然在 sf 套件中僅提供交集之函式，並未有剪裁的專屬函式，若欲進行剪裁，可逕使用交集即可，後續會進一步藉實際資料詳述。

sf 套件中可以利用 st_intersects() 函式查詢地理資料交集的索引，其回傳結果為一列表（list），而該函式必須設定兩地理資料，其建構方式如下：

```
st_intersects( 地理資料 1, 地理資料 2)
```

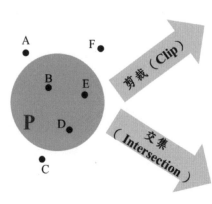

▲ 圖 4.5.1　交集與剪裁定義說明

　　輸出之陣列結果將顯示每一筆「地理資料 1」，交集於「地理資料 2」的索引值，亦即「地理資料 1」與「地理資料 2」的第幾筆資料有交集，若無任何交集則該元素顯示「empty」；若含多個交集，則該元素中顯示多個索引值。為具體說明 `st_intersects()` 函式的回傳結果，圖 4.5.2 之圖示說明此一函式操作流程。圖中地理資料 1 為地標地理資料；地理資料 2 為直轄市行政區地理資料，透過 `st_intersects()` 函式將逐一尋找空間的交集，如地理資料 1 的第一筆資料（索引值為 1）為淡水老街，該景點位於新北市，其位於地理資料 2 中第二列，故所配對之索引值即為「2」。再舉一例，地理資料 1 的第三列（索引值為 3）為太魯閣，該景點並非位於任一直轄市中，故無法匹配地理資料 2 的索引值，於配對結果中即顯示「(empty)」。

　　有了上述操作流程之觀念後，以下將進一步透過實際資料實現 `st_intersects()` 函式的功能。請尋找到本書所提供的檔案（「data」資料夾）中，「taipei_youbike」子資料夾內的「taipei_youbike.shp」，以及「taipei_map」子資料夾內的「taipei_village_map.shp」兩地理資料。若欲了解每一 YouBike 場站所在的村里為何，程式碼撰寫如下，執行結果如分隔線下方所示。

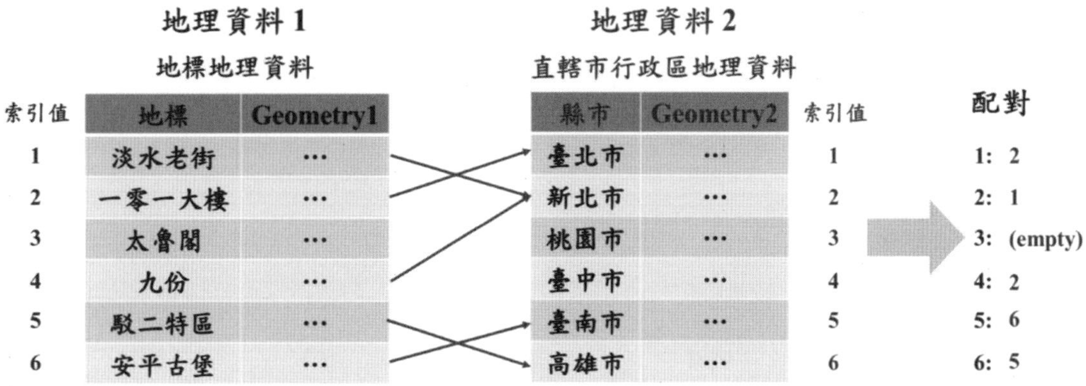

▲ 圖 4.5.2 　`st_intersects()` 函式操作流程圖示

```
# 回傳 YouBike 及村里交集的索引值
ubike_vil_index=st_intersects(taipei_youbike, taipei_village_map)

# 查看 ubike_vil_index 資料
ubike_vil_index
```

```
## Sparse geometry binary predicate list of length 913, where the
## predicate was `intersects'
## first 10 elements:
##  1: 182
##  2: 164
##  3: 154
##  4: 154
##  5: 155
##  6: 154
##  7: 154
##  8: 154
##  9: 127
##  10: 117
```

　　回傳結果顯示，YouBike 資料的第 1 筆（YouBike1.0_ 捷運市政府站 (3 號出口)）與臺北市村里資料的第 182 列（臺北市信義區興雅里）具交集，表示第 1 筆 You-Bike 資料的站點坐落於村里資料第 182 列的面圖層中。然而若欲進一步擷取所交集村里的屬性資料，則必須先將儲存於陣列中的索引值萃取為數值型態，並將該組數值向量以 2.2.2 小節中列資料擷取的方式回傳各索引值所對應的村里屬性資料，擷取方式如下：

```
資料=資料[索引值, ]
```

最後再合併原始的 YouBike 資料與上述回傳的屬性資料，則可將各站點所在位置的村里屬性貼附於原始資料中。程式碼撰寫如下，分隔線下方為執行結果：

```
# 檢查 ubike_vil_index 的資料型態
class(ubike_vil_index)
```

```
## [1] "sgbp" "list"
```

```
# 將儲存索引值的陣列轉換為數值型態
ubike_vil_index=as.numeric(ubike_vil_index)

# 擷取相對應的村里屬性
ubike_village=st_drop_geometry(taipei_village_map)[ubike_vil_index,
c("VILLCODE","COUNTYNAME","TOWNNAME","VILLNAME")]

# 合併 YouBike 資料與所在村里之屬性資料
taipei_youbike_village=cbind(taipei_youbike, ubike_village)

# 查看 taipei_youbike_village 前六筆資料
head(taipei_youbike_village)
```

```
## Simple feature collection with 6 features and 10 fields
## Geometry type: POINT
## Dimension:     XY
## Bounding box: xmin:306247.7 ymin:2769668 xmax:307384.5 ymax:2770463
## Projected CRS: TWD97 / TM2 zone 121
##   SttnUID            StatnNm            PostnLn       PostnLt
## 1 TPE0001   YouBike1.0_捷運市政府站(3號出口) 121.5679      25.0408
```

```
## 2 TPE0002 YouBike1.0_捷運國父紀念館站(2號出口) 121.5574    25.0412
## 3 TPE0003              YouBike1.0_台北市政府 121.5651    25.0377
## 4 TPE0004              YouBike1.0_市民廣場 121.5623    25.0360
## 5 TPE0005              YouBike1.0_興雅國中 121.5686    25.0365
## 6 TPE0006           YouBike1.0_臺北南山廣場 121.5659    25.0340
##   BksCpct SrvcTyp    VILLCODE COUNTYNAME TOWNNAME VILLNAME
## 1    180 YouBike1 63000020006      臺北市    信義區    興雅里
## 2     48 YouBike1 63000030052      臺北市    大安區    正聲里
## 3     40 YouBike1 63000020001      臺北市    信義區    西村里
## 4     60 YouBike1 63000020001      臺北市    信義區    西村里
## 5     60 YouBike1 63000020009      臺北市    信義區    安康里
## 6     80 YouBike1 63000020001      臺北市    信義區    西村里
##                  geometry
## 1 POINT (307305.9 2770423)
## 2 POINT (306247.7 2770463)
## 3 POINT (307031.3 2770083)
## 4 POINT (306745.1 2769887)
## 5 POINT (307384.5 2769948)
## 6 POINT (307114.2 2769668)
```

　　上述程式碼中先行檢驗「ubike_vil_index」的資料型態，其顯示為列表（list），接著將陣列轉換為數值型態，以作為篩選資料列欄位的向量。於擷取相對應的村里屬性的程式碼中須先行將村里資料利用 st_drop_geometry() 函式去除其空間資料，以避免後續合併時有多重的空間資料。最終再藉由 cbind() 函式將原始資料與村里屬性資料予以合併即可。

　　在以上的範例中，所有臺北市的 YouBike 場站必能對應至其一臺北市村里，然而在第一個地理資料中若其中一筆無法映射至第二個地理資料上，亦即該筆資料落於第二個地理資料外，則在 st_intersects() 函式的回傳陣列中將會顯示「(empty)」，故在後續轉換為數值型態時，將會出現「NA」。以下利用臺北捷運站點與臺北市村里面量圖層進行交集為範例，請注意臺北捷運站點部分落於新北市內，故若與臺北市村里取交集將有部分站點無法匹配至任一村里中，而回傳的陣列中將出現「(empty)」。請先行尋找本書所提供的檔案（「data」資料夾）中，「taipei_mrt」

子資料夾內的「taipei_mrt_station.shp」，以及「taipei_map」子資料夾內的「taipei_village_map.shp」兩地理資料。若欲了解每一捷運站所在的村里為何，程式碼撰寫如下，執行結果如分隔線下方所示。

```
# 回傳捷運站及村里交集的索引值
vil_mrt_index=st_intersects(taipei_mrt_station, taipei_village_map)

# 將儲存索引值的陣列轉換為數值型態
vil_mrt_index=as.numeric(vil_mrt_index)

# 查看 vil_mrt_index 資料
vil_mrt_index
```

```
##   [1]  34  44  37  29  41  49  65  90 125 190 243 281 315 339 352 353 345 338
##  [19] 351 383 334 314 294 247 127 118 122 125 126 131 133 215 215 262 262 308
##  [37] 331 364 379 385 403 414 422 424 427 444 443 437 437  NA  NA  NA  NA  NA
##  [55]  NA  NA  NA  21  33  56  60  83 133 140 173 239 262 263 243 229 242 235
##  [73]  NA  NA  NA  NA  83 131 192 263 282 295 308 298  NA  NA  NA  NA  NA  NA
##  [91]  NA  NA  NA  NA  NA  NA  NA  NA  NA  NA  NA  NA  NA  NA  NA  NA  NA 159
## [109] 173 215 203 192 190 189 217 182 176 224 224 248 247
```

　　由以上 vil_mrt_index 的回傳結果中可發現，有部分的陣列元素為「NA」，表示部分臺北捷運之站點與臺北市村里並無交集，亦即站點並非位於臺北市內。若將此一數值向量以 2.2.2 小節中列資料擷取的方式回傳各索引值所對應的村里屬性資料，則「NA」元素所回傳的欄位將亦顯示「NA」。將捷運站點資料與村里屬性合併的部分回傳結果如以下所示：

##	StationID	Zh_tw	VILLCODE	COUNTYNAME	TOWNNAME	VILLNAME
## 48	R24	忠義	63000120037	臺北市	北投區	一德里
## 49	R25	關渡	63000120037	臺北市	北投區	一德里
## 50	R26	竹圍	<NA>	<NA>	<NA>	<NA>
## 51	R27	紅樹林	<NA>	<NA>	<NA>	<NA>
## 52	R28	淡水	<NA>	<NA>	<NA>	<NA>

回傳結果中，第 48 與 49 筆資料的捷運站點皆位於臺北市境內，故其與臺北市村里取交集後將能匹配村里之屬性資料，然而第 50、51 與 52 筆資料並非位於臺北市，故與村里面量圖層取交集後，村里相關的屬性資料將顯示 NA。再請對應至 `vil_mrt_index` 的回傳結果，可發現第 48 與第 49 筆資料的索引值皆為 437，而第 50、51 與 52 筆資料的索引值為 NA，故此三筆合併後的村里屬性欄位亦會顯示 NA。

在此必須特別注意的是，將 `st_intersects()` 函式的回傳陣列轉換為數值型態後，再利用 2.2.2 小節中列資料擷取的方式僅適用於兩地理資料屬「一對一」之關係，如 YouBike 場站與捷運站皆只能對應至其中一個臺北市村里，不可能同時與兩個村里產生交集；若非「一對一」之關係，且逕將陣列轉換為數值型態必定會產生錯誤。以下將進一步簡介一對多之交集結果，及其報表解讀方式。

`st_intersects()` 函式中資料的擺放順序將影響最終輸出結果，如上述範例程式碼係先放置 YouBike 資料，後放置村里圖層資料，所回傳結果將顯示各個 You-Bike 站點所坐落的村里，故屬於一對一之關係，亦即每一個站點僅可能對應至唯一村里屬性資料。然而若將兩資料的擺放順序顛倒，先行擺放村里圖層資料，後放置 YouBike 站點資料，則回傳結果的索引值意謂每一村里所擁有的 YouBike 站點之序號。程式碼撰寫如下，分隔線下方為執行結果。

```
# 回傳村里及 YouBike 交集的索引值
vil_ubike_index=st_intersects(taipei_village_map, taipei_youbike)

# 查看 vil_ubike_index 資料
vil_ubike_index
```

```
## Sparse geometry binary predicate list of length 456, where the
## predicate was `intersects'
## first 10 elements:
##  1: 377
##  2: (empty)
##  3: (empty)
##  4: 163, 591
##  5: (empty)
```

```
##   6: 256, 266, 592, 593
##   7: (empty)
##   8: (empty)
##   9: 329, 594
##  10: 149, 363, 379, 590
```

　　由上述索引值回傳結果可知，第一個村里（臺北市文山區樟新里）擁有 You-Bike 資料中第 377 筆資料的站點（YouBike1.0_ 一壽橋），故其索引值為「377」。而第二個村里（臺北市文山區老泉里）並無任何 YouBike 場站，故其索引值回傳為「(empty)」。又如第四個村里（臺北市文山區樟文里）擁有的站點為 YouBike 資料中第 163、591 筆資料（YouBike1.0_ 臺北市立景美女中、YouBike2.0_ 臺北市立景美女中），故該筆陣列中含括兩個元素。惟須特別注意的是，與上一範例回傳結果不同的是，此陣列中可能含有多個元素及空集合（empty），故若逕使用列欄位回傳索引並不適當。

　　若欲了解各村里內的 YouBike 站點數，可利用 `lengths()` 函式計算「陣列中每一陣列內的元素個數」，以回傳 `vil_ubike_index` 內每一村里交集之 YouBike 場站的個數。在此須特別注意，R 軟體中 `length()` 函式可用以查看陣列內的陣列個數，而 `lengths()` 函式則用以查看陣列內每一陣列的元素個數，詳細說明如圖 4.5.3 之示意圖所示。

　　根據上述 `lengths()` 函式之使用說明，回傳每一村里內所擁有的 YouBike 場站數之程式碼撰寫如下，分隔線下方為執行結果。

```
# 計算陣列中每一陣列的元素個數
vil_ubike_count=lengths(vil_ubike_index)

# 查看 vil_ubike_count 資料
head(vil_ubike_count)
```

```
## [1] 1 0 0 2 0 4
```

　　由上述結果顯示，第一個村里共有 1 個 YouBike 場站，對照 `vil_ubike_index` 資料可發現，與第一個村里具交集的場站代碼僅 377，故確實該區域內僅一個場站。

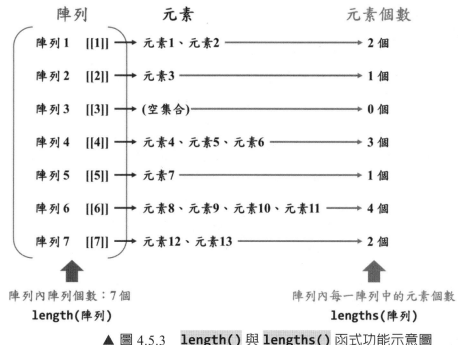

▲ 圖 4.5.3　**length()** 與 **lengths()** 函式功能示意圖

而回傳結果中，第二個元素之數值為 0，表示並無任何 YouBike 場站與第二個村里有交集，再次呼應 **vil_ubike_index** 資料中第二個陣列為「(empty)」。再如第六個元素之數值為 4，亦即第六個村里共有 4 個 YouBike 場站，亦呼應 **vil_ubike_index** 資料中第六個陣列包含代碼「256、266、592、593」，共計 4 個元素。

　　除了 **st_intersects()** 函式外，在 **sf** 套件另有 **st_intersection()** 函式亦可將兩地圖資取交集，惟 **st_intersection()** 函式的回傳結果更為完整，乃保留兩地理資料的完整屬性，而非如 **st_intersects()** 函式僅回傳交集的索引值之陣列，故在分析上更具實用性，但其缺點乃回傳結果之效能稍較 **st_intersects()** 函式為差。以下將進一步說明 **st_intersection()** 函式的操作方法與具體實務案例。

　　在 **st_intersection()** 函式中必須輸入兩份地理資料，最終輸出結果的幾何型態取階層較低者，如輸入點與面的資料取交集，回傳結果將為點資料；輸入線與面之資料取交集，則回傳線資料。此外，在輸出的表格中會完整保留兩地理資料的所有屬性值，惟須注意的是，放置於函式中第一個參數者將出現於表格的左側，而函式中第二個參數之地理資料取交集後則合併於表格右側。再次以探索 YouBike 場站所在的村里之案例作為示範，使用 **st_intersection()** 函式達成目的，程式碼撰寫如下，分隔線下方爲執行結果。

```
# 將兩地理資料取交集
ubike_vill_intersection=st_intersection(taipei_youbike,
                                        taipei_village_map)


# 查看 ubike_vill_intersection 前六筆資料
head(ubike_vill_intersection)
```

```
## Simple feature collection with 6 features and 17 fields
## Geometry type: POINT
## Dimension:     XY
## Bounding box: xmin:306077.5 ymin:2763509 xmax:307449.9 ymax:2764202
## Projected CRS: TWD97 / TM2 zone 121
## # A tibble: 6 x 18
##   SttnUID StatnNm PostnLn PostnLt BksCpct SrvcTyp VILLCODE COUNTYNAME TOWNNAME
##   <chr>   <chr>   <chr>   <chr>   <chr>   <chr>   <chr>    <chr>      <chr>
## 1 TPE0383 YouBike~ 121.55~ 24.978~ 26     YouBik~ 6300008~ 臺北市     文山區
## 2 TPE0166 YouBike~ 121.55~ 24.980~ 20     YouBik~ 6300008~ 臺北市     文山區
## 3 TPE5001~ YouBike~ 121.55~ 24.980~ 13    YouBik~ 6300008~ 臺北市     文山區
## 4 TPE0262 YouBike~ 121.56~ 24.984~ 16     YouBik~ 6300008~ 臺北市     文山區
## 5 TPE0272 YouBike~ 121.56~ 24.984~ 32     YouBik~ 6300008~ 臺北市     文山區
## 6 TPE5001~ YouBike~ 121.56~ 24.984~ 15    YouBik~ 6300008~ 臺北市     文山區
## # ... with 9 more variables:VILLNAME<chr>, VILLENG <chr>, COUNTYID <chr>,
## # COUNTYCODE <chr>, TOWNID <chr>, TOWNCODE <chr>, PP <int>, PPDENS <dbl>,
## # geometry <POINT [m]>
```

　　綜整上述 st_intersects() 與 st_intersection() 函式之功能，兩者皆具回傳空間交集之用途，惟前者僅回傳陣列，每一陣列則儲存交集之索引值序號；後者則回傳完整的地理資料。另外值得一提的是，st_intersection() 函式的功能與 4.1 章節提及的 st_join() 函式相仿，兩者所回傳的結果相同，其因乃在於 st_join() 函式中的 join= 參數之預設值係爲「st_intersects」，故合併地理資料之方法亦採用交集之形式。

　　圖 4.5.1 詳細說明「交集（intersection）」與「剪裁（clipping）」的差異，而在 sf 套件中亦可利用 st_intersection() 函式達到剪裁之目的，函式中的第一個參數必須放置完整的地理資料，該資料爲被剪裁的對象，故其屬性資料亦予以保留；第二個參數則放置剪裁圖層的「空間資料」，其功能僅是用以剪裁第一個參數的地理資料，故僅須輸入特定地理資料的空間欄位即可（無須保留屬性資料），可寫作「地理資料 $geometry」（geometry 爲該地理資料中空間欄位的名稱）。程式架構如下：

```
st_intersection( 被剪裁地理資料 , 剪裁地理資料 $geometry)
```

　　以臺北捷運站點與臺北市村里圖層爲範例，若欲保留在臺北市內的捷運站點資料，但又不希望回傳結果中出現村里圖層的屬性資料，則應將臺北捷運站點資料作爲被剪裁對象，並利用臺北市村里圖層的空間資料剪裁之。程式碼撰寫如下，分隔線下方爲執行結果。

```
# 先檢查原臺北捷運站點數
nrow(taipei_mrt_station)
```
```
## [1] 121
```

```
# 將臺北捷運資料利用臺北市村里圖層進行剪裁
mrt_clip=st_intersection(taipei_mrt_station,
                         taipei_village_map$geometry)

# 查看剪裁後的資料筆數 (在臺北市內的捷運站點數)
nrow(mrt_clip)
```
```
## [1] 86
```

　　以上程式碼中先行檢驗所有臺北捷運的站點數，共計 121 個站點，利用 st_intersection() 函式將捷運站點依臺北村里圖層的空間資料（geometry 欄位）進行剪裁後，資料筆數共計 86 筆，顯示共有 86 個站點坐落於臺北市境內，剪裁前後的捷運站點分布如圖 4.5.4 所示。

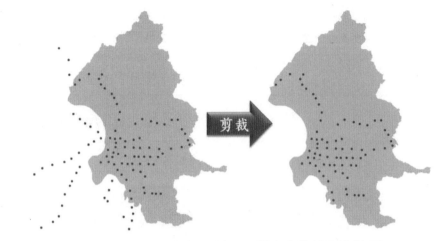

▲ 圖 4.5.4　臺北捷運站與臺北市村里圖層取交集結果之地圖

　　在 4.4 與 4.5 章節中分別介紹聯集與交集之功能，此二操作爲集合論中最重要的兩項元素，除此之外，另一操作方法爲「差集」，其功能乃回傳僅位於其中一地理資料範圍內的資料，可利用 `st_difference()` 函式達成之，惟在地理資訊之實務處理上較少應用此一功能。在 `sf` 套件中另外有 `st_sym_difference()` 函式提供「聯集減去交集」之功能，以回傳交集範圍外的所有地理資料。綜整上述，所有相關函式的回傳結果彙整如圖 4.5.5 所示。

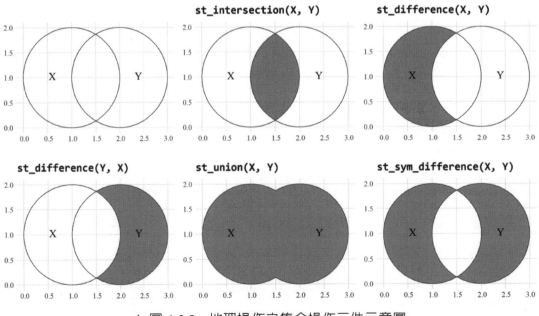

▲ 圖 4.5.5　地理操作之集合操作元件示意圖

　　爲具體了解「交集」、「差集」、「聯集減去交集」等功能的實際應用，後續
將以新竹科學園區作爲示範。新竹科學園區坐落於新竹市東區與新竹縣寶山鄉，以
下範例中以寶山鄉與科學園區兩區域爲例，如圖 4.5.6 所示，並分別尋找以下四個區
塊：

1. 位於新竹科學園區內，但不位於寶山鄉內者（圖 4.5.6 黃色區塊）。
2. 位於寶山鄉內，但不位於新竹科學園區內者（圖 4.5.6 藍色區塊）。
3. 位於新竹科學園區內，且位於寶山鄉內者（圖 4.5.6 綠色區塊）。
4. 非位於「新竹科學園區與寶山鄉內之交集」者（圖 4.5.6 黃色與藍色區塊）。

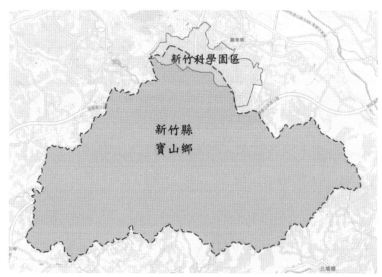

▲ 圖 4.5.6　新竹科學園區與新竹縣寶山鄉相對位置圖

　　請尋找到本書所提供的檔案（「data」資料夾）中，「taiwan_factory」子資料
夾內的「taiwan_factory.shp」，以及「taiwan_map」子資料夾內的「taiwan_town.
shp」兩地理資料。讀者亦可自 TWspdata 套件中使用相對應名稱的資料。將兩地理
資料進行集合操作，程式碼撰寫如下，分隔線下方爲執行結果。

```
# 擷取名爲「竹科新竹園區」的工業區
sipa=filter(taiwan_factory, FNAME=="竹科新竹園區")
```

```
# 擷取寶山鄉
baoshan=filter(taiwan_town, TOWNNAME=="寶山鄉")


# 檢查座標參考系統
st_crs(sipa)$epsg
```

```
## [1] NA
```

```
st_crs(baoshan)$epsg
```

```
## [1] 3824
```

```
# 轉換座標參考系統（轉換為 EPSG:3826）
sipa=st_transform(sipa, crs=3826)
baoshan=st_transform(baoshan, crs=3826)

# 科學園區與寶山鄉之差集
st_difference(sipa, baoshan)

# 寶山鄉與科學園區之差集
st_difference(baoshan, sipa)

# 科學園區與寶山鄉之交集
st_intersection(sipa, baoshan)

# 非位於科學園區與寶山鄉之交集
st_sym_difference(sipa, baoshan)
```

在進行地理操作時，請務必先行檢查地理資料的座標參考系統，以確保欲操作的兩地理資料之座標參考系統相同。對於臺灣的地理資料而言，通常將其統一為 EPSG:3826 之格式，若原始 EPSG 代碼並非 3826，則須利用 st_transform() 函式轉換之。確定輸入的兩地理資料屬於同一座標參考系統後，方可進行交集、差集等操作，最終繪圖結果如圖 4.5.7 所示。

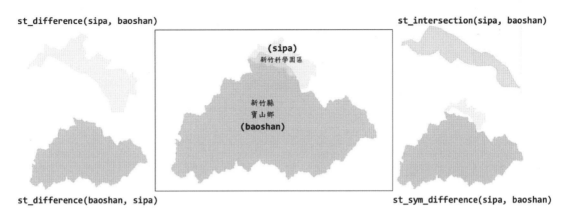

st_difference(sipa, baoshan)

st_intersection(sipa, baoshan)

(sipa)
新竹科學園區

新竹縣
寶山鄉
(baoshan)

st_difference(baoshan, sipa)

st_sym_difference(sipa, baoshan)

▲ 圖 4.5.7　集合論之示範（以新竹科學園區為例）

4.6 環域（Buffer）

　　環域是指在幾何空間（點、線、面）周遭依一定距離所匡列之區域，可用以顯示一地理現象的影響範圍或服務區域，其在實務上的應用相當廣泛，諸如：核電廠外洩之輻射汙染影響範圍、大眾運輸導向發展（TOD）的捷運站服務範圍、機場周邊禁飛區域、軌道建設的土地徵收範圍等。透過環域分析，有助於政策之擬定與施行，以提供具量化分析面的政策評估。

　　在 sf 套件中提供 st_buffer() 函式劃定一指定地理資料的環域範圍，其中必須輸入兩個參數，第一個參數係給定的地理資料；第二個參數 dist= 則須設定環域寬度（半徑）。第一個參數的地理資料可為點、線、面任何一種空間型態，而此一地理資料應為投影座標格式，亦即要具有測量的單位，尚能設定環域的寬度，如臺灣最常見的投影座標格式為橫麥卡托投影（EPSG:3826）。在 sf 套件中可利用 st_crs(地理資料)$epsg 函式加以確認，或以 st_crs(地理資料)$units 函式檢查地理資料的單位（通常為「m」：公尺），並可藉 st_transform(地理資料) 予以轉換。第二個參數的寬度設定之單位需依據 st_crs(地理資料)$units 函式所回傳的結果加以設定，通常為「公尺」。不過事實上，若第一個參數的地理資料屬於地理座標格式亦可執行環域分析，惟參數 dist= 的單位為「1° arc length（弧長）」（若使用 st_crs(地理資料)$units 函式檢查，其回傳結果為 NULL），而每一度的弧長在不同緯度時皆異，故設定上較不直觀，且繪製的環域形狀將會產生位移，並非正確的環域結果，建議讀者應先行轉換為具公尺單位的投影座標參考系統較為合適。在赤道上，1° 弧長大約為 111.32 公里，在極點則約為 110.95 公里，其轉換公式如下：

$$1 \; [° \, 弧長 \,] = \frac{\pi}{180}(6378.1 - \frac{\theta}{90} \times 21.3) \; [公里]$$

其中 θ 為所在地區的緯度。

　　除上述兩個參數為必須設置者外，若第一個參數所輸入的地理資料為「線」圖層，亦可選擇利用 endCapStyle= 參數設定環域線段頭尾兩端點的型態，包括：圓形（ROUND，預設值）、方形（SQUARE）與平坦（FLAT）。圓形表示環域線段的頭尾兩端點皆為圓弧狀；方形係指環域線段兩端點皆為直線；平坦則指原始線段的頭尾兩端並不產生環域，如圖 4.6.1 之示意圖所示，其中紅色線段為原始線段，藍色區塊則為環域結果。

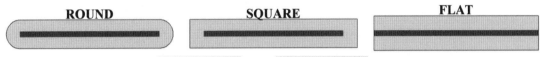

▲ 圖 4.6.1　**st_buffer()** 函式 **endCapStyle=** 參數樣式示意圖

綜上述參數設定的說明，環域分析的程式撰寫架構如下：

```
st_buffer( 地理資料 , dist= 環域半徑 , endCapStyle=)
```

為具體實現 **st_buffer()** 函式的功能，後續利用 **spData** 套件中的 **cycle_hire** 資料進行說明，該資料為倫敦地區的共享自行車站點。若欲回傳各站點環域 100 公尺的範圍，必須先行檢驗該地理資料的座標參考系統與單位，以便後續設定環域寬度。程式碼撰寫如下，分隔線下方為執行結果。

```
# 查看 cycle_hire 的 EPSG 代碼與單位
st_crs(cycle_hire)$epsg
```
```
## [1] 4326
```

```
st_crs(cycle_hire)$units
```
```
## NULL
```

由以上程式碼可見，**cycle_hire** 資料為地理座標參考系統，亦即一般經緯度格式（EPSG 代碼為 4326），故並無測量單位，僅以「角度」表之，後續設定參數 **dist=** 時必須使用弧長單位，而非常見的公制系統（公尺）。該參數值之設定請參見以上的弧長公式，倫敦的緯度大約為 51.5°N，將緯度值帶入公式中可計算出每 1° 的弧長大約為 111.1061 公里，再經換算可知，100 公尺約為 0.0009°，故此時參數

dist= 須設定爲 0.0009。程式碼撰寫如下，分隔線下方爲執行結果，而環域結果之地圖如圖 4.6.2 所示。

```
# 查看 cycle_hire 的 EPSG 代碼與單位
cycle_hire_buf1=st_buffer(cycle_hire, 0.0009)
```

```
## Warning in st_buffer.sfc(st_geometry(x), dist, nQuadSegs, endCapStyle =
## endCapStyle,: st_buffer does not correctly buffer longitude/latitude data
## dist is assumed to be in decimal degrees (arc_degrees).
```

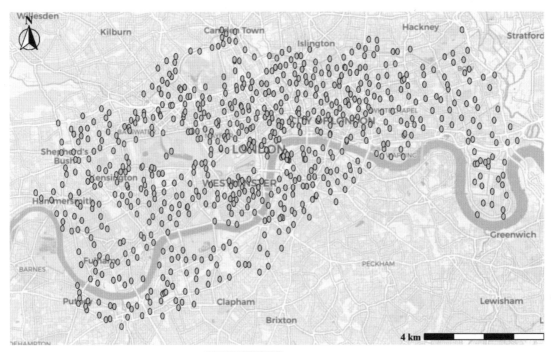

▲ 圖 4.6.2　cycle_hire 100 公尺環域圖（一）

　　程式碼執行結果中的警告訊息顯示「st_buffer() 函式無法正確將經緯度資料進行環域分析。參數 dist= 爲弧長單位。」此一訊息乃用以提醒我們勿將弧長單位與一般熟知的公制單位混淆，此外，以地理座標參考系統所回傳的環域結果可能有誤。仔細觀察圖 4.6.2 可發現，該環域範圍並非正圓形，而是近似於橢圓形，乃因此一座標系統並非映射至平面的投影座標系統，而在進行環域時可能產生謬誤，一如警告訊息中所言。根據此一範例展示，使用地理座標參考系統進行環域分析不大合適，建議應先轉換爲投影座標系統較爲妥當。

　　若欲轉換座標參考系統，請參見 1.4 章節中圖 1.4.5 關於 EPSG 官網查詢 WKID 的操作方法。根據查詢結果，倫敦的 EPSG 代碼爲 27700，故利用 `st_trans-form()` 函式轉換地理資料時，必須設定參數 `crs=` 爲 27700。轉換後再進行環域分析的程式碼撰寫如下，分隔線下方爲執行結果，而針對此一結果繪製地圖如圖 4.6.3 所示。

```
# 轉換座標參考系統爲 27700
cycle_hire_27700=st_transform(cycle_hire, crs=27700)

# 查看 cycle_hire_27700 的單位
st_crs(cycle_hire_27700)$units
```
```
## [1] "m"
```

```
# 環域分析
cycle_hire_buf2=st_buffer(cycle_hire_27700, 100)

# 查看 cycle_hire_buf2 前六筆資料
head(cycle_hire_buf2)
```
```
## Simple feature collection with 6 features and 5 fields
## Geometry type: POLYGON
## Dimension:      XY
## Bounding box: xmin: 525108.1 ymin: 178642 xmax: 533085.8 ymax: 183012
## Projected CRS: OSGB 1936 / British National Grid
##   id               name              area nbikes nempty
## 1 1        River Street        Clerkenwell      4     14
## 2 2 Phillimore Gardens         Kensington      2     34
## 3 3 Christopher Street Liverpool Street       0     32
## 4 4  St. Chad's Street       King's Cross      4     19
## 5 5      Sedding Street     Sloane Square     15     12
## 6 6 Broadcasting House         Marylebone      0     18
```

```
##                       geometry
## 1 POLYGON ((531303.5 182832.1...
## 2 POLYGON ((525308.1 179391.9...
## 3 POLYGON ((533085.8 182001.6...
## 4 POLYGON ((530537.8 182912, ...
## 5 POLYGON ((528151 178742, 52...
## 6 POLYGON ((528958.4 181542.9...
```

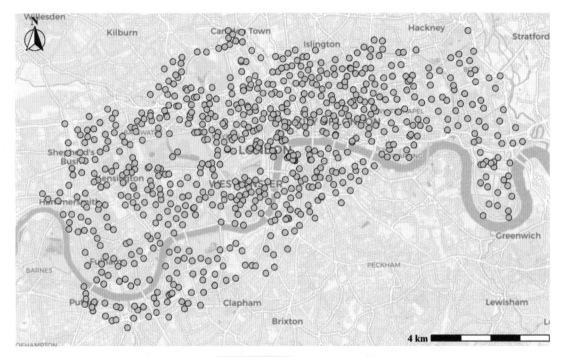

▲ 圖 4.6.3 `cycle_hire` 100 公尺環域圖（二）

　　在以上程式碼中將資料轉換為座標參考系統後，其單位已由「NULL」轉變為「公尺」，且進行環域分析時不再出現前一範例中的警告訊息，此外，圖 4.6.3 中所有環域範圍皆為正圓形，為我們預期的結果。根據以上兩個範例測試結果可知，使用座標參考系統進行環域分析較為妥適，故未來進行環域分析前應先行檢查座標參考系統及其單位。

　　環域分析不僅止於劃定範圍，而更重要的是在劃定範圍後延伸分析環域內的地理資料特性。以下具體舉例說明：若欲計算捷運站方圓 300 公尺內的 YouBike 站點總數，以近似捷運站周遭 YouBike 服務的強度，則首先必須針對每一捷運站繪製 300 公尺的環域範圍，而後再計算每一環域範圍內的 YouBike 站點個數。此一範例中「環域分析」為其中一地理資料處理的過程，而分析的目標在於了解環域內的地理特徵。根據上述示例說明，程式碼撰寫如下，分隔線下方為執行結果，分析結果之地圖如圖 4.6.4 所示。

```
# 確認座標參考系統 ( 若為 EPSG:3826，表示為投影座標，無須轉換)
st_crs(taipei_youbike)$epsg
```

```
## [1] 3826
```

```
# 查看 cycle_hire_buf2 前六筆資料
st_crs(taipei_mrt_station)$epsg
```

```
## [1] 3826
```

```
# 部分捷運站位於臺北市外，先予以去除
mrt_station=st_intersection(taipei_mrt_station,
                            taipei_village_map$geometry)
```

```
## Warning: attribute variables are assumed to be spatially constant
## throughout all geometries
```

```
# 去除重複捷運站點
mrt_station=mrt_station[!(duplicated(mrt_station$Zh_tw)),]

# 繪製 300 公尺環域範圍
mrt_station_buf=st_buffer(mrt_station, 300)

# 取交集，將 YouBike 場站映射至所在捷運站之環域範圍
ubike_mrt_buf=st_intersection(taipei_youbike[, c("SttnUID","StatnNm")],
                              mrt_station_buf[, c("StationID","Zh_tw")])
```

```
## Warning: attribute variables are assumed to be spatially constant
## throughout all geometries
```

```
# 針對同一捷運站站名，統計其資料總筆數
# (每一筆代表特定 YouBike 場站位於該捷運站的環域中)
# 先將 ubike_mrt_buf 的空間欄位去除，以避免
# group_by() %>% summarise() 函式將空間資料予以合併
ubike_mrt_buf=st_drop_geometry(ubike_mrt_buf)
ubike_mrt_buf_count=group_by(ubike_mrt_buf, Zh_tw)%>%
  summarise(ubike_count=n())%>%
  arrange(desc(ubike_count))
```

```
# 查看 ubike_mrt_buf_count 資料
ubike_mrt_buf_count
```

```
## # A tibble: 72 x 2
##    Zh_tw          ubike_count
##    <chr>              <int>
##  1 公館                  15
##  2 古亭                  12
##  3 台電大樓                8
##  4 萬隆                   8
##  5 小南門                 7
##  6 台北 101/世貿          7
##  7 芝山                   7
##  8 忠孝新生               6
##  9 後山埤                 6
## 10 科技大樓               6
## # ... with 62 more rows
```

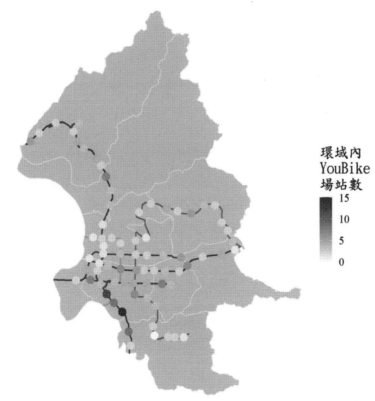

▲ 圖 4.6.4　臺北市各捷運站 300 公尺環域內 YouBike 場站數

　　上述程式碼中先行檢驗 `taipei_youbike` 與 `taipei_mrt_station` 兩資料的座標參考系統，得知其 EPSG 代碼皆為 3826，亦即臺灣橫麥卡托二度分帶座標，屬於投影座標系統，其單位為「公尺」，故可逕利用該資料進行環域分析。必須注意的是，由於臺北捷運部分站點位於臺北市外，應先行利用 `st_intersection()` 函式保留位於臺北市內之站點。此外，部分站點為轉乘站，原始資料中會有重複的站點資料，應先行針對站名利用 `duplicated()` 函式將重複者去除。將整理完成的捷運站點資料置入 `st_buffer()` 函式中，並且設定第二個參數 `dist=` 為 300 公尺，即完成捷運站之環域分析。接著須進一步將環域結果與 YouBike 站點圖層取交集，再次以 `st_intersection()` 函式求得交集結果，得知各 YouBike 場站交集的捷運站環域。而在此的最終目的為計算每一捷運站環域區擁有的 YouBike 站點數，因此可利用 `group_by() %>% summarise()` 函式，依據捷運站站名進行分群，並計算各個環域區的總資料筆數，意謂各區域的站點數，如是即完成分析。以上程式碼中另外加上

arrange() 函式，以依據站點數的數值大小排列，其中的 desc() 函式乃設定將數值由大至小排列。必須特別注意的是，在進行統計前必須先將原有地理資料的空間欄位予以去除，轉變為 data.frame 的格式，以避免 group_by() %>% summarise() 函式同時將空間資料進行合併。由程式碼中 ubike_mrt_buf_count 的回傳結果及圖 4.6.4 之地圖可發現，捷運站 300 公尺環域內 YouBike 站點數最多者位於公館捷運站，該地區位於臺灣大學校園周遭，為 YouBike 站點設置密集區。

　　藉由以上的案例說明可知，st_buffer() 函式通常不會是單單進行環域分析，尚會附加其他函式延伸分析，以了解特定地理區位的特徵。此外，亦可發現在本章節最後一個範例中應用諸多函式，整合 st_buffer() 與 st_intersection() 函式的功能，並利用 dplyr 套件中的 group_by() %>% summarise() 函式進行基礎統計，擴充地理資料分析的應用性。後續的數個章節中將會層層堆疊，整合前述的函式，以提升實務上應用分析之經驗。

4.7 中心（**Centroid**）

在地理資訊系統中，中心可用以概略表達幾何元素的代表位置，如多點的中心可象徵該群點分布的代表空間；面的中心可用以簡略表達該面資料的空間位置等。在 2.3 章節中提及 `geom_sf_text()` 函式可在地圖上標記文字，對於多點、線、面的資料，其標記圖層的方式乃先行求取各幾何元素的中心座標，並在中心上標記文字，而此一原理亦是導致該函式容易造成文字重疊的主要原因，故可另外透過 `geom_sf_text_repel()` 函式加以修正。此外，若欲計算面與面之間的直線距離，通常會先將面轉換為點資料，作為各個面圖層的代表點，再計算代表點間的距離，以概似面之間的距離。在實務分析中，若欲計算各個村里與指定地點間的距離，理論上應先行尋找每一個村里的家戶資料，並針對每一個家戶計算之，最後再求取平均值。然而家戶資料通常不容易取得，即便可以取得，上述的計算過於繁複，影響計算的效率，故可退而求其次，以各村里的中心點與指定地點間的距離概似之。由上述顯見，中心的實務應用繁多，且概念甚為簡單，而在 `sf` 套件中的操作亦不困難。

在以 R 軟體實務操作前，必須進一步了解地理資訊系統中「中心」的定義。中心係指幾何空間的質量中心（the geometric center of mass），對於各種幾何元素（點、線、面）具有不同的計算方法，分述如下。多點的中心係逐將所有點的橫座標與縱座標取算術平均值，此一概念甚為直覺，詳細計算過程如圖 4.7.1 所示，公式如下：

$$\text{點中心} = \left(\frac{\sum x_i}{n}, \frac{\sum y_i}{n} \right), \forall i \in \text{點}$$

線的中心則是將所有曲線切分成數段直線，並且求取各段直線的中心（直線的中心即頭尾兩端點的座標平均值）與長度，最終以長度為權重，計算各個直線段中心的加權平均值，即為線的中心。線中心的詳細計算過程如圖 4.7.2 所示，公式如下：

$$\text{線中心} = \left(\frac{\sum x_i^r}{2}, \frac{\sum y_i^r}{2} \right), \forall r \in \text{線段}, \forall i \in \text{線段上兩端點}$$

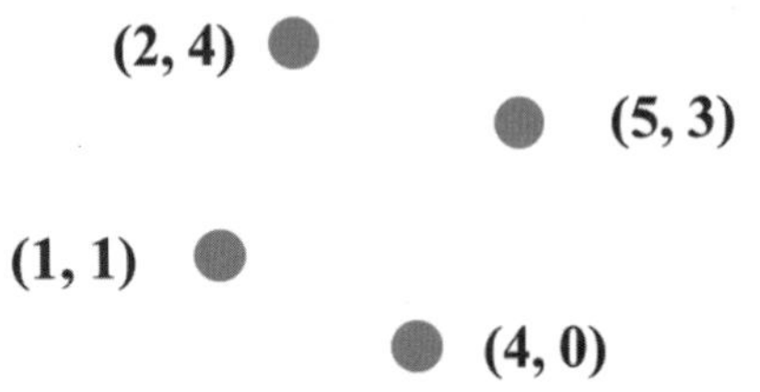

$$中心 = (\frac{(1+2+4+5)}{4}, \frac{(1+4+0+3)}{4})$$

$$= (3, 2)$$

▲ 圖 4.7.1　點中心計算示意圖

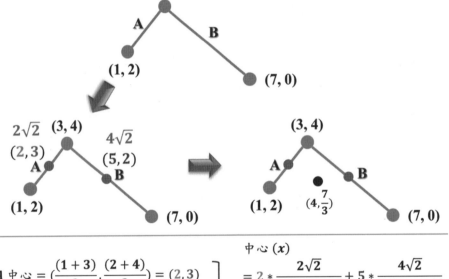

$A\ 中心 = (\frac{(1+3)}{2}, \frac{(2+4)}{2}) = (2, 3)$

$B\ 中心 = (\frac{(3+7)}{2}, \frac{(4+0)}{2}) = (5, 2)$

$A\ 長度 = \sqrt{(3-1)^2+(4-2)^2} = 2\sqrt{2}$

$B\ 長度 = \sqrt{(7-3)^2+(0-4)^2} = 4\sqrt{2}$

中心 (x)

$= 2 * \frac{2\sqrt{2}}{2\sqrt{2}+4\sqrt{2}} + 5 * \frac{4\sqrt{2}}{2\sqrt{2}+4\sqrt{2}}$

$= \frac{2}{3} + \frac{10}{3} = 4$

中心 (y)

$= 3 * \frac{2\sqrt{2}}{2\sqrt{2}+4\sqrt{2}} + 2 * \frac{4\sqrt{2}}{2\sqrt{2}+4\sqrt{2}}$

$= \frac{3}{3} + \frac{4}{3} = \frac{7}{3}$

▲ 圖 4.7.2 線中心計算示意圖

　　面的中心計算則複雜許多，其中心點除了與多邊形的頂點有關外，另外也與其面積有關，公式如下，詳細推導過程請參閱線性代數相關教科書。

$$A = \frac{1}{2} \sum_{i=0}^{n-1} (x_i y_{i+1} - x_{i+1} y_i)$$

$$C_x = \frac{1}{6A} \sum_{i=0}^{n-1} (x_i + x_{i+1})(x_i y_{i+1} - x_i + y_i)$$

$$C_y = \frac{1}{6A} \sum_{i=0}^{n-1} (y_i + y_{i+1})(x_i y_{i+1} - x_{i+1} y_i)$$

公式中 A 為任意 n 多邊形的面積，其中 (x_i, y_i) 表示多邊形的頂點，而 (x_n, y_n) 與 (x_0, y_0) 為同一個頂點。任意多邊形的中心則為公式中的 (C_x, C_y)。

　　`sf` 套件中提供 `st_centroid()` 函式可回傳任意幾何元素的中心，該函式中僅須輸入一地理資料即可。惟須注意的是，在使用此函式前，建議先將地理資料轉換為投影座標格式較為妥適，以避免出現嚴重錯誤。若直接輸入地理座標格式的資料，系統將出現警告訊息：「st_centroid does not give correct centroids for longitude/latitude data」，通常仍能回傳正確結果，但轉換為投影座標格式能夠確保避免此一問題之發生。若欲回傳臺北市各村里（面）的中心點與臺北捷運路線各路段（線）的中心點，程式碼撰寫如下，分隔線下方為執行結果，地圖則分別如圖 4.7.3 與圖 4.7.4 所示。

```
# 臺北市各村里中心
tp_vill_center=st_centroid(taipei_village_map)

## Warning in st_centroid.sf(taipei_village_map): st_centroid assumes
## attributes are constant over geometries of x
```

```
# 臺北捷運各路段中心
mrt_center=st_centroid(taipei_mrt_route)

## Warning in st_centroid.sf(taipei_mrt_route): st_centroid assumes
## attributes are constant over geometries of x
```

```
# 查看 tp_vill_center 前六筆資料
head(tp_vill_center[, c("TOWNNAME","VILLNAME")])
```

```
## Simple feature collection with 6 features and 2 fields
## Geometry type: POINT
## Dimension:     XY
## Bounding box: xmin: 306131.2 ymin: 2762913 xmax: 307361.3 ymax: 2764107
## Projected CRS: TWD97 / TM2 zone 121
## # A tibble: 6 x 3
##    TOWNNAME VILLNAME            geometry
##    <chr>    <chr>            <POINT [m]>
## 1 文山區    樟新里    (306131.2 2763551)
## 2 文山區    老泉里    (307361.3 2762913)
## 3 文山區    樟腳里      (306937 2763852)
## 4 文山區    樟文里    (306160.1 2763896)
## 5 文山區    樟樹里    (306616.5 2764014)
## 6 文山區    順興里    (307042.3 2764107)
```

```
# 查看 mrt_center 前六筆資料
head(mrt_center[, c("RAILNAME","RAILID")])
```

```
## Simple feature collection with 6 features and 2 fields
## Geometry type: POINT
## Dimension:     XY
## Bounding box: xmin: 293161.6 ymin: 2761782 xmax: 302999 ymax: 2769610
## Projected CRS: TWD97 / TM2 zone 121
## # A tibble: 6 x 3
##    RAILNAME   RAILID                geometry
##    <chr>      <chr>              <POINT [m]>
## 1 板南線      650000199 (293161.6 2761782)
## 2 松山新店線  630000001   (302999 2768510)
## 3 淡水信義線  630000002   (302703 2769610)
## 4 松山新店線  630000003 (302432.9 2769304)
## 5 中和新蘆線  630000004 (302850.6 2769455)
## 6 中和新蘆線  650000005   (301853 2766752)
```

 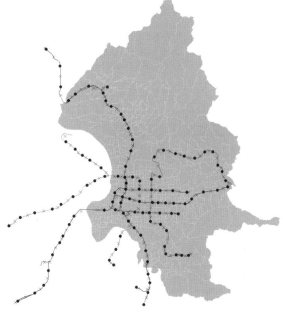

▲ 圖 4.7.3　臺北市各村里中心點　　　　▲ 圖 4.7.4　臺北市捷運路線各路段中心點

由上述程式碼可知，`st_centroid()` 函式回傳結果的幾何元素型態為「點」
（Geometry type: POINT），原始地理資料的空間欄位逕被改寫為「點」資料型態。
圖 4.7.4 的圓點為捷運站點，打叉標記者則為捷運路線各路段的中心點，由該圖可發
現，中心點大部分皆位於兩捷運站中間，主要乃因此路線係依照捷運任兩站點間數
化。直線段的中心點必然位於該直線上，而曲線的中心點則通常不落於曲線上，故
可注意圖 4.7.4 之路線圖中的彎曲路段，其中心點即非位於捷運路線上，此一現象可
參照圖 4.7.2 之計算示意圖。

此外，在利用 `st_centroid()` 函式取得中心點後，實務上可能會需要了解各中
心點的橫座標與縱座標（或經緯度），請參考 3.4.2 小節中的 `st_coordinates()` 函
式擷取之。

`st_centroid()` 函式中另有一參數 `of_largest_polygon=` 可供設定，該參數乃
應用於多面（MULTIPOLYGON）的資料中，回傳的中心點係位於多面中「面積最
大」的面之中心點。該參數的預設值為 FALSE，亦即不回傳最大面積的中心點，若
欲使用此一功能，須特別設定 `of_largest_polygon=T`。圖 4.7.5 為高雄市各區的中
心點，其中可發現大部分行政區的中心點皆位於臺灣本島，然而其中一者位於臺灣
海峽上（圖中打叉標記處），該區域為旗津區，其中除與本島相連的國土外，另包

含東沙群島、南沙群島，其中為方便出圖與說明，以下分析中不包含南沙群島，而求取旗津區之中心點時會受東沙群島的影響而有所偏移。為解決此一狀況，可設定參數 `of_largest_polygon=T`，以回傳面積最大者（位於臺灣本島）的中心點。程式碼撰寫如下：

```
# 擷取旗津區的面圖層
cijin=filter(taiwan_town, TOWNNAME=="旗津區")

# 未設定「最大面積之中心點」之結果
st_centroid(cijin)%>%
  st_coordinates()
```

```
## Warning in st_centroid.sf(cijin): st_centroid assumes attributes are
## constant over geometries of x
## Warning in st_centroid.sfc(st_geometry(x), of_largest_polygon =
## of_largest_polygon): st_centroid does not give correct centroids for
## longitude/latitude data
##          X        Y
## 1 119.8185 22.06253
```

```
# 設定「最大面積之中心點」之結果
st_centroid(cijin, of_largest_polygon=T)%>%
  st_coordinates()
```

```
## Warning in st_centroid.sf(cijin): st_centroid assumes attributes are
## constant over geometries of x
## Warning in st_centroid.sfc(st_geometry(x), of_largest_polygon =
## of_largest_polygon): st_centroid does not give correct centroids for
## longitude/latitude data
##          X        Y
## 1 120.2891 22.58292
```

以上程式碼係利用 `st_coordinates()` 函式回傳中心點的橫座標與縱座標，而修正前後的中心點位置詳如圖 4.7.6 所示。由回傳結果可知，若未使用「最大面積之中心點」的參數設定，中心點位於 (119.8185, 22.06253)，偏本島西南方的海域，乃受離島的影響，如圖中紅點所示。而經過參數修正後，中心點為 (120.2891, 22.58292)，位於本島的旗津區內，如圖中修正後的圓點所示，係合理的結果。另外，可注意的是，以上程式碼 `st_centroid()` 函式中的資料係利用地理座標格式（經緯度），亦能回傳正確結果，惟回傳結果中將出現警告訊息。

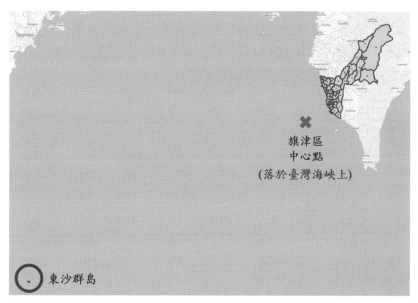

▲ 圖 4.7.5　高雄市各區中心點

▲ 圖 4.7.6　高雄市旗津區修正前後之中心點

　　透過 `of_largest_polygon=` 參數可在擷取多面（MULTIPOLYGON）的中心點時，避免中心點位處該面圖層之外，然而在特殊情況下，該參數仍無法解決此一問題。具體舉例而言，澎湖縣是一座群島，而其中心點容易受周邊許多島嶼的影響，使中心點非落於島上。在 `sf` 套件中另提供 `st_point_on_surface()` 函式求取面上其中一點（後文簡稱「面上點」），該函式乃確保求出的點必定落在所輸入的面圖層上，且盡可能趨近於中心點。然而在官方文件中並未說明該函式的演算法或邏輯，故在此未能詳述之，僅能利用該函式與 `st_centroid()` 函式進一步做比較。以澎湖群島的面上點為例，程式碼撰寫如下，分隔線下方為執行結果。將澎湖縣的中心點、最大面積之中心點、面上點繪製於地圖上如圖 4.7.7 所示。

```
# 擷取澎湖縣的面圖層
penghu=filter(taiwan_county, COUNTYNAME=="澎湖縣")

# 面上點
st_point_on_surface(penghu)%>%
  st_coordinates()
```
```
## Warning in st_point_on_surface.sf(penghu):st_point_on_surface assumes
## attributes are constant over geometries of x
## Warning in st_point_on_surface.sfc(st_geometry(x)):st_point_on_surface
## may not give correct results for longitude/latitude data
##          X        Y
## 1 119.4316 23.20398
```

▲ 圖 4.7.7　澎湖中心點與面上點地圖

　　由圖 4.7.7 之結果可發現，中心點、最大面積之中心點、面上點三者的所在位置皆不同，而面上點雖確實落於澎湖縣的面圖層上，然並非位於最大的島嶼上。

4.8 邊界（Boundary）

邊界係指使特定空間封閉之幾何元素，諸如線的邊界即線段的兩端點；面的邊界即環繞該空間的封閉曲線。在繪製地圖時，或許會將最外圍的邊框加粗，以表達研究區域的界線，此時就必須使用擷取邊界之功能。另外，在計算各面的周長時，則必須先擷取每一面的邊界後分別計算之。

在 `sf` 套件中可利用 `st_boundary()` 函式回傳線或面的邊界，函式中僅須放置一地理資料即可。再次以 `spData` 套件中的 `us_states` 資料為例，若欲回傳美國各州的邊界，程式碼撰寫如下，分隔線下方為執行結果，各周邊界如圖 4.8.1 之地圖中粗深色線段所示。

```
# 美國各州邊界
st_boundary(us_states)
```

```
## Simple feature collection with 49 features and 6 fields
## Geometry type: MULTILINESTRING
## Dimension:     XY
## Bounding box: xmin: -124.7042 ymin: 24.55868 xmax: -66.9824 ymax: 49.38436
## Geodetic CRS:  NAD83
## First 10 features:
##    GEOID        NAME   REGION        AREA total_pop_10 total_pop_15
## 1     01     Alabama    South 133709.27 [km^2]     4712651      4830620
## 2     04     Arizona     West 295281.25 [km^2]     6246816      6641928
## 3     08    Colorado     West 269573.06 [km^2]     4887061      5278906
## 4     09 Connecticut Norteast  12976.59 [km^2]     3545837      3593222
## 5     12     Florida    South 151052.01 [km^2]    18511620     19645772
## 6     13     Georgia    South 152725.21 [km^2]     9468815     10006693
## 7     16       Idaho     West 216512.66 [km^2]     1526797      1616547
## 8     18     Indiana  Midwest  93648.40 [km^2]     6417398      6568645
```

```
## 9      20     Kansas   Midwest 213037.08 [km^2]     2809329    2892987
## 10     22   Louisiana    South 122345.76 [km^2]     4429940    4625253
##                          geometry
## 1  MULTILINESTRING ((-88.20006...
## 2  MULTILINESTRING ((-114.7196...
## 3  MULTILINESTRING ((-109.0501...
## 4  MULTILINESTRING ((-73.48731...
## 5  MULTILINESTRING ((-81.81169...
## 6  MULTILINESTRING ((-85.60516...
## 7  MULTILINESTRING ((-116.916 ...
## 8  MULTILINESTRING ((-87.52404...
## 9  MULTILINESTRING ((-102.0517...
## 10 MULTILINESTRING ((-92.01783...
```

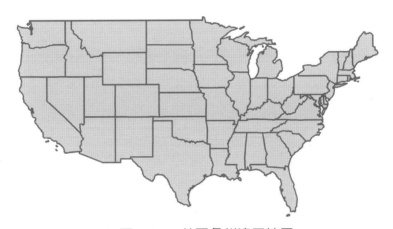

▲ 圖 4.8.1　美國各州邊界地圖

　　us_states 資料原本的幾何型態爲多面（MULTIPOLYGON），經 st_bound-ary() 函式擷取其邊界後，資料型態爲多線（MULTILINESTRING），此外在 4.10 章節中將進一步透過此一回傳結果計算其周長。然而若欲回傳整個美國 49 州（屏除夏威夷）的邊界，則應先利用 st_union() 函式將所有州的面資料合併爲一後，再利用 st_boundary() 函式擷取邊界。程式碼撰寫如下，分隔線下方爲執行結果，整個美國的邊界地圖則如圖 4.8.2 所示。

```
# 美國全國聯集
us_states_uni=st_union(us_states)
```

```
## although coordinates are longitude/latitude, st_union assumes that
## they are planar
```

```
# 全國邊界
st_boundary(us_states_uni)
```

```
## Geometry set for 1 feature
## Geometry type: MULTILINESTRING
## Dimension:     XY
## Bounding box:xmin:-124.7042 ymin:24.55868 xmax:-66.9824 ymax:49.38436
## Geodetic CRS:  NAD83
## MULTILINESTRING ((-124.411 42.25055, -124.4351 ...
```

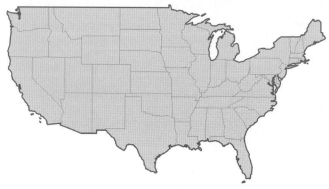

▲ 圖 4.8.2　美國全國邊界地圖

　　以上回傳結果顯示，美國全國邊界僅有一筆資料，且幾何型態為多線。同樣地，此一結果可繼續延伸計算美國全國的周長，待後續章節介紹之。

4.9 空間資料簡化（Simplification）

　　地圖概括化（Cartographic generalization）係指將地圖由較大的比例尺（如 1:100）轉變為較小的比例尺（如 1:100000）時，為避免過度複雜的資料同時呈現於有限的輸出地圖中，會篩選重要的資訊、簡化複雜的幾何圖形，以重製精細度較低，但又能完整表達重要空間資訊的地圖。在紙本地圖中地圖概括化甚為重要，以盡可能在有限的紙張中呈現主要資訊；而在電子地圖中縮放的過程亦須考量優先顯示的資訊，以避免畫面呈現過分凌亂。地圖概括化的技術在歷年來受到許多挑戰，如何自動化的選擇資料精細程度並不容易，故對於許多地圖廠商而言仍然是透過手動修正的方式調整。地圖概括化的操作含括選擇（select）、簡化（simplify）、平滑（smooth）、合併（merge）、分類（reclassify）等。選擇係指在不同縮放等級下顯示不同重要程度的資訊，如大比例尺呈現街道、小比例尺呈現地貌。簡化係指將複雜的圖形以簡單的幾何元素表之，而此一地圖概括化方法亦為本章節中所著墨之重點。平滑的意義與簡化類似，惟平滑乃將線段轉換成簡單的曲線，而簡化則通常將線段轉換為數個直線段。合併係指將小區域與同一地理特徵的相鄰區域合而為一，減少資料的儲存量與幾何元素之複雜度。分類係指將多種不同的屬性類型整理為少數幾個特徵，以便地圖分層標示。

　　繪製地圖時往往會因為地理資料過於複雜而出圖時間甚久，故可先行將空間資料予以簡化，同時可減少地理資料的儲存空間。空間資料簡化的常見演算法包含 Ramer–Douglas–Peucker 與 Visvalingam–Whyatt 演算法。此一演算法在每次的迭代過程中檢查與兩點連線最遠點的距離是否超過預設的門檻值（ε），若有則該點必須保留，若無則應移除此兩點連線間的所有點。而每次迭代中所使用的兩點連線乃最接近首端的保留點，以及其下一個保留點間的連線。圖 4.9.1 說明 Ramer–Douglas–Peucker 的演算法操作程序，以下藉此一範例具體說明演算法尋找簡化線段之流程。

步驟一：先行定義線段的首端與末端，由於兩端點必定需要保留，故將兩點標記為保留點（圖中標記紅點為保留點；灰點則為移除點）。

步驟二：此時離首端最接近的保留點即首端本身，而首端的下一個保留點為末端，

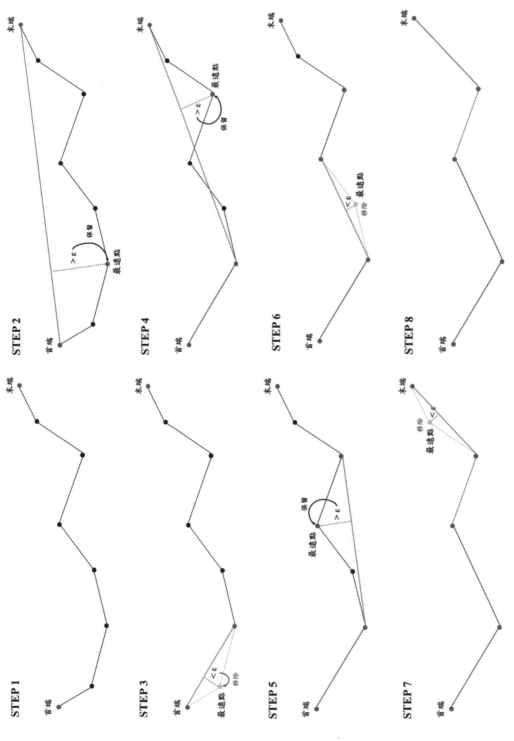

▲ 圖 4.9.1　Ramer–Douglas–Peucker 演算法示意圖

故將此二點連線後，檢查與此一連線的最遠點是否位於門檻值（ε）內。在本例中有超過門檻值，故必須保留該點。

步驟三：此時離首端最接近的保留點仍爲首端本身，而首端的下一個保留點即第二步驟所保留的點。再次檢驗此二點連線後，發現最遠點未超過門檻值（ε），故須將此二點間的所有點予以剔除。

重複上述原則進行至第八步驟後，即完成迭代程序，亦求得簡化後的線段。

在 `sf` 套件中可利用 `st_simplify()` 函式完成簡化幾何元素之目的，該函式中第一個參數必須放置地理資料，其空間型態必須爲「線」或「面」之幾何元素。第二個參數 `dTolerance=` 則需設定演算法中的門檻值（ε），另外須注意的是，若在第一個參數輸入的地理資料爲地理座標系統，參數 `dTolerance=` 必須爲角度單位，亦即設定弧長，請參見 4.6 章節中的描述；若使用投影座標系統，則其單位通常爲公尺。爲避免出現嚴重錯誤，建議讀者可先將地理資料轉換爲投影座標系統，其單位爲公尺，設定上較爲直觀。以下利用 `spData` 套件中的 `seine` 與 `us_states` 資料分別以線與面的實際資料爲例進行簡化，其中 `seine` 爲法國的塞納河地理資料。程式碼撰寫如下，出圖結果如圖 4.9.2 所示。

```
# 塞納河簡化
st_simplify(seine, dTolerance=2000)

# 美國地圖簡化
us_states_2163=st_transform(us_states, crs=2163)
st_simplify(us_states_2163, dTolerance=50000)
```

在以上程式碼中，請注意進行美國圖資簡化前，須先行將美國的地理資料轉換爲投影座標系統（原爲地理座標系統，請參閱圖 1.4.5 查詢座標系統之說明，本例中轉換成 EPSG:2163），在後面的參數 `dTolerance=` 尙能設定爲公尺之單位。圖 4.9.2 中最左邊之地圖的 `dTolerance=` 參數設定爲 0，亦即並未簡化空間資料，若 `dTolerance=2000` 表示門檻值（ε）設定爲 2 公里（2000 公尺）。由出圖結果可發現，所設定的門檻值愈高，愈容易將空間資料做更大程度的簡化。

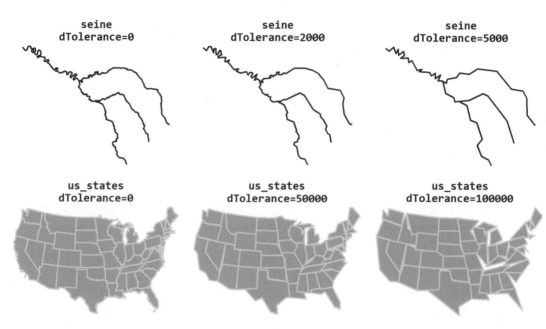

▲ 圖 4.9.2　塞納河與美國地圖簡化

4.10 移動、縮放與旋轉（Shifting, Scaling and Rotation）

仿射轉換（Affine Transformation）乃將一組幾何座標映射爲另一組座標，可能改變原幾何的長度、角度，但必須保留平行性（parallelism），亦即原幾何中平行的兩線段經過仿射轉換後仍爲平行。在地理資訊系統中，仿射轉換通常不會利用於地理資料的分析，但在繪製地圖時或許會應用此一功能，以提升視覺化效果，抑或統一修正錯誤的空間資料，如統一將地理資料向西移動 500 公尺。常見的仿射轉換包含移動、縮放與旋轉，後續將進一步利用 spData 套件中的 us_states 資料逐一展示之。

移動意指將幾何座標同時加上或減去一固定之值，通常使用的地理資料爲投影座標系統，如是移動的單位即爲公尺，而幾何形態可爲點、線、面任一種。在 sf 套件中並無特定的函式可達到移動之目的，然而此一地理操作甚爲簡單，僅需將原始地理資料中的空間資料加上一移動向量即可，程式碼撰寫架構如下。

地理資料 $geometry= 地理資料 $geometry+c(橫座標移動單位 , 縱座標移動單位)

以下以 us_states 資料爲例，移動幾何座標的程式碼撰寫如下，分隔線下方爲執行結果，出圖結果則如圖 4.10.1 所示。惟須注意的是，原始的 us_states 資料並非投影座標系統，故應先行轉換爲 EPSG:2163 之格式（可參閱圖 1.4.5 查詢座標系統之說明）。

```
# 轉換爲投影座標系統
us_states_2163=st_transform(us_states, crs=2163)

# 查看移動前的空間欄位
us_states_2163$geometry
```

```
## Geometry set for 49 features
## Geometry type: MULTIPOLYGON
## Dimension:      XY
## Bounding box: xmin:-2036903 ymin:-2112380 xmax:2521545 ymax:731357.6
## Projected CRS: NAD27 / US National Atlas Equal Area
## First 5 geometries:
## MULTIPOLYGON (((1076896 -1034555, 1076461 -1033...
## MULTIPOLYGON (((-1379163 -1242190, -1361817 -12...
## MULTIPOLYGON (((-759892.8 -402580.1, -693063 -4...
## MULTIPOLYGON (((2148004 24195.53, 2186106 36037...
## MULTIPOLYGON (((1855614 -2064805, 1860609 -2053...
```

```
# 向東移動500公里，且南移動300公里
us_states_shift=us_states_2163
us_states_shift$geometry=us_states_shift$geometry+c(500000,-300000)


# 移動後，原有CRS消失，故須重新設定
us_states_shift=st_sf(us_states_shift, crs=2163)


# 查看移動後的空間欄位
us_states_shift$geometry
```

```
## Geometry set for 49 features
## Geometry type: MULTIPOLYGON
## Dimension:      XY
## Bounding box: xmin:-1536903 ymin:-2412380 xmax:3021545 ymax:431357.6
## Projected CRS: NAD27 / US National Atlas Equal Area
## First 5 geometries:
## MULTIPOLYGON (((1576896 -1334555, 1576461 -1333...
## MULTIPOLYGON (((-879163.2 -1542190, -861816.7 -...
## MULTIPOLYGON (((-259892.8 -702580.1, -193063 -7...
## MULTIPOLYGON (((2648004 -275804.5, 2686106 -263...
## MULTIPOLYGON (((2355614 -2364805, 2360609 -2353...
```

在上述程式碼中，移動完成後原有的座標參考系統會消失，故請務必重新利用 `st_sf()` 函式設定之，以避免後續其他地理操作或出圖產生問題。為將整個美國地圖向東移動 500 公里，必須在向量中的第一個元素設定 500000，請務必注意此一向量中的單位為「公尺」；向南移動 300 公里，則須在向量的第二個元素設定 -300000。此外，可進一步比較移動前後的空間欄位座標，以回傳結果中的第一筆資料為例，第一個點的橫座標原為 1076896；縱座標為 -1034555，而經上述之移動操作後，橫座標變為 1576896；縱座標為 -1334555，結果一如預期。圖 4.10.1 之地圖中，深灰色區域為原始美國地圖，淺灰色區塊則為移動後的結果。

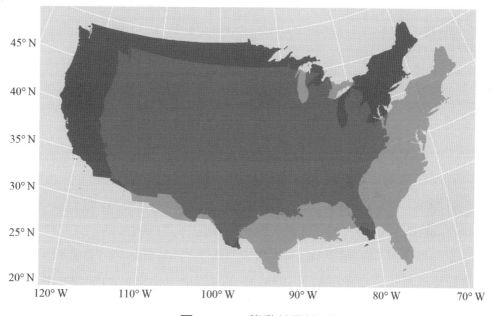

▲ 圖 4.10.1　移動美國地圖

　　縮放係指將幾何資料同乘以一固定常數，以改變空間呈現的面積大小，通常是應用於面幾何型態。若固定常數大於 1，幾何樣式具放大之效果；反之，若固定常數小於 1，則可達成縮小之目的。縮放又可細分為全域縮放（global scaling）與區域縮放（local scaling），前者乃指面資料的所有點位皆同乘以固定常數，而後者則指面資料依據各小區塊的中心點縮放。具體而論，再以 `us_states` 資料為例，全域縮放是指將整個美國地圖的各個點座標，無論所在之州別，皆同乘以固定常數。區域縮放則是將各州的點座標利用該區域的中心點進行縮放，故放大時各個面圖層將

可能有所重疊，而縮小時各區塊間將產生縫隙。全域縮放與區域縮放的示意圖如圖
4.10.2 所示。

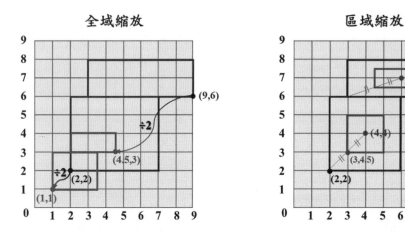

新座標＝舊座標＊縮放常數　　新座標＝（舊座標－中心座標）＊縮放常數＋中心座標

▲ 圖 4.10.2　全域縮放與區域縮放示意圖

　　圖 4.10.2 中全域縮放乃將所有點同時乘以 0.5 倍，如原座標為 (9, 6) 者，縮小
後的座標將變為 (4.5, 3)；原座標為 (2, 2) 者，縮小後座標為 (1, 1)。區域縮放則必
須先尋找各區塊的中心點，如示意圖中的中心點為 (6, 7) 與 (4, 4)，故原座標為 (9, 6)
的點，必須先減去其中心座標 (6, 7)，再乘以縮放常數（0.5），最後將中心座標加
回即得縮放後結果，計算過程如下：[(9, 6) – (6, 7) * 0.5 + (6, 7) = (7.5, 6.5)]。根據
上述簡例，縮放的程式撰寫架構如下：

```
# 全域縮放

地理資料$geometry=地理資料$geometry*縮放常數

# 區域縮放

中心點空間資料=st_centroid(地理資料)$geometry

地理資料$geometry=[地理資料$geometry-中心點空間資料]*縮放常數+
                中心點空間資料
```

　　以 `us_states` 資料為例，美國地圖的全域縮放及區域縮放程式碼撰寫如下，分隔線下方為執行結果，地圖則如圖 4.10.3 所示。

```
# 轉換為投影座標系統
us_states_2163=st_transform(us_states, crs=2163)


# 全域縮放(縮小兩倍，縮放常數=0.5)
us_states_global=us_states_2163
us_states_global$geometry=us_states_global$geometry*0.5


# 區域縮放
us_states_local=us_states_2163
us_states_center=st_centroid(us_states_local)$geometry
us_states_local$geometry=(us_states_local$geometry-us_states_center)
*0.5+ us_states_center


# 縮放後原有CRS 消失，故須重新設定
us_states_global=st_sf(us_states_global, crs=2163)
us_states_local=st_sf(us_states_local, crs=2163)
```

　　程式碼中全域縮放係逐將所有座標值乘以 0.5 倍的縮放常數，所得地圖如圖 4.10.3 的左圖所示，其中灰色區域為原始美國地圖，藍色區塊則為移動後的結果，由圖可發現全域縮放完整保留全美國的形狀。而區域縮放則是先將座標值減去該州的中心點座標，接著乘以 0.5 倍的縮放常數，最終再加回中心點的座標，結果如圖 4.10.3 的右圖所示，可發現區域縮放僅保留美國各州的形狀。

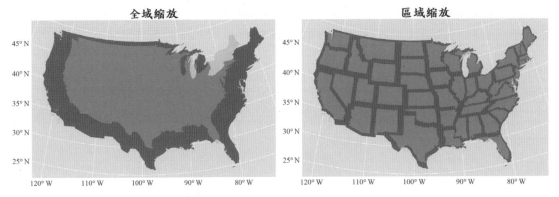

▲ 圖 4.10.3　美國地圖縮放

　　在二維空間中，旋轉可以利用以下的矩陣達到目的，詳細說明請參閱線性代數相關教科書。

$$R = \begin{bmatrix} \cos\theta & -\sin\theta \\ \sin\theta & \cos\theta \end{bmatrix}$$

在 R 軟體中可以自定義旋轉矩陣的函式，程式碼撰寫如下：

```
rotation=function(x){
  r=x*pi/180
  ro=matrix(c(cos(r), sin(r), -sin(r), cos(r)), nrow=2, ncol=2)
  return(ro)
}
```

　　程式碼中 x 為函式中輸入的參數，其單位為「角度」，須先將其轉換為「徑度（r）」，接著利用 matrix() 函式建構旋轉矩陣，並以 return() 函式回傳矩陣計算結果。在此必須注意的是，旋轉時必須選定其中一個點作為軸心，通常乃利用 st_centroid() 函式先尋找各面的中心點做為軸心，藉此旋轉幾何資料。是故旋轉時（順時針）必須先將各點座標減去中心點座標，所得結果乘以旋轉矩陣，最後再加回中心點座標即可，程式撰寫架構如下：

```
中心點空間資料 =st_centroid( 地理資料 )$geometry
地理資料 $geometry=( 地理資料 $geometry- 中心點空間資料 )*rotation( 角度 )+
            中心點空間資料
```

　　根據上述旋轉函式之建立，以下再以 **us_states** 資料爲例，順時針旋轉 30 度角，程式碼撰寫如下，出圖結果如圖 4.10.4 所示。

```
# 轉換爲投影座標系統
us_states_rotation=st_transform(us_states, crs=2163)

# 旋轉
us_states_center=st_centroid(us_states_rotation)$geometry
us_states_rotation$geometry=(us_states_rotation$geometry-us_states_c
enter)*rotation(30)+us_states_center

# 旋轉後原有 CRS 消失，故須重新設定
us_states_rotation=st_sf(us_states_rotation, crs=2163)
```

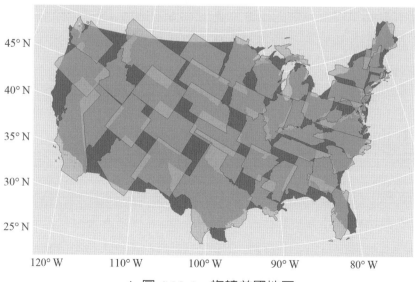

▲ 圖 4.10.4　旋轉美國地圖

4.11 空間計算（Geometric Measurement）

在地理資料的實務分析中，很常需要計算面積、長度、周長、距離等。舉例而言，若已取得各村里的人口資料，期能推算各村里的人口密度，則必須先行計算每一個村里的面積；若擁有最短路徑資料，且欲計算最短路徑的總長度，則必須加總所有最短路徑上的路段長度，而長度計算即為一種空間計算；若欲概估兩點間的距離，可利用直線距離（radial distance）近似實際的路網距離（network distance），而直線距離之計算亦為一種基礎的空間計算。綜上所論，在實務案例中有很多情境將會應用空間計算，以分析更細緻的地理資料。

在進行空間計算時，通常會希望回傳結果為公制單位，如長度為「公尺」；面積為「平方公尺」等，故使用的地理資料建議應為投影座標系統，確保其單位為公制單位。惟須注意的是，投影座標系統通常是用於特定地理區位，並非全球通用的座標系統，故在計算時只能以所投影的地理區位為對象，以避免因形狀、面積扭曲而導致空間計算結果謬誤。舉例而論，使用 EPSG:3826 之投影座標系統時，在進行空間計算上僅能以任兩點皆位於臺灣本島的點為對象，若其中一點位於離島地區，則計算上恐有失真問題。

4.11.1 面積計算

在 `sf` 套件中可利用 `st_area()` 函式計算面圖層的面積，其中僅須放入地理資料即可。以下範例中將計算臺北市各村里面積，請尋找到本書所提供的檔案（「data」資料夾）中，「taipei_map」子資料夾內的「taipei_village_map.shp」之地理資料。程式碼撰寫如下，執行結果如分隔線下方所示。

```
# 計算各村里面積
tp_vil_area=st_area(taipei_village_map)

# 查看 tp_vil_area 前六筆資料
head(tp_vil_area)
```

```
## Units: [m^2]
## [1]  195110.16 3774036.20  178898.46  205804.88   75837.13  150653.10
```

　　由以上回傳結果可知，臺北市村里第一筆資料（文山區樟新里）的面積為
195110.16 平方公尺，亦即約為 0.195 平方公里。而回傳結果顯示其資料格式為
「Units」（單位），在計算或資料處理上可能不容易，故建議可將資料格式轉換為
數值型態（numeric），並做單位換算。程式碼撰寫如下，分隔線下方為執行結果。

```
# 轉換數值型態與單位換算 ( 平方公尺轉平方公里 )
tp_vil_area=as.numeric(tp_vil_area)/10^6

# 合併原始地理資料與面積計算結果
tp_vil_area=cbind(taipei_village_map, AREA=tp_vil_area)

# 查看 tp_vil_area 前六筆資料
head(tp_vil_area[, c("VILLCODE","COUNTYNAME","TOWNNAME",
                     "VILLNAME","AREA")])
```

```
## Simple feature collection with 6 features and 12 fields
## Geometry type: POLYGON
## Dimension:     XY
## Bounding box: xmin:305833.7 ymin:2761906 xmax:308529.2 ymax:2764253
## Projected CRS: TWD97 / TM2 zone 121
##     VILLCODE COUNTYNAME TOWNNAME VILLNAME       AREA
## 1 63000080031     臺北市    文山區   樟新里 0.19511016
## 2 63000080037     臺北市    文山區   老泉里 3.77403620
## 3 63000080032     臺北市    文山區   樟腳里 0.17889846
```

```
## 4 63000080041      臺北市    文山區    樟文里 0.20580488
## 5 63000080043      臺北市    文山區    樟樹里 0.07583713
## 6 63000080029      臺北市    文山區    順興里 0.15065310
##                          geometry
## 1 POLYGON ((306495.2 2763784,...
## 2 POLYGON ((307616.2 2763945,...
## 3 POLYGON ((307328.8 2764059,...
## 4 POLYGON ((306456.5 2764094,...
## 5 POLYGON ((306717.5 2764134,...
## 6 POLYGON ((307256.3 2764251,...
```

以上程式碼中先行將 `tp_vil_area` 資料轉換為數值型態，並同除以 1,000,000 以轉換為平方公里之單位。最後將面積計算結果與原始的地理資料以 `cbind()` 函式合併，即可將面積貼附其中。

▌ 4.11.2 長度計算

`sf` 套件提供 `st_length()` 函式用以計算線的長度，其中僅須輸入地理資料即可，而地理資料必須為「線」之幾何型態；若輸入其他類型之地理資料，回傳結果將顯示「0」。

以下範例中先行計算臺北捷運各路段的長度，以具體了解線段長度之計算方法，請尋找到本書所提供的檔案（「data」資料夾）中，「taipei_mrt」子資料夾內的「taipei_mrt_route.shp」地理資料。程式碼撰寫如下，分隔線下方為執行結果，出圖結果則如圖 4.11.1 所示，其中為視覺化呈現線段的長度，匯出地圖時設定捷運路段愈長之路段其線段愈粗。

```
# 計算各捷運路段之長度
mrt_length=st_length(taipei_mrt_route)
```

```
# 轉換數值型態
mrt_length=as.numeric(mrt_length)


# 合併長度資料
mrt_length=cbind(taipei_mrt_route, mrt_length)


# 查看 mrt_Length 前六筆資料
head(mrt_length[, c("RAILNAME","RAILID","mrt_length")])
```

```
## Simple feature collection with 6 features and 3 fields
## Geometry type: LINESTRING
## Dimension:    XY
## Bounding box: xmin:292293.6 ymin:2761352 xmax:303314.6 ymax:2769763
## Projected CRS: TWD97 / TM2 zone 121
##    RAILNAME    RAILID mrt_length                        geometry
## 1     板南線 650000199 3893.5209 LINESTRING (293985.4 276212...
## 2 松山新店線 630000001  916.1631 LINESTRING (303306.4 276817...
## 3 淡水信義線 630000002 2837.3542 LINESTRING (302728.8 276943...
## 4 松山新店線 630000003 1037.3236 LINESTRING (302723.9 276887...
## 5 中和新蘆線 630000004 1403.0698 LINESTRING (303314.6 276964...
## 6 中和新蘆線 650000005 1322.4133 LINESTRING (302024.2 276738...
```

　　由程式碼回傳結果與圖 4.11.1 之地圖可發現，taipei_mrt_route 的路線長度係各個捷運路段的長度，以回傳結果的第一筆資料為例，其路線為「板南線」，路段編碼為「650000199」，而該路段的長度約為 3893.52 公尺。

　　若欲了解每一捷運路線的總長度，則必須將所有同屬一路線的捷運路段之長度做加總，此時可利用 group_by() %>% summarise() 函式達成之，惟須注意在使用此一函式時，請先利用 st_drop_geometry() 函式將空間資料去除，僅保留屬性資料即可，以避免因合併空間資料而使執行時間過長。程式碼撰寫如下，分隔線下方為執行結果。

捷運路線
— 中和新蘆線
— 文湖線
— 松山新店線
— 板南線
— 淡水信義線

▲ 圖 4.11.1　臺北捷運路線各路段長度

```
# 去除 mrt_route_length 的空間資料後再依據 RAILNAME 計算長度之總和
group_by(st_drop_geometry(mrt_route_length), RAILNAME)%>%
  summarise(mrt_length=sum(mrt_length)/1000)
```

```
## # A tibble: 5 x 2
##   RAILNAME    mrt_length
##   <chr>          <dbl>
## 1 中和新蘆線      31.3
## 2 文湖線          26.6
## 3 松山新店線      21.1
## 4 板南線          29.9
## 5 淡水信義線      33.1
```

　　以上程式碼中先行去除 `mrt_route_length` 的空間資料，並利用 `group_by()`
`%>% summarise()` 函式依據捷運路線之屬性，計算長度總和。此外程式碼中利用
`sum()` 函式進行加總後，再除以 1000，以將原「公尺」之單位轉換為「公里」。由

回傳結果顯示，淡水信義線的總長度約為 33.1 公里，為以上五條捷運路線中最長者；
而松山新店線共計 21.1 公里，為路線長度最短者。

▍4.11.3 周長計算

`st_length()` 函式僅能計算「線」資料型態的長度，若將「面」地理資料置於
函式中，將會回傳「0」，故若須計算面的周長，不應單純使用原始的面資料。根據
上述，在計算面的周長時，必須先行擷取面圖層的邊框資料，其幾何型態即為「線」，
請參考 4.8 章節的 `st_boundary()` 函式擷取面資料的外框，而後再將該邊框的地理
資料放置於 `st_length()` 函式中，以計算邊框的長度，最終所得結果即為面的周長。
以下以臺北市村里資料為例，計算每一村里的周長。程式碼撰寫如下，分隔線下方
為執行結果。

```
# 擷取臺北市各村里的邊框
vill_border=st_boundary(taipei_village_map)

# 計算各邊框的長度（周長）
vil_peri1=st_length(vill_border)

# 轉換數值型態
vil_peri1=as.numeric(vil_peri1)

# 合併周長資料
tp_vil_peri=cbind(taipei_village_map, vil_peri1)

# 查看mrt_Length 前六筆資料
head(tp_vil_peri[, c("VILLCODE","COUNTYNAME",
                     "TOWNNAME","VILLNAME","vil_peri1")])
```
```
## Simple feature collection with 6 features and 5 fields
## Geometry type: POLYGON
```

```
## Dimension:     XY
## Bounding box: xmin:305833.7 ymin:2761906 xmax:308529.2 ymax:2764253
## Projected CRS: TWD97 / TM2 zone 121
##       VILLCODE COUNTYNAME TOWNNAME VILLNAME vil_peri1
## 1 63000080031     臺北市     文山區    樟新里 2011.373
## 2 63000080037     臺北市     文山區    老泉里 7768.440
## 3 63000080032     臺北市     文山區    樟腳里 2423.387
## 4 63000080041     臺北市     文山區    樟文里 1987.279
## 5 63000080043     臺北市     文山區    樟樹里 1104.554
## 6 63000080029     臺北市     文山區    順興里 1838.895
##                         geometry
## 1 POLYGON ((306495.2 2763784,...
## 2 POLYGON ((307616.2 2763945,...
## 3 POLYGON ((307328.8 2764059,...
## 4 POLYGON ((306456.5 2764094,...
## 5 POLYGON ((306717.5 2764134,...
## 6 POLYGON ((307256.3 2764251,...
```

回傳結果中顯示臺北市各村里的周長，如第一筆資料爲臺北市文山區樟新里，其周長爲 2011.373 公尺。

除了可以利用上述方法求解面圖層的周長外，另外 lwgeom 套件亦提供函式可直接計算面地理資料的周長。請逕利用 install.packages() 函式安裝 lwgeom 套件，程式碼撰寫如下。

```
# 安裝套件
install.packages("lwgeom")

# 載入套件
library(lwgeom)
```

在 lwgeom 套件中可利用 st_perimeter() 函式計算面圖層的周長，僅需將面資料置於函式內即可。再次以臺北市村里資料爲例，計算每一村里的周長。程式碼撰寫如下，分隔線下方為執行結果。

```
# 計算周長
vil_peri2=st_perimeter(taipei_village_map)

# 查看 vil_peri2 前六筆資料
head(vil_peri2)
```

```
## Units: [m]
## [1] 2011.373 7768.440 2423.387 1987.279 1104.554 1838.895
```

由回傳結果觀察，其計算之周長與使用 `st_boundary()` 及 `st_length()` 函式所得之結果完全一致。

▎4.11.4 直線距離計算

直線距離（Euclidean distance）可用以比較兩點間的相對遠近，以進一步進行後續的地理資料探勘，舉例而論，可以透過直線距離之計算，尋找符合指定距離範圍內的地理資料，而此一概念類似於環域分析。此外直線距離亦可象徵地理資料間的親疏關係，舉例而言，在空間相關性（Spatial Autocorrelation）的分析中若兩點間距離短，且屬性值相近，則可謂為正向的空間相關；反之，若兩點間距離甚近，但屬性值大相逕庭，則此現象可謂為負向的空間相關。在交通運輸領域中，路網距離（network distance）意指實際道路路網下的行駛距離，然而在地理資訊系統中，路網分析並非容易的事，必須透過最短路徑演算法（如：Dijkstra 演算法）尋求任兩點間的路網距離，所需的執行時間較長，故實務上可能會以兩點間的直線距離概似之。

點與點間的直線距離甚為直觀，兩點連線的長度即為其直線距離。若為其他幾何型態間的距離，則是指兩幾何元素間最近兩點的直線距離，如圖 4.11.2 之示意圖所示。以圖 4.11.2 之圖 (A) 為例，兩線段最接近的點以圓點標記，而兩點間的距離為 1，故此二線段的直線距離即為 1。再以圖 4.11.2 之圖 (B) 為例，三角形和正方形間的最短距離為 1，故此二圖形間的直線距離即為 1；而三角形和圓形間的最短距離為 1.53，故兩者間的直線距離即 1.53。正方形與圓形間具有交點，此時兩者間的直線距離即為 0，故須特別注意，若兩幾何元素間具有交集，則該二空間資料的距離即為 0。

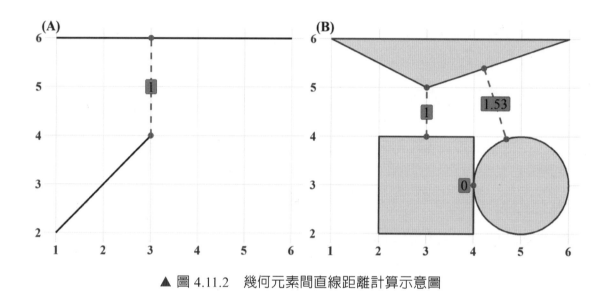

▲ 圖 4.11.2　幾何元素間直線距離計算示意圖

在 `sf` 套件中可利用 `st_distance()` 函式計算任兩地理資料間的直線距離，其中資料可為點、線或面的幾何型態，其程式碼撰寫架構與說明如下：

```
st_distance( 地理資料1, [ 地理資料2], by_element=)
```

若函式中僅放置一個地理資料，亦即僅輸入「地理資料 1」，則此函式將計算該地理資料內所有幾何元素彼此間的直線距離。舉例而言，若某地理資料含有 10 個幾何元素，`st_distance()` 函式即計算此 10 筆資料彼此間的直線距離，故最終將產出 10*10 之距離矩陣（100 組距離結果）。若函式中放置兩個地理資料，且參數 `by_element=F`（預設值），則此函式將計算兩地理資料所有交互配對的距離。具體而論，若「地理資料 1」共計 5 筆資料，而「地理資料 2」共計 7 筆資料，最終將產出 5*7 之距離矩陣（35 組距離結果）。然而，實務上有時會希望將已整理完成的兩地理資料逐欄配對計算距離，即「地理資料 1」的第 k 筆資料與「地理資料 2」的第

k 筆資料計算距離，此時必須在函式中另外設置參數 `by_element=T`。惟須注意的是，使用此一功能必須確保兩地理資料的筆數相同，尚能一對一逐欄配對。以上三種參數設定方式彙整如表 4.11-1 所示（假設「地理資料 1」與「地理資料 2」分別有 n 筆及 k 筆資料）。

▼ 表 4.11-1　**st_distance()** 函式參數設定彙整

函式	距離矩陣	意義
st_distance(地理資料 1)	n*n	指定地理資料內各幾何元素間的距離
st_distance(地理資料 1, 地理資料 2)	n*k	兩地理資料內各幾何元素交互配對的距離
st_distance(地理資料 1, 地理資料 2, by_element=T)	1*n（1*k）	兩地理資料逐欄配對之幾何元素的距離

　　以下利用臺北捷運站點與 YouBike 站點爲範例，計算彼此間的直線距離，請尋找到本書所提供的檔案（「data」資料夾）中，「taipei_mrt」子資料夾內的「taipei_mrt_station.shp」之地理資料，以及「taipei_youbike」子資料夾內的「taipei_youbike.shp」之地理資料。程式碼撰寫如下，分隔線下方爲執行結果。

```
# 臺北捷運站點（前五筆資料）
mrt_station=taipei_mrt_station[1:5,]
mrt_station$Zh_tw    ## 查看捷運站名
```
```
## [1] "動物園"    "木柵"      "萬芳社區" "萬芳醫院" "辛亥"
```

```
# YouBike 站點（前五筆資料）
ubike_station=taipei_youbike[1:5,]
ubike_station$StatnNm    ## 查看 YouBike 站名
```
```
## [1] "YouBike1.0_捷運市政府站(3 號出口)"
## [2] "YouBike1.0_捷運國父紀念館站(2 號出口)"
## [3] "YouBike1.0_台北市政府"
## [4] "YouBike1.0_市民廣場"
```

```
## [5] "YouBike1.0_興雅國中"
```

```
# 臺北捷運各站點間直線距離
st_distance(mrt_station)
```

```
## Units: [m]
##              [,1]       [,2]       [,3]       [,4]       [,5]
## [1,]     0.0000   643.4393  1152.8001  2164.6601  2404.7191
## [2,]   643.4393     0.0000   509.9757  1522.4162  1809.3231
## [3,]  1152.8001   509.9757     0.0000  1012.4590  1350.5346
## [4,]  2164.6601  1522.4162  1012.4590     0.0000   687.7042
## [5,]  2404.7191  1809.3231  1350.5346   687.7042     0.0000
```

以上程式碼中 st_distance() 函式僅放置臺北捷運站點之地理資料，故回傳結果之距離矩陣爲臺北捷運各站點之間的直線距離。由於 mrt_station 資料共有 5 筆資料，故距離矩陣的維度爲 5*5，共計 25 個距離結果。其中 [2, 1] 的元素（如上粗體字處）爲 643.4393，其表示捷運站點第二筆資料（木柵站）與捷運站點第一筆資料（動物園站）間的直線距離爲 643.4393 公尺。另外可注意的是，此一距離矩陣的對角線爲 0，此乃因站點至站點本身的直線距離必爲 0。

```
# 臺北捷運站點與 YouBike 站點間直線距離
st_distance(mrt_station, ubike_station)
```

```
## Units: [m]
##             [,1]       [,2]      [,3]      [,4]      [,5]
## [1,] 4867.336  5263.475  4617.887  4534.858  4387.414
## [2,] 4749.977  5021.322  4454.619  4326.176  4268.841
## [3,] 4684.122  4849.006  4355.038  4190.555  4208.854
## [4,] 4706.385  4645.375  4321.432  4089.292  4261.131
## [5,] 4071.706  3965.509  3675.055  3429.007  3639.862
```

以上程式碼中 st_distance() 函式內放置兩地理資料，其一爲臺北捷運站點，另一爲 YouBike 站點，且函式中並未設定參數 by_element=，故採用預設值 by_ element=F，亦即任兩幾何元素間交互配對後再計算距離。根據上述，此一結果中將呈現所有捷運站點與 YouBike 站點交叉配對後的距離矩陣，以矩陣中 [2, 1] 的元素（如上粗體字處）為例，該元素之數值為 4749.977，其表示捷運站點第二筆資料（木柵站）與 YouBike 站點第一筆資料（YouBike1.0_ 捷運市政府站 (3 號出口)）的直線距離為 4749.977 公尺，其他則以此類推。

```
# 臺北捷運站點與 YouBike 站點間直線距離（逐欄配對）
st_distance(mrt_station, ubike_station, by_element=T)
## Units: [m]
## [1] 4867.336 5021.322 4355.038 4089.292 3639.862
```

　　以上程式碼中 st_distance() 函式內同樣放置兩地理資料，然而函式中特別設定參數 by_element=T，故此時兩地理資料將逐欄配對計算距離。另外必須注意，此二地理資料的總筆數必須相同，本範例中兩地理資料皆各為 5 筆。最終回傳結果中的第一個元素為 4867.336，此表示捷運站點第一筆資料（動物園站）與 YouBike 站點第一筆資料（YouBike1.0_ 捷運市政府站 (3 號出口)）的直線距離為 4867.336 公尺，其餘則以此類推。

4.12 鄰近分析（Nearest Feature Analysis）

鄰近分析可用以了解與特定地理資料距離最近的地理資料，故分析時必須輸入兩地理資料，其一爲「分析對象」，另一爲「鄰近對象」，最終結果乃尋找與分析對象最接近的鄰近對象，操作方法詳如圖 4.12.1 之示意圖所示。圖 4.12.1 中深色點爲鄰近對象，淺色點爲分析對象，鄰近分析的目的即是尋找與各個淺色點最接近的深色點。以分析對象 1 爲例，其最接近的鄰近對象爲 A 點；以分析對象 6 爲例，其最近的鄰近對象爲 C 點，其他則以此類推。鄰近分析將依序回傳每一個分析對象最接近的鄰近對象，以圖 4.12.1 爲例，依序即爲 [A、A、B、B、C、C]。

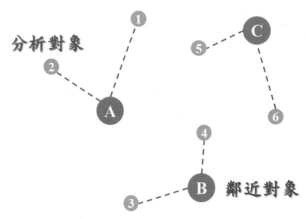

▲ 圖 4.12.1　鄰近分析示意圖

在實務分析中，若鄰近對象爲運輸場站或重要設施，如捷運站、物流中心、醫院等；分析對象若爲家戶或商店等，則透過鄰近分析可以初步了解各個分析對象應由哪一個鄰近對象所服務，故此一方法可用以大略探討設施的服務範圍。

此外在空間分析中，有另一分析方法謂爲「近鄰分析（Nearest Neighbor Analysis）」，其主要功能乃先行計算所有地理資料的各個鄰近點之距離（鄰近分析），並透過統計方法檢定距離的數值分布是否屬隨機樣態，抑或具有群聚或離散的現象，進而驗證空間聚集效應存在與否。

　　若欲尋找某一分析對象最接近的鄰近對象，最直觀的作法即是應用 4.11.4 直線距離計算的方法，先藉 `st_distance()` 函式獲取完整的距離矩陣，並且篩選每一筆分析對象中距離最短的鄰近對象，最後擷取該鄰近對象在矩陣內的索引值，以作為後續參照。根據上述操作說明，可進一步撰寫鄰近分析的程式碼，惟在此之前必須先行介紹在 R 軟體中兩個基礎函式：`which.min()` 與 `apply()`。

　　`which.min()` 函式可用以回傳一向量中最小值所出現的位置，其回傳結果為一索引值，舉例而言，若有一向量為「5, 8, 2, 9, 7」，其中最小值為 2，位於該向量中第 3 個位置，索引值即為 3，程式碼撰寫如下：

```
which.min(c(5,8,2,9,7))
```

```
[1] 3
```

　　此一結果顯示「3」，即表示所輸入的向量中第 3 個元素（索引值為 3）為最小值。另外，若欲回傳最大值在向量中的索引值，則可利用 `which.max()` 函式。

　　`apply()` 函式是在 R 軟體中相當實用的函式，其功能類似 `for()` 迴圈，可依序重複執行程式碼，且其效率遠遠超過 `for()` 迴圈。在 `apply()` 函式中必須輸入三個參數，第一個參數為資料（通常是矩陣）；第二個參數為運算方向，若設定為 1，則依照各橫列（rows）運算，而若是設定為 2，則依照各直行（columns）運算；第三個參數為運算函式，最為常見者包括加總函式（`sum()`）、平均數函式（`mean()`）、最小值函式（`min()`）、最大值函式（`max()`）等，此外亦可使用 `which.min()` 或 `which.max()` 函式以尋找各向量最小值或最大值的索引值。`apply()` 函式的程式碼撰寫架構如下，操作方法詳如圖 4.12.2 所示。

```
apply( 資料 , 運算方向 , 運算函式 )
```

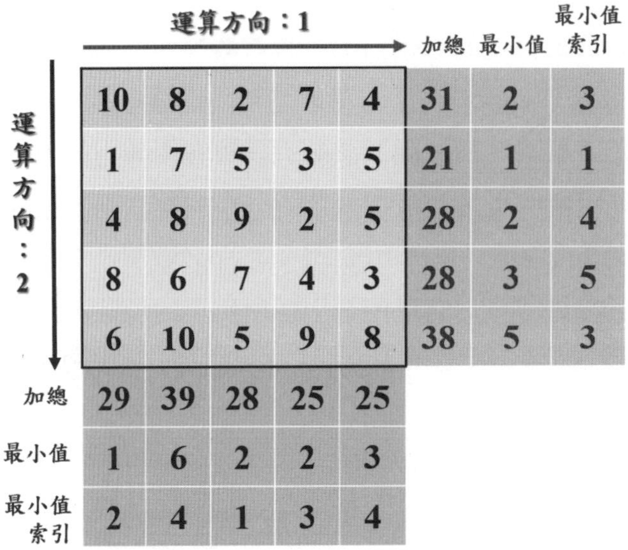

apply(資料, 1, sum) = [31, 21, 28, 28, 38]

apply(資料, 1, min) = [2, 1, 2, 3, 5]

apply(資料, 2, min) = [1, 6, 2, 2, 3]

apply(資料, 2, which.min) = [2, 4, 1, 3, 4]

▲ 圖 4.12.2　apply() 函式操作方法示意圖

　　根據上述兩基礎函式的觀念解析，若要尋找 st_distance(分析對象 , 鄰近對象) 函式回傳結果中，各個分析對象最近的鄰近對象之索引值，則必須在 apply() 函式中設定運算方向為 1，運算函式為 which.min()。程式碼撰寫架構如下：

```
apply(st_distance( 分析對象 , 鄰近對象 ), 1, which.min)
```

　　在此以 YouBike 各站點最接近的臺北捷運站為例，此時「分析對象」為 You-Bike 站點；「鄰近對象」為臺北捷運站點。請尋找到本書所提供的檔案（「data」資料夾）中，「taipei_mrt」子資料夾內的「taipei_mrt_station.shp」之地理資料，以及「taipei_youbike」子資料夾內的「taipei_youbike.shp」之地理資料。程式碼撰寫如下，分隔線下方為執行結果。

```
# 擷取 YouBike 場站最接近捷運站之索引值
ubike_nearest_mrt1=apply(st_distance(taipei_youbike,
                         taipei_mrt_station), 1, which.min)

# 查看 ubike_nearest_mrt1 元素個數
length(ubike_nearest_mrt1)
```

```
## [1] 913
```

```
# 查看 ubike_nearest_mrt1 前六筆資料
head(ubike_nearest_mrt1)
```

```
## [1] 116 115 116  26  25  26
```

　　`ubike_nearest_mrt1` 的回傳結果中共計 913 個元素，乃因分析對象（`taipei_youbike`）共計 913 筆資料（913 個 YouBike 場站），而其中的索引值表示各個臺北捷運站最接近的鄰近對象（`taipei_mrt_station`）之索引值，亦即該最近場站爲 YouBike 站點資料中的第幾筆數據。以第一個元素爲例，其數值爲 116，表示 YouBike 站點資料中第 1 筆數據（YouBike1.0_ 捷運市政府站 (3 號出口)）的鄰近對象爲臺北捷運站點資料中的第 116 筆數據（市政府站）。

　　以上利用 `apply()` 函式檢索各分析對象最接近的鄰近對象之索引值固然可行，然其程式碼撰寫較不直觀。在 `sf` 套件中提供 `st_nearest_feature()` 函式可逐回傳最鄰近資料的索引值，其中僅須放置兩參數：第一個參數爲「分析對象」，第二個參數爲「鄰近對象」，程式碼撰寫架構如下：

```
st_nearest_feature( 分析對象 , 鄰近對象 )
```

　　再次以 YouBike 各站點最接近的臺北捷運站爲例，使用 `st_nearest_feature()` 函式回傳最近點之索引值。程式碼撰寫如下，分隔線下方爲執行結果。

```
# 擷取 YouBike 場站最接近捷運站之索引值
ubike_nearest_mrt2=st_nearest_feature(taipei_youbike,
                                      taipei_mrt_station)
```

```
# 查看 ubike_nearest_mrt2 前六筆資料
head(ubike_nearest_mrt2)
```

```
## [1] 116 115 116  26  25  26
```

由 ubike_nearest_mrt2 的回傳結果可發現，其索引值與 ubike_nearest_
mrt1 完全一致。此外，經實測發現，使用 st_nearest_feature() 函式的效率明顯
較高（以本範例爲例，使用 apply() 函式的時間約爲 st_nearest_feature() 函式
之 3~4 倍），故建議讀者逕使用此一函式執行鄰近分析即可。

接著若欲合併各 YouBike 場站與最近之臺北捷運站點資料，程式碼撰寫如下，
分隔線下方爲執行結果。

```
# 依照索引值擷取相對應的捷運站代碼及名稱，並去除空間資料
nearest_mrt=taipei_mrt_station[ubike_nearest_mrt2,
                               c("StationID","Zh_tw")]%>%
  st_drop_geometry()
# 合併 taipei_youbike 與 nearest_mrt 兩資料，並去除空間資料
ubike_nearest_mrt=cbind(taipei_youbike[, c("SttnUID","StatnNm")],
                        nearest_mrt)%>%
  st_drop_geometry()

# 查看 ubike_nearest_mrt 前六筆資料
head(ubike_nearest_mrt)
```

##	SttnUID	StatnNm	StationID	Zh_tw
## 1	TPE0001	YouBike1.0_捷運市政府站(3號出口)	BL18	市政府
## 2	TPE0002	YouBike1.0_捷運國父紀念館站(2號出口)	BL17	國父紀念館
## 3	TPE0003	YouBike1.0_台北市政府	BL18	市政府
## 4	TPE0004	YouBike1.0_市民廣場	R03	台北101/世貿
## 5	TPE0005	YouBike1.0_興雅國中	R02	象山
## 6	TPE0006	YouBike1.0_臺北南山廣場	R03	台北101/世貿

　　以上程式碼中透過 `cbind()` 函式將 YouBike 站點資料，及其最接近臺北捷運站點資料予以合併，其中必須注意的是，爲避免兩份地理資料中的空間資料合併後有所衝突，在合併前利用 `st_drop_geometry()` 函式將空間資料予以去除。

　　在 `st_nearest_feature()` 函式中僅能回傳「最近的鄰近對象」，故每一分析對象僅能尋找到一筆鄰近對象，然有時實務上需要分析數個鄰近對象，此時即無法利用該函式執行之。`nngeo` 套件中提供 `st_nn()` 函式同樣可以進行鄰近分析，且可另外設定鄰近對象的個數。請先行利用 `install.packages()` 函式安裝 `nngeo` 套件，程式碼撰寫如下。

```
# 安裝套件
install.packages("nngeo")

# 載入套件
library(nngeo)
```

　　在 `st_nn()` 函式中須設定三個參數，第一個參數係「分析對象」，第二個參數爲「鄰近對象」，此二參數的設置與 `st_nearest_feature()` 函式雷同。而第三個參數 k= 則爲「擷取鄰近對象的數目」，如欲取得前 5 筆鄰近對象的索引值，則須設定 `k=5`。程式碼撰寫架構如下所示：

```
st_nn( 分析對象 , 鄰近對象 , k= 鄰近數目 )
```

　　以 YouBike 各站點最接近的前三個臺北捷運站爲例，並使用 `st_nn()` 函式回傳前三個捷運站點的索引值（`k=3`）。程式碼撰寫如下，分隔線下方爲執行結果。

```
# 擷取 YouBike 場站前三近捷運站之索引值
near_mrt_k3=st_nn(taipei_youbike, taipei_mrt_station, k=3)

# 將回傳結果轉換爲矩陣
head(near_mrt_k3)
```

```
## [[1]]
```

```
## [1] 116 117  25
## [[2]]
## [1] 115 114 116
## [[3]]
## [1] 116  26  25
## [[4]]
## [1]  26 116 115
## [[5]]
## [1]  25 116  26
## [[6]]
## [1]  26  25 116
```

　　回傳結果為一列表（list），第一個陣列（`[[1]]`）中的元素為 116、117、25，意指最接近第一個 YouBike 場站的捷運站為臺北捷運站點資料中的第 116 筆數據（市政府捷運站）；次接近者為臺北捷運站點資料中的第 117 筆數據（永春捷運站）；而第三接近者為臺北捷運站點資料中的第 25 筆數據（象山捷運站）。其他列表之呈現結果則以此類推。

　　若欲將列表（list）中的站點索引值轉換為捷運站名稱，並輸出為表格之形式，可利用 `unlist()` 函式先將列表的格式予以去除，再利用 `matrix()` 函式將資料轉換為矩陣之形式，最後再分別擷取行（如：第一接近的站點為矩陣中的第一直行；第二接近者則位於第二直行）以對應站點名稱即可。程式碼撰寫如下，分隔線下方為執行結果。

```
# 將 near_mrt_k3 轉換爲矩陣
near_mrt_k3=matrix(unlist(near_mrt_k3), ncol=3, byrow=T)

# 擷取各別行數的資料（第一行表示最接近站點、第二行爲次接近站點...）
near_mrt_k3_1=taipei_mrt_station$Zh_tw[near_mrt_k3[,1]]
near_mrt_k3_2=taipei_mrt_station$Zh_tw[near_mrt_k3[,2]]
near_mrt_k3_3=taipei_mrt_station$Zh_tw[near_mrt_k3[,3]]
```

```
# 合併 YouBike 原始資料與各別接近站點資料
near_mrt_k3=cbind(st_drop_geometry(taipei_youbike)[, c("StatnNm")],
                  near_mrt_k3_1, near_mrt_k3_2, near_mrt_k3_3)


# 查看 near_mrt_k3 前六筆資料
head(near_mrt_k3)
```

##		StatnNm	near_mrt_k3_1	near_mrt_k3_2
## 1	YouBike1.0_捷運市政府站(3 號出口)		市政府	永春
## 2	YouBike1.0_捷運國父紀念館站(2 號出口)		國父紀念館	忠孝敦化
## 3	YouBike1.0_台北市政府		市政府	台北 101/世貿
## 4	YouBike1.0_市民廣場		台北 101/世貿	市政府
## 5	YouBike1.0_興雅國中		象山	市政府
## 6	YouBike1.0_臺北南山廣場		台北 101/世貿	象山

##	near_mrt_k3_3
## 1	象山
## 2	市政府
## 3	象山
## 4	國父紀念館
## 5	台北 101/世貿
## 6	市政府

透過 `st_nearest_feature()` 或 `st_nn()` 函式可回傳最近點幾何元素的資料，然而有時會需要將最近的兩地理資料以直線段連結，以進行視覺化的表達，此時可利用 `st_nearest_points()` 函式完成之。`st_nearest_points()` 函式中僅需填放兩個地理資料，可為點、線、面任何一種幾何型態，而最終回傳結果為線（LINESTRING）資料，其為連結兩地理資料的任兩幾何元素間最近點之連線。舉例而言，若輸入的地理資料分別有 m 筆數據與 n 筆數據，則回傳結果的最近點連線共有 m*n 條。然若希望兩地理資料的連線係逐欄配對，則必須確保兩資料的筆數相同，並另於 `st_nearest_points()` 函式中設定參數 `pairwise=T`。

兩幾何元素間最近兩點連線之定義，請參照圖 4.11.2 `st_distance()` 函式計算方法之示意圖所示，其中虛線段即為 `st_nearest_points()` 函式最終回傳的線資料，也因此所得的線段長度即爲兩幾何元素間的最短距離。

爲方便說明，以下範例先選取臺北捷運站點資料中的「善導寺」與「忠孝敦化」兩站，並取其 300 公尺之環域，故爲「面」幾何型態之資料。另外一份資料則擷取臺北捷運站點資料中的「龍山寺」、「圓山」、「台電大樓」、「六張犁」與「松山機場」等五個站點，屬於「點」幾何型態之資料。在此利用 st_nearest_points() 函式回傳上述「面」資料與「點」資料中任兩幾何元素間最近點之連線。程式碼撰寫如下，分隔線下方爲執行結果，而視覺化呈現則如圖 4.12.3 之地圖所示。

```
# 擷取捷運善導寺與忠孝敦化兩站
mrt1=filter(taipei_mrt_station, Zh_tw %in% c("善導寺", "忠孝敦化"))

# 將 mrt1 取環域
mrt1=st_buffer(mrt1, 300)

# mrt2 擷取另外五個站點資料
mrt2=filter(taipei_mrt_station, Zh_tw %in% c("龍山寺","圓山","台電大
                                              樓","六張犁","松山機場"))

# 將 mrt1(面) 與 mrt2(線) 兩地理資料，取任兩幾何元素間最近點的線段
mrt12_near=st_nearest_points(mrt1, mrt2)

# 查看 mrt12_near 資料
mrt12_near
```

```
### Geometry set for 10 features
## Geometry type: LINESTRING
## Dimension:     XY
## Bounding box: xmin:300488.8 ymin:2768178 xmax:305811.6 ymax:2773788
## Projected CRS: TWD97 / TM2 zone 121
## First 5 geometries:
## LINESTRING (303095.4 2770640, 305811.6 2768529)
## LINESTRING (303105 2771005, 305692 2772859)
```

```
## LINESTRING (302816.9 2771125, 302466.4 2773788)
## LINESTRING (302909.2 2770532, 303302.3 2768178)
## LINESTRING (302588.2 2770707, 300488.8 2769779)
```

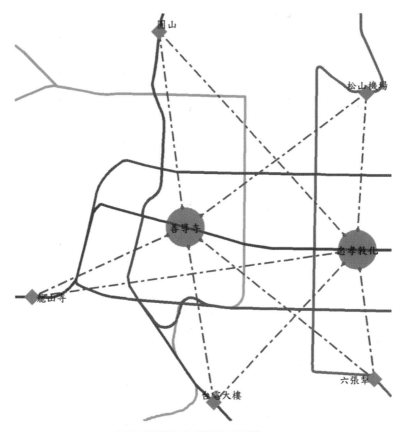

▲ 圖 4.12.3　**st_nearest_points()** 函式範例結果地圖

　　回傳結果的第一列中顯示「Geometry set for 10 features」，亦即此函式回傳資料共計 10 筆，另外檢視輸入的兩地理資料，可發現其筆數分別為 2 筆（**mrt1**）與 5 筆（**mrt2**），故任兩點幾何元素間最近點之連線確實會有 10 筆資料。任兩幾何元素間的最近點連線如圖 4.12.3 中灰色虛線段所示，其中可發現「與環域區相接之一端（紅色圓點）」即為各捷運站（圖中藍色菱形點）到達環域區（灰色圓形面）的最近點。

　　另外值得一提的是，**st_nearest_points()** 函式所回傳的直線段為任兩幾何元素的最近點，故事實上該線段的長度即為幾何元素間的最短距離，在此可利用 **st_** length() 與 st_distance() 函式分別計算檢驗之，程式碼撰寫如下，分隔線下方爲執行結果。

```
# 計算 mrt1 與 mrt2 任兩幾何元素之最近點連線的長度
st_length(mrt12_near)
```
```
## Units: [m]
##  [1] 3440.186 3182.779 2685.638 2387.106 2295.456 1677.180 2075.979
##  [8] 4212.824 2918.993 4805.050
```

```
# 計算 mrt1 與 mrt2 任兩幾何元素間的最短距離
st_distance(mrt1, mrt2)
```
```
## Units: [m]
##            [,1]     [,2]     [,3]     [,4]     [,5]
## [1,] 3440.186 3182.779 2685.638 2387.106 2295.456
## [2,] 1677.180 2075.979 4212.824 2918.993 4805.050
```

　　由以上結果可見，無論是計算最近點連線的長度，抑或逕計算兩地理資料間的最短距離，所得結果皆一致，故 st_nearest_points() 與 st_distance() 函式具相輔相成之效。

　　除上述簡化之範例外，在實務上亦可透過 st_nearest_points() 函式將已配對爲最近點的地理資料相連線，惟須注意的是，在執行過程中必須確保兩地理資料的筆數相同，尚能設定參數 pairwise=T，以進行逐欄配對。再次以臺北捷運站點與 YouBike 站點兩資料爲例，若欲將各 YouBike 站點最近的臺北捷運站點連線，程式碼撰寫如下，分隔線下方爲執行結果。出圖結果則如圖 4.12.4 所示，地圖中圓形小點爲 YouBike 場站位置，而每一直線段即爲各 YouBike 場站與其最接近之臺北捷運站點的連線。

```
# 各 YouBike 站點最接近的捷運站點（索引值）
nearest_mrt=st_nearest_feature(taipei_youbike, taipei_mrt_station)
```

```
# 回傳各個捷運站點的地理資料 (透過索引值匹配地理資料)
nearest_mrt=taipei_mrt_station[nearest_mrt,]


# 利用 pairwise=T 逐欄擷取兩地理資料的最近點
mrt_ubike_line=st_nearest_points(nearest_mrt, taipei_youbike,
                                 pairwise=T)


# 查看 mrt_ubike_line 資料
mrt_ubike_line
```

```
## Geometry set for 913 features
## Geometry type: LINESTRING
## Dimension:     XY
## Bounding box: xmin:296678.9 ymin:2763168 xmax:312848.2 ymax:2782033
## Projected CRS: TWD97 / TM2 zone 121
## First 5 geometries:
## LINESTRING (307081.8 2770453, 307305.9 2770423)
## LINESTRING (306287.5 2770476, 306247.7 2770463)
## LINESTRING (307081.8 2770453, 307031.3 2770083)
## LINESTRING (306882 2769536, 306745.1 2769887)
## LINESTRING (307533 2769487, 307384.5 2769948)
```

▲ 圖 4.12.4 　各 YouBike 場站與最近臺北捷運站點之連線

由以上回傳結果可發現，`mrt_ubike_line` 為線段（LINESTRING）資料，且資料筆數共計 913 筆，與 YouBike 站點資料的筆數相同。另外由圖 4.12.4 之地圖可知，臺北市各 YouBike 站點確實皆與其最近的捷運站連線，顯見利用參數 `pairwise=T` 可回傳「逐欄配對」的最近直線段，以避免將兩份地理資料中任兩個幾何元素間取連線段。

4.13 凸包（Convex Hull）

　　凸包是指在給定的所有點中，圍出一最小凸多邊形，而所有點皆必須包含於凸包內。凸多邊形必須符合以下兩大特徵：為一封閉的多邊形，且各邊須為直線；每個內角需小於 180 度。尋找凸包的演算法繁多，諸如 Jarvis' March、Graham's Scan、Andrew's Monotone Chain 等，惟本書中僅針對 Graham's Scan 演算法進行淺談，乃因其演算法最為普遍應用，其他演算法則煩請參考相關參考書。

　　Graham's Scan 演算法乃先行找到給定幾何元素中的極端點，亦即最上（下）面或最右（左）側的點，接著依據該點為中心，逆時針（或順時針）依序掃描各點，將其與前一個點連線。惟須注意的是，若連線過程中任兩條線的內角超過 180°，則必須消除該兩條線，重新尋找下一個合適的候選點，如是進行多次迭代，直至所有點皆被探訪過，且線段連回原始的中心。此時所有的內角必然保證小於 180 度，且所連成的線段必為凸多邊形，即完成凸包之繪製。具體操作示範如圖 4.13.1 之示意圖所示，說明如後。

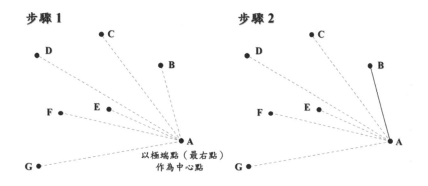

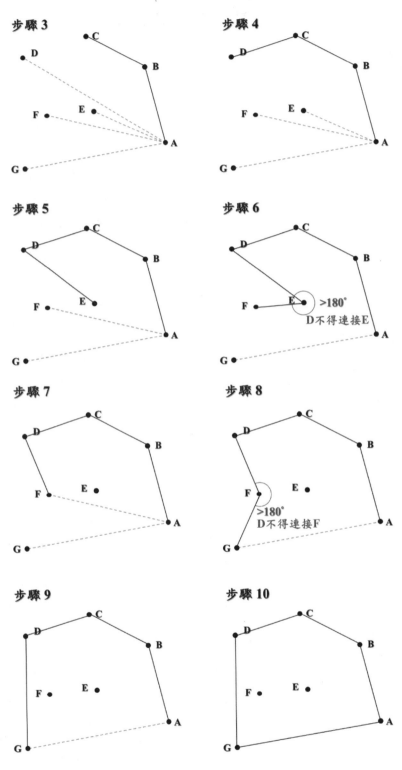

▲ 圖 4.13.1　Graham's Scan 演算法操作示意圖

　　圖 4.13.1 之範例中共有七個點，根據此一演算法的初始步驟必須先行尋找極端點，而本範例乃挑選最右邊的點（A 點）爲中心，並依序掃描 B、C、D、E、F、G 點。掃描過程中先行碰到 B 點，故將 A 點與 B 點相連；接著再掃到 C 點，故將 B 與 C 點連接。以此類推，直至連到 F 點，會發現 ∠ DEF 之內角超過 180°，故應先將 E 點予以剔除，並且由 D 點重新掃描下一個候選點。而下一個候選點爲 F，故再繼續依序連結候選點，若遇到內角超過 180° 之情況，則必須重新連結。最終若所有候選點皆探訪完畢，線段重回 A 點，則宣告演算法結束，且所得圖形即爲凸包。另外須注意的是，範例中雖然是使用點的幾何資料，然事實上所輸入的資料可爲點、線、面任何一種幾何型態。

　　在 sf 套件中可利用 st_convex_hull() 函式尋找指定地理資料的凸包，而該地理資料的幾何形態可爲點、線、面任一種，函數中僅需輸入指定的地理資料即可。以下以臺北市 YouBike 站點爲例，利用該函式回傳所有站點的凸包。請尋找到本書所提供的檔案（「data」資料夾）中，「taipei_youbike」子資料夾內的「taipei_youbike.shp」之地理資料。程式碼撰寫如下，分隔線下方爲執行結果，出圖結果則如圖 4.13.2 所示。

```
# 將所有 YouBike 站點資料取聯集
ubike_union=st_union(taipei_youbike)

# 擷取站點聯集的凸包
ubike_union_convex=st_convex_hull(ubike_union)

# 查看 ubike_union_convex 資料
ubike_union_convex
```
```
## Geometry set for 1 feature
## Geometry type: POLYGON
## Dimension:     XY
## Bounding box: xmin:296678.9 ymin:2763509 xmax:312848.2 ymax:2782033
## Projected CRS: TWD97 / TM2 zone 121
## POLYGON ((306077.5 2763509, 299993.2 2767739, 2...
```

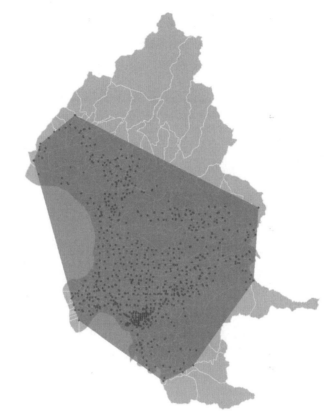

▲ 圖 4.13.2　臺北市所有 YouBike 場站之凸包

　　以上程式碼中乃先利用 `st_union()` 函式將所有 YouBike 場站取聯集，如是尚能將所有站點納入考量。取完聯集後再利用 `st_convex_hull()` 函式繪製凸包，而最終的回傳結果為一面（POLYGON）幾何型態之資料。

　　在此為更清楚了解如何透過 `sf` 套件中不同的函式完成諸多延伸應用，以下範例整合 `st_nearest_feature()` 與 `st_convex_hull()` 函式進行分析。若我們希望將「最接近捷運站相同」之 YouBike 場站取凸包，用以大略描述各個捷運站第一哩路與最後一哩路（First and last mile）的公共自行車服務範圍，必須先各別針對「最接近捷運站相同」的 YouBike 場站取聯集，此時每一捷運站所對應到的 YouBike 場站為一「多點（MULTIPOINT）」資料，最後再依據此多點資料取凸包。程式碼撰寫如下，分隔線下方為回傳結果，出圖結果則如圖 4.13.3 所示，地圖中每一深色區塊即為「最接近捷運站相同」之所有 YouBike 站點的凸包。

```
# 先擷取所有位於臺北市的捷運站點
mrt_station=st_intersection(taipei_mrt_station,
                            taipei_village_map$geometry)

# 尋找臺北市 YouBike 站點鄰近的捷運站點（索引值）
nearest_mrt=st_nearest_feature(taipei_youbike, mrt_station)

# 擷取最近捷運站點的屬性資料
nearest_mrt=mrt_station[nearest_mrt,]

# 將 YouBike 站點與最近捷運站屬性合併
mrt_ubike_nearest=cbind(taipei_youbike[, c("SttnUID", "StatnNm")],
                        nearest_mrt[, c("Zh_tw")])

# 將同一最近捷運站點之 YouBike 場站合併為多點
mrt_ubike_nearest=group_by(mrt_ubike_nearest, Zh_tw)%>%
  summarise()

# 取多點資料的凸包
mrt_ubike_nearest_convex=st_convex_hull(mrt_ubike_nearest)

# 查看 mrt_ubike_nearest_convex 資料
mrt_ubike_nearest_convex
```

```
## Simple feature collection with 73 features and 1 field
## Geometry type: GEOMETRY
## Dimension:     XY
## Bounding box: xmin:296678.9 ymin:2763509 xmax:312848.2 ymax:2782033
## Projected CRS: TWD97 / TM2 zone 121
## # A tibble: 73 x 2
##   Zh_tw                                                      geometry
##   * <chr>                                                <GEOMETRY [m]>
## 1 士林          POLYGON ((301948.2 2775963, 301863.6 2776190, 302251~
```

```
##  2 大安           POLYGON ((304836.4 2769350, 304635.6 2769606, 304843~
##  3 大安森林公園    POLYGON ((304011.1 2768788, 303911.7 2769577, 304010~
##  4 大直           POLYGON ((305209.5 2774665, 305147.3 2774670, 304475~
##  5 大湖公園        POLYGON ((310446.3 2774657, 310479.1 2775662, 312848~
##  6 大橋頭         POLYGON ((301506.8 2772428, 301397 2772872, 301508.6~
##  7 小南門         POLYGON ((301313.8 2768418, 301119.5 2768738, 301116~
##  8 中山                      LINESTRING (302661.8 2771666, 303052~
##  9 中山國小        POLYGON ((302972.7 2772397, 302906.2 2772700, 303548~
## 10 中山國中        POLYGON ((304758.2 2772303, 304517.1 2773002, 304999~
## # ... with 63 more rows
```

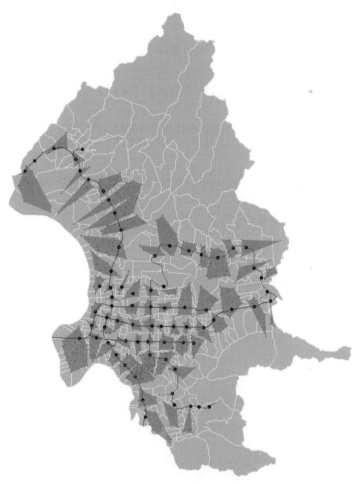

▲ 圖 4.13.3　最近捷運站相同之 YouBike 站點凸包

　　上述程式碼中利用 `st_nearest_feature()` 函式先行尋找各 YouBike 站點最接近的捷運站，並且透過其所回傳的索引值擷取捷運站點屬性資料。接著利用 `cbind()` 函式將最近捷運站資料與 YouBike 場站資料合併，並且透過 `group_by()` `%>% summarise()` 函式針對同一捷運站名稱，將所有單點資料予以合併，此時所得結果即爲「最接近捷運站相同」的 YouBike 場站之聯集。最後，再透過本章節所介紹的 `st_convex_hull()` 函式取各「最接近捷運站相同」之群組的凸包。由最終回傳結果顯示，大部分的資料皆爲面（POLYGON）之幾何型態，惟僅少數爲線（LINESTRING）之資料，這主要是因爲該捷運站僅含兩個 YouBike 站點與之最接近，而兩點僅能連成一條線，無法構成面資料。

　　若欲快速了解資料中個別的幾何型態，可利用 `st_geometry_type()` 函式回傳結果，程式碼撰寫如下，分隔線下方爲執行結果。

```
# 查看 mrt_ubike_nearest_convex 各資料之幾何型態
st_geometry_type(mrt_ubike_nearest_convex)
```
```
##  [1] POLYGON     POLYGON     POLYGON    POLYGON    POLYGON    POLYGON
##  [7] POLYGON     LINESTRING  POLYGON    POLYGON    POLYGON    POLYGON
## [13] POLYGON     POLYGON     POLYGON    POLYGON    POLYGON    POLYGON
## [19] POLYGON     POLYGON     POLYGON    POLYGON    POLYGON    POLYGON
## [25] POLYGON     POLYGON     POLYGON    POLYGON    POLYGON    POLYGON
## [31] POLYGON     POLYGON     POLYGON    POLYGON    POLYGON    POLYGON
## [37] POLYGON     POLYGON     POLYGON    POLYGON    POLYGON    POLYGON
## [43] POLYGON     POLYGON     POLYGON    POLYGON    POLYGON    POLYGON
## [49] POLYGON     POLYGON     POLYGON    POLYGON    POLYGON    LINESTRING
## [55] POLYGON     POLYGON     POLYGON    POLYGON    POLYGON    POLYGON
## [61] POLYGON     POLYGON     POLYGON    POLYGON    POLYGON    POLYGON
## [67] POLYGON     POLYGON     POLYGON    POLYGON    POLYGON    POLYGON
## [73] POLYGON
## 18 Levels: GEOMETRY POINT LINESTRING POLYGON MULTIPOINT ... TRIANGLE
```

　　接著可藉由此函式回傳屬於「`LINESTRING`」之幾何型態的捷運站名稱，程式碼撰寫如下，分隔線下方爲執行結果。

```
# 檢驗各資料是否為 LINESTRING，若是回傳 TRUE；若否則為 FALSE
temp=st_geometry_type(mrt_ubike_nearest_convex)=="LINESTRING"

# 回傳 TRUE 之站點名稱
mrt_ubike_nearest_convex$Zh_tw[temp]
```

```
## [1] "中山"    "動物園"
```

　　由以上回傳結果顯示，僅中山與動物園兩捷運站的凸包為線段資料，亦即該二站分別僅有兩個 YouBike 場站與之最接近，故無法回傳凸多邊形。

　　綜合本章節之內容，`st_convex_hull()` 函式可用以回傳任一幾何元素之凸包，而本節後續再整合多個 `sf` 套件中的函式延伸進行諸多應用，如利用凸包粗略定義第一哩路與最後一哩路的服務範圍，以使地理資料所得分析結果更具有實務意義，希冀讀者能夠善用並整合 `sf` 套件的各項功能，加深分析之廣度與深度。

4.14 沃羅諾伊圖（Voronoi Polygon）

沃羅諾伊圖（Voronoi Polygon）為一空間分割算法，係利用「給定點」資料將面分割成數個區塊，而每一小區塊上僅會出現一個「給定點」。沃羅諾伊圖的特性為：與每一小區塊上任何一點最接近的「給定點」，必為該區塊上唯一的「給定點」，如圖 4.14.1 之示意圖所示。圖中利用 A、B、C、D、E 五個「給定點」將整個面分割為五個小區塊，其中 N 點坐落於 C「給定點」所構成的沃羅諾伊圖中，故與 N 點最接近的「給定點」必定為 C 點。

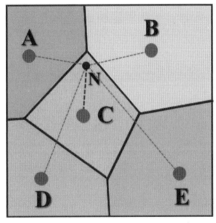

▲ 圖 4.14.1　沃羅諾伊圖示意圖

沃羅諾伊圖在實務應用上繁多，含括地理學、氣象學、通訊工程、社會科學等。舉例而言，基地臺（點）的服務範圍可透過沃羅諾伊圖初步分割，使各地區的用戶可逕連接至最近的基地臺，以保持通訊的順暢程度。再以氣象學為例，雨量的資料通常僅是由少數幾個氣象觀測所（點）蒐集資料，若要概估其他地區的雨量，可依據各氣象觀測所的地理位置，利用沃羅諾伊圖劃分雨量分配區。在社會科學的領域中通常可將沃羅諾伊圖視為各點的服務範圍，舉例而言，若為交通運輸場站（點），其沃羅諾伊圖可視為該場站的服務範圍，乃因與面上任一點最接近的交通場站必為該沃羅諾伊圖上唯一的場站。惟須注意的是，應用於地理或交通領域時，沃羅諾伊圖具一強烈的假設，即地表有均衡、無異質性之特徵，然現實生活中大多並非如此，故在應用或解釋上須特別當心。

　　沃羅諾伊圖的分割方式乃將平面上相鄰的點相連，以構成許多三角形，並利用中垂線尋找各三角形的外心，最後將所有外心相連即形成沃羅諾伊圖的邊，演算流程架構如圖 4.14.2 所示。

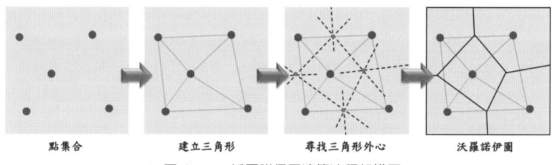

點集合　　　　　建立三角形　　　　尋找三角形外心　　　　沃羅諾伊圖

▲ 圖 4.14.2　沃羅諾伊圖演算流程架構圖

　　在 sf 套件中可利用 st_voronoi() 函式建構點資料的沃羅諾伊圖，函式中僅需置入「多點（MULTIPOINT）」幾何型態之地理資料即可，惟須注意的是通常原始地理資料為單點（POINT），故應先利用 st_union() 函式將所有單點資料予以聚合，尚能放入函式中。在此以臺北市內的捷運站點為例，利用沃羅諾伊圖大略定義臺北捷運各站的服務範圍。請尋找到本書所提供的檔案（「data」資料夾）中，「taipei_mrt」子資料夾內的「taipei_mrt_station.shp」之地理資料；另外請使用「taipei_map」子資料夾內的「taipei_village_map.shp」之地理資料，作為後續裁切臺北市內捷運站點之用。程式碼撰寫如下，分隔線下方為執行結果。

```
# 將臺北市村里資料取聯集
tp_union=st_union(taipei_village_map)

# 擷取臺北市內的捷運站點
mrt_station=st_intersection(taipei_mrt_station, tp_union)

# 將捷運站點取聯集後，再繪製沃羅諾伊圖
mrt_vor=st_voronoi(st_union(mrt_station))
```

```
# 檢查 mrt_vor 的幾何型態（此時為 GEOMETRYCOLLECTION）
class(mrt_vor)
```

```
## [1] "sfc_GEOMETRYCOLLECTION" "sfc"
```

　　以上程式碼中 `tp_union` 是臺北市村里資料聯集之結果，其主要功能乃後續利用 `st_intersection()` 函式裁切站點資料，以保留位於臺北市內者，其餘則予以刪除。程式碼中利用 `st_voronoi()` 函式繪製沃羅諾伊圖時，必須先行將臺北捷運站點資料取聯集，係因該函式僅允許輸入「多點」之幾何型態，而透過 `st_union()` 函式即可將多筆「單點」資料聚合為「多點」。

　　最後檢查 `mrt_vor` 的資料型態，其顯示為「`GEOMETRYCOLLECTION`」（幾何集合），此種資料型態在後續繪製地圖或進行其他地理資料分析時可能會有問題，故在此先利用 `st_collection_extract()` 函式將幾何集合轉換為面資料。程式碼撰寫如下，分隔線下方為執行結果，而出圖結果則如圖 4.14.3 所示。另請注意 `st_collection_extract()` 函式中第一個參數乃放入「幾何集合」之地理資料，而第二個參數則放置欲轉換的幾何型態，如本範例中欲將 `mrt_vor` 轉換為面資料，故設定該參數為「`"POLYGON"`」。

```
# 將 GEOMETRYCOLLECTION 轉換為 POLYGON
mrt_vor=st_collection_extract(mrt_vor, "POLYGON")

# 再次檢查 mrt_vor 的幾何型態（已更為 POLYGON）
class(mrt_vor)
```

```
## [1] "sfc_POLYGON" "sfc"
```

▲ 圖 4.14.3   臺北市內捷運站點沃羅諾伊圖

　　透過 `st_collection_extract()` 函式可將圖層轉換爲面資料，然而由圖 4.14.3 可發現，地圖中的沃羅諾伊圖邊界超出臺北市行政區甚多，應進一步利用 `st_in-` `tersection()` 函式裁切位於臺北市內者，以更符合分區之情境。程式碼撰寫如下，分隔線下方爲執行結果，出圖結果則如圖 4.14.4 所示。

```
# 利用臺北市地圖裁切邊框，避免沃羅諾伊圖無限延伸
mrt_vor=st_intersection(mrt_vor, tp_union)
```

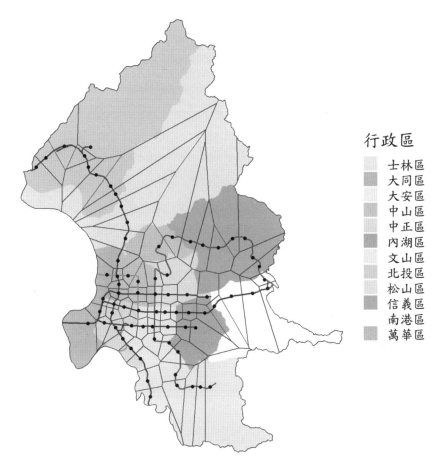

▲ 圖 4.14.4　臺北市內捷運站點沃羅諾伊圖（修正）

　　由圖 4.14.4 可發現位於市中心之行政區（如：中正區、大同區、大安區、中山區等），其沃羅諾伊圖較為整齊，且面積較小；然而位於邊陲地帶或緊鄰山區之行政區（如：文山區、北投區等），其沃羅諾伊圖面積甚大，且分割區域不甚整齊，可能有失真之嫌。造成此一狀況的主要原因乃沃羅諾伊圖之演算流程係假設地表為均衡分布之平面，無地理特徵或社會經濟條件上之差異，故所分割的結果僅在數學上具理論意義，然與實務情況相去甚遠。

　　透過以上範例可知，使用沃羅諾伊圖時務必當心研究範圍之選取，盡可能尋找區域內無明顯特徵差異者，以期透過空間分割後能在實務上具有解釋意義。

　　沃羅諾伊圖在空間分割上扮演極其重要的角色，而另外值得一提的是，若將各點空間資料的橫座標與縱座標（或經緯度）利用 kmeans 演算法分群後，再將每一群集的中心點繪製沃羅諾伊圖，則每一分割後的區塊必然只包含該群集的點資料。換言之，沃羅諾伊圖和 kmeans 演算法事實上背後的演算法具異曲同工之妙，未來在應用上可作為互補之用。

kmeans 演算法的迭代過程如下：

步驟一：隨機指派群集中心

在資料中隨機尋找 k 筆紀錄作為初始群集的中心，並計算每一個資料點到各群集中心之直線距離（Euclidean distance）。

步驟二：產生初始群集

依據上述距離計算結果，將資料點分配予距離最近的群集中心。

步驟三：產生新的質量中心

所有資料點皆分配完畢後，再計算每一群集中所分配到的資料點之平均值，以更新群集的中心。

步驟四：迭代演算

反覆步驟 2 與步驟 3，直至群集內部的資料點不再變動為止，亦即目標式收斂至最小值時即停止迭代。

kmeans 迭代程序整理如圖 4.14.5 所示。

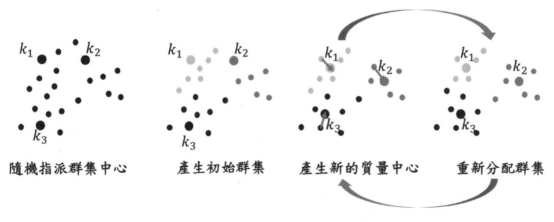

▲ 圖 4.14.5　kmeans 演算法流程圖

　　爲佐證 kmeans 演算法與沃羅諾伊圖間的關係，以下範例再次利用臺北捷運站點
資料進行闡釋。範例中先行以捷運站點的橫座標與縱座標爲特徵值，並透過 kmeans
演算法將各站點進行分群。分群結束後，再依據各群集的中心點繪製沃羅諾伊圖。
在 R 軟體中可直接利用 `kmeans()` 函式（原生函式）進行 kmeans 演算法。程式碼撰
寫如下，分隔線下方爲執行結果，出圖結果則如圖 4.14.6 所示。

```
# 先擷取捷運站點資料的座標值，再利用 kmeans 分爲 5 群
mrt_kmeans=kmeans(st_coordinates(mrt_station), 5)

# 將分群結果與原始站點資料予以合併
taipei_mrt_kmeans=cbind(mrt_station,
                        cluster=mrt_kmeans$cluster)

# 將中心點資料轉換爲地理資料
mrt_center=data.frame(mrt_kmeans$centers)%>%
  mutate(geometry=st_as_sfc(paste0("POINT(", X, " ", Y, ")")))%>%
  st_sf(crs=3826)

# 利用中心點繪製沃羅諾伊圖（以下程式碼與上一範例雷同）
mrt_center_vor=st_voronoi(st_union(mrt_center))
mrt_center_vor=st_collection_extract(mrt_center_vor)
mrt_center_vor=st_intersection(mrt_center_vor, tp_union)
```

▲ 圖 4.14.6　臺北市內捷運站點 kmeans 分群與沃羅諾伊圖

　　由圖 4.14.6 可應證，kmeans 演算法與沃羅諾伊圖間，在單純地理資料分析中的概念雷同，未來在分析時或許可應用此一概念將 kmeans 分析的結果利用沃羅諾伊圖作為群集間的邊界。在此必須特別說明的是，由於 kmeans 演算法中第一步驟為「隨機指派群集中心」，故每次分群的結果必不相同，而讀者所做出的結果及繪製之地圖可能與本範例不同。然無論如何變動，kmeans 所分類的群集必可利用沃羅諾伊圖劃分界線。

4.15 網格（**Grid**）

　　在圖 1.1.2 中介紹網格的實務應用，我們可利用網格將特定區域畫分成數個區塊，再進一步計算每一區塊的屬性值，如是即能透過網格呈現屬性值之分布。此一概念即核密度估計法（Kernel Density Estimation, KDE）之雛型，亦為地理加權迴歸（Geographically weighted regression, GWR）最基礎的參數設定。

　　在 `sf` 套件中提供 `st_make_grid()` 函式可在既有的地理資料上建立網格，函式中第一個參數需輸入地理資料，後續即針對此一地圖分隔數個網格。另外須設定參數 `cellsize=` 以進一步定義網格的大小，若原始地理資料為投影座標系統，則此單位通常為「公尺」。舉例而言，若欲繪製 500*500 公尺大小之網格，則應設定參數 `cellsize=500`。此外，另有一參數 `n=`，是用以設定地理資料中網格直行與橫列的個數，如欲在原始地理資料中建立 5 行與 10 列的網格，則參數撰寫如下：`n=c(5, 10)`，惟須注意的是透過此一設定並不能確保每一網格皆為正方形，且在設定時請勿同時使用參數 `cellsize=` 與 `n=`，以避免函式無法確切了解該如何分割。此一函式中另可利用參數 `what=` 設定網格的幾何型態，可為網格面（polygons，預設值）、中心點（centers）或邊角（corners）。綜上所述，`st_make_grid()` 函式的程式碼架構撰寫如下：

```
st_make_grid( 地理資料 , cellsize= 網格大小 , n=c( 直行 , 橫列 ), what=)
```

　　為具體了解網格幾何型態（參數 `what=`）的意義，以下範例首先利用 `st_poly-gon()` 函式建立一個 10*10 的正方形的地理資料，接著透過 `st_make_grid()` 函式中的參數 `cellsize=2` 設定網格的大小為 2*2 之正方形，並分別設定參數 `what=`，以觀察各種參數值下所回傳結果之幾何型態。程式碼撰寫如下，分隔線下方為執行結果，出圖結果則如圖 4.15.1 所示。

```
# 建立10*10 的正方形區域
poly10=st_polygon(list(rbind(c(0,0), c(10,0),
                             c(10,10), c(0,10), c(0,0))))
```

```
# 網格面
st_make_grid(poly10, cellsize=2, what="polygons")
```

```
## Geometry set for 25 features
## Geometry type: POLYGON
## Dimension:     XY
## Bounding box:  xmin: 0 ymin: 0 xmax: 10 ymax: 10
## CRS:           NA
## First 5 geometries:
## POLYGON ((0 0, 2 0, 2 2, 0 2, 0 0))
## POLYGON ((2 0, 4 0, 4 2, 2 2, 2 0))
## POLYGON ((4 0, 6 0, 6 2, 4 2, 4 0))
## POLYGON ((6 0, 8 0, 8 2, 6 2, 6 0))
## POLYGON ((8 0, 10 0, 10 2, 8 2, 8 0))
```

```
# 中心點
st_make_grid(poly10, cellsize=2, what="centers")
```

```
## Geometry set for 25 features
## Geometry type: POINT
## Dimension:     XY
## Bounding box:  xmin: 1 ymin: 1 xmax: 9 ymax: 9
## CRS:           NA
## First 5 geometries:
## POINT (1 1)
## POINT (3 1)
## POINT (5 1)
## POINT (7 1)
## POINT (9 1)
```

```
# 邊角

st_make_grid(poly10, cellsize=2, what="corners")
```

```
## Geometry set for 36 features
## Geometry type: POINT
## Dimension:      XY
## Bounding box:  xmin: 0 ymin: 0 xmax: 10 ymax: 10
## CRS:            NA
## First 5 geometries:
## POINT (0 0)
## POINT (2 0)
## POINT (4 0)
## POINT (6 0)
## POINT (8 0)
```

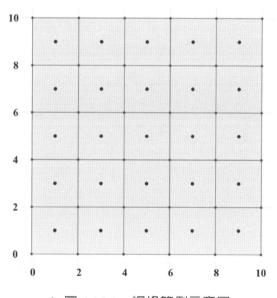

▲ 圖 4.15.1　網格範例示意圖

　　由回傳結果可發現，「網格面」為一面（POLYGON）資料，且資料共計 25 筆，乃因 10*10 之區塊被 2*2 的網格所切割後，共可劃分為 25 個網格，如圖 4.15.1 中每一塊正方形所示。而「中心點」為點（POINT）資料，且資料亦共計 25 筆，乃因其回傳結果為網格面的中心點，資料筆數必與網格面相同，如圖 4.15.1 中每一塊正方形中央的圓點所示。「邊角」亦為點（POINT）資料，然資料共計 36 筆，乃因邊角的回傳結果係所有網格的四個角落，如圖 4.15.1 中每一塊正方形的四個頂點所示。

　　若希望回傳的網格數由自行定義，則必須利用參數 n= 設定之，再以相同的 10*10 區塊為例，並將其分為 2 直行與 5 橫列，程式碼撰寫如下，分隔線下方為執行結果，出圖結果則如圖 4.15.2 所示。

```
# 設定參數n=，繪製5*2 個網格
st_make_grid(poly10, n=c(2,5))
```

```
## Geometry set for 10 features
## Geometry type: POLYGON
## Dimension:     XY
## Bounding box:  xmin: 0 ymin: 0 xmax: 10 ymax: 10
## CRS:           NA
## First 5 geometries:
## POLYGON ((0 0, 5 0, 5 2, 0 2, 0 0))
## POLYGON ((5 0, 10 0, 10 2, 5 2, 5 0))
## POLYGON ((0 2, 5 2, 5 4, 0 4, 0 2))
## POLYGON ((5 2, 10 2, 10 4, 5 4, 5 2))
## POLYGON ((0 4, 5 4, 5 6, 0 6, 0 4))
```

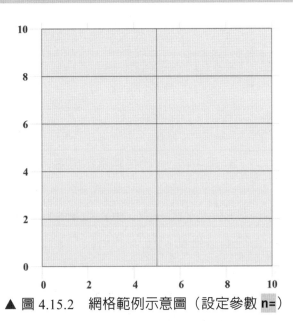

▲ 圖 4.15.2　網格範例示意圖（設定參數 n=）

　　綜合上述之範例，以下以臺北市爲例，將其依據 200*200 公尺之網格進行劃分，並接著計算每一網格的 YouBike 場站個數。請尋找到本書所提供的檔案（「data」資料夾）中，「taipei_map」子資料夾內的「taipei_village_map.shp」之地理資料，以及「taipei_youbike」子資料夾內的「taipei_youbike.shp」之地理資料。程式碼撰寫如下，分隔線下方爲執行結果，出圖結果則如圖 4.15.3 所示。

```
# 將臺北市村里地圖取聯集
tp_union=st_union(taipei_village_map)

# 繪製 500*500 公尺之網格
tp_grid=st_make_grid(tp_union, cellsize=500)
```

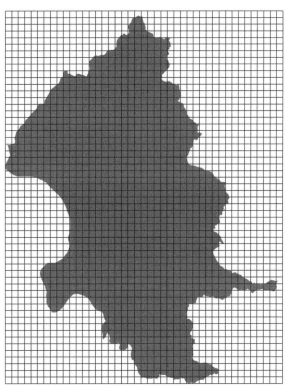

▲ 圖 4.15.3　臺北市 500 公尺網格

　　以上程式碼中係利用 **st_union()** 函式先將臺北市村里資料取聯集，而後針對此一地理資料繪製 500*500 公尺之網格，所得結果如圖 4.15.3 所示。須注意的是，在此所得的網格係依據臺北市最外圍的邊界繪製，亦即透過 `st_bbox()` 函式所回傳的地理資料界線，故部分網格可能落於臺北市地圖之外圍。因此後續應利用 `st_intersection()` 函式進行裁切，以保留位於臺北市內的網格。在裁切完後，最後可計算每一網格上擁有的 YouBike 站點數，以達成本範例的最終目標。程式碼撰寫如下，分隔線下方為執行結果，最終臺北市 500*500 公尺網格 YouBike 場站數分布之出圖結果如圖 4.15.4 所示。圖中顏色愈深者表示 YouBike 場站數愈多，而打叉區塊則意指該網格內並無任何 YouBike 場站。

```
# 網格結果與臺北地圖取交集（刪除超出臺北市邊界之網格）
tp_grid=st_intersection(tp_grid, tp_union)

# tp_grid 的資料格式原為 sfc，先轉換為 sf
tp_grid=st_sf(tp_grid, crs=3826)

# 賦予每一網格唯一編碼
tp_grid=cbind(GridID=c(1:nrow(tp_grid)), tp_grid)

# 將 YouBike 場站與 tp_grid 取交集
grid_youbike=st_intersects(tp_grid, taipei_youbike)

# 計算每一交集陣列中的元素個數，即為該網格的場站數
tp_grid=cbind(tp_grid, youbike=lengths(grid_youbike))

# 查看 tp_grid 第 351 至 360 筆資料
tp_grid[351:360,]
```
```
## Simple feature collection with 10 features and 2 fields
## Geometry type: POLYGON
## Dimension:     XY
## Bounding box: xmin:303103.7 ymin:2770035 xmax:308103.7 ymax:2770535
## Projected CRS: TWD97 / TM2 zone 121
##     GridID youbike                      tp_grid
```

```
## 351      351         0 POLYGON ((303103.7 2770535,...
## 352      352         4 POLYGON ((303603.7 2770535,...
## 353      353         4 POLYGON ((304103.7 2770535,...
## 354      354         3 POLYGON ((304603.7 2770535,...
## 355      355         2 POLYGON ((305103.7 2770535,...
## 356      356         2 POLYGON ((305603.7 2770535,...
## 357      357         3 POLYGON ((306103.7 2770535,...
## 358      358         4 POLYGON ((306603.7 2770535,...
## 359      359         2 POLYGON ((307103.7 2770535,...
## 360      360         3 POLYGON ((307603.7 2770535,...
```

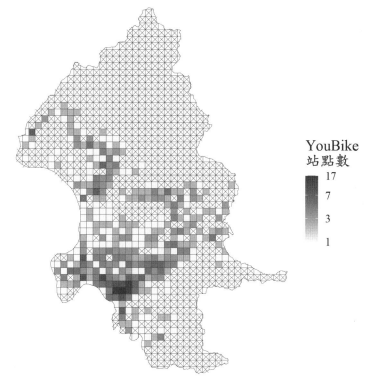

▲ 圖 4.15.4　臺北市 500*500 公尺網格 YouBike 場站數分布圖

　　以上程式碼中，將原有網格經 `st_intersection()` 函式裁切，以確保所有網格皆位於臺北市內，接著再將原始資料由原本的 sfc 格式轉換為 sf 格式，以方便後續分析。此外，為理解所指編碼為何，針對每一網格賦予唯一代碼（GridID）。最後將網格資料與 YouBike 站點資料以 `st_intersects()` 函式取交集，所得結果為一陣列，其中乃記錄各個網格所交集的 YouBike 場站之索引值，而在此由於我們只需要知道各網格交集的場站數，故可逕利用 `lengths()` 函式計算各陣列中的元素個數，詳細操作方法請參見 4.5 章節關於 `st_intersects()` 函式之說明。

由最終回傳結果可發現，`tp_grid` 第 351 筆資料的 youbike 屬性值為 0，表示該網格並未有任何 YouBike 場站；而第 360 筆資料的 youbike 屬性值為 3，表示該網格共有 3 個 YouBike 場站。另外從圖 4.15.4 可發現，在臺北市西南隅（公館、臺灣大學等地）的 YouBike 場站數特別多，可見該地區的 YouBike 分布甚為密集。

CHAPTER 5

運輸資料介接與應用

　　運輸資料包含時刻表、站點、路線線型等資料，目前在臺灣的運輸資料流通服務平臺乃串聯各公開資料，並提供 API 服務，供大眾免費介接，以進行資料分析或加值應用。而公共運輸資料在國際間有一套記錄標準（General Transit Feed Specification, GTFS），詳細定義各種運輸資料所需欄位以及記錄格式，使國際間的資料更具通用性，交換或應用更為方便。臺灣的公共運輸資料亦儲存於流通服務平臺中，係參考國際間的 GTFS 格式，建立獨有的平臺，並使資料的豐富度更趨完善，大幅降低使用障礙。運輸資料中有許多為地理資料，本章將說明資料介接之方式，並提供本書開發之套件，供讀者未來進行運輸地理資料分析之用。

5.1 運輸資料流通服務平臺簡介

運輸資料流通服務平臺[1]（Transport Data eXchange, TDX）係透過 Open API 建立運輸領域開放資料服務，並將所有運輸資料平臺整合為一，以利使用者自單一介面尋找各類型運輸資料。平臺上主要可分為動態資料與靜態資料，靜態資料係指更新週期較長的資料，如時刻表、線型等，而動態資料則是指短時間內定時更新的即時資料，諸如運具即時位置、即時運具剩餘數量等。「運輸資料流通服務平臺」可細分為五個平臺，包括：公共運輸整合資訊流通服務平臺（PTX）、即時路況與停車資訊流通平臺、交通部數據匯流平臺、交通資訊基礎路段編碼系統、交通網路地理資訊倉儲系統（GIS-T），架構如圖 5.1.1 所示，以下逐一簡介各平臺的主要用途。惟須注意的是，各子平臺於 2022 年年底逐步結束服務，各功能皆彙整至運輸資料流通服務平臺中。

▲ 圖 5.1.1　運輸資料流通服務平臺（TDX）架構示意圖

公共運輸整合資訊流通服務平臺[2]（Public Transport Data eXchange, PTX），乃

---

[1]　https://tdx.transportdata.tw/

[2]　https://ptx.transportdata.tw/PTX

建立標準化、跨運具之公共運輸旅運開放資料服務，以 Open Data 標準介面提供公共運輸旅運資料服務 API（Application Programming Interface，即應用程式介面，扮演應用程式和應用程式之間的橋樑），其中涵蓋全國尺度之公路（公車、自行車）、軌道（高鐵、臺鐵、捷運）、航空及航運四大類公共運輸動靜態資料。

即時路況與停車資訊流通平臺[3]乃蒐集路側設施及停車場相關資料，並依資料標準轉化後以 Open Data 標準介面提供資料介接服務。即時路況資料服務供應範疇涵蓋全國尺度之車輛偵測器、閉路電視攝影監控、資訊可變標誌、自動車輛辨識、電子標籤（eTag）、發布路段等；路況動靜態資料含括：業管機關、設備編號、所在位置、所在道路資訊、所在基礎路段編碼、路況動態資訊、影像、旅行時間、壅塞程度、流量、占有率等。停車資料則包含路邊停車、路外停車等關聯資料。

交通部數據匯流平臺[4]主要提供歷史運輸資料，惟此平臺下載資料的方式並非透過 Open Data 標準介面，而是直接自官網中申請資料，待平臺管理單位審核通過後即可下載。須注意的是，若欲申請此一平臺的資料必須先行註冊會員。公共運輸整合資訊流通服務平臺（PTX）以及即時路況與停車資訊流通平臺大多提供最新或即時的資料（惟部分 API 可直接介接歷史資料），而交通部數據匯流平臺則是將蒐集的所有資料予以清洗後供使用者申請加值應用，故資料欄位可能略為不同。此一平臺含括旅運資料、營運資料、安全資料等。旅運資料係指公共運輸站點、路線、歷史即時位置等，以及公路車輛偵測器、電子標籤（eTag）等資料。營運資料則是指公共運輸各站分時資料、電子票證資料、站點起訖對統計資料等。安全資料則為交通事故 A1、A2 的資料，包含事故發生之環境屬性與駕駛人屬性。另外須特別注意，旅運資料大多可直接線上申請下載，然而營運資料、安全資料則除線上申請外，尚須撰寫書面申請資料摘要（如：研究計畫、應用程式開發計畫），以及書面申請使用表，並將兩份文件寄送至交通部數據匯流平臺予以審查。

交通資訊基礎路段編碼查詢系統[5]乃將各路段線型予以編碼，並提供精確的地理資料，載明資訊所在的實際位置。「路段編碼」是交通資訊常用的位置參照表示法，亦為交通地理資料庫中路段物件的索引，以因應未來多元資訊之蒐集、發布及交換之需求。此平臺主要以車輛行駛之重要路網為對象，含括國道、快速道路、省道、

---

[3] https://traffic.transportdata.tw/

[4] https://ticp.motc.gov.tw/ConvergeProj/index

[5] https://link.motc.gov.tw/

縣道及重要市區道路等。此平臺所提供的地理資料可與即時路況與停車資訊流通平臺中的路段編碼相對照，以合併路段車流資訊與幾何線型資料。

交通網路地理資訊倉儲系統（GIS-T）提供圖資流通供應服務，包含實體資料下載、API服務介接與圖臺展示等服務。本平臺所蒐集的資料含括公路、軌道、公車、空運、海運、自行車、停車等。除了運具路網外，本平臺亦提供地理編碼（Geocoding）服務，亦即將地址轉換為經緯度，抑或可將經緯度匹配最接近的地址。

為方便 TDX 資料之使用，本書透過 R 軟體開發介接資料之套件，以期使用者能快速取得需要的運輸資料，並進行後續的加值應用與分析。本套件提供公共運輸基礎資料、地理編碼服務、路網地理資料服務等，並支援轉換地理資料的格式，且可直接透過函式之設定將檔案逕輸出至指定的資料夾，降低介接資料的繁瑣程序。本套件的 API 服務全數介接自 TDX 平臺。

若欲使用介接運輸資料的套件，請在 R 軟體中先行安裝與載入套件，程式碼撰寫如下：

```
# 自 GitHub 下載 TDX 套件
devtools::install_github("ChiaJung-Yeh/NYCU_TDX")

# 載入 TDX 套件
library(TDX)
```

TDX 套件中提供介接公車（公路客運、市區客運）、軌道（臺鐵、高鐵、捷運、輕軌）、公共自行車、航空等運具的資料，資料類型含括站點、班表、路線線型。除了運具相關資料外，本套件亦提供介接觀光點位、道路路網等資料，與地理編碼服務。目前套件擁有的功能，及其所對應的函式綜整如表 5.1-1 所示。

▼ 表 5.1-1　TDX 套件函式

資料	資料細目	資料型態	函式
軌道	軌道站點	點	`Rail_StationOfLine()`
	軌道路線站點	點	`Rail_Station()`
	軌道路線線型	線	`Rail_Shape()`
	軌道班表	文字	`Rail_TimeTable()`
公車	公車站點	點	`Bus_StopOfRoute()`
	公車路線線型	線	`Bus_Shape()`
	公車班表	文字	`Bus_Schedule()`
自行車	公共自行車站點	點	`Bike_Station()`
	自行車路網	線	`Bike_Shape()`
航空	航空班表	文字	`Air_Schedule()`
觀光點位	景點、餐廳、旅館點位	點	`Tourism()`
道路路網	道路路網線型	線	`Road_Network()`
地理編碼	地理編碼服務	點	`Geocoding()`

　　使用本套件任何函式時請務必注意，由於交通部資訊流通服務平臺所提供的 API 內容可能會不定期更新，故本書中所設定的參數值及輸出結果可能略有不同，因此使用前請務必參照「R TDX 運輸資料介接指南」（https://chiajung-yeh.github.io/TDX_Guide/）網頁，並確保 TDX 套件已更新至最新版本，讀者可逕參考該網站上的參數設定。此外，以上網頁將定期維護，並更新各運具資料介接服務，期能使套件更加完整。

　　在使用本 TDX 套件前，必須先自運輸資料流通服務平臺（https://tdx.transport-data.tw/register）申請會員，若具有教育版信箱帳號者，可申請「學研單位」的會員，如圖 5.1.2 所示（畫面以 2022 年 6 月的網站為例），並依序輸入基本資料（身分、姓名、手機號碼等）。

　　經 TDX 平臺審查後，即會收到審核通過通知，登入會員後即獲取一組金鑰（Client Id & Client Secret），請查看 API 金鑰頁面（點選網頁右上角會員中心 >> 資料服務 >> API 金鑰），如圖 5.1.3 所示。

▲ 圖 5.1.2　運輸資料流通服務平臺會員申請頁面

▲ 圖 5.1.3　運輸資料流通服務平臺 API 服務頁面

　　接著點選綠色「編輯」鈕，以查看 Client Id 與 Client Secret，並保存之，如圖 5.1.4 所示。若欲申請其他 API 金鑰，可點選「新增 API 金鑰」即自動產生新的一組 API，惟每一會員最多僅能申請三個 API 金鑰。

▲ 圖 5.1.4　運輸資料流通服務平臺 API 之 Client Id 與 Client Secret

　　在本套件中乃利用存取權杖（Access Token，可以想成一個登入的序號）介接 API 服務，故每次下載資料時，皆必須輸入一組有效的存取權杖，可利用 TDX 套件中的 get_token() 函式獲取之。另請注意，存取權杖的效期為一天，故到期後該存取權杖將自動失效，必須重新使用 get_token() 函式取得新的一組序號。get_token() 函式的操作方法如下：

```
# 輸入 Client Id 與 Client Secret 兩參數
get_token(client_id="YOUR-ID", client_secret="YOUR-SECRET")
```

　　此一函式中必須設定兩個參數，即自運輸資料流通服務平臺申請所得到的「Client Id」與「Client Secret」，輸入完畢後即成功產生一組有效期限為一天的存取權杖，並在 R 軟體中顯示「*Connect Successfully! This token will expire in 1 day.*」，否則將顯示「*Your 'client_id' or 'client_secret' is WRONG!!*」。後續使用本套件的介接函式時，皆必須設定此序號。

5.2 軌道運輸資料

　　軌道運輸係指臺鐵、高鐵、捷運與輕軌、林業鐵路，其中捷運系統包含臺北捷運、桃園機場捷運、臺中捷運、高雄捷運，輕軌系統含括新北捷運（淡海輕軌）與高雄輕軌。此一運具的資料含括站點、路線站點、路線線型、班表等。後續的函式中皆須設定營運單位之參數（`operator=`），請參照 `TDX_Railway` 表格設定適當之參數值（請注意 `TDX_Railway` 可逕在 R 軟體中呼叫）。營運單位名稱與其相對應之代碼臚列如表 5.2-1 所示。

▼ 表 5.2-1　軌道營運單位名稱及代碼

軌道運輸營運單位	代碼
臺鐵	TRA
高鐵	THSR
臺北捷運	TRTC
高雄捷運	KRTC
桃園捷運	TYMC
新北捷運	NTDLRT
臺中捷運	TMRT
高雄輕軌	KLRT
阿里山林業鐵路	AFR

5.2.1　軌道站點資料

　　軌道站點資料的回傳結果為軌道運輸場站的站點屬性，欄位包括站點名稱、站點代碼、站點所在城市（縣市、鄉鎮）、經緯度等。該函式的撰寫架構如下：

```
Rail_Station(access_token, operator, dtype="text", out=FALSE)
```

各項參數的設定說明如表 5.2-2 所示。

▼ 表 5.2-2　軌道站點資料參數設定表

參數	必選填	功能	參數設定值
access_token=	必填參數	設定存取權杖	利用 get_token() 函式所得參數
operator=		營運單位代碼	請參照 TDX_Railway 表格
dtype=	選填參數	回傳資料型態	text：純文字形式，其資料型態屬 data.frame [預設值]
			sf：地理資料形式，其資料型態屬 sf
out=		匯出資料路徑	FALSE：不匯出資料至本機 [預設值]
			若回傳的資料型態為「text」：路徑必須含有 .csv 或 .txt
			若回傳的資料型態為「sf」：路徑必須含有 .shp

以下以回傳高鐵站點的純文字（text）資料為例，程式碼撰寫如下，分隔線下方為執行結果。

```
# 介接高鐵站點資料
THSR_station=Rail_Station(access_token, "THSR")
## #---THSR Station Downloaded---#
```

```
# 查看 THSR_station 前六筆資料
head(THSR_station)
##   StationName StationUID StationID LocationCity LocationTown LocationTownCode
## 1     南港    THSR-0990    0990       臺北市       南港區       63000090
## 2     台北    THSR-1000    1000       臺北市       中正區       63000050
## 3     板橋    THSR-1010    1010       新北市       板橋區       65000010
## 4     桃園    THSR-1020    1020       桃園市       中壢區       68000020
```

```
## 5        新竹   THSR-1030      1030      新竹縣        竹北市        10004010
## 6        苗栗   THSR-1035      1035      苗栗縣        後龍鎮        10005060
##         PositionLon           PositionLat
## 1   121.60706329345703   25.05318832397461
## 2   121.51698303222656   25.047670364379883
## 3   121.46459197998047   25.013870239257812
## 4   121.21472930908203   25.012861251831055
## 5    121.0402603149414   24.808441162109375
## 6   120.82527160644531   24.60544776916504
```

以上僅爲文字資料，其資料型態爲 `data.frame`，若欲轉換爲地理資料，則另
須建立一空間欄位（通常稱爲 Geometry），並將資料轉換爲 `sf` 之格式，詳細操作
方法詳見 3.2.2 小節。惟此套件提供更方便的介接地理資料方式，僅需在函式中設定
參數「`dtype="sf"`」即可。以下範例介接臺北捷運的站點地理資料，程式碼撰寫如
下，分隔線下方爲執行結果。

```
# 介接臺北捷運鐵站點地理資料
TRTC_station=Rail_Station(access_token, "TRTC", dtype="sf")
```
```
## #---TRTC Station Downloaded---#
```

```
# 查看 TRTC_station 前六筆資料
head(TRTC_station)
```
```
## Simple feature collection with 135 features and 8 fields
## Geometry type: POINT
## Dimension:     XY
## Bounding box: xmin:121.4118 ymin:24.95761 xmax:121.6169 ymax:25.16774
## Geodetic CRS:  WGS 84
## First 10 features:
## StationName StationUID StationID LocationCity LocationTown LocationTownCode
## 1     頂埔   TRTC-BL01    BL01      新北市        土城區        65000130
## 2     永寧   TRTC-BL02    BL02      新北市        土城區        65000130
## 3     土城   TRTC-BL03    BL03      新北市        土城區        65000130
```

```
## 4      海山    TRTC-BL04      BL04        新北市       土城區    65000130
## 5 亞東醫院  TRTC-BL05      BL05        新北市       板橋區    65000010
## 6      府中    TRTC-BL06      BL06        新北市       板橋區    65000010
##    PositionLon PositionLat                       Geometry
## 1    121.4205    24.96012 POINT (121.4205 24.96012)
## 2   121.43613    24.96682 POINT (121.4361 24.96682)
## 3   121.44432    24.97313 POINT (121.4443 24.97313)
## 4   121.44873   24.985305 POINT (121.4487 24.98531)
## 5  121.452465    24.99828 POINT (121.4525 24.99828)
## 6  121.459276   25.008465 POINT (121.4593 25.00847)
```

以上回傳結果為地理資料，其空間資料儲存於「Geometry」欄位中。另請注意本套件各函式所回傳的地理資料之座標參考系統皆為經緯度（EPSG:4326），若欲進行其他地理資料分析，建議可進一步利用 **st_transform()** 函式轉換為橫麥卡托二度分帶座標（EPSG:3826），詳細操作流程詳見 3.3.2 小節。

▌5.2.2　軌道路線站點資料

此回傳結果為軌道運輸場站「依路線」的站點屬性資料，與「軌道站點資料」不同的是，路線站點資料將依照各路線上的站序回傳站點屬性資料，惟此資料中並不包含經緯度欄位，故若需要地理相關資訊，請使用 5.2.1 小節所介紹的「軌道站點資料」函式。軌道路線站點資料回傳結果中的欄位包括路線代碼、路線名稱、站序、站點代碼與站點名稱。另請注意高鐵（THSR）並未提供此一類型之資料，而臺鐵（TRA）資料中另包含路線站點累積里程數。軌道路線站點資料的函式撰寫架構如下：

```
Rail_StationOfLine(access_token, operator, out=FALSE)
```

各項參數的設定說明如表 5.2-3 所示。

▼ 表 5.2-3　軌道路線站點資料參數設定表

參數	必選填	功能	參數設定值
access_token=	必填參數	設定存取權杖	利用 get_token() 函式所得參數
operator=		營運單位代碼	請參照 TDX_Railway 表格
out=	選填參數	匯出資料路徑	FALSE：不匯出資料至本機 [預設值] 若欲輸出此結果，路徑中必須含有 .csv 或 .txt

　　以下以回傳臺鐵路線站點資料為範例，程式碼撰寫如下，分隔線下方為執行結果。

```
# 回傳臺鐵路線站點資料，並匯出資料為.csv 檔案
TRA_stationofline=Rail_StationOfLine(access_token, "TRA")
```
```
## #---TRA Station of Line Downloaded---#
```

```
# 查看TRA_stationofline 前六筆資料
head(TRA_stationofline)
```
```
##   LineID LineName LineSectionName Sequence StationID StationName
## 1     CZ   成追線       成功-追分        1      3350        成功
## 2     CZ   成追線       成功-追分        2      2260        追分
## 3     EL   東部幹線      八堵-臺東       1      0920        八堵
## 4     EL   東部幹線      八堵-臺東       2      7390        暖暖
## 5     EL   東部幹線      八堵-臺東       3      7380        四腳亭
## 6     EL   東部幹線      八堵-臺東       4      7360        瑞芳
##   TraveledDistance
## 1              0
## 2            2.2
## 3              0
## 4            1.6
## 5            3.9
## 6            8.9
```

此回傳結果中，第一列為臺鐵成追線的第一站「成功」，由於其為端點站，故路線里程（TraveledDistance）為 0 公里；第二列則為成追線的第二站「追分」，其路線里程為 2.2 公里，其餘結果之判讀則以此類推。若欲了解每一路線站點的經緯度位置，可利用 5.2.1 小節的軌道站點函式的回傳結果，並藉 `left_join()` 函式以站點代碼（StationID）或站點名稱（StationName）予以合併。

5.2.3 軌道路線線型資料

此回傳結果為軌道路線的線型資料，其中欄位包括路線代碼、路線名稱，以及線型幾何資料（Geometry）。軌道路線線型資料的函式撰寫架構如下：

```
Rail_Shape(access_token, operator, dtype="text", out=FALSE)
```

各項參數的設定說明如表 5.2-4 所示。

▼ 表 5.2-4　軌道路線線型資料參數設定表

參數	必選填	功能	參數設定值
`access_token=`	必填參數	設定存取權杖	利用 `get_token()` 函式所得參數
`operator=`		營運單位代碼	請參照 TDX_Railway 表格
`dtype=`	選填參數	回傳資料型態	`text`：純文字形式，其資料型態屬 `data.frame` [**預設值**]
			`sf`：地理資料形式，其資料型態屬 `sf`
`out=`		匯出資料路徑	`FALSE`：不匯出資料至本機 [**預設值**]
			若回傳的資料型態為「`text`」：路徑必須含有 `.csv` 或 `.txt`
			若回傳的資料型態為「`sf`」：路徑必須含有 `.shp`

透過 `TDX` 套件可利用多個函式擷取需要的運輸資料，後續可再藉由 `ggplot2` 套件繪製地圖，以下以臺北捷運路網與站點圖為例，說明如何透過此二套件介接網路

上的運輸資料，並輸出地圖。程式碼撰寫如下，分隔線下方為執行結果，臺北捷運路網與站點地圖則如圖 5.2.1 所示。

```
# 介接臺北捷運路線資料
TRTC_railshape=Rail_Shape(access_token, "TRTC", dtype="sf")
```

```
## #---TRTC Shape Downloaded---#
```

```
## 查看 TRTC_railshape 資料
TRTC_railshape
```

```
## Simple feature collection with 6 features and 2 fields
## Geometry type: GEOMETRY
## Dimension:      XY
## Bounding box: xmin:121.4061 ymin:24.957 xmax:121.6219 ymax:25.1683
## Geodetic CRS:  WGS 84
##    LineID    LineName                          Geometry
## 1     BL       板南線 MULTILINESTRING ((121.418 2...
## 2     BR       文湖線 LINESTRING (121.5856 25.001...
## 3      G   松山新店線 MULTILINESTRING ((121.5373 ...
## 4      O   中和新蘆線 MULTILINESTRING ((121.5098 ...
## 5      R   淡水信義線 MULTILINESTRING ((121.4987 ...
## 6      Y       環狀線 LINESTRING (121.5413 24.982...
```

```
# 介接臺北捷運站點資料
TRTC_station=Rail_Station(access_token, "TRTC", dtype="sf")
```

```
## #---TRTC Station Downloaded---#
```

```
# 繪製臺北捷運路網與站點地圖
ggplot()+
   geom_sf(data=TRTC_railshape, aes(color=LineName))+
   scale_color_manual(values=c("淡水信義線"="#d90023", "板南線"="#0a59
ae", "松山新店線"="#107547", "中和新蘆線"="#f5a818", "文湖線"="#b57a25", "
環狀線"="#fedb00"))+
   geom_sf(data=TRTC_station)
```

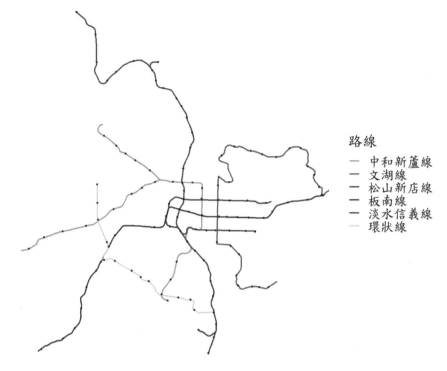

▲ 圖 5.2.1　臺北捷運路網與站點地圖

路線
— 中和新蘆線
— 文湖線
— 松山新店線
— 板南線
— 淡水信義線
— 環狀線

▌ **5.2.4　軌道班表資料**

　　班表資料包含兩種形式，一為「依班次記錄」，另一為「依站點記錄」。「依班次記錄」係指依照列車班次記錄各停靠站的抵達（Arrival）與離站（Departure）時間，而「依站點記錄」則是指依據站點記錄各個停靠該站之列車的抵達與離站時間。TDX 平臺中，臺鐵（TRA）提供兩種記錄方式之資料；高鐵（THSR）僅提供「依班次記錄」之資料；所有捷運與輕軌系統則僅提供「依站點記錄」資料。

　　班表資料回傳結果中，欄位包括車次代碼、方向（順逆行）、車種、起訖站、各星期營運與否、停靠站點代碼與名稱、到離站時間等，各軌道系統所擁有的欄位將會有些許差異。軌道班表資料的函式撰寫架構如下：

```
Rail_TimeTable(access_token, operator, record, out=FALSE)
```

各項參數的設定說明如表 5.2-5 所示。

▼ 表 5.2-5　軌道班表資料參數設定表

參數	必選填	功能	參數設定值
access_token=	必填參數	設定存取權杖	利用 get_token() 函式所得參數
operator=		營運單位代碼	請參照 TDX_Railway 表格
record=		班表記錄方式	general：依班次記錄
			station：依站點記錄
out=	選填參數	匯出資料路徑	FALSE：不匯出資料至本機 [預設值]
			若欲輸出此結果，路徑中必須含有 .csv 或 .txt

以下程式碼以臺鐵班次資料為例，並選擇回傳「班次記錄」，故需在函式中設定參數 record="general"。程式碼撰寫如下，分隔線下方為執行結果。

```
# 介接臺鐵班表資料
TRA_timetable=Rail_TimeTable(access_token, "TRA", record="general")

# 查看 TRA_timetable 前六筆資料
head(TRA_timetable)
```

```
##   TrainNo Direction TrainTypeID TrainTypeCode  TrainTypeName TripHeadSign
## 1       1         1           1          1111         4 莒光(有身障座位)  往臺北-環島
## 2       1         1           1          1111         4 莒光(有身障座位)  往臺北-環島
## 3       1         1           1          1111         4 莒光(有身障座位)  往臺北-環島
## 4       1         1           1          1111         4 莒光(有身障座位)  往臺北-環島
## 5       1         1           1          1111         4 莒光(有身障座位)  往臺北-環島
## 6       1         1           1          1111         4 莒光(有身障座位)  往臺北-環島

##   StartingStationID StartingStationName EndingStationID EndingStationName
## 1              1000                臺北            1001          臺北-環島
```

```
## 2              1000           臺北       1001       臺北-環島
## 3              1000           臺北       1001       臺北-環島
## 4              1000           臺北       1001       臺北-環島
## 5       `      1000           臺北       1001       臺北-環島
## 6              1000           臺北       1001       臺北-環島
##    TripLine Monday Tuesday Wednesday Thursday Friday Saturday Sunday
## 1         1      1       1         1        1      1        1      1
## 2         1      1       1         1        1      1        1      1
## 3         1      1       1         1        1      1        1      1
## 4         1      1       1         1        1      1        1      1
## 5         1      1       1         1        1      1        1      1
## 6         1      1       1         1        1      1        1      1
## NationalHolidays DayBeforeHoliday DayAfterHoliday StopSequence StationID
## 1                0                0               0            1      1000
## 2                0                0               0            2      1020
## 3                0                0               0            3      1080
## 4                0                0               0            4      1210
## 5                0                0               0            5      3300
## 6                0                0               0            6      3360
##    StationName ArrivalTime DepartureTime
## 1         臺北       06:10         06:10
## 2         板橋       06:18         06:20
## 3         桃園       06:40         06:42
## 4         新竹       07:18         07:20
## 5         臺中       08:23         08:25
## 6         彰化       08:40         08:42
```

　　以上回傳結果中係呈現臺鐵班表的前六筆資料，而前六筆資料的列車班次皆同，皆為 1 次莒光號列車環島班次，該列車依序停靠臺北、板橋、桃園、新竹、臺中、彰化等，到達與離開各站時間則記錄於表中的最末二欄（ArrivalTime、Departure-Time），如列車抵達彰化的表定時間為 08:40，表定離站時間則為 08:42。

　　再以高雄捷運班次為例，其為「依站點記錄」，故需在函式中設定參數

record="station"。程式碼撰寫如下，分隔線下方爲執行結果。

```
# 介接高雄捷運班表資料
KRTC_timetable=Rail_TimeTable(access_token, "KRTC", record="station")

# 查看KRTC_timetable 前六筆資料
head(KRTC_timetable)
```

##	RouteID	LineID	StationID	StationName	Direction	DestinationStaionID
## 1	O	O	O1	西子灣	0	OT1
## 2	O	O	O1	西子灣	0	OT1
## 3	O	O	O1	西子灣	0	OT1
## 4	O	O	O1	西子灣	0	OT1
## 5	O	O	O1	西子灣	0	OT1
## 6	O	O	O1	西子灣	0	OT1

##	DestinationStationName	Sequence	ArrivalTime	DepartureTime
## 1	大寮	1	06:00	06:00
## 2	大寮	2	06:10	06:10
## 3	大寮	3	06:20	06:20
## 4	大寮	4	06:30	06:30
## 5	大寮	5	06:40	06:40
## 6	大寮	6	06:50	06:50

　　上述回傳結果中顯示，高雄捷運 O 線（橘線）在西子灣站最早於 06:00 有一班車進站，該列車的終點站爲大寮，而後續班次分別於 06:10、06:20、06:30、06:40、06:50 到站。此種記錄方式即爲「依站點記錄」，係以軌道運輸系統各站點爲對象，記錄各列車到達該站的時間點。

5.3 公車運輸資料

公車係包含公路客運（一般公路客運、國道公路客運）與市區客運，在公車相關資料介接的函式中皆須設定縣市之參數（county=），請參照 TDX_County 表格設定合適的參數值，縣市名稱與其相對應之代碼臚列如表 5.3-1。另請注意，若欲回傳公路客運之資料，county= 之參數請設定為「Intercity」。

▼ 表 5.3-1　縣市名稱與代碼對照表

縣市名稱	縣市代碼	縣市名稱	縣市代碼
臺北市	Taipei	雲林縣	YunlinCounty
新北市	NewTaipei	嘉義縣	ChiayiCounty
桃園市	Taoyuan	嘉義市	Chiayi
臺中市	Taichung	屏東縣	PingtungCounty
臺南市	Tainan	宜蘭縣	YilanCounty
高雄市	Kaohsiung	花蓮縣	HualienCounty
基隆市	Keelung	臺東縣	TaitungCounty
新竹市	Hsinchu	金門縣	KinmenCounty
新竹縣	HsinchuCounty	澎湖縣	PenghuCounty
苗栗縣	MiaoliCounty	連江縣	LienchiangCounty
彰化縣	ChanghuaCounty	公路客運	Intercity
南投縣	NantouCounty		

5.3.1 公車路線站點資料

此函式回傳結果為公車路線站點的屬性資料，欄位包括（子）路線名稱、（子）

路線代碼、方向、站點名稱、站點代碼、站序、經緯度等。關於路線（RouteUID、SubRouteUID）、站點（StopUID、StationID）之定義請詳見「公共運輸車站站點編碼作業規範 [6]」與「公車 API 靜態資料使用注意事項 [7]」。公車路線站點資料的函式撰寫架構如下：

```
Bus_StopOfRoute(access_token, county, dtype="text", out=FALSE)
```

各項參數的設定說明如表 5.3-2 所示。

▼ 表 5.3-2　公車路線站點資料參數設定表

參數	必選填	功能	參數設定值
access_token=	必填參數	設定存取權杖	利用 get_token() 函式所得參數
county=		縣市代碼	請參照 TDX_County 表格，若為公路客運，請填入 Intercity
dtype=	選填參數	回傳資料型態	text：純文字形式，其資料型態屬 data.frame [預設值]
			sf：地理資料形式，其資料型態屬 sf
out=		匯出資料路徑	FALSE：不匯出資料至本機 [預設值]
			若回傳的資料型態為「text」：路徑必須含有 .csv 或 .txt
			若回傳的資料型態為「sf」：路徑必須含有 .shp

　　以下範例中以介接新竹市市區公車路線站點之地理資料為例，並匯出該資料至本機的資料夾中，故函式中必須設定參數 dtype="sf"，且須設定匯出路徑與檔案名稱。程式碼撰寫如下，分隔線下方為執行結果。

---

[6]　公共運輸車站站點編碼作業規範
　　https://www.motc.gov.tw/uploaddowndoc?file=technology/202002111000451.pdf&filedisplay=202002111000451.pdf&flag=doc

[7]　公車 API 靜態資料使用注意事項
　　https://ptxmotc.gitbooks.io/ptx-api-documentation/content/api-zi-liao-shi-yong-zhu-yi-shi-xiang/bus.html

```
# 介接新竹市公車路線站點資料，並匯出地理資料
Hsinchu_bus_station=Bus_StopOfRoute(access_token, "Hsinchu",
                    dtype="sf", out="./Hsinchu_bus_station.shp")
```

```
## 54 Routes
## #---Hsinchu Stop of Route Downloaded---#
```

```
# 查看 Hsinchu_bus_station 前六筆資料
head(Hsinchu_bus_station)
```

```
## Simple feature collection with 6 features and 12 fields
## Geometry type: POINT
## Dimension:     XY
## Bounding box: xmin:120.9797 ymin:24.77739 xmax:120.987 ymax:24.77991
## Geodetic CRS:  WGS 84
##   RouteUID RouteName SubRouteUID SubRouteName Direction  StopUID StopID
## 1  HSZ0007        81   HSZ000701           81         0 HSZ303809 303809
## 2  HSZ0007        81   HSZ000701           81         0 HSZ303810 303810
## 3  HSZ0007        81   HSZ000701           81         0 HSZ303811 303811
## 4  HSZ0007        81   HSZ000701           81         0 HSZ303812 303812
## 5  HSZ0007        81   HSZ000701           81         0 HSZ303813 303813
## 6  HSZ0007        81   HSZ000701           81         0 HSZ303814 303814
##   StopName StationID StopSequence PositionLat PositionLon
## 1   古奇峰    132232            1   24.778906  120.979719
## 2 青峰路口    132233            2   24.779638  120.981327
## 3   土雞城    132234            3    24.77859  120.982063
## 4     高峰    132235            4    24.77739  120.983048
## 5 竹泰社區    132236            5   24.778716  120.985496
## 6     高翠    132237            6   24.779911  120.986951
##                 Geometry
## 1 POINT (120.9797 24.77891)
## 2 POINT (120.9813 24.77964)
## 3 POINT (120.9821 24.77859)
## 4 POINT  (120.983 24.77739)
```

```
## 5 POINT (120.9855 24.77872)
## 6 POINT  (120.987 24.77991)
```

`Hsinchu_bus_station` 為新竹市區公車站點之地理資料，函式中乃利用參數 `out=` 標註資料匯出之路徑。在此請務必注意，由於 `Hsinchu_bus_station` 的資料型態為 `sf` 格式（完整地理資料），故匯出時的路徑必須含有「`.shp`」。請觀察與程式碼同一層之資料夾，函式執行完成後將會出現 Shapefile 格式的檔案，資料輸出結果如圖 5.3.1 所示，其中包含「.cpg」、「.dbf」、「.prj」、「.shp」與「.shx」五個檔案，各檔案在地理資訊系統中的功能請參見 1.3 章節關於 Shapefile 之說明，其中「.cpg」乃用以記錄文字編碼（UTF-8）的格式，避免發生中文亂碼，詳情請見 3.4.1 小節。而此地理資料未來可逕轉傳或進行其他應用（如：載入至其他地理資訊系統或運輸規劃軟體進行分析）。

▲ 圖 5.3.1　`Hsinchu_bus_station` 資料輸出結果檔案

▎5.3.2　公車路線資料

此函式回傳結果為公車路線的屬性資料欄位包括（子）路線名稱、（子）路線代碼、方向、公車路線類別、起訖站牌等。其中公車方向係指公車的去返程方向與迴圈（環狀線）；公車路線類別則包含市區公車、一般公路客運、國道客運與接駁車。
公車方向與路線類別代碼整理如表 5.3-3 所示。

▼ 表 5.3-3　公車方向與路線類別代碼彙整表

公車路線代碼	公車方向	公車路線類別代碼	公車路線類別
0	去程	11	市區公車
1	返程	12	一般公路客運
2	迴圈（環狀線）	13	國道客運
255	未知	14	接駁車

公車路線站點資料的函式撰寫架構如下：

```
Bus_Route(access_token, county, out=FALSE)
```

各項參數的設定說明如表 5.3-4 所示。

▼ 表 5.3-4　公車班表資料參數設定表

參數	必選填	功能	參數設定值
access_token=	必填參數	設定存取權杖	利用 get_token() 函式所得參數
county=	必填參數	營運單位代碼	請參照 TDX_County 表格，若為公路客運，請填入 Intercity
out=	選填參數	匯出資料路徑	FALSE：不匯出資料至本機 [預設值] 若欲輸出此結果，路徑中必須含有 .csv 或 .txt

在 5.3.1 小節中所介紹的公車站牌資料僅羅列路線與站點等資訊，缺少公車路線
類別欄位，故在介接公路客運（Intercity）時，無法判斷其屬於一般公路客運抑或國
道客運。公路客運依「是否以國道為主要行經道路」可細分為「一般公路客運」與「國
道客運」，而兩者皆由交通部公路總局監理。兩類型之路線由於皆為公路總局管理，
故其路線代碼為「THB」，惟僅透過代碼無法分辨「一般公路客運」與「國道客運」，

必須進一步透過 Bus_Route() 函式擷取各路線所對應的客運類別（BusRouteType），
尚能篩選之。在未來實務分析中將可應用此函式，依據客運類別篩選所需的路線與
站點資料。

以下係以介接一般公路客運的路線爲例，程式碼撰寫如下，分隔線下方爲執行
結果。

```
# 介接公路客運路線資料
bus_route_intercity=Bus_Route(access_token, "Intercity")
```

```
## Joining, by = "id"
## Joining, by = "id"
```

```
# 查看 bus_route_intercity 前六筆資料
head(bus_route_intercity)
```

##	RouteUID	RouteID	RouteName	BusRouteType	DepartureStopNameZh
## 1	THB0701	0701	0701	12	臺西
## 2	THB0701	0701	0701	12	臺西
## 3	THB0968	0968	0968	13	大竹消防隊
## 4	THB0968	0968	0968	13	大竹消防隊
## 5	THB0968	0968	0968	13	大竹消防隊
## 6	THB0968	0968	0968	13	大竹消防隊

##	DestinationStopNameZh	SubRouteUID	SubRouteID	SubRouteName	Direction
## 1	高鐵雲林站	THB070101	070101	07010	0
## 2	高鐵雲林站	THB070102	070102	07010	1
## 3	庫倫街口	THB096801	096801	09680	0
## 4	庫倫街口	THB096802	096802	09680	1
## 5	庫倫街口	THB0968A1	0968A1	0968A	0
## 6	庫倫街口	THB0968A2	0968A2	0968A	1

由以上回傳結果顯示所有一般公路客運的路線詳細資訊，以第一筆資料爲例，
其表示路線代碼爲「THB0701」者，路線名稱爲「0701」，且爲由臺西至高鐵雲林
站的去程公車（方向代碼爲0）。而另須注意的是，其一欄位爲「BusRouteType」，

若顯示 12 表示一般公路客運；若為 13 則表示國道客運，後續在分析中可透過此一客運類別代碼進行篩選。

▍5.3.3　公車路線線型資料

此函式回傳結果為公車路線的屬性與空間資料，欄位包括（子）路線名稱、（子）路線代碼、方向、空間資料等。函式之撰寫架構如下：

```
Bus_StopOfRoute(access_token, county, dtype="text", out=FALSE)
```

各項參數的設定說明如表 5.3-5 所示。

▼ 表 5.3-5　公車路線線型資料參數設定表

參數	必選填	功能	參數設定值
access_token=	必填參數	設定存取權杖	利用 get_token() 函式所得參數
county=		縣市代碼	請參照 TDX_County 表格，若為公路客運，請填入 Intercity
dtype=	選填參數	回傳資料型態	text：純文字形式，其資料型態屬 data. frame [預設值]
			sf：地理資料形式，其資料型態屬 sf
out=		匯出資料路徑	FALSE：不匯出資料至本機 [預設值]
			若回傳的資料型態為「text」：路徑必須含有 .csv 或 .txt
			若回傳的資料型態為「sf」：路徑必須含有 .shp

以下係以介接新竹市市區公車路線之地理資料為例，程式碼撰寫如下，分隔線下方為執行結果，另外合併 5.3.1 小節的新竹市公車路線站點資料（Hsinchu_bus_station）後，繪製新竹市公車地圖如圖 5.3.2 所示。

```
# 介接新竹市市區公車路線資料
Hsinchu_bus_shape=Bus_Shape(access_token, "Hsinchu", dtype="sf")
```

```
## Joining, by = "id"
## Joining, by = "id"
## [1] "#---Hsinchu Bus Route Downloaded---#"
```

```
# 查看 Hsinchu_bus_station 前六筆資料
head(Hsinchu_bus_shape)
```

```
## Simple feature collection with 6 features and 5 fields
## Geometry type: LINESTRING
## Dimension:     XY
## Bounding box: xmin:120.958 ymin:24.77554 xmax:121.0217 ymax:24.80223
## Geodetic CRS:  WGS 84
##   RouteUID RouteName SubRouteUID SubRouteName Direction
## 1 HSZ0007        81   HSZ000701           81         0
## 2 HSZ0007        81   HSZ000702           81         1
## 3 HSZ0008        83   HSZ000801           83         0
## 4 HSZ0008        83   HSZ000802           83         1
## 5 HSZ0008        83   HSZ0008A1         83支         0
## 6 HSZ0008        83   HSZ0008A2         83支         1
##                          Geometry
## 1 LINESTRING (120.9797 24.778...
## 2 LINESTRING (121.0212 24.788...
## 3 LINESTRING (120.958 24.7942...
## 4 LINESTRING (120.9964 24.795...
## 5 LINESTRING (120.958 24.7942...
## 6 LINESTRING (120.9966 24.796...
```

```
# 繪製新竹市公車地圖
ggplot()+
  geom_sf(data=Hsinchu_bus_station, aes(color=RouteName))+
  scale_color_discrete(name="新竹市市區公車路線")+
  geom_sf(data=Hsinchu_bus_shape, aes(color=RouteName))
```

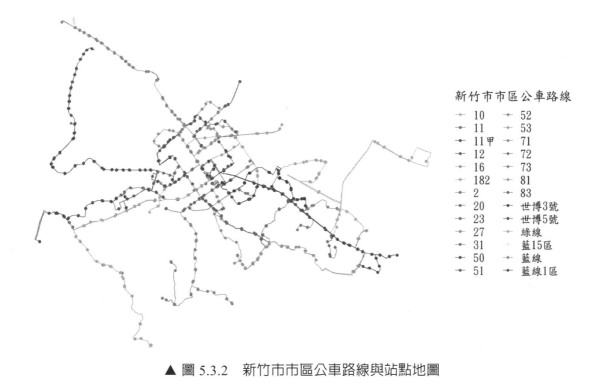

新竹市市區公車路線

→ 10	→ 52
→ 11	→ 53
→ 11甲	→ 71
→ 12	→ 72
→ 16	→ 73
→ 182	→ 81
→ 2	→ 83
→ 20	→ 世博3號
→ 23	→ 世博5號
→ 27	→ 綠線
→ 31	→ 藍15區
→ 50	→ 藍線
→ 51	→ 藍線1區

▲ 圖 5.3.2　新竹市市區公車路線與站點地圖

　　圖 5.3.2 之路網與站點地圖中乃依據路線給予不同顏色，請參照 2.5 章節之程式碼繪製類別型地圖。

▌ 5.3.4　公車班表資料

　　在 TDX 平臺中，公車班表的記錄方式有兩種，一為「時刻表格式」，另一為發車「班距格式」。時刻表格式係指依據各路線的發車時間記錄班次，故有確切的時間點資料，而回傳結果之欄位含括（子）路線名稱、（子）路線代碼、方向、站點名稱、各星期是否營運、始發站代碼與站名、始發站發車時間。班距格式的回傳結果雷同，然未有確切的發車時間點，僅包含各時段發車的班距資料，如「07:00 至 09:00 每 5 分鐘一班公車」。時刻表格式為大部分公車資料的記錄方式，惟部分縣市因某些時段為彈性發車，故採班距與時刻表格式混合使用，尤以臺北市的公車班表資料記錄方式較為複雜。在本函式中遂將時刻表與班距格式合併處理，使用者無需再撰寫額外程式碼進行分類。介接公車班表資料的函式撰寫架構如下：

```
Bus_Schedule(access_token, county, out=FALSE)
```

各項參數的設定說明如表 5.3-6 所示，而此一函式所得結果臚列如表 5.3-7。

▼ 表 5.3-6　公車班表資料參數設定表

參數	必選填	功能	參數設定值
access_token=	必填參數	設定存取權杖	利用 get_token() 函式所得參數
county=		營運單位代碼	請參照 TDX_County 表格，若為公路客運，請填入 Intercity
out=	選填參數	匯出資料路徑	FALSE：不匯出資料至本機 [預設值]
			若欲輸出此結果，路徑中必須含有 .csv 或 .txt

▼ 表 5.3-7　**Bus_Schedule()** 函式回傳欄位說明

欄位名稱	意義	說明
TripID	班表順序	班表順序是依據發車時間順序排列 [**應用於時刻表格式**]
Sunday	星期日是否營運	星期日若有營運，記錄為 1，否則為 0（其他亦同）
Date	特殊營運日期	如：特殊節日日期 [**應用於時刻表格式**]
ServiceStatus	特殊營運日期營運狀態	營運狀態包含：停駛或照常營運 [**應用於時刻表格式**]
ArrivalTime	公車抵達時間	[**應用於時刻表格式**]
DepartureTime	公車出發時間	[**應用於時刻表格式**]
StartTime	班距記錄起始時間	[**應用於班距格式**]
EndTime	班距記錄結束時間	[**應用於班距格式**]
MinHeadwayMins	最短班距	[**應用於班距格式**]
MaxHeadwayMins	最長班距	[**應用於班距格式**]

　　以下以介接新竹市市區公車班表為例，程式碼撰寫如下，分隔線下方為執行結果。

```
# 介接新竹市市區公車班表資料
Hsinchu_bus_schedule=Bus_Schedule(access_token, "Hsinchu")
```

```
#---Timetables Downloading---#
54 Routes
Attribute 'Sunday' is parsed
Attribute 'Monday' is parsed
Attribute 'Tuesday' is parsed
Attribute 'Wednesday' is parsed
Attribute 'Thursday' is parsed
Attribute 'Friday' is parsed
Attribute 'Saturday' is parsed
Attribute 'Dates' is parsed
Attribute 'ServiceStatus' is parsed
Attribute 'StopSequence' is parsed
Attribute 'StopUID' is parsed
Attribute 'StopName' is parsed
Attribute 'ArrivalTime' is parsed
Attribute 'DepartureTime' is parsed
#---Hsinchu Bus Schedule Downloaded---#
```

```
# 查看 Hsinchu_bus_schedule 前六筆資料
head(Hsinchu_bus_schedule)
```

##	RouteUID	RouteName	SubRouteUID	SubRouteName	Direction	TripID	Sunday	Monday
## 1	HSZ0007	81	HSZ000701	81	0	1	1	1
## 2	HSZ0007	81	HSZ000701	81	0	2	1	1
## 3	HSZ0007	81	HSZ000701	81	0	3	1	1
## 4	HSZ0007	81	HSZ000701	81	0	4	1	1
## 5	HSZ0007	81	HSZ000701	81	0	5	1	1
## 6	HSZ0007	81	HSZ000701	81	0	6	1	1

##	Tuesday	Wednesday	Thursday	Friday	Saturday	Dates	ServiceStatus	StopSequence
## 1	1	1	1	1	1	<NA>	<NA>	1
## 2	1	1	1	1	1	<NA>	<NA>	1

```
## 3       1         1         1         1         1   <NA>          <NA>             1
## 4       1         1         1         1         1   <NA>          <NA>             1
## 5       1         1         1         1         1   <NA>          <NA>             1
## 6       1         1         1         1         1   <NA>          <NA>             1
##       StopUID StopName ArrivalTime DepartureTime
## 1 HSZ303809   古奇峰       06:00         06:00
## 2 HSZ303809   古奇峰       06:25         06:25
## 3 HSZ303809   古奇峰       07:00         07:00
## 4 HSZ303809   古奇峰       07:40         07:40
## 5 HSZ303809   古奇峰       08:40         08:40
## 6 HSZ303809   古奇峰       09:10         09:10
```

自行車運輸資料

自行車運輸資料包含公共自行車站點與自行車路網，擷取兩資料皆須設定縣市之參數（`county=`），請參照 `TDX_County` 表格。公共自行車站點資料的業管機關多為各級縣市政府的交通局（處），少部分地方政府係分別由觀光處（金門縣）、城鄉發展處（屏東縣）、工務處（苗栗縣）管轄。自行車路網乃線型資料，所蒐集的路網為經過數化的資料，並不代表該縣市僅有資料中的自行車路網，故使用或分析時必須特別注意，而自行車路網之蒐集目前以臺北市的資料最為完整。

■ 5.4.1 公共自行車站點資料

此函式的回傳結果包含站點代碼、站點名稱、經緯度、站點車樁數等。大部分縣市的公共自行車皆為 YouBike 系統，並可細分為 YouBike 1.0 與 YouBike 2.0，故若為 YouBike 系統之縣市，另外記錄一欄位為「服務類型」（ServiceType），其中標記為 YouBike1 者，即表示 YouBike 1.0；反之標記為 YouBike2 者，即表示 You-Bike 2.0。公共自行車站點資料介接之函式撰寫架構如下：

```
Bike_Station(access_token, county, dtype="text", out=FALSE)
```

各項參數的設定說明如表 5.4-1 所示。

▼ 表 5.4-1　公共自行車站點資料參數設定表

參數	必選填	功能	參數設定值
access_token=	必填參數	設定存取權杖	利用 get_token() 函式所得參數
county=		縣市代碼	請參照 TDX_County 表格，並確保所輸入的縣市具有公共自行車系統
dtype=	選填參數	回傳資料型態	text：純文字形式，其資料型態屬 data.frame [**預設值**]
			sf：地理資料形式，其資料型態屬 sf
out=		匯出資料路徑	FALSE：不匯出資料至本機 [**預設值**]
			若回傳的資料型態為「text」：路徑必須含有 .csv 或 .txt
			若回傳的資料型態為「sf」：路徑必須含有 .shp

　　以下以介接臺北市 YouBike 公共自行車點為例，程式碼撰寫如下，分隔線下方為執行結果。YouBike 站點分布結果如圖 5.4.1 所示，其中綠色區塊為 YouBike 1.0 站點，黃色區塊為 YouBike 2.0 站點。

```
# 介接臺北市公共自行車站點
Taipei_bike_station=Bike_Station(access_token, "Taipei", dtype="sf")

# 查看 Taipei_bike_station 前六筆資料
head(Taipei_bike_station)
```
```
## Simple feature collection with 6 features and 6 fields
## Geometry type: POINT
## Dimension:      XY
## Bounding box: xmin:121.5574 ymin:25.0330 xmax:121.5687 ymax:25.04125
## Geodetic CRS:  WGS 84
##    StationUID                    StationName  PositionLon   PositionLat
## 1    TPE0001    YouBike1.0_捷運市政府站(3號出口)   121.56790     25.040857
## 2    TPE0002 YouBike1.0_捷運國父紀念館站(2號出口)   121.5574     25.041254
## 3    TPE0004              YouBike1.0_市民廣場   121.56232     25.036036
```

```
## 4    TPE0005              YouBike1.0_興雅國中  121.56866   25.036563
## 5    TPE0006           YouBike1.0_臺北南山廣場  121.56597   25.034047
## 6    TPE0007    YouBike1.0_信義廣場(台北 101)  121.565619  25.033038
##   BikesCapacity ServiceType              Geometry
## 1            88   YouBike1 POINT (121.5679 25.04086)
## 2            16   YouBike1 POINT (121.5574 25.04125)
## 3            32   YouBike1 POINT (121.5623 25.03604)
## 4            32   YouBike1 POINT (121.5687 25.03656)
## 5            54   YouBike1 POINT (121.566 25.03405)
## 6            80   YouBike1 POINT (121.5656 25.03304)
```

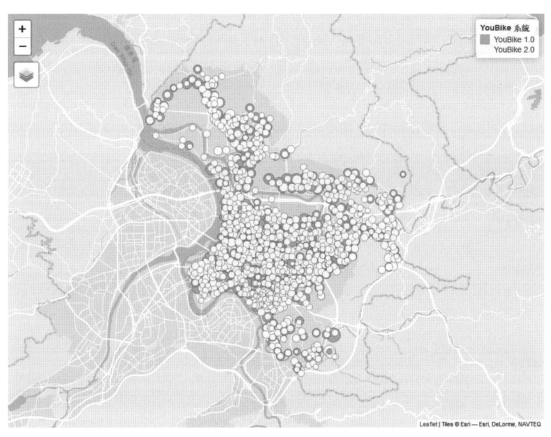

▲ 圖 5.4.1　YouBike 線上地圖

圖 5.4.1 係透過 `tmap` 套件所繪製，其中圓點愈大者表示其公共自行車車樁數愈多，詳細繪圖操作方法請參見 2.9.1 小節。

▌ 5.4.2　自行車線型資料

回傳結果包含路線名稱、路線起迄路口、路線長度、空間資料（線）等。惟須注意的是，部分自行車路段並未記錄路線起迄路口，抑或該路段兩端點非路口，此情況下該二欄位將顯示 `<NA>`（儲存格空白）。自行車線型資料之介接函式撰寫架構如下：

```
Bike_Shape(access_token, county, dtype="text", out=FALSE)
```

各項參數的設定說明如表 5.4-2 所示。

▲ 表 5.4-2　自行車線型資料參數設定表

參數	必選填	功能	參數設定值
`access_token`	必填參數	設定存取權杖	利用 `get_token()` 函式所得參數
`county=`	必填參數	縣市代碼	請參照 `TDX_County` 表格
`dtype=`	選填參數	回傳資料型態	`text`：純文字形式，其資料型態屬 `data.frame` [預設值]
`dtype=`	選填參數	回傳資料型態	`sf`：地理資料形式，其資料型態屬 `sf`
`out=`	選填參數	匯出資料路徑	`FALSE`：不匯出資料至本機 [預設值]
`out=`	選填參數	匯出資料路徑	若回傳的資料型態為「`text`」：路徑必須含有 `.csv` 或 `.txt`
`out=`	選填參數	匯出資料路徑	若回傳的資料型態為「`sf`」：路徑必須含有 `.shp`

以下以臺北市自行車線型資料介接爲例，程式碼撰寫如下，分隔線下方爲執行結果，自行車路網如圖 5.4.2 之地圖所示。

```
# 介接臺北市自行車路網
Taipei_bike_shape=Bike_Shape(access_token, "Taipei", dtype="sf")
```

```
## Joining, by = "id"
## Joining, by = "id"
```

```
# 查看 Taipei_bike_shape 前六筆資料
head(Taipei_bike_shape)
```

```
## Simple feature collection with 6 features and 5 fields
## Geometry type: MULTILINESTRING
## Dimension:     XY
## Bounding box: xmin:121.5076 ymin:25.02738 xmax:121.5639 ymax:25.06272
## Geodetic CRS:  WGS 84
##     RouteName   City RoadSectionStart    RoadSectionEnd CyclingLength
## 1 三元街(東北側1) 臺北市   和平西路2段98巷          寧波西街           138
## 2 三元街(東北側2) 臺北市  和平西路二段104巷  和平西路二段98巷           267
## 3   三元街(西南側) 臺北市            <NA>             <NA>           640
## 4 三元街(西南側1) 臺北市          泉州街          寧波西街           750
## 5 三元街(西南側2) 臺北市      泉州街 和平西路二段104巷           640
## 6    三民路 (東側) 臺北市        民權東路          健康路           960
##                      Geometry
## 1 MULTILINESTRING ((121.5099 ...
## 2 MULTILINESTRING ((121.5078 ...
## 3 MULTILINESTRING ((121.5089 ...
## 4 MULTILINESTRING ((121.5113 ...
## 5 MULTILINESTRING ((121.5076 ...
## 6 MULTILINESTRING ((121.5632 ...
```

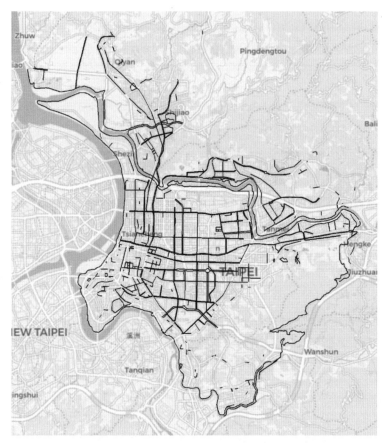

▲ 圖 5.4.2　臺北市自行車線型地圖

除軌道運輸（5.2）、公車（5.3）、自行車（5.4）之運具資料外，TDX 平臺亦提供諸多實用的資料介接 API，包含航空班表、觀光景點點位、道路路網線型、地理編碼服務等，未來將依實務需求，持續開發具實用性的函式，請務必參照「R TDX 運輸資料介接指南」（https://chiajung-yeh.github.io/TDX_Guide/）一網站，其中將定期更新套件內容與功能，請讀者確保 TDX 套件更新至最新版本。

5.5.1 航空班表資料

回傳結果包含航空公司代碼、班次號碼、起降機場代碼、出發與到達時間、各星期營運與否等資料。本函式中可提供國內與國際航線之班表資料，僅須設定 domestic= 之參數即可。程式撰寫架構如下：

```
Air_Schedule(access_token, domestic=TRUE, out=FALSE)
```

各項參數的設定說明如表 5.5-1 所示。

▼ 表 5.5-1　航空班表資料參數設定表

參數	必選填	功能	參數設定值
access_token=	必填參數	設定存取權杖	利用 get_token() 函式所得參數
domestic=	選填參數	國內／國際航線	TRUE：回傳國內航空班表 [預設值]
			FALSE：回傳國際航空班表
out=		匯出資料路徑	FALSE：不匯出資料至本機 [預設值]
			若欲輸出此結果，路徑中必須含有 .csv 或 .txt

以下以回傳國內航空班表資料爲例，程式碼撰寫如下，分隔線下方爲執行結果。

```
# 介接國內航空班表
air_schedule_domestic=Air_Schedule(access_token, domestic=TRUE)
```

```
## [1] "Success: (200) OK"
```

```
# 查看 air_schedule_domestic 前六筆資料
head(air_schedule_domestic)
```

```
##   AirlineID ScheduleStartDate ScheduleEndDate FlightNumber DepartureAirportID
## 1        AE        2022-02-26      2022-02-28       AE1263                TSA
## 2        AE        2022-02-26      2022-02-28       AE1264                KNH
## 3        AE        2022-02-25      2022-02-25       AE1265
## 4        AE        2022-02-28      2022-02-28       AE1265                TSA
## 5        AE        2022-02-25      2022-02-25       AE1266                KNH
## 6        AE        2022-02-28      2022-02-28       AE1266                KNH

## DepartureTime ArrivalAirportID ArrivalTime Monday Tuesday Wednesday Thursday
## 1        11:40              KNH       12:40   true   false     false    false
## 2        13:40              TSA       14:40   true   false     false    false
## 3        13:00              KNH       14:00  false   false     false    false
## 4        12:30              KNH       13:30   true   false     false    false
## 5        19:10              TSA       20:10  false   false     false    false
## 6        18:20              TSA       19:20   true   false     false    false

##    Friday Saturday Sunday
## 1   false     true  false
## 2   false     true  false
## 3    true    false  false
## 4   false    false  false
## 5    true    false  false
## 6   false    false  false
```

回傳資料中顯示國內航線各班次的出發機場、出發時間、著陸機場、到達時間等資訊，而星期（如 Monday、Tuesday……）則是記錄 true 或 false，以表達班次是否在該星期營運。

5.5.2　觀光點位資料

　　觀光點位包含景點、餐廳、旅館，回傳結果包含各興趣點代碼與名稱、地址、經緯度、營業時間等詳細資訊。須注意的是 TDX 平臺上的觀光點位資料更新周期較長，可能有些點位已停業或撤銷，卻仍出現在資料中，且部分縣市政府並未完整調查與整理，故請斟酌使用之。觀光景點點位介接之函式撰寫架構如下：

```
Tourism(access_token, "NewTaipei", dtype="text", out=FALSE)
```

　　各項參數的設定說明如表 5.5-2 所示。

▼ 表 5.5-2　觀光景點點位資料參數設定表

參數	必選填	功能	參數設定值
access_token=	必填參數	設定存取權杖	利用 get_token() 函式所得參數
county=		縣市代碼	請參照 TDX_County 表格，若欲回傳全臺資料，請填入 ALL
poi=		興趣點類型	含括 Scenicspot、Restaurant、Hotel
dtype=	選填參數	回傳資料型態	text：純文字形式，其資料型態屬 data.frame [預設值]
			sf：地理資料形式，其資料型態屬 sf
out=		匯出資料路徑	FALSE：不匯出資料至本機 [預設值]
			若回傳的資料型態為「text」：路徑必須含有 .csv 或 .txt
			若回傳的資料型態為「sf」：路徑必須含有 .shp

　　以下以花蓮縣觀光景點之地理資料介接為例，程式碼撰寫如下，分隔線下方為執行結果。

```
# 介接花蓮縣觀光景點
Hualien_scenicspot=Tourism(access_token, county="HualienCounty",
                           poi="ScenicSpot", dtype="sf")
```

```
## Attribute 'ScenicSpotID' is parsed
## Attribute 'ScenicSpotName' is parsed
## Attribute 'City' is parsed
## Attribute 'Address' is parsed
## Attribute 'Phone' is parsed
## Attribute 'OpenTime' is parsed
## Attribute 'DescriptionDetail' is parsed
## Attribute 'PositionLon' is parsed
## Attribute 'PositionLat' is parsed
```

```
# 查看 Hualien_scenicspot 前六筆資料
head(Hualien_scenicspot[, c("ScenicSpotID","ScenicSpotName","City",
                       "Phone","ScenicSpotID","PositionLon")])
```

```
## Simple feature collection with 6 features and 6 fields
## Geometry type: POINT
## Dimension:     XY
## Bounding box: xmin:121.4012 ymin:23.4514 xmax:121.6024 ymax:23.9045
## Geodetic CRS:  WGS 84
##          ScenicSpotID    ScenicSpotName    City       Phone
## 1 C1_315080500H_000007   水璉、牛山海岸  花蓮縣 886-3-8601400
## 2 C1_315080500H_000012           石梯坪  花蓮縣 886-3-8781452
## 3 C1_315080500H_000014           長虹橋  花蓮縣 886-3-8671326
## 4 C1_315080500H_000015         北回歸線  花蓮縣 886-3-8671326
## 5 C1_315080500H_000207       花蓮遊客中心 花蓮縣 886-3-8671326
## 6 C1_315080500H_000209 秀姑巒溪遊客中心 花蓮縣 886-3-8875400
##          ScenicSpotID.1        PositionLon                Geometry
## 1 C1_315080500H_000007 121.56939697265625 POINT (121.5694 23.76344)
## 2 C1_315080500H_000012 121.51172637939453 POINT (121.5117 23.48525)
## 3 C1_315080500H_000014  121.4890365600586 POINT (121.489 23.46845)
```

```
## 4 C1_315080500H_000015 121.49617004394531 POINT (121.4962 23.45141)
## 5 C1_315080500H_000207 121.60240936279297 POINT (121.6024 23.90455)
## 6 C1_315080500H_000209 121.40119934082031 POINT (121.4012 23.48888)
```

若欲計算花蓮縣各個鄉鎮的觀光景點數，並依景點數由多至少排列，程式碼撰寫如下，分隔線下方為執行結果，分析結果如圖 5.5.1 所示，其中藍點表示景點所在位置，而面量圖中顏色愈深者表示該鄉鎮的景點數量愈多。

```
# 為方便後續取交集，先將 Hualien_scenicspot 的座標系統轉換為 EPSG:3826
Hualien_scenicspot=st_transform(Hualien_scenicspot, crs=3826)

# 自 TWspdata 套件中的 taiwan_town 資料擷取花蓮縣
hualien=filter(TWspdata::taiwan_town, COUNTYNAME=="花蓮縣")

# 將 hualien 的座標系統轉換為 EPSG:3826
hualien=st_transform(hualien, crs=3826)

# 取交集並依據鄉鎮名稱，計算景點個數
Hualien_scenicspot_count=st_intersection(Hualien_scenicspot,
                                   hualien[, c("TOWNNAME")])%>%
  st_drop_geometry()%>%
  group_by(TOWNNAME)%>%
  summarise(count=n())%>%
  arrange(desc(count))

# 查看 Hualien_scenicspot_count 資料
Hualien_scenicspot_count
```

```
## # A tibble: 13 x 2
##    TOWNNAME count
##    <chr>    <int>
## 1 壽豐鄉      24
## 2 秀林鄉      19
## 3 花蓮市      19
```

```
##   4  瑞穗鄉      19
##   5  豐濱鄉      11
##   6  光復鄉       9
##   7  玉里鎮       7
##   8  吉安鄉       7
##   9  富里鄉       7
##  10  萬榮鄉       7
##  11  鳳林鎮       7
##  12  新城鄉       6
##  13  卓溪鄉       5
```

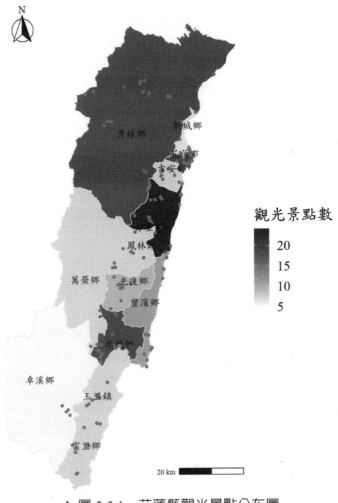

▲ 圖 5.5.1　花蓮縣觀光景點分布圖

　　程式碼中乃利用 `filter()` 函式擷取花蓮縣面量資料，該函式的操作方法詳見 2.2.3 小節之地理資料篩選與編修。而後再將觀光景點資料與花蓮縣面量資料利用 `st_transform()` 函式轉換座標參考系統，以確保在取交集時兩者的參考系統一致。為計算花蓮縣內各個鄉鎮的觀光景點數目，可先利用 `st_intersection()` 函式將兩資料取交集，並利用 `group_by() %>% summarise()` 函式依據鄉鎮名稱（TOWN-NAME）統計其各別的景點數量，惟須注意的是在統計的過程中需事先藉 `st_drop_geometry()` 函式將空間資料予以去除，以避免在聚合時因空間欄位的合併而費時許久。`group_by() %>% summarise()` 函式之操作方法請參閱 4.2 章節。最後為使資料依照景點順序排列，可利用 `arrange()` 函式由大至小排列。綜上說明可發現，地理資料的分析通常會應用到諸多函式，故建議應嘗試更多實務資料的練習，增加函式綜合應用的熟稔度。

5.5.3　公路路網線型

　　TDX 平臺中提供道路路網線型資料，包含國道、省道快速公路、省道一般公路等三種類型之公路，請注意目前平臺中並未提供縣道以下等級（縣道、市道、鄉道、市區道路）之道路線型。本函式中需輸入縣市名稱與道路等級，回傳結果包含道路等級、道路代碼、道路名稱與空間資料等。另外本函式亦可直接擷取全臺灣、所有道路等級之資料，僅需在相對應的參數中填入「ALL」即可，詳見表 5.5-3 函式參數設定表。公路路網線型函式之架構撰寫如下：

```
Road_Network(accesss_token, county, roadclass, dtype="text",
            out=FALSE)
```

▼ 表 5.5-3　觀光景點點位資料參數設定表

參數	必選填	功能	參數設定值
`access_token=`	必填參數	設定存取權杖	利用 `get_token()` 函式所得參數
`county=`		縣市代碼	請參照 `TDX_County` 表格，若欲回傳全臺資料，請填入 `ALL`

參數	必選填	功能	參數設定值
`roadclass=`		道路等級代碼	`0`：國道
			`1`：省道快速公路
			`3`：省道一般公路
			`ALL`：所有道路等級
`dtype=`	選填參數	回傳資料型態	`text`：純文字形式，其資料型態屬 `data.frame`【預設值】
			`sf`：地理資料形式，其資料型態屬 `sf`
`out=`		匯出資料路徑	`FALSE`：不匯出資料至本機【預設值】
			若回傳的資料型態為「`text`」：路徑必須含有 `.csv` 或 `.txt`
			若回傳的資料型態為「`sf`」：路徑必須含有 `.shp`

　　以下以介接臺中市的所有公路路網爲例，程式碼撰寫如下，分隔線下方爲執行結果，臺中市道路路網地圖則如圖 5.5.2 所示。

```
# 介接臺中市所有公路
Taichung_road=Road_Network(county="Taichung", roadclass="ALL",
                           dtype="sf")


# 查看 Taichung_road 前六筆資料
head(Taichung_road)
```
```
## Simple feature collection with 6 features and 5 fields
## Geometry type: LINESTRING
## Dimension:     XY
## Bounding box: xmin:120.5034 ymin:24.19144 xmax:120.5665 ymax:24.3227
## Geodetic CRS:  WGS 84
##   RoadClass RoadClassName RoadID RoadName RoadNameID
## 1         1   省道快速公路 100610   臺 61 線         610
## 2         1   省道快速公路 100610   臺 61 線         610
```

```
## 3          1   省道快速公路 100610    臺 61 線         610
## 4          1   省道快速公路 100610    臺 61 線         610
## 5          1   省道快速公路 100610    臺 61 線         610
## 6          1   省道快速公路 100610    臺 61 線         610
##                         Geometry
## 1 LINESTRING (120.5035 24.191...
## 2 LINESTRING (120.51 24.19549...
## 3 LINESTRING (120.5218 24.216...
## 4 LINESTRING (120.5278 24.230...
## 5 LINESTRING (120.5665 24.322...
## 6 LINESTRING (120.51 24.19542...
```

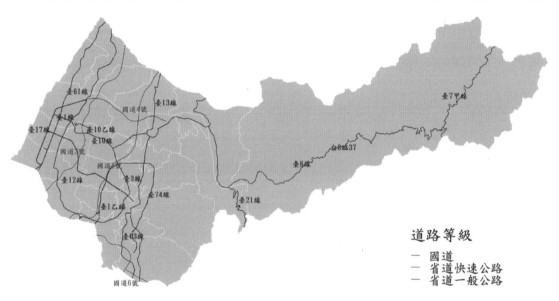

▲ 圖 5.5.2　臺中市公路路網地圖

5.5.4　地理編碼服務

地理編碼（Geocode）是指將地址或地標名稱轉換為經緯度的過程，最常見的軟體即是 Google 地圖，輸入地址後，在打點座標處點選右鍵，即可複製該位置的經緯度，如圖 5.5.3 所示。

▲ 圖 5.5.3　Google 地圖地理編碼示意圖

　　地理編碼看似簡單的查詢操作，然若欲進行大量的地理編碼並非易事，大部分的軟體都需要收費（如 Google 地圖 API）或是有回傳結果的限制（如：內政部全國門牌地址定位服務），故使用上須格外注意批次處理的數據量。

　　本 TDX 套件中乃利用 TDX 所提供的空間查詢 API 進行地理編碼，目前爲免費服務，且無批次數據量之限制。地理編碼服務之函式中輸入地址即可自動回傳經緯度資料，而回傳欄位包括：AddressOriginal（原始輸入的地址資料）、AddressNew（TDX 平臺比對後的地理資料，通常地址會更加完整）、Geometry（經緯度資料）。函式撰寫架構如下：

```
Geocoding(access_token, address, dtype="text", out=FALSE)
```

各項參數的設定說明如表 5.5-4 所示。

▼ 表 5.5-4　地理編碼服務參數設定表

參數	必選填	功能	參數設定值
address=	必填參數	地址資料	須為向量格式 若「地址」位於「資料」中的其一欄位，請輸入「資料 $ 地址」
dtype=	選填參數	回傳的資料型態	text：純文字形式，其資料型態屬 data.frame [預設值]
			sf：地理資料形式，其資料型態屬 sf
out=		匯出資料之路徑	FALSE：不匯出資料至本機 [預設值]
			若回傳的資料型態為「text」：路徑必須含有 .csv 或 .txt
			若回傳的資料型態為「sf」：路徑必須含有 .shp

　　另請注意回傳結果中將顯示地理編碼結果的摘要表，分別計算成功與失敗的地理編碼資料筆數。此外，回傳結果為一陣列，以 data.frame 格式儲存成功地理編碼的結果（DATA$SUCCESS），而失敗之地址儲存於一文字向量中（DATA$FAIL），供使用者檢驗有誤的地址，以進一步檢查原始資料。

　　以下以房價資料中的地址進行地理編碼，請尋找到本書所提供的檔案（「data」資料夾）中，「house_price」子資料夾內的「house_price.csv」之文字資料，抑或逕使用 TWspdata 套件中相對應的資料。其中欄位包含鄉鎮市區（TOWNNAME）、地址（ADDRESS）、土地移轉總面積（LAND_AREA）、建物型態（BUILDING_TYPE）、主要用途（USAGE）、建物移轉總面積（BUILDING_AREA）、總價（PRICE）與是否有電梯（ELEVATOR）等八個屬性。程式碼撰寫如下，分隔線下方為執行結果，出圖結果則如圖 5.5.4 所示。

```
# 將房價資料中的地址進行地理編碼
house_price_geocode=Geocoding(access_token,
                              house_price$ADDRESS, dtype="sf")
```
```
Geocoding Summary
Total:       172
```

```
Success:     172
Duplicated: 0
Fail:        0
```

```
# 擷取成功地理編碼的地址
house_price_geocode=house_price_geocode$SUCCESS
```

```
# 將房價資料與地理編碼結果予以合併
house_price_geocode=left_join(house_price_geocode, house_price,
                        by=c("AddressOriginal"="ADDRESS"))
```

```
# 查看 house_price_geocode 前六筆資料
head(house_price_geocode)
```

```
## Simple feature collection with 6 features and 9 fields
## Geometry type: POINT
## Dimension:    XY
## Bounding box: xmin:121.452 ymin:24.99443 xmax:121.4725 ymax:25.03448
## Geodetic CRS:  WGS 84
##                         AddressOriginal
## 1        新北市板橋區自強新村２７之１號三樓
## 2            新北市板橋區中正路３０２號八樓
## 3  新北市板橋區中山路一段５０巷３６號九樓之五
## 4        新北市板橋區四川路二段９９之１２號五樓
## 5          新北市板橋區華江一路２０９號十五樓
## 6          新北市板橋區稚暉街４８巷１３號四樓
##                         AddressNew TOWNNAME LAND_AREA
## 1      新北市板橋區自強里自強新村 27 之 1 號    板橋區     33.75
## 2            新北市板橋區港尾里中正路 302 號    板橋區     44.31
## 3  新北市板橋區福丘里中山路一段 50 巷 36 號    板橋區      7.60
## 4  新北市板橋區華德里四川路二段 99 之 12 號    板橋區     27.20
## 5        新北市板橋區溪頭里華江一路 209 號    板橋區     12.47
## 6      新北市板橋區華興里稚暉街 48 巷 13 號    板橋區     20.80
```

```
##               BUILDING_TYPE   USAGE BUILDING_AREA    PRICE ELEVATOR
## 1      公寓(5 樓含以下無電梯)  住家用       101.99 10500000        0
## 2      華廈(10 層含以下有電梯)  住家用       219.61 27000000        1
## 3 住宅大樓(11 層含以上有電梯)  住家用        49.75  7650000        1
## 4      公寓(5 樓含以下無電梯)  住家用        88.50  8200000        0
## 5 住宅大樓(11 層含以上有電梯)  住家用        81.02 11800000        1
## 6      公寓(5 樓含以下無電梯)  住家用        76.63  8500000        0
##                    Geometry
## 1 POINT (121.4538 25.01443)
## 2 POINT (121.4549 25.02072)
## 3 POINT  (121.462 25.00914)
## 4 POINT  (121.452 24.99443)
## 5 POINT (121.4725 25.03448)
## 6 POINT (121.4568 25.00384)
```

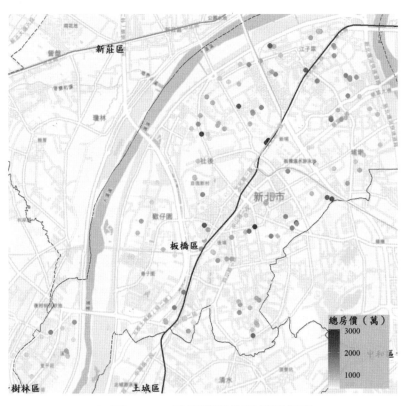

▲ 圖 5.5.4　房價資料地理編碼結果

CHAPTER 6

實務案例分析

　　地理資料分析在實務的應用繁多，可透過基礎的空間運算與繪製視覺化地圖，協助決策者尋找潛在的問題，抑或透過資料探勘之方式獲得可能的發展商機與隱含之政策意義。本章將透過三個實務分析案例，供讀者更加了解地理資料在實務上之應用，同時藉此將本書中各章節所提到的函式，以及空間運算的方法、運輸資料介接之功能相互整合、串聯，提升對於各函式的熟稔程度，最終期能在未來面對雷同課題時可採取相同的精神與地理資料處理技術完成分析與展示。惟須注意的是，地理資料的分析並非全然僅需利用本書中所討論的函式（本書著墨於使用 sf 套件之函式），另外須透過其他套件或基礎函式的支援尚能完成分析，故在本章中將會使用數個與地理資料分析無關之函式。首次出現的函式將會簡要說明其操作方法，及其程式碼撰寫方式，若讀者欲更加了解該套件、函式的其他功能與延伸應用，煩請參考套件的文件檔亦或翻閱相關書籍。

6.1 公共自行車騎乘量分析

公共自行車（Bike Sharing System）係提供第一哩路最後一哩路（First and last mile）之運輸服務，提升大眾運輸場站與興趣點（Point of Interests, POI）間的可及性，以促進運具整合效率。近年來許多交通管理單位致力推動公共自行車，乃希望提供完善的及戶運輸服務，增加旅次產生者使用公共運輸系統之意願，進而減少道路壅塞的窘況，亦可間接達成環境保護之目的，邁向永續城市之發展。此外公共自行車亦具備休閒、旅遊等多方面的功能，以滿足通勤旅次、休閒旅次之需求，顯見公共自行車的服務布局甚廣，而騎乘旅次的起訖與目的因而相當複雜，為公共運輸相關研究致力探究的其一課題。臺灣西部有許多城市已建立完善的公共自行車租賃服務，其中臺北市自民國 98 年始投入 YouBike 服務，並以提升可及性為主要服務目標。是故，在每個捷運站附近必定會布設公共自行車場站，方便搭乘捷運的旅客轉乘，藉以提升周遭旅次吸引點之可及性。本章節將透過臺北市公共自行車相關資料，分析兩大主題，含括：

一、臺北市 YouBike 起訖對流量分布與視覺化地圖（6.1.2）

二、臺北市 YouBike 站點租還量統計與影響因素之探究（6.1.3）

YouBike 使用資料彙整於 6.1.1 小節。

6.1.1 使用資料

為分析 YouBike 起訖對流量，本書須使用 YouBike 各站點間每日起訖對的流量資料，在本書所提供的檔案（「data」資料夾）中，請尋找到「taipei_youbike」子資料夾內的「youbike_ridership.csv」文字資料，抑或逕使用 TWspdata 套件中相對應名稱的資料。該資料中儲存「起站站點代碼（RentStation）」、「訖站站點代碼（ReturnStation）」、「起訖對流量（Riderships）」與「日期（Date）」四個欄位，每一橫列則表示特定日期內自起站租借 YouBike，騎乘至訖站的總流量。資料記錄時間為 2019 年 11 月 11 日至 11 月 15 日，共計五天，而 YouBike 站點僅 YouBike 1.0（註：2019 年尚未出現 YouBike 2.0）。請務必注意，本資料並非 YouBike 的實際營運資料，數據結果僅供範例展示與說明用。

　　除了騎乘量資料外，尚須使用 YouBike 站點資料，作為後續繪製地圖與地理分析之用。請在本書所提供的檔案（「data」資料夾）中，尋找到「taipei_youbike」子資料夾內的「taipei_youbike.shp」地理資料。此外，為更進一步了解影響租還量的建成環境因子，故另外需蒐集興趣點資料，其中包含大專院校與捷運站點兩圖資，進而進行地理資料之分析，並嘗試建立簡單的線性迴歸模型，以驗證租還量的因果關係。各級學校的資料存放於「taiwan_school」子資料夾內的「taiwan_school.csv」，係文字資料，後續必須自行轉換為地理資料。臺北捷運站點資料請使用「taipei_mrt」子資料夾內的「taipei_mrt_station.shp」地理資料；臺北捷運路線則使用同一層資料夾內的「taipei_mrt_route.shp」。為輸出地圖，請使用「taiwan_map」子資料夾內的「taiwan_town.shp」臺灣鄉鎮市區地理資料。以上資料除可直接至本機資料夾讀取外，亦可逕使用 `TWspdata` 套件中相對應名稱的資料。

　　本章節研究主題所需使用的資料，及其用途整理如表 6.1-1 所示。

▼ 表 6.1-1　公共自行車騎乘量分析使用資料彙整

資料	資料名稱	用途
臺北市 YouBike 騎乘量	`youbike_ridership`	計算各站點起訖對運量，繪製分層設色地圖
臺北市 YouBike 站點	`taipei_youbike`	建立站點間起訖對連線
學校資料	`taiwan_school`	應用於探討影響租還量的環境影響因子
臺北捷運站點	`taipei_mrt_station`	應用於探討影響租還量的環境影響因子
臺北捷運路線	`taipei_mrt_route`	應用於繪製地圖
臺灣鄉鎮市區	`taiwan_town`	應用於繪製地圖

▌ 6.1.2 起訖對流量分布與視覺化地圖分析

在進行資料分析前，應對於資料具一定程度的掌握，以下先針對臺北市 You-Bike 騎乘量（`youbike_ridership`）資料進行基礎分析。

首先利用 `head()` 函式查看 `youbike_ridership` 前六筆資料，程式碼撰寫如下，分隔線下方為執行結果。

```
# 查看 youbike_ridership 前六筆資料
head(youbike_ridership)
```

```
##   RentStation ReturnStation Riderships       Date
## 1           1             1         76 2019-11-12
## 2           1             1         82 2019-11-11
## 3           1             1         92 2019-11-15
## 4           1             1         72 2019-11-13
## 5           1             1         54 2019-11-14
## 6           1             2         22 2019-11-12
```

由回傳結果可知，`youbike_ridership` 資料中共計四個欄位，其中記錄租借站點（RentStation）、還車站點（ReturnStation）、起訖對間騎乘量（Riderships），以及騎乘日期（Date）。以第一列為例，其表示在 2019 年 11 月 12 日時共有 76 個旅次自 YouBike 站點代碼為 1 者，騎乘自行車至站點代碼為 1 者，亦即同站借還。再以第六列為例，其表示在 2019 年 11 月 12 日時共有 22 個旅次自 YouBike 站點代碼為 1 者，騎乘自行車至站點代碼為 2 者。其他列之判讀方式以此類推。

接著，為了檢驗 `youbike_ridership` 資料中總記錄日期數，可利用 `unique()` 函式予以檢查，程式碼撰寫如下，分隔線下方為執行結果。

```
# 檢查 youbike_ridership 含有幾天的資料
unique(youbike_ridership$Date)
```

```
## [1] "2019-11-12" "2019-11-11" "2019-11-15" "2019-11-13" "2019-11-14"
```

由結果可知，資料中的記錄日期自 2019 年 11 月 11 日始，截至 2019 年 11 月 15 日，共計 5 天之資料量。

大致了解 `youbike_ridership` 資料的記錄格式後，接下來可進一步依照各起訖對計算五天的平均騎乘量，並將其整理爲起訖對資料（Origin & Destination, OD）。爲了「依照各起訖對」進行統計，可利用 `dplyr` 套件中的 `group_by() %>% summarise()` 函式計算之，其中須將起訖對的欄位置入 `group_by()` 函式中，並將騎乘量欄位置於 `summarise()` 函式內，以統計平均的騎乘量。另外請注意程式碼中 `mean()` 函式之功能即計算平均值；`round()` 函式爲四捨五入之用，其第一個參數放入資料，第二個參數則放入取捨位數，以下程式碼中乃設定該參數爲 0，亦即取至整數位。程式碼撰寫如下，分隔線下方爲執行結果。

```
# 依各起訖對計算五天平均騎乘量，整理爲 OD 資料
ubike_ridership_OD=group_by(youbike_ridership,
                          RentStation, ReturnStation)%>%
  summarise(Riderships=round(mean(Riderships), 0))
```

```
## `summarise()` has grouped output by 'RentStation'. You can override
## using the `.groups` argument.
```

```
# 查看 ubike_ridership_OD 前六筆資料
head(ubike_ridership_OD)
```

```
## # A tibble: 6 x 3
## # Groups:   RentStation [1]
##    RentStation ReturnStation Riderships
##          <int>         <int>      <dbl>
## 1            1             1         75
## 2            1             2         32
## 3            1             3         14
## 4            1             4          9
## 5            1             5        175
## 6            1             6        147
```

函式複習章節		
group_by() %>% summarise()	統計各起訖對平均騎乘量	4.2

　　以上回傳結果乃將相同租借站點之起訖對的資料予以合併，並統計其總騎乘量，記錄於 Riderships 欄位中。以第一列為例，其表示在研究時間範圍內（共計 5 天之資料），共計 75 個旅次在 YouBike 站點代碼為 1 者同站租還。其他則以此類推。

　　在資料分析中務必檢查資料的時間與空間範圍，前面的程式碼中已知給定的 YouBike 騎乘量資料為 5 天分量，然空間範圍目前尚未確認，故應進一步檢查以上資料中所涵蓋的站點數，以及該站點代碼的資料格式。以下程式碼中先將 ubike_ridership_OD 資料中的 RentStation（租借站點）與 ReturnStation（還車站點）欄位中的資料利用 c() 函式予以合併，而後再透過 unique() 函式取兩向量合併後的唯一值，如是所得結果即為站點資料中所有站點代碼的唯一值。

```
# ubike_ridership_OD 所有站點代碼
ubike_stcode=unique(c(ubike_ridership_OD$RentStation,
                      ubike_ridership_OD$ReturnStation))
head(ubike_stcode)
```
```
## [1] 1 2 3 4 5 6
```

　　由此一結果可知，所有站點代碼唯一值之向量的前六筆為「1、2、3、4、5、6」，而其資料格式屬於「數值型態」。接著可利用 length() 函式計算該向量的總資料筆數，其表示 ubike_ridership_OD 資料中的 YouBike 總站點數。

```
# 查看 ubike_stcode 資料長度
length(ubike_stcode)
```
```
## [1] 398
```

　　由回傳結果可知，ubike_ridership_OD 起訖對資料中共含有 398 個 YouBike 站點。

　　在此我們已了解 ubike_ridership_OD 起訖對資料中的站點代碼為數值型態，

且共計 398 個站點，而此時必須進一步與 YouBike 站點地理資料（`taipei_you-bike`）進行比對，以確保後續分析中所對應的站點數保持一致。程式碼撰寫如下，分隔線下方爲執行結果。

```
# 檢查 taipei_youbike 資料中的站點代碼
head(taipei_youbike$SttnUID)
```
```
## [1] "TPE0001" "TPE0002" "TPE0003" "TPE0004" "TPE0005" "TPE0006"
```

```
# taipei_youbike$SttnUID 資料長度
length(taipei_youbike$SttnUID)
```
```
## [1] 913
```

函式複習章節		
`length()`	計算站點向量之長度	4.5

　　由以上回傳結果可知，`taipei_youbike` 資料的站點爲文字記錄格式，與 `ubike_ridership_OD` 資料截然不同，故必須先行統一爲相同格式，以方便後續分析。此外該站點共計 913 個，顯見有許多站點爲起訖對騎乘資料未提供者，故應先予以篩除。而這主要是因爲 `taipei_youbike` 資料含括較近期的站點，即包含 You-Bike 2.0 系統，惟 `ubike_ridership_OD` 資料中僅含 YouBike 1.0 系統之資料，故在進入正式分析前應先妥適清理。

　　觀察 `taipei_youbike` 資料中站點代碼欄位（SttnUID）可發現， YouBike 系統屬於 1.0 者，其站點代碼的開頭皆爲「TPE」，且字元數固定爲 7 個，故可將所有代碼擷取第 4 個字元至第 7 個字元後，再轉換爲數值型態，即可與 `ubike_ridership_OD` 資料中的站點代碼格式一致。此外，爲去除 `taipei_youbike` 資料中部分站點，可利用 `filter()` 函式篩選 `ubike_ridership_OD` 資料中擁有的站點代碼，而此一代碼儲存於 `ubike_stcode` 資料中。程式碼撰寫如下，分隔線下方爲執行結果。

```
# 將站點代碼統一為數值型態
ubike_station=taipei_youbike[, c("SttnUID", "StatnNm")]
ubike_station$SttnUID=as.numeric(
                                substr(ubike_station$SttnUID, 4, 7))
ubike_station=filter(ubike_station, SttnUID %in% ubike_stcode)
```

```
# 查看 ubike_station 前六筆資料
head(ubike_station)
```

```
## Simple feature collection with 6 features and 2 fields
## Geometry type: POINT
## Dimension:    XY
## Bounding box: xmin:306247.7 ymin:2769668 xmax:307384.5 ymax:2770463
## Projected CRS: TWD97 / TM2 zone 121
## # A tibble: 6 x 3
##   SttnUID StatnNm                                    geometry
##     <dbl> <chr>                                   <POINT [m]>
## 1       1 YouBike1.0_捷運市政府站(3號出口)        (307305.9 2770423)
## 2       2 YouBike1.0_捷運國父紀念館站(2號出口)    (306247.7 2770463)
## 3       3 YouBike1.0_台北市政府                   (307031.3 2770083)
## 4       4 YouBike1.0_市民廣場                     (306745.1 2769887)
## 5       5 YouBike1.0_興雅國中                     (307384.5 2769948)
## 6       6 YouBike1.0_臺北南山廣場                 (307114.2 2769668)
```

```
# 查看 ubike_station 資料總筆數
nrow(ubike_station)
```

```
## [1] 398
```

函式複習章節		
資料 [, c(" 欄位名稱 ")]	擷取站點資料中的屬性欄位	2.2.2
filter()	篩選站點代碼	2.2.3

以上結果可發現，`ubike_station` 資料共計 398 筆，與 `ubike_ridership_OD` 資料總筆數相同，顯示兩資料的 YouBike 場站應該一致。在資料分析中，爲確保兩資料是否完全相同，可利用 `setdiff()` 函式再次檢驗之。`setdiff()` 函式可針對兩資料取「差集」，其中需放入兩個參數，分別爲待檢查是否爲一致的兩資料，而兩資料皆須爲向量格式，程式碼撰寫架構如下：

```
setdiff( 資料向量1, 資料向量2)
```

該函式的回傳結果將顯示「資料向量 1」中擁有，但「資料向量 2」並未擁有的元素，舉例而言，若「資料向量 1」包含「1、2、3、4、5」之元素；「資料向量 2」包含「3、4、5、6、7」之元素，則 `setdiff( 資料向量 1, 資料向量 2)` 的回傳結果將爲「1、2」，而 `setdiff( 資料向量 2, 資料向量 1)` 的回傳結果將爲「6、7」。若「資料向量 1」內的元素皆出現於「資料向量 2」，則回傳結果將顯示資料長度爲 0 之向量，如「numeric(0)」、「integer(0)」與「character(0)」。

以下程式碼乃利用 `setdiff()` 函式檢查 YouBike 站點地理資料（`ubike_station$SttnUID`）與騎乘起訖對資料（`ubike_ridership_OD`）兩者的站點代碼是否完全一致。程式碼撰寫如下，分隔線下方爲執行結果。

```
# 確保兩資料中的站點完全相同 (setdiff( 資料1, 資料2))
setdiff(ubike_station$SttnUID, ubike_stcode)
```
```
## numeric(0)
```

```
# 查看ubike_station 前六筆資料 (setdiff( 資料2, 資料1))
setdiff(ubike_stcode, ubike_station$SttnUID)
```
```
## integer(0)
```

由此一結果顯示，兩資料取交集後所得結果乃資料長度爲 0 之向量，表示兩資料的站點完全一致。

在此我們已確保使用的 YouBike 站點地理資料（`ubike_station`）與起訖對騎乘量資料（`ubike_ridership_O`）中的站點代碼相同，後續即可針對兩資料進行合併與分析，並無須擔心因兩資料站點代碼不同而產生分析與操作上的謬誤。接下來，為了繪製站點起訖對的分布流量圖，我們必須先將所有 YouBike 站點任兩點連線，以方便後續在不同的起訖對線段上合併騎乘量資料。

若欲建立任兩點間的連線，可使用 `st_nearest_points()` 函式，其中必須在函式中填入兩個 `ubike_station` 站點資料。程式碼撰寫如下，分隔線下方為執行結果。

```
# 利用 st_nearest_points 函式建立各站點間的連線
ubike_station_OD=st_nearest_points(ubike_station, ubike_station)

# 查看 ubike_station_OD 前六筆資料
head(ubike_station_OD)
```
```
## Geometry set for 6 features
## Geometry type: LINESTRING
## Dimension:     XY
## Bounding box: xmin:306247.7 ymin:2769668 xmax:307384.5 ymax:2770463
## Projected CRS: TWD97 / TM2 zone 121
## First 5 geometries:
## LINESTRING (307305.9 2770423, 307305.9 2770423)
## LINESTRING (307305.9 2770423, 306247.7 2770463)
## LINESTRING (307305.9 2770423, 307031.3 2770083)
## LINESTRING (307305.9 2770423, 306745.1 2769887)
## LINESTRING (307305.9 2770423, 307384.5 2769948)
```

函式複習章節		
`st_nearest_points()`	回傳各站點間連線地理資料	4.12

由以上回傳結果顯示，ubike_station_OD 資料為一「簡單圖徵向量（Simple Feature Column, sfc）」之格式，可直接利用 ggplot2 套件繪製地圖。另外須注意的是，此回傳結果乃 ubike_station 各站點依序配對的結果，如第一筆資料即 ubike_station 第一個站點與 ubike_station 第一個站點間的連線（惟此二點相同，故事實上連線為一點）；再如第二筆資料即 ubike_station 第一個站點與 ubike_ station 第二個站點間的連線。由於我們知道總共有 398 個站點，故此資料中共有 398*398 筆資料，亦即 398*398 條連線段。為檢驗 ubike_station_OD 資料在空間上的分布，以下程式碼中挑選 ubike_station 第一個站點與其他各站點的連線進行測試，其中需擷取 ubike_station_OD 資料中的第 1 筆至第 398 筆數據。程式碼撰寫如下，出圖結果則如圖 6.1.1 所示。

```
# 繪製 ubike_station_OD 第一筆至第 398 筆數據
ggplot(ubike_station_OD[1:398])+
  geom_sf()+
  theme_minimal()
```

函式複習章節		
theme_minimal()	設定簡化的出圖樣式	2.8.3

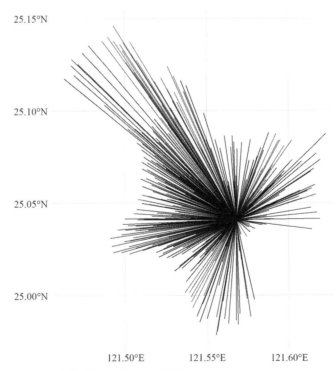

▲ 圖 6.1.1　**ubike_station_OD** 第 1 筆至第 398 筆資料圖示

圖 6.1.1 之結果顯示 `ubike_station` 第一個站點連結到其他各站的直線段。然而 `ubike_station_OD` 資料目前為一簡單圖徵向量（sfc），未包含其他相關屬性資訊，故無法直接判讀各線段所屬的起訖站點配對，因此接著應擴充 `ubike_station_` `OD` 資料中的站點代碼資訊，同時將該資料轉換為 `sf` 格式，便於後續分析應用。

起訖站點代碼之配對為一具有重複特性的資料，假設有三個站點（1、2、3、4）配對結果如表 6.1-2 所示。

▼ 表 6.1-2　三個站點的代碼配對結果

起點站代碼	訖點站代碼	起點站代碼	訖點站代碼
1	1	3	1
1	2	3	2
1	3	3	3
1	4	3	4
2	1	4	1
2	2	4	2
2	3	4	3
2	4	4	4

由表 6.1-2 可發現，起訖站點配對代碼具有重複性，而在 R 軟體中，可利用原生函式 `rep()` 建立重複的資料。`rep()` 函式中第一個參數須放置欲重複的資料，而第二個參數 `times=` 乃設定重複的次數。`rep()` 函式的程式碼撰寫架構如下：

```
rep( 資料 , times=)
```

以表 6.1-2 為例，若欲建立訖點站代碼該欄位，則應將（1、2、3、4）四個元素重複 4 次，程式碼撰寫如下，分隔線下方為執行結果。

```
rep(c(1, 2, 3, 4), times=4)
## [1] 1 2 3 4 1 2 3 4 1 2 3 4 1 2 3 4
```

　　訖點站重複建立的方式甚爲直觀，可直接利用 `rep()` 函式建構，然而若欲重複建立起點站代碼則必須先建立重複代碼，並且依照代碼的大小順序排列，程式碼撰寫如下，分隔線下方爲執行結果。

```
temp=rep(c(1, 2, 3, 4), times=4)
temp=temp[order(temp)]
temp
```
```
## [1] 1 1 1 1 2 2 2 2 3 3 3 3 4 4 4 4
```

其中 `order()` 函式乃用以將向量由小至大排列，而排列完之後即可得到預期的結果。最終再利用 `cbind()` 函式合併以上兩重複性的資料，即可得到起點站代碼與訖點站代碼匹配的結果。

　　依照上述 `rep()` 函式與 `order()` 函式之使用，以下可先擷取 `ubike_station` 資料中所有站點的代碼（數值向量），並重複 398 次（即 `ubike_station` 資料的總筆數）。程式碼撰寫如下，分隔線下方爲執行結果。

```
# 建立起訖對編碼配對
temp_O=rep(ubike_station$SttnUID, times=nrow(ubike_station))
temp_D=temp_O[order(temp_O)]
stationid_temp=data.frame(RentStation=temp_O, ReturnStation=temp_D)

# 查看 stationid_temp 前六筆資料
head(stationid_temp)
```
```
##   RentStation ReturnStation
## 1           1             1
## 2           1             2
## 3           1             3
## 4           1             4
## 5           1             5
## 6           1             6
```

```
# 將起訖對編碼配對結果與 ubike_station_OD 合併
ubike_station_OD=cbind(stationid_temp, ubike_station_OD)

# 合併後檢查資料格式
class(ubike_station_OD)
```

```
## [1] "data.frame"
```

由上述回傳結果中發現，原本 ubike_station_OD 資料爲一簡單圖徵向量（sfc），具有空間資料之屬性，然而將其與 stationid_temp 資料合併後，卻變爲 data.frame 之格式，顯然並非完整的地理資料。因此接下來應利用 st_sf() 函式將其屬性與空間資料轉換爲地理資料，尙能進行後續之應用。程式碼撰寫如下，分隔線下方爲執行結果。

```
# 利用 st_sf() 函式轉換爲 sf 格式
ubike_station_OD=st_sf(ubike_station_OD)

# 查看 ubike_station_OD 前六筆資料
head(ubike_station_OD)
```

```
## Simple feature collection with 6 features and 2 fields
## Geometry type: LINESTRING
## Dimension:     XY
## Bounding box: xmin:306247.7 ymin:2769668 xmax:307384.5 ymax:2770463
## Projected CRS: TWD97 / TM2 zone 121
##   RentStation ReturnStation                    geometry
## 1           1             1 LINESTRING (307305.9 277042...
## 2           1             2 LINESTRING (307305.9 277042...
## 3           1             3 LINESTRING (307305.9 277042...
## 4           1             4 LINESTRING (307305.9 277042...
## 5           1             5 LINESTRING (307305.9 277042...
## 6           1             6 LINESTRING (307305.9 277042...
```

函式複習章節		
st_sf()	建立起訖對站點連線之地理資料	3.1.3

以上資料欄位看似相當足夠，惟直觀上無法逕由站點代碼剖析，故可利用 left_join() 函式將站點名稱予以配對，使後續在觀察上更爲容易。本範例中應將起訖對站點連線資料（ubike_station_OD）與站點地理資料（ubike_station）放入 left_join() 函式中，以合併對應站點代碼的名稱。惟須注意的是，left_join() 函式須放置兩資料，而此二資料不得同時皆爲地理資料，故後續在撰寫程式碼時應將不必要保留的空間資料，利用 st_drop_geometry() 函式予以剔除（在本案例中，我們需要保留的空間資料是 ubike_station_OD，故剔除 ubike_station 的空間資料）。程式碼撰寫如下，分隔線下方爲執行結果。

```
# 將起訖對站點名稱予以合併
ubike_station_OD=left_join(ubike_station_OD,
                          st_drop_geometry(ubike_station),
                          by=c("RentStation"="SttnUID"))%>%
  rename(RentStationName=StatnNm)%>%
  left_join(st_drop_geometry(ubike_station),
            by=c("ReturnStation"="SttnUID"))%>%
  rename(ReturnStationName=StatnNm)

# 查看 ubike_station_OD 前六筆資料
head(ubike_station_OD)
```
```
## Simple feature collection with 6 features and 4 fields
## Geometry type: LINESTRING
## Dimension:     XY
## Bounding box: xmin:306247.7 ymin:2769668 xmax:307384.5 ymax:2770463
## Projected CRS: TWD97 / TM2 zone 121
##   RentStation ReturnStation                   RentStationName
## 1           1             1 YouBike1.0_捷運市政府站(3號出口)
## 2           1             2 YouBike1.0_捷運市政府站(3號出口)
```

```
## 3            1            3 YouBike1.0_捷運市政府站(3號出口)
## 4            1            4 YouBike1.0_捷運市政府站(3號出口)
## 5            1            5 YouBike1.0_捷運市政府站(3號出口)
## 6            1            6 YouBike1.0_捷運市政府站(3號出口)
##                  ReturnStationName                        geometry
## 1      YouBike1.0_捷運市政府站(3號出口) LINESTRING (307305.9 277042...
## 2 YouBike1.0_捷運國父紀念館站(2號出口) LINESTRING (307305.9 277042...
## 3                YouBike1.0_台北市政府 LINESTRING (307305.9 277042...
## 4                YouBike1.0_市民廣場 LINESTRING (307305.9 277042...
## 5                YouBike1.0_興雅國中 LINESTRING (307305.9 277042...
## 6              YouBike1.0_臺北南山廣場 LINESTRING (307305.9 277042..)
```

函式複習章節		
left_join()	合併 YouBike 站點名稱屬性資料	3.5
st_drop_geometry()	去除空間欄位	3.4.2

以上程式碼中另外值得一提的是 rename() 函式，其可重新設定欲使用的欄位名稱，以方便後續觀察（若未透過此設定，合併後重複的欄位名稱將以 XX.1、XX.2……取代）。rename() 函式的程式碼撰寫架構如下：

```
rename( 資料 , 新欄位名稱 = 舊欄位名稱 )
```

而由上述回傳結果可發現，ubike_station_OD 資料除含有租還站的代碼外，亦含括租還站的站點名稱，對於後續資料觀察上有莫大的幫助。

截至目前，我們已將起訖對連線的屬性與空間資料全數建置完成。為了能夠表達各起訖對線段的騎乘量，應在起訖對線段之地理資料上合併騎乘量數據。程式碼撰寫如下，分隔線下方為執行結果。

```
# 將起訖對騎乘量資與站點間OD連線予以合併
ubike_station_OD=left_join(ubike_station_OD, ubike_ridership_OD)
```
```
## Joining, by = c("RentStation", "ReturnStation")
```

在合併結束後，應檢查騎乘量欄位中是否有 NA 值。在 R 軟體中檢查 NA 的方式，可利用 `is.na()` 函式，而該函式回傳結果為 TRUE 或 FALSE，故該向量利用 `sum()` 函式加總，即可得到該資料中 NA 值的總數。程式碼撰寫如下，分隔線下方為執行結果。

```
# 檢查新增之騎乘量欄位（Riderships）中是否含有 NA 值
is.na(ubike_station_OD$Riderships)%>%
  sum()
```

```
## [1] 121052
```

由此可見，合併後的騎乘量資料中含有 121052 筆 NA 值，而這主要是因為有許多起訖對並沒有人騎乘，故在原始的 `ubike_ridership_OD` 資料中本身無數據，合併後即出現缺漏。為修補此一情形，應將含有 NA 值之處，強制設定為 0，以表示該起訖對的騎乘量為 0，其設定方式詳如圖 6.1.2 之示意圖所示。圖中範例乃利用「資料 `[is.na(`資料`)]`=0」之方法設定資料中為 NA 者為 0。

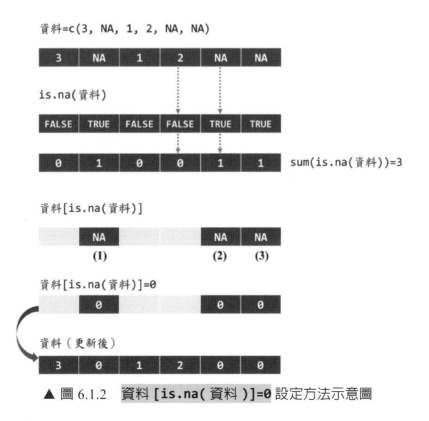

▲ 圖 6.1.2　資料 `[is.na(`資料`)]`=0 設定方法示意圖

　　根據上述邏輯，可將騎乘量欄位中屬於NA者，強制設定為0。程式碼撰寫如下，分隔線下方為執行結果。

```
# 若起訖對資料中，騎乘量欄位為 NA，表示該起訖對並無人騎乘，應直接設定為 0
ubike_station_OD$Riderships[is.na(ubike_station_OD$Riderships)]=0

# 再次檢查 NA 值的數量，確認為 0
is.na(ubike_station_OD$Riderships)%>%
  sum()
```
```
## [1] 0
```

```
# 查看 ubike_station_OD 合併與修正後的前六筆資料
head(ubike_station_OD)
```
```
## Simple feature collection with 6 features and 5 fields
## Geometry type: LINESTRING
## Dimension:     XY
## Bounding box: xmin:306247.7 ymin:2769668 xmax:307384.5 ymax:2770463
## Projected CRS: TWD97 / TM2 zone 121
##   RentStation ReturnStation                   RentStationName
## 1           1             1 YouBike1.0_捷運市政府站(3號出口)
## 2           1             2 YouBike1.0_捷運市政府站(3號出口)
## 3           1             3 YouBike1.0_捷運市政府站(3號出口)
## 4           1             4 YouBike1.0_捷運市政府站(3號出口)
## 5           1             5 YouBike1.0_捷運市政府站(3號出口)
## 6           1             6 YouBike1.0_捷運市政府站(3號出口)
##                    ReturnStationName Riderships
## 1       YouBike1.0_捷運市政府站(3號出口)         75
## 2 YouBike1.0_捷運國父紀念館站(2號出口)         32
## 3               YouBike1.0_台北市政府         14
## 4                 YouBike1.0_市民廣場          9
## 5                 YouBike1.0_興雅國中        175
## 6               YouBike1.0_臺北南山廣場        147
```

```
##                          geometry
## 1 LINESTRING (307305.9 277042...
## 2 LINESTRING (307305.9 277042...
## 3 LINESTRING (307305.9 277042...
## 4 LINESTRING (307305.9 277042...
## 5 LINESTRING (307305.9 277042...
## 6 LINESTRING (307305.9 277042...
```

　　上述程式碼中先行將 NA 值轉換為 0，並再次檢驗該欄位中的 NA 值數量，結果顯示數量為 0，表示該欄位中不再有缺漏值，也意謂該起訖對並無人騎乘，乃預期之結果。

　　此外，由以上回傳結果可發現，`ubike_station_OD` 資料中的騎乘起訖對數據存放於 Riderships 之欄位。以該資料中的第一列為例，其表示在「YouBike1.0_ 捷運市政府站 (3 號出口)」同站租還者平均為每日 75 個旅次。

　　同樣地，我們可以繪製地圖，初步檢驗 `ubike_station_OD` 資料結果，以下程式碼中先擷取起站站點代碼為 1 者作為示範，繪製之地圖中顏色愈深者表示該起訖對的騎乘量愈高。程式碼撰寫如下，分隔線下方為執行結果，出圖結果則如圖 6.1.3 所示。

```
# 繪圖檢查計算結果
temp=ubike_station_OD[ubike_station_OD$RentStation==1,]
temp=arrange(temp, Riderships)
ggplot()+
  geom_sf(data=temp, aes(color=Riderships))+
  scale_color_distiller(palette="YlOrRd",direction=1, name="騎乘量")+
  theme_minimal()+
  theme(axis.text=element_text(size=15, family="B"),
        legend.title=element_text(size=18, family="A"),
        legend.text=element_text(size=15, family="B"))
```

函式複習章節		
`scale_color_distiller()`	設定連續型數值漸層顏色之調色板	2.4
`theme()`	設定地圖主題樣式細節	2.8.3

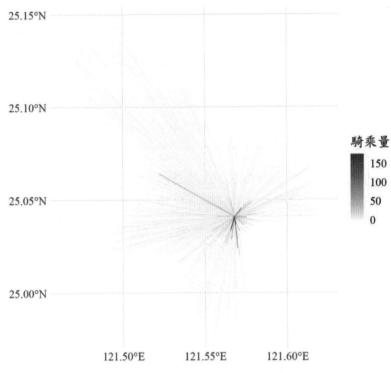

▼ 圖 6.1.3　站點代碼為 1 之起訖對騎乘量分布圖

　　在上述程式碼中特別利用 `arrange()` 函式將原始資料依照騎乘量由小至大排列，這主要是為了提升視覺化地圖之呈現。在繪製地圖時，`geom_sf()` 函式乃先繪製資料中的第一筆數據，而後則依序繪製各筆資料，最後則將最後一筆數據繪製在圖層的最上方，如是對於重疊情況嚴重的地理資料而言，可能會把部分重要的資訊覆蓋在下，無法凸顯出地圖的重點。以圖 6.1.3 為例，若未使用 `arrange()` 函式修正地理資料的繪製順序，則騎乘量大的起訖對線段可能被覆蓋在下方，即無法確切觀察重要的數據。因此透過 `arrange()` 函式先行編排數據的繪製順序，可協助提升視覺化地圖之呈現。另外本分析中文字樣式設定的「`family="A"`」意指使用標楷體；「`family="B"`」意指使用 Times New Roman，此參數設定如下：

```
windowsFonts(A=windowsFont(" 標楷體 "))
windowsFonts(B=windowsFont("Times New Roman"))
```

　　目前為止已將所有資料備齊並整理完成，最後回到本分析的主題，乃依據起訖對流量大小繪製視覺化地圖。由於 `ubike_station_OD` 資料筆數上達 128164 筆（358*358），若同時繪製於同一張地圖不僅出圖相當耗時，且地圖上所呈現的結果過於錯綜複雜，無法聚焦在重要的起訖對上，是故以下先篩選日均起訖對騎乘量超過 50 次者作為分析對象，隨後再利用 `mutate()` 與 `case_when()` 函式將騎乘量分為四個區間：「50-60」、「60-80」、「80-120」與「>=120」。程式碼撰寫如下，分隔線下方為執行結果。

```
# 篩選日起訖對騎乘量超過50 次者繪圖
temp=filter(ubike_station_OD, Riderships>=50)

# 將騎乘量分為四個區間
temp=mutate(temp, Riderships_class=case_when(
  Riderships<60 ~ "50-60",
  Riderships<80 ~ "60-80",
  Riderships<120 ~ "80-120",
  TRUE ~ ">=120"
))

# 查看temp 前六筆資料
head(temp)
```
```
## Simple feature collection with 6 features and 6 fields
## Geometry type: LINESTRING
## Dimension:     XY
## Bounding box: xmin:307078.9 ymin:2769070 xmax:307503.9 ymax:2770423
## Projected CRS: TWD97 / TM2 zone 121
##   RentStation ReturnStation                    RentStationName
## 1           1             1 YouBike1.0_捷運市政府站(3 號出口)
```

```
## 2              1            5 YouBike1.0_捷運市政府站(3號出口)
## 3              1            6 YouBike1.0_捷運市政府站(3號出口)
## 4              1            7 YouBike1.0_捷運市政府站(3號出口)
## 5              1           10 YouBike1.0_捷運市政府站(3號出口)
## 6              1           19 YouBike1.0_捷運市政府站(3號出口)
##              ReturnStationName Riderships                geometry
## 1 YouBike1.0_捷運市政府站(3號出口)   75 LINESTRING (307305.9 277042...
## 2            YouBike1.0_興雅國中  175 LINESTRING (307305.9 277042...
## 3        YouBike1.0_臺北南山廣場  147 LINESTRING (307305.9 277042...
## 4   YouBike1.0_信義廣場(台北101)   76 LINESTRING (307305.9 277042...
## 5   YouBike1.0_台北市災害應變中心   74 LINESTRING (307305.9 277042...
## 6          YouBike1.0_象山公園   62 LINESTRING (307305.9 277042...
##   Riderships_class
## 1          60-80
## 2          >=120
## 3          >=120
## 4          60-80
## 5          60-80
## 6          60-80
```

函式複習章節		
filter()	篩選起訖對騎乘量超過 50 次者	2.2.3
mutate()	在地理資料中新增新的欄位	2.2.3
case_when()	將騎乘量分為四個類別區間	2.6

　　以上結果中，資料新增一欄位為「Riderships_class」，乃記錄騎乘量的區間類別。以第六筆資料為例，其表示由「YouBike1.0_ 捷運市政府站 (3 號出口)」騎乘至「YouBike1.0_ 象山公園」的起訖對日均騎乘量為 62 次，且所屬類別區間為「60-80」。

　　接著若欲依據「Riderships_class」之類別繪製地圖，且須將其圖例文字依據所定義的區間「50-60」、「60-80」、「80-120」、「>=120」依序排列，則可藉由

factor() 函式建立文字的層級。程式碼撰寫如下，分隔線下方為執行結果。

```
# 將四個區間利用 factor 函式按照順序排列
temp$Riderships_class=factor(temp$Riderships_class,
                    levels=c("50-60", "60-80", "80-120", ">=120"))

# 查看 temp$Riderships_class 前六筆資料
head(temp$Riderships_class)
```

```
## [1] 60-80 >=120 >=120 60-80 60-80 60-80
## Levels: 50-60 60-80 80-120 >=120
```

函式複習章節		
factor()	建立騎乘量類別之層級	2.8.2

　　以上結果顯示，資料中的「Riderships_class」欄位已建立層級。接著即可利用上述所建構的 YouBike 起訖對騎乘量地理資料，以及本書所提供的相關資料（如：臺灣鄉鎮市區資料 taiwan_town、臺北捷運路線資料 taipei_mrt_route、臺北捷運站點資料 taipei_mrt_station）進行疊圖。另請注意，在繪製地圖時使用諸多函式提升視覺化呈現，請讀者複習相對應的單元。程式碼撰寫如下，分隔線下方為執行結果，出圖結果則如圖 6.1.4 所示。

```
# 擷取臺北市行政區資料
taipei_town=filter(taiwan_town, COUNTYNAME=="臺北市")
taipei_town=st_transform(taipei_town, crs=3826)

# 繪製地圖
ggplot()+
  geom_sf(data=taipei_town, color="#E0E0E0", fill="#BEBEBE")+
  geom_sf(data=st_intersection(taipei_mrt_route, taipei_town),
                aes(color=RAILNAME), show.legend=F)+
  scale_color_manual(values=c("淡水信義線"="#d90023",
```

```
                        "板南線"="#0a59ae", "松山新店線"="#107547",
                        "中和新蘆線"="#f5a818", "文湖線"="#b57a25"))+
    new_scale_color()+
    geom_sf(data=temp, aes(color=Riderships_class), size=1)+
    scale_color_brewer(palette="YlOrRd",name="YouBike\n 日均起訖對騎乘量")+
    geom_sf(data=st_intersection(taipei_mrt_station, taipei_town))+
    theme_void()+
    theme(legend.title=element_text(family="A", size=18),
          legend.text=element_text(family="B", size=15))
```

```
## Warning: attribute variables are assumed to be spatially constant
## throughout all geometries
```

函式複習章節		
filter()	篩選出臺北市村里	2.4
st_transform()	將座標格式轉換為 EPSG:3826	3.3.2
scale_color_manual()	手動設定捷運路線的顏色	2.6
new_scale_color()	多重地理資料之顏色調整	2.8.7
scale_color_brewer()	設定類別型顏色之調色板	2.5
st_intersection()	將臺北捷運站站點與行政區取交集	4.5
theme_void()	設定格式化的地圖樣式	2.8.3
theme()	設定地圖主題樣式細節	2.8.3

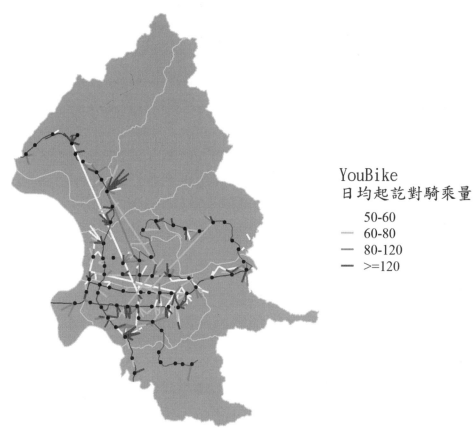

YouBike
日均起訖對騎乘量

50-60
60-80
80-120
>=120

▲ 圖 6.1.4　YouBike 日均起訖對騎乘量空間分布圖

　　透過圖 6.1.4 之地圖可發現日均騎乘量超過 50 次的起訖對，大部分皆與捷運站相連，顯見 YouBike 扮演相當重要的「第一哩路最後一哩路（First and last mile）之運輸服務」，使都市內的公共運輸可及性大幅提升，同時亦呼應臺北市政府發展公共自行車的主要目標。起訖對騎乘量除了與捷運站至為相關外，由圖中亦可發現，同樣連接捷運站的起訖對，騎乘量仍有甚大差距，是故可推測影響 YouBike 騎乘量的因素或許不僅是捷運站，尚包含其他社會經濟變因或興趣點特徵之影響，因此後續在第二個主題（6.1.3）中，我們將進一步了解影響 YouBike 各站點總租還量的影響因子。

▌ 6.1.3　站點租還量統計與影響因素之探究

　　本分析中為探究站點租還量與其他因素之影響，應建構線性迴歸模型校估之，其中迴歸模型的應變數為各站點的租還量，而自變數為社會經濟變因或興趣點相關變量。由於經過多篇文獻與實證觀察顯示，YouBike 的騎乘量與捷運站、大專院校息息相關，故在此迴歸模型中將蒐集此二變數，包含：「與捷運站的直線距離」以及「是否位於大專院校方圓 300 公尺內」。其中依照先驗知識判斷，「與捷運站的直線距離」預期應為負向之效用，亦即若與捷運站距離愈遠，其站點騎乘量應愈少。而「是否位於大專院校方圓 300 公尺內」預期應對模型產生正向之效用，亦即若站點確實位於大專院校周遭，站點的騎乘量亦會較多。本分析中預期的迴歸模型建構如下：

$$
\text{站點租還量} = \beta_0 + \beta_1 * （與捷運站的直線距離）+ \beta_2 \\
* （是否位於大專院校方圓300公尺內）
$$

　　由於本分析中的 YouBike 站點數共計 398 個，故後續的迴歸模型中將有 398 個樣本。另外須注意的是，迴歸模型中的自變數理論上應更加多元，不可能僅放入此二變數即可，惟本分析僅供範例展示用，故建構簡單的迴歸模型進行說明。以下將自地理資料分析，乃至迴歸模型之建立逐步說明分析流程。

　　若欲分析影響站點租還量的因素，必須先就所有 YouBike 站點統計總租還量，可利用 dplyr 套件中的 group_by() %>% summarise() 函式針對同一站點代碼分別統計借車量與還車量。程式碼撰寫如下，分隔線下方為執行結果，另請注意程式碼中的 ubike_ridership_OD 資料為 6.1.2 小節分析中所產出的其一結果。

```
# 依站點統計借車量
rent_bike=group_by(ubike_ridership_OD, RentStation)%>%
  summarise(Riderships=sum(Riderships))%>%
  rename(Station=RentStation)
```

```
# 查看 rent_bike 前六筆資料
head(rent_bike)
```

```
## # A tibble: 6 x 2
##    Station Riderships
##      <int>     <dbl>
## 1       1      2224
## 2       2      1760
## 3       3       934
## 4       4       362
## 5       5      1273
## 6       6      1115
```

```
# 依站點統計還車量
return_bike=group_by(ubike_ridership_OD, ReturnStation)%>%
  summarise(Riderships=sum(Riderships))%>%
  rename(Station=ReturnStation)
```

```
# 查看 return_bike 前六筆資料
head(return_bike)
```

```
## # A tibble: 6 x 2
##    Station Riderships
##      <int>     <dbl>
## 1       1      1978
## 2       2      1716
## 3       3       695
## 4       4       267
## 5       5      1228
## 6       6      1046
```

函式複習章節		
group_by() %>% summarise()	統計各站點借車與還車量	4.2

以上兩個回傳結果分別顯示各站點的借車量與還車量，以兩份資料的第一筆數據為例，其表示 YouBike 站點代碼為 1 者，其日均借車量為 2224 次，而還車量則為 1978 次。

接著為了統計各站點的「租還量」，應將相同站點的兩數據直接相加，在此我們可以先利用 `rbind()` 函式將兩者直接進行「列合併」，隨後再次利用 `group_by()` `%>%` `summarise()` 函式針對同一站點代碼者，加總其借車或還車量，所得結果即為各站點的「租還量」。程式碼撰寫如下，分隔線下方為執行結果。

```
# 將租借與還車量依站點合併統計
ubike_ridership_station=rbind(rent_bike, return_bike)%>%
  group_by(Station)%>%
  summarise(Riderships=sum(Riderships))

# 查看 ubike_ridership_station 前六筆資料
head(ubike_ridership_station)
```

```
## # A tibble: 6 x 2
##    Station Riderships
##      <int>      <dbl>
## 1        1       4202
## 2        2       3476
## 3        3       1629
## 4        4        629
## 5        5       2501
## 6        6       2161
```

回傳結果顯示，YouBike 站點代碼為 1 者，其日均租還量為 4202 次。在此我們可透過 `rent_bike` 與 `return_bike` 兩資料加以檢驗，站點代碼為 1 的日均借車量為 2224 次；還車量則為 1978 次，故總計的租還量為 4202 次，符合以上計算結果。

透過以上的分析，目前已得知迴歸模型中的應變量（y），亦即各站點的總租還量。而接下來則必須蒐集自變數，包含「與捷運站的直線距離」以及「是否位於大專院校方圓 300 公尺內」。

若欲分析各 YouBike 場站與最近捷運站的直線距離，應先行利用 `st_intersection()` 函式將臺北捷運站點與臺北市鄉鎮市區圖資取交集，所得結果即臺北市行政區內的所有捷運站點。接著應透過 `st_nearest_feature()` 函式回傳各 YouBike 站點最接近捷運站之索引值，再透過此索引值擷取各最近捷運站點的地理資料。最後將此一捷運站點資料與 YouBike 場站置入 `st_distance()` 函式中，所得結果即為兩者間的直線距離，並可與站點租還量統計資料（`ubike_ridership_station`）合併。以上分析流程整理如圖 6.1.5 所示。

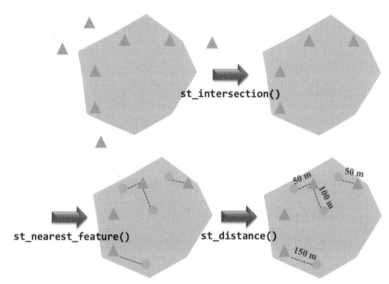

▲ 圖 6.1.5　YouBike 場站與最近捷運站直線距離分析流程圖

依據上述分析流程，首先須利用 `st_intersection()` 函式擷取臺北市境內的所有捷運站點（圖 6.1.5 上半部流程），並藉 `st_nearest_feature()` 函式回傳各 YouBike 站點最接近捷運站之索引值（圖 6.1.5 下半部流程）。程式碼撰寫如下，分隔線下方為執行結果。

```
# 擷取臺北市境內的捷運站點
mrt_station=st_intersection(taipei_mrt_station, taipei_town)

## Warning: attribute variables are assumed to be spatially constant
## throughout all geometries
```

```
# 先行尋找各 YouBike 場站最接近之捷運站的索引值
ubike_nearest_mrt=st_nearest_feature(ubike_station, mrt_station)
head(ubike_nearest_mrt)
```

```
## [1] 27 26 27 25 24 25
```

以上結果表示 ubike_station 資料中的第 1 筆數據之場站，其最接近站點為 mrt_station 資料中的第 27 筆數據；而 ubike_station 資料中的第 2 筆數據之場站，其最接近站點為 mrt_station 資料中的第 26 筆數據，其他索引值之判讀則以此類推。為依序回傳各 YouBike 場站最接近捷運站之地理資料，可利用「資料 [列索引 , c(" 欄位名稱 ")]」擷取之，其中列索引即以上 ubike_nearest_mrt 之向量。

```
# 將索引值匹配原始的捷運站點資料
ubike_nearest_mrt=mrt_station[ubike_nearest_mrt,
                              c("StationID", "Zh_tw")]

# 查看 ubike_nearest_mrt 資料
head(ubike_nearest_mrt)
```

```
## Simple feature collection with 6 features and 2 fields
## Geometry type: POINT
## Dimension:     XY
## Bounding box: xmin:306287.5 ymin:2769487 xmax:307533 ymax:2770476
## Projected CRS: TWD97 / TM2 zone 121
## # A tibble: 6 x 3
##   StationID Zh_tw                geometry
##   <chr>     <chr>             <POINT [m]>
## 1 BL18      市政府       (307081.8 2770453)
## 2 BL17      國父紀念館    (306287.5 2770476)
## 3 BL18      市政府       (307081.8 2770453)
## 4 R03       台北 101/世貿  (306882 2769536)
## 5 R02       象山           (307533 2769487)
## 6 R03       台北 101/世貿  (306882 2769536)
```

函式複習章節		
st_intersection()	將臺北捷運站站點與行政區取交集	4.5
st_nearest_feature()	尋找各 YouBike 場站最近捷運站	4.12
資料 [列索引，c(" 欄位名稱 ")]	擷取站點資料中的屬性欄位	2.2.2

　　此一回傳結果顯示，與 ubike_station 資料中的第 1 筆數據最接近之捷運場站為「市政府站」，其他則以此類推。與最接近捷運站匹配結束後，即可將 YouBike 場站之地理資料（ubike_station）與最接近捷運站點之地理資料（ubike_nearest_mrt），利用 st_distance() 函式計算兩點間的直線距離。惟須注意的是，由於我們在此已將最接近的站點匹配完成，因此 ubike_station 的第一筆數據乃與 ubike_nearest_mrt 的第一筆數據相互配對，所得結果即為各匹配站點間的距離，是故在 st_distance() 函式中必須設定參數 by_element=T。程式碼撰寫如下，分隔線下方為執行結果。

```
# 計算 YouBike 場站與其匹配最近捷運站間的直線距離
ubike_nearest_mrt_dist=st_distance(ubike_station, ubike_nearest_mrt,
                                   by_element=T)

# 查看 ubike_nearest_mrt_dist 資料
head(ubike_nearest_mrt_dist)
```
```
## Units: [m]
## [1] 226.05891   41.87931 373.35767 376.45736 484.46857 267.01583
```

函式複習章節		
st_distance()	計算 YouBike 場站與最近捷運站直線距離	4.5

　　以上回傳結果中，第一筆資料即表示 ubike_station 資料中的第一筆數據與其最接近捷運站點（ubike_nearest_mrt 資料之第一筆數據）的直線距離為 226.05891 公尺。如是透過 st_distance() 函式已將所有 YouBike 場站與其最接近的捷運站點之距離計算出，最終僅需將 ubike_station、ubike_nearest_mrt、ubike_mrt_dist 三份資料予以合併即可。程式碼撰寫如下，分隔線下方為執行結果。

```
# 合併 YouBike 站點、最接近捷運站點、兩者間距離的資料
ubike_nearest_mrt=cbind(ubike_station,
                        st_drop_geometry(ubike_nearest_mrt),
                        ubike_mrt_dist=ubike_nearest_mrt_dist)

# 再次查看合併屬性後的 ubike_nearest_mrt 資料前六筆
head(ubike_nearest_mrt)
```

```
## Simple feature collection with 6 features and 5 fields
## Geometry type: POINT
## Dimension:     XY
## Bounding box: xmin:306247.7 ymin:2769668 xmax:307384.5 ymax:2770463
## Projected CRS: TWD97 / TM2 zone 121
##    SttnUID                          StatnNm StationID      Zh_tw
## 1        1      YouBike1.0_捷運市政府站(3號出口)      BL18      市政府
## 2        2 YouBike1.0_捷運國父紀念館站(2號出口)      BL17    國父紀念館
## 3        3              YouBike1.0_台北市政府      BL18      市政府
## 4        4              YouBike1.0_市民廣場       R03  台北101/世貿
## 5        5              YouBike1.0_興雅國中       R02        象山
## 6        6            YouBike1.0_臺北南山廣場     R03  台北101/世貿
##    ubike_mrt_dist              geometry
## 1  226.05891 [m] POINT (307305.9 2770423)
## 2   41.87931 [m] POINT (306247.7 2770463)
## 3  373.35767 [m] POINT (307031.3 2770083)
## 4  376.45736 [m] POINT (306745.1 2769887)
## 5  484.46857 [m] POINT (307384.5 2769948)
## 6  267.01583 [m] POINT (307114.2 2769668)
```

函式複習章節		
st_drop_geomety()	消除 ubike_nearest_mrt 的空間資料	4.5

　　在以上程式碼中必須特別注意的是，若是在 cbind() 函式中放入兩份地理資料，最終的空間資料便難以定義，故建議應保留其中一者作為主體空間資料，而

其他空間資料則需透過 `st_drop_geometry()` 函式去除之。以上回傳結果顯示，各 YouBike 站點的屬性，及其最近捷運站之屬性，而最後一欄位乃兩匹配站點間的直線距離。

爲了方便後續建立迴歸模型，必須將以上「距最近捷運站之距離」之欄位插入站點租還量統計資料（`ubike_ridership_station`）中，程式碼撰寫如下，分隔線下方爲執行結果。

```
# 將站點租還量統計資料與「距最近捷運站之距離」之變數合併
ubike_ridership_station=left_join(ubike_ridership_station,
                ubike_nearest_mrt[, c("SttnUID", "ubike_mrt_dist")],
                by=c("Station"="SttnUID"))

# 查看 ubike_ridership_station 前六筆資料
head(ubike_ridership_station)
```

```
## # A tibble: 6 x 4
##   Station Riderships ubike_mrt_dist            geometry
##     <dbl>      <dbl>           [m]         <POINT [m]>
## 1       1       4202          226.  (307305.9 2770423)
## 2       2       3476          41.9  (306247.7 2770463)
## 3       3       1629          373.  (307031.3 2770083)
## 4       4        629          376.  (306745.1 2769887)
## 5       5       2501          484.  (307384.5 2769948)
## 6       6       2161          267.  (307114.2 2769668)
```

由以上結果可發現，`ubike_ridership_station` 中除了原有的租還量統計資料，另包含 YouBike 最近捷運站點之直線距離欄位。以第一橫列爲例，其表示 YouBike 站點代碼爲 1 者，其日均租還量爲 4202 次，而到達最接近站點的直線距離爲 226 公尺。

接下來必須針對「是否位於大專院校之 300 公尺內」此一變數進行地理資料分析。目前我們蒐集到的資料爲臺灣所有各級學校（`taiwan_school`），因此必須先行篩選含有「大學」、「專科」、「國防醫學院」等三個詞彙的學校名，此外由於臺灣有些大學附有中學或小學，其並不屬於大專院校，應予以移除。最後再透過 `st_intersection()` 函式將其與臺北市行政區資料（`taipei_town`）取交集，所得結果即爲臺北市內的大專院校。

　　若欲在 `taiwan_school` 資料中擷取具有「大學」、「專科」、「國防醫學院」相關詞彙的學校，可利用 R 軟體中的 `grepl()` 函式（基礎函式），該函式中必須放入兩參數，第一個參數爲「指定文字內容」，第二個參數爲一「文字向量」，而回傳結果將爲在「文字向量」中含有「指定文字內容」的 TRUE 或 FALSE 向量。`grepl()` 函式的程式碼撰寫架構如下：

```
grepl( 指定文字內容 , 文字向量 )
```

　　以下先以簡單範例做解釋，若我們有一組向量爲「臺北市、新北市、宜蘭縣、新竹市、花蓮縣」等五個元素，且欲辨識向量中是否含有「縣」的字眼，則程式碼撰寫如下，分隔線下方爲執行結果。

```
# 簡單範例解釋
county_example=c("臺北市","新北市","宜蘭縣","新竹市","花蓮縣")
grepl("縣", county_example)
```
```
## [1] FALSE FALSE  TRUE FALSE  TRUE
```

　　由此結果顯示，由於「宜蘭縣」與「花蓮縣」具有「縣」的字眼，故在第 3 個元素與的 5 個元素將回傳 TRUE，而其他元素則回傳 FALSE。然而實務分析時可能狀況更加複雜，若有多重可能的字眼，則可透過 `paste()` 函式設定一組可能的字眼，其中須設定參數爲「`sep="|"`」，其表示利用直線（|）分隔，而該符號表「或者」之意。根據上述說明，若欲回傳上述簡單範例中含有「縣」或「北」的字眼，則程式碼撰寫如下，分隔線下方爲執行結果。

```
# 簡單範例解釋
county_example=c("臺北市","新北市","宜蘭縣","新竹市","花蓮縣")
grepl(paste("縣", "北", sep="|"), county_example)
```
```
## [1]  TRUE  TRUE  TRUE FALSE  TRUE
```

　　由以上結果顯示，具有「北」的字眼者包括「臺北市」與「新北市」，而包含「縣」的字眼者包括「宜蘭縣」與「花蓮縣」，故回傳結果在第 1、2、3、5 的元素將呈現 TRUE，其他則為 FALSE。

　　透過此一簡單範例了解 grepl() 函式之應用後，接著回到我們的分析主題，將臺灣各級學校（taiwan_school）的資料中擷取出校名具有「大學」、「專科」、「國防醫學院」之字眼者，且不得具有「附小」、「附中」、「實小」、「附屬」者。在此必須注意，讀者必須瀏覽該資料，尚能釐清哪些字眼必須保留或刪除，而初步探索資料亦為進行資料分析的必要過程。程式碼撰寫如下，分隔線下方為執行結果。

```
# 擷取名稱中大學或專科的學校
university=taiwan_school[grepl(paste("大學","專科","國防醫學院",
                                sep="|"), taiwan_school$name) &
                    !grepl(paste("附小", "附中", "實小", "附屬",
                                sep="|"), taiwan_school$name),]%>%
  select(name, lon, lat)
```
```
##                   name      lon      lat
## 4137      國立政治大學 121.5765 24.98742
## 4138      國立清華大學 120.9969 24.79640
## 4139      國立臺灣大學 121.5337 25.01698
## 4140  國立臺灣師範大學 121.5276 25.02645
## 4141      國立成功大學 120.2195 22.99633
## 4142      國立中興大學 120.6760 24.12324
```

　　接著為了擷取位於臺北市範圍內的大專院校，須進一步將以上的 university 文字資料轉換為地理資料，並再利用 st_intersection() 函式將其與臺北市行政區（taipei_town）取交集。程式碼撰寫如下，分隔線下方為執行結果。

```
# 將文字資料轉換為地理資料
university=mutate(university, geometry=st_as_sfc(paste0(
                                "POINT(", lon, " ", lat, ")")))%>%
  st_sf(crs=4326)%>%
```

```
    st_transform(crs=3826)

# 與臺北市行政區取交集
university=st_intersection(university, taipei_town)

# 再次查看university 前六筆資料
head(university)
```

```
## Warning: attribute variables are assumed to be spatially constant
## throughout all geometries

## Simple feature collection with 6 features and 3 fields
## Geometry type: POINT
## Dimension:     XY
## Bounding box: xmin:303242 ymin:2764508 xmax:308198.9 ymax:2770560
## Projected CRS: TWD97 / TM2 zone 121
##                name     lon      lat             geometry
## 4139       國立臺灣大學 121.5337 25.01698 POINT (303864.8 2767765)
## 4140   國立臺灣師範大學 121.5276 25.02645 POINT   (303242 2768811)
## 4155   國立臺灣科技大學 121.5406 25.01374 POINT (304564.9 2767409)
## 4158   國立臺北科技大學 121.5355 25.04221 POINT (304036.9 2770560)
## 4167   國立臺北教育大學 121.5447 25.02461 POINT (304972.5 2768613)
## 4137       國立政治大學 121.5765 24.98742 POINT (308198.9 2764508)
```

函式複習章節		
mutate()	新增空間欄位	3.2.2
st_as_sfc()	將文字轉換為空間資料	3.2.2
st_sf()	將座標格式設定為 EPSG:4326	3.2.2
st_transform()	將座標格式轉換為 EPSG:3826	3.3.2
st_intersection()	將學校資料與行政區取交集	4.5

接下來，為了解 YouBike 各場站方圓 300 公尺範圍內是否有大專院校，可先以 st_buffer() 函式透過環域分析繪製 300 公尺環域圖，接著再透過 st_intersection() 函式將其與大專院校（university）取交集，以篩選出環域內具有大專院校的場站。程式碼撰寫如下，分隔線下方為執行結果。

```
# 繪製 ubike_station 的 300 公尺環域
ubike_station_buf=st_buffer(ubike_station, 300)

# 將環域區與大專院校取交集
# 所得結果中的 YouBike 場站即表示在大專院校 300 公尺內
ubike_uni=st_intersection(ubike_station_buf, university)

# 查看 ubike_uni 前六筆資料
head(ubike_uni)
```

```
## Warning: attribute variables are assumed to be spatially constant
## throughout all geometries

## Simple feature collection with 6 features and 5 fields
## Geometry type: POINT
## Dimension:     XY
## Bounding box:  xmin:303242 ymin:2767409 xmax:304564.9 ymax:2768811
## Projected CRS: TWD97 / TM2 zone 121
## # A tibble: 6 x 6
##    SttnUID StatnNm                name    lon   lat          geometry
##      <dbl> <chr>                  <chr> <dbl> <dbl>       <POINT [m]>
## 1       45 YouBike1.0_捷運公館站(2號~ 國立~  122.  25.0 (303864.8 2767765)
## 2      132 YouBike1.0_羅斯福新生南路~ 國立~  122.  25.0 (303864.8 2767765)
## 3       38 YouBike1.0_臺灣師範大學(~  國立~  122.  25.0   (303242 2768811)
## 4      362 YouBike1.0_和平金山路口    國立~  122.  25.0   (303242 2768811)
## 5      399 YouBike1.0_和平龍泉街口    國立~  122.  25.0   (303242 2768811)
## 6       61 YouBike1.0_台灣科技大學    國立~  122.  25.0 (304564.9 2767409)
```

函式複習章節		
st_buffer()	取 YouBike 場站 300 公尺環域	4.6
st_intersection()	將 YouBike 環域區與大專院校取交集	4.5

　　由以上結果顯示，將 YouBike 場站 300 公尺環域與大專院校取交集後，所得結果（ubike_uni）即為方圓 300 公尺內具有大專院校的場站，亦即兩者間的距離小於 300 公尺。

　　完成大專院校的分析後，接著必須將此一結果整理於 ubike_ridership_station 資料中，以利後續迴歸模型之建構。為達成此目的，我們須在該資料中新增一欄位記錄各站點方圓 300 公尺內是否有大專院校，若有記錄為 1，否則為 0。而在撰寫程式碼時僅需檢驗 ubike_ridership_station 資料中的 YouBike 站點代碼（Station）是否存於 ubike_uni 的站點代碼向量中（ubike_uni$SttnUID），可利用 ifelse() 函式達成此一分析。程式碼撰寫如下，分隔線下方為執行結果。

```
# 將站點租還量統計資料與「是否位於大專院校附近」之變數合併
ubike_ridership_station=mutate(ubike_ridership_station, university=
                    ifelse(Station %in% ubike_uni$SttnUID, 1, 0))


# 查看 ubike_ridership_station 前六筆資料
head(ubike_ridership_station)
```
```
## # A tibble: 6 x 5
##    Station Riderships ubike_mrt_dist          geometry university
##      <dbl>      <dbl>          [m]       <POINT [m]>      <dbl>
## 1        1       4202          226.  (307305.9 2770423)         0
## 2        2       3476          41.9  (306247.7 2770463)         0
## 3        3       1629          373.  (307031.3 2770083)         0
## 4        4        629          376.  (306745.1 2769887)         0
## 5        5       2501          484.  (307384.5 2769948)         0
## 6        6       2161          267.  (307114.2 2769668)         0
```

由以上回傳結果可發現，`ubike_ridership_station` 資料中完整記錄各站點的日均租還量、與最近捷運站的直線距離，以及方圓 300 公尺內是否有大學等屬性。

截至目前，所有地理資料之分析暫告一段落，接下來即可針對此一 `ubike_ridership_station` 資料建構基本的迴歸模型。在 R 軟體中可利用 `lm()` 函式建立迴歸式，其中波浪號前須放置應變數，波浪號後放置自變數，而若有多個自變數，可使用加號連接；參數 `data=` 則須放置欲建立迴歸模型的原始資料。`lm()` 函式的程式碼撰寫架構如下：

```
lm( 應變數 , 自變數 , data= 資料 )
```

本分析中，迴歸模型的應變數為日均租還量（Riderships）；自變數則為與最近捷運站的直線距離（ubike_mrt_dist）和方圓 300 公尺內是否有大學（university）。程式碼撰寫如下，分隔線下方為執行結果，迴歸模型報表如表 6.1-3 所示。

```
# 建立迴歸模型
ubike_lm=lm(Riderships ~ university+ubike_mrt_dist,
                        data=ubike_ridership_station)

# 查看 ubike_Lm 迴歸模型結果
summary(ubike_lm)
```

```
## Call:
## lm(formula = Riderships ~ ubike_mrt_dist + university, data = ubike_r
idership_station)
##
## Residuals:
##     Min      1Q  Median      3Q     Max
## -1489.9  -459.5  -134.1   348.1  3636.1
##
## Coefficients:
##               Estimate Std. Error t value Pr(>|t|)
## (Intercept)  1481.37618   57.01734  25.981   <2e-16 ***
```

```
## ubike_mrt_dist  -0.75185    0.07839  -9.591  <2e-16 ***
## university      350.29084  164.00808   2.136   0.0333 *
## ---
## Signif. codes:  0 '***' 0.001 '**' 0.01 '*' 0.05 '.' 0.1 ' ' 1
##
## Residual standard error: 696.9 on 395 degrees of freedom
## Multiple R-squared:  0.1999, Adjusted R-squared:  0.1959
## F-statistic: 49.35 on 2 and 395 DF,  p-value: < 2.2e-16
```

▼ 表 6.1-3　YouBike 站點租還量之迴歸模型結果

	應變數（站點租還量）
與最近捷運站之直線距離	-0.752***
	(0.078)
方圓 300 公尺內是否有大專院校	350.291**
	(164.008)
常數項	1,481.376***
	(57.017)
總樣本數	398
R^2	0.200
Adjusted R^2	0.196
Residual Std. Error	696.852 (df = 395)
F Statistic	49.348*** (df = 2; 395)

註：*p<0.1**p<0.05***p<0.01

　　由表 6.1-3 之迴歸模型結果可發現，本模型之建構共有 398 個樣本，亦即共計 398 個 YouBike 站點。由係數觀察可發現，「與最近捷運站之直線距離」的係數值為負值（-0.752），且達統計顯著水準，表示距離捷運站愈遠的 YouBike 場站，其租還量愈低。具體解釋即，與最近捷運站相距 200 公尺的 YouBike 站點，相較於與最近捷運站相距 100 公尺的 YouBike 站點大約少 75（0.752*100）次的日均租還量。

此外，「方圓 300 公尺內是否有大專院校」一變量的係數值爲 350.291，表示在有大專院校的情境會較無大專院校者的日均租還量多約 350 次。

　　就整體模型結果觀之，調整後的 R 平方值爲 0.196，相當低，顯示可能仍有諸多變量目前尙未考慮，使模型的解釋能力低。惟本模型之建構僅作爲範例解釋，未來讀者可透過更多文獻支持蒐羅其他變量，提高模型的解釋力。

　　綜觀 6.1.2 與 6.1.3 兩實務分析案例，大量應用 `sf` 套件的函式進行地理資料處理，並透過 `ggplot2` 套件繪製地圖，呼應全書所涵蓋的內容。同時須透過許多 R 軟體中的基礎函式進行文字與資料處理（如：`grepl()` 函式、`is.na()` 函式等）、統計函式（如：`lm()` 函式）進行迴歸模型建構，使分析的應用性加深加廣。

6.2 公共運輸涵蓋率與可及性評估

國內外評估公共運輸服務的方法繁多，其中最為普遍應用者為「涵蓋率」與「可及性」，前者能反映公共運輸於道路路網的覆蓋程度，後者則可由旅客角度分析到達各類型興趣點的可及程度（accessibility）。本書乃參考《國家區域公共運輸服務指標調查示範計畫》（民 105）對於涵蓋率與可及性之定義，藉以計算此二公共運輸服務指標，兩指標的定義說明如下。

涵蓋率係指「公共運輸站牌合理步行範圍內的涵蓋家戶數」除以「應合理提供服務之家戶數」，該值必位於 0 與 1 間。涵蓋率若為 0，意指該區域內的家戶皆未落於合理的步行距離範圍內；反之，涵蓋率若為 1，意指該區域內的所有家戶皆位於站牌合理步行範圍內。上述定義中「公共運輸站牌合理步行範圍內的涵蓋家戶數」乃指所有公車站牌方圓 500 公尺範圍內的家戶；「應合理提供服務家戶數」則指位於省道、縣道、鄉道、一般市區道路等路網 500 公尺環域內的家戶。

可及性指標乃用以評估區域內公共運輸服務之可及程度，數值越高表示在該區域內，能夠藉由公共運輸抵達基本民行點（或特定興趣點）的家戶比例越高。惟須注意的是，可及性指標在計算時應考慮方向性，亦即可分為：「由家戶至基本民行點（去程）」以及「由基本民行點至家戶（返程）」。以去程為例，若家戶可抵達同一類型基本民行點之任一者，則謂為「抵達該類型基本民行點為可及」；反之若同一類型基本民行點皆無一者可抵達，則謂為「抵達該類型基本民行點不可及」。

本章節的分析將以苗栗縣作為範例，分別依據上述定義計算該行政區內各村里的涵蓋率與可及性。惟須注意的是，家戶資料係由內政部所提供之門牌圖資，屬於非公開資料，無法直接取得，故本書將利用臺灣村里地圖繪製網格，以網格的中心點作為分析對象，再逐一評估各村里的涵蓋率與可及性。繪製之網格必須進一步與道路 500 公尺範圍取交集，以確保為「應合理提供服務之網格」。此外，可及性分析時必須定義到訪的興趣點，本章節乃以「軌道運輸場站」為例，故分析所得結果意指由網格是否可藉由公車路線抵達任一「軌道運輸場站」，若可到達任一場站，則表示該網格可及；反之，若皆無法抵達任一場站，則表示該網格不可及。綜上所論，本章節將以苗栗縣作爲分析示範區，並透過其公共運輸相關資料，分析兩大主題，含括：

一、苗栗縣各村里公共運輸涵蓋率分析（6.2.2）

二、苗栗縣各村里至軌道運輸場站之公共運輸可及性分析（6.2.3）

　　兩分析中的「公共運輸」係指公車路線，含括市區客運與一般公路客運，此外可及性分析中的「軌道運輸場站」係指臺鐵與高鐵站點。須特別注意的是，行經苗栗縣的公車僅少數路線爲由地方政府交通機關所監管的市區客運，大部分路線皆屬由公路總局監管之一般公路客運。

▍6.2.1　使用資料

　　爲分析苗栗縣公共運輸涵蓋率與可及性，本章節須使用的資料含括苗栗縣市區客運、苗栗縣一般公路客運，此二資料將透過第 5 章的運輸資料介接函式取得。而在分析涵蓋率時，必須透過道路路網定義「應合理提供服務家戶數（網格數）」，在本書所提供的檔案（「data」資料夾）中，請尋找到「Miaoli_Road_Network」子資料夾內的「Miaoli_Road_Network.shp」地理資料，該資料中乃儲存苗栗縣的所有道路路網，爲自開放街圖（OpenStreetMap, OSM）下載並經整理的路網資料，而讀者亦可於 `TWspdata` 套件中使用相對應名稱之資料。在本章節的可及性分析中，乃分析由各村里的網格至任一軌道運輸場站的可及性，而「軌道運輸場站」含括臺鐵站點與高鐵站點，亦是透過第 5 章的運輸資料介接函式取得之。

　　除了基本的公共運輸與道路路網相關資料外，爲提升視覺化地圖之呈現，另需使用苗栗鄉鎮市區的圖層，請使用「taiwan_map」子資料夾內的「taiwan_town.shp」臺灣鄉鎮市區地理資料，於其中篩選出苗栗縣的圖資。此一資料除可直接至本機資料夾讀取外，亦可逕使用 `TWspdata` 套件中相對應名稱的資料。

　　本章節研究主題所需使用的資料，及其用途整理如表 6.2-1 所示。另外在此須特別注意，本章節的公共運輸資料乃擷取自 2022 年 3 月分，故讀者介接之資料及分析結果可能與本章節所呈現者略有出入。

▼ 表 6.2-1　公共運輸涵蓋率與可及性分析使用資料彙整

資料	資料名稱	用途
苗栗縣市區客運站牌與路線	（TDX 介接函式）	應用於後續涵蓋率與可及性之分析
一般公路客運站牌與路線	（TDX 介接函式）	分析的公共運輸站點、視覺化地圖繪製
苗栗縣軌道運輸站點資料	（TDX 介接函式）	可及性分析中其一端點的地理資料
苗栗縣道路路網	Miaoli_Road_Network	涵蓋率分析中篩選需分析的網格
臺灣村里	taiwan_village	應用於繪製地圖，並篩除苗栗縣境內的公路客運站點
臺灣鄉鎮市區	taiwan_town	應用於繪製地圖

6.2.2　公共運輸涵蓋率分析

在進行苗栗縣公共運輸分析之前，須先將苗栗縣的行政區（村里）圖資與公共運輸相關資料備齊，並統一各地理圖資的參考座標系統，以方便後續進行地理資料分析與繪製地圖，而本分析中將所有資料皆利用 st_transform() 函式統一為 EPSG:3826 之橫麥卡托投影座標系統。

首先擷取苗栗縣的村里圖資，程式碼撰寫如下，分隔線下方為執行結果。

```
# 擷取苗栗縣圖資
miaoli=filter(taiwan_village, COUNTYNAME=="苗栗縣")%>%
  select(VILLCODE, COUNTYNAME, TOWNNAME, VILLNAME)%>%
  st_transform(crs=3826)

# 查看 miaoli 前六筆資料
head(miaoli)

## Simple feature collection with 6 features and 4 fields
## Geometry type: MULTIPOLYGON
```

```
## Dimension:     XY
## Bounding box: xmin:233376.4 ymin:2695111 xmax:241846.4 ymax:2705676
## Projected CRS: TWD97 / TM2 zone 121
## # A tibble: 6 x 5
##   VILLCODE     COUNTYNAME TOWNNAME VILLNAME               geometry
##   <chr>        <chr>      <chr>    <chr>        <MULTIPOLYGON [m]>
## 1 10005080004 苗栗縣      大湖鄉   富興村   (((237242.7 2705676, 237247~
## 2 10005080005 苗栗縣      大湖鄉   大南村   (((239962.5 2702260, 239988~
## 3 10005080006 苗栗縣      大湖鄉   大寮村   (((235808.1 2702131, 235823~
## 4 10005080007 苗栗縣      大湖鄉   南湖村   (((234394.5 2701414, 234399~
## 5 10005080008 苗栗縣      大湖鄉   義和村   (((233473.8 2699479, 233476~
## 6 10005080009 苗栗縣      大湖鄉   東興村   (((237701.8 2696449, 237683~
```

函式複習章節		
filter()	篩選 taiwan_village 資料中屬苗栗縣的村里	2.2.3
select()	挑選資料所需欄位	2.2.3
st_transform()	將資料的參考座標格式轉換為 EPSG:3826	3.3.2

　　回傳結果為苗栗縣村里地理資料，其中記錄各鄉鎮市區與村里名稱，共計 275 筆數據。接著須透過第 5 章的運輸資料介接函式下載市區公車與一般公路客運站牌站序資料，以及其路線圖資。由於透過介接函式所得資料皆為 EPSG:4326 之座標格式，故須藉 st_transform() 函式轉換為 EPSG:3826。

　　透過 Bus_StopOfRoute() 函式介接苗栗縣市區公車站牌站序資料。程式碼撰寫如下，分隔線下方為執行結果，其中 access_token 為利用 TDX 套件中的 get_token() 函式所得之存取權杖。

```
# 介接苗栗縣市區公車站牌站序資料
bus_stop_city=Bus_StopOfRoute(access_token, "MiaoliCounty",
                               dtype="sf"))
```

```
## 8 Routes
## #---MiaoliCounty Stop of Route Downloaded---#
```

```
# 轉換 bus_stop_city 資料的座標系統爲 EPSG:3826
bus_stop_city=st_transform(bus_stop_city, crs=3826)

# 查看 bus_stop_city 前六筆資料
head(bus_stop_city)
```

```
## Simple feature collection with 6 features and 12 fields
## Geometry type: POINT
## Dimension:      XY
## Bounding box:   xmin:238482.5 ymin:2731378 xmax:242191 ymax:2733353
## Projected CRS: TWD97 / TM2 zone 121
##   RouteUID RouteName SubRouteUID SubRouteName Direction StopUID StopID
## 1 MIA0737       101   MIA073701          101         0 MIA297582 297582
## 2 MIA0737       101   MIA073701          101         0 MIA297583 297583
## 3 MIA0737       101   MIA073701          101         0 MIA297584 297584
## 4 MIA0737       101   MIA073701          101         0 MIA297585 297585
## 5 MIA0737       101   MIA073701          101         0 MIA297586 297586
## 6 MIA0737       101   MIA073701          101         0 MIA297698 297698
##       StopName StationID StopSequence PositionLat PositionLon
## 1   竹南科學園區    134251            1    24.70719   120.92265
## 2 國家衛生研究院    134252            2   24.706966  120.915183
## 3       建國路口    134253            3   24.695975   120.90889
## 4       頭份國中    134254            4   24.690969  120.902001
## 5   頭份運動公園    134255            5   24.689383  120.893089
## 6   苗北藝文中心    134362            6   24.690588  120.886181
##                 Geometry
## 1 POINT (242173.9 2733348)
## 2 POINT (241418.4 2733324)
## 3 POINT (240780.9 2732107)
## 4 POINT (240083.4 2731553)
## 5 POINT (239181.4 2731378)
## 6 POINT (238482.5 2731512)
```

　　透過 Bus_Shape() 函式介接苗栗縣市區公車路線資料，程式碼撰寫如下，分隔線下方為執行結果。

```
# 介接苗栗縣市區公車路線資料
bus_shape_city=Bus_Shape(access_token, "MiaoliCounty", dtype="sf")
```

```
## Joining, by = "id"
## Joining, by = "id"
## #---MiaoliCounty Bus Route Downloaded---#
```

```
# 轉換 bus_stop_city 資料的座標系統為 EPSG:3826
bus_shape_city=st_transform(bus_shape_city, crs=3826)
```

```
# 查看 bus_shape_city 前六筆資料
head(bus_shape_city)
```

```
## Simple feature collection with 6 features and 5 fields
## Geometry type: LINESTRING
## Dimension:     XY
## Bounding box: xmin:230616.4 ymin:2705071 xmax:241792.2 ymax:2734096
## Projected CRS: TWD97 / TM2 zone 121
##   RouteUID RouteName SubRouteUID SubRouteName Direction
## 1 MIA0737       101   MIA073701        10110         0
## 2 MIA0737       101   MIA073702        10110         1
## 3 MIA0737       101   MIA0737A1        10110         0
## 4 MIA0737       101   MIA0737A2        10110         1
## 5 MIA0737       101   MIA0737B1        10110         0
## 6 MIA0737       101   MIA0737B2        10110         1
##                         Geometry
## 1 LINESTRING (240988.6 273407...
## 2 LINESTRING (237493.4 270507...
## 3 LINESTRING (241010.8 273407...
## 4 LINESTRING (232097.2 272203...
## 5 LINESTRING (237493.4 270507...
## 6 LINESTRING (232104.2 272202...
```

接著透過 `Bus_StopOfRoute()` 函式介接公路客運站牌站序資料，惟須注意的是，此時所下載的資料中含括全臺灣的公路客運，故須先透過 `st_intersection()` 函式取交集，以保留位於苗栗縣之站牌。程式碼撰寫如下。

```
# 介接公路客運站牌站序資料，並轉換為 EPSG:3826 座標格式
bus_stop_intercity=Bus_StopOfRoute(access_token, "Intercity",
                                        dtype="sf")
bus_stop_intercity=st_transform(bus_stop_intercity, crs=3826)
```
```
2048 Routes
#---Intercity Stop of Route Downloaded---#
```

```
# 擷取位於苗栗縣的公路客運站牌( 預設會下載包含國道的資料)
bus_stop_intercity=st_intersection(bus_stop_intercity,
                                        miaoli$geometry)
```

函式複習章節		
`st_transform()`	將資料的參考座標格式轉換為 EPSG:3826	3.3.2
`st_intersection()`	將 bus_stop_intercity 資料與苗栗縣行政區取交集	4.5

此外公路客運係包含「一般公路客運」與「國道客運」，惟在後續的分析中僅能使用「一般公路客運」進行分析，乃因國道客運為城際運輸之服務，並不提供旅客於同一區域內上下車，故無法提升區域內公共運輸的涵蓋率與可及性，應在分析前先行篩除。臺灣公路總局對於客運之分類詳如圖 6.2.1 所示。

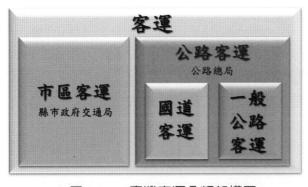

▲ 圖 6.2.1　臺灣客運分類架構圖

在此可利用 **Bus_Route()** 函式下載所有公路客運的詳細資訊，並藉 **filter()** 函式篩選出屬於一般公路客運路線者，其路線類型（BusRouteType）之代碼為「12」。在挑選出屬於一般公路客運的公車路線代碼後，即可再透過 **filter()** 函式，針對 **bus_stop_intercity** 資料篩選屬於一般公路客運之路線站牌，如是最終所得結果即為「位於苗栗縣的一般公路客運站牌」。程式碼撰寫如下，分隔線下方為執行結果。

```
# 介接一般公路客運資訊
bus_route=Bus_Route(access_token, "Intercity")

# 篩選屬於一般公路客運之路線代碼 (代碼為12)
bus_route=filter(bus_route, BusRouteType==12)$SubRouteUID

# 篩選 bus_stop_intercity 中屬於一般公路客運之站牌
bus_stop_intercity=filter(bus_stop_intercity,
                          SubRouteUID %in% bus_route)

# 查看 bus_stop_intercity 前六筆資料
head(bus_stop_intercity)
```
```
## Simple feature collection with 6 features and 12 fields
## Geometry type: POINT
## Dimension:      XY
## Bounding box: xmin:237168.2 ymin:2704008 xmax:237301.9 ymax:2705225
## Projected CRS: TWD97 / TM2 zone 121
##   RouteUID RouteName SubRouteUID SubRouteName Direction StopUID StopID
## 1  THB5656      5656   THB565601        56560         0 THB102484 102484
## 2  THB5656      5656   THB565601        56560         0 THB236664 236664
## 3  THB5656      5656   THB565601        56560         0 THB102486 102486
## 4  THB5656      5656   THB565601        56560         0 THB127118 127118
## 5  THB5656      5656   THB565601        56560         0 THB102488 102488
## 6  THB5656      5656   THB565601        56560         0 THB102489 102489
```

```
##      StopName StationID StopSequence PositionLat PositionLon
## 1 法雲寺口     32006           43    24.45324    120.87475
## 2   溫泉口    116320           44   24.451453   120.874018
## 3   天后宮     31589           45    24.44747    120.87381
## 4     水尾     31562           46    24.44494    120.87406
## 5 華興國小     31990           47    24.44349    120.87365
## 6 鄉城社區     33872           48   24.442245   120.873442
##                   Geometry
## 1 POINT (237301.9 2705225)
## 2 POINT (237227.5 2705028)
## 3 POINT   (237206 2704586)
## 4 POINT (237231.1 2704306)
## 5 POINT (237189.4 2704146)
## 6 POINT (237168.2 2704008)
```

函式複習章節		
filter()	篩選一般公路客運之站牌	2.2.3

接著介接所有公路客運的路線資料，程式碼撰寫如下。

```
# 介接所有公路客運路線資料，並轉換爲 EPSG:3826 座標格式
bus_shape_intercity=Bus_Shape(access_token, "Intercity", dtype="sf")
bus_shape_intercity=st_transform(bus_shape_intercity, crs=3826)
```

同樣地，此時所下載的資料爲全臺灣公路客運路線資料，而最終所需要者應爲「苗栗縣」與「一般公路客運」之路線。由於 bus_stop_intercity 資料中目前皆爲苗栗縣的路線與站點，故在此可利用該資料中的子路線代碼（SubRouteUID）進行篩選，以挑選出苗栗縣一般公路客運路線圖資。程式碼撰寫如下，分隔線下方爲執行結果。

```
# 篩選行經苗栗縣內的一般公路客運路線
# 利用 bus_stop_intercity 資料擁有的路線進行篩選
bus_shape_intercity=filter(bus_shape_intercity,
                  SubRouteUID %in% bus_stop_intercity$SubRouteUID)

# 查看 bus_stop_intercity 前六筆資料
head(bus_shape_intercity)
```

```
## Simple feature collection with 6 features and 5 fields
## Geometry type: LINESTRING
## Dimension:     XY
## Bounding box:  xmin:230353 ymin:2689547 xmax:260049.7 ymax:2736958
## Projected CRS: TWD97 / TM2 zone 121
##    RouteUID RouteName SubRouteUID SubRouteName Direction
## 1  THB5609      5609  THB560901        56090          0
## 2  THB5609      5609  THB560902        56090          1
## 3  THB5609      5609  THB5609A1         5609A         0
## 4  THB5609      5609  THB5609A2         5609A         1
## 5  THB5655      5655  THB565501        56550          0
## 6  THB5655      5655  THB565502        56550          1
##                          Geometry
## 1 LINESTRING (258677.8 273695...
## 2 LINESTRING (245816.6 273085...
## 3 LINESTRING (258677.8 273695...
## 4 LINESTRING (245816.6 273085...
## 5 LINESTRING (236718.1 270216...
## 6 LINESTRING (232908.4 268966...
```

　　透過上述程式碼已備齊所有本分析所須使用的公共運輸資料，接著可進一步利用公共運輸路線與站點資料繪製苗栗縣的公共運輸路網圖。程式碼撰寫如下，出圖結果則如圖 6.2.2 所示，其中藍色路線與站點為「一般公路客運」，而紅色路線與站點則為「苗栗縣市區客運」。

```
ggplot()+
  geom_sf(data=miaoli, color="#E0E0E0", fill="#BEBEBE")+
  geom_sf(data=st_boundary(filter(taiwan_town,
                     COUNTYNAME=="苗栗縣")), color="#7B7B7B")+
  geom_sf(data=bus_shape_intercity, color="#004B97")+
  geom_sf(data=bus_stop_intercity, size=1, color="#004B97")+
  geom_sf(data=bus_shape_city, color="red")+
  geom_sf(data=bus_stop_city, size=1, color="red")+
  geom_sf_text_repel(data=filter(taiwan_town, COUNTYNAME=="苗栗縣"),
                aes(label=TOWNNAME), family="A", size=4,
                color="#6C6C6C", fontface="bold")+
  theme_void()
```

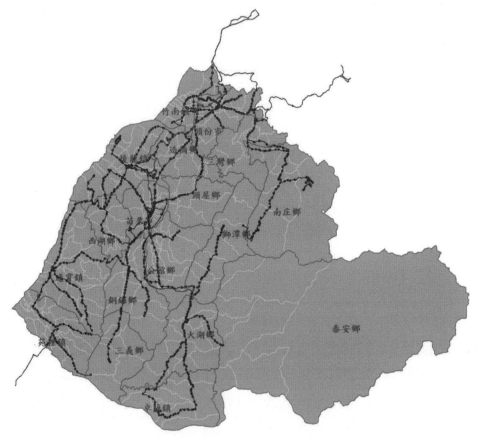

▲ 圖 6.2.2　苗栗縣公車路網與站牌分布圖

函式複習章節		
`st_boundary()`	擷取 taiwan_town 資料的邊框	4.8
`geom_sf_text_repel()`	將 taiwan_town 資料的鄉鎮市區文字標註於地圖上	2.3
`theme_void()`	設定地圖主題	2.8.3

以上程式碼中，文字樣式設定之「`family="A"`」意指使用標楷體；「`family="B"`」意指使用 Times New Roman，此參數設定如下所示：

```
windowsFonts(A=windowsFont(" 標楷體 "))
windowsFonts(B=windowsFont("Times New Roman"))
```

在計算涵蓋率之前，必須先行劃設網格，並篩選「應合理提供服務之網格」作為後續分析對象。擷取方式乃將所有網格與道路路網 500 公尺取交集，具有交集者即表示預期應該要有公共運輸服務，而未有交集者則不為分析對象。

網格可利用 `st_make_grid()` 函式繪製，於本分析中設定參數 `cellsize=` 為 200，亦即繪製 200*200 公尺的網格。程式碼撰寫如下，而利用此一函式所建構的網格與苗栗地圖如圖 6.2.3 所示。

```
# 建立苗栗縣網格單元
miaoli_grid=st_make_grid(miaoli, cellsize=200)%>%
  st_sf()
```

函式複習章節		
`st_make_grid()`	建立 200*200 公尺之網格	4.15

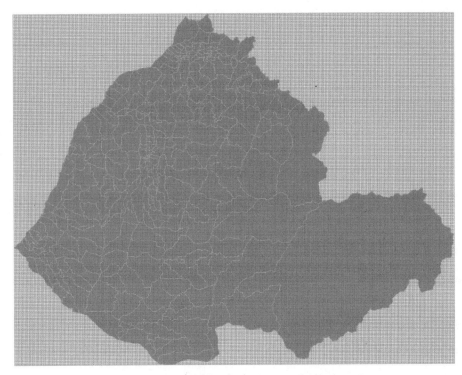

▲ 圖 6.2.3　苗栗縣 200*200 公尺網格地圖

由圖 6.2.3 可發現，經過 `st_make_grid()` 函式所建構的網格乃涵蓋所有苗栗縣行政區的四邊形，故許多網格係坐落於苗栗縣境外，必須再透過 `st_intersection()` 函式加以篩除。程式碼撰寫如下，分隔線下方為執行結果。

```
# 裁切網格
miaoli_grid=st_intersection(miaoli_grid, miaoli)
```

```
## Warning: attribute variables are assumed to be spatially constant
## throughout all geometries
```

函式複習章節		
`st_intersection()`	將初始建置的網格與苗栗縣行政區取交集	4.5

透過 `st_intersection()` 函式將網格與苗栗縣村里資料進行裁切後，所有網格皆保證位於苗栗縣境內，此外亦可貼附各個網格所在的鄉鎮市區與村里名稱，如是

尚能進行後續各村里涵蓋率或可及性的計算。

　　接下來須進一步篩選「應合理提供服務之網格」，在本分析中，其定義為：與道路路網 500 公尺環域具交集之網格。為達成上述之網格篩選，可先利用 `st_buffer()` 函式繪製道路路網 500 公尺的範圍，並以 `st_union()` 函式將所有環域範圍取聯集，而後再藉 `st_intersects()` 函式分析網格與道路路網 500 公尺的環域範圍，若兩者具交集須予以保留，作為後續評估公共運輸涵蓋率與可及性的對象。根據上述分析流程，道路環域 500 公尺範圍之聯集的程式碼撰寫如下，分隔線下方為執行結果。

```
# 取道路環域 500 公尺
road_buf=st_buffer(Miaoli_Road_Network, 500)

# 將環域結果取聯集
road_buf=st_union(road_buf)

# 查看 road_buf 資料
road_buf
```

```
## Geometry set for 1 feature
## Geometry type: POLYGON
## Dimension:     XY
## Bounding box: xmin:208648.2 ymin:2684871 xmax:279364.7 ymax:2739198
## Projected CRS: TWD97 / TM2 zone 121
## POLYGON ((217669.6 2686793, 217659.6 2686736, 2...
```

函式複習章節		
st_buffer()	繪製苗栗道路路網 500 公尺環域範圍	4.6
st_union()	將所有道路環域範圍取聯集	4.4

　　以上程式碼回傳結果顯示 **road_buf** 資料為一簡單圖徵向量（sfc），其中僅記錄該 500 公尺環域範圍之聯集的「空間資料（POLYGON）」。接著將苗栗網格資料（`miaoli_grid`）利用 `st_intersects()` 函式挑選出與此一道路環域空間資料具

交集者，若有交集將顯示 1；否則顯示「`integer(0)`」。程式碼撰寫如下，分隔線下方爲執行結果。

```
# 將網格與道路路網 500 公尺範圍取交集，具交集者尚爲分析對象
miaoli_grid_road=st_intersects(miaoli_grid, road_buf)

# 查看 miaoli_grid_road 第 100 至 105 筆資料
miaoli_grid_road[100:105]
```

```
## [[1]]
## integer(0)
##
## [[2]]
## integer(0)
##
## [[3]]
## integer(0)
##
## [[4]]
## [1] 1
##
## [[5]]
## [1] 1
```

函式複習章節		
`st_intersects()`	將網格與道路路網環域範圍取交集	4.5

　　透過上述程式碼可辨認道路路網與網格兩圖層是否具交集，例如以 **miaoli_grid_road** 第 100 至 105 筆數據爲例，第 100 筆（**[[1]]**）爲「`integer(0)`」，表示該網格並未與道路路網之環域有交集，應予以刪除，而該回傳結果的陣列內元素個數爲 0；再如第 103 筆（**[[4]]**）爲「**1**」，意指該網格確實與道路路網之環域具交集，爲後續應保留的分析對象，而該回傳結果的陣列內元素個數爲 1。

　　爲篩選與道路路網之環域具交集的網格，可利用回傳結果的陣列長度加以篩選，乃透過 `lengths()` 函式計算每一陣列內元素的長度，並挑選出陣列內元素個數大於 0 者。程式碼撰寫如下，分隔線下方爲執行結果，最終篩選成果如圖 6.2.4 所示，其中深色方格即爲待以分析涵蓋率與可及性的對象，而其他網格因位於道路路網 500 公尺環域範圍外，故不予以分析。

▲ 圖 6.2.4　苗栗縣 200*200 公尺網格地圖（道路路網 500 公尺範圍內）

```
# 檢查網格是否與道路有交集，若無交集顯示 integer(0)，陣列內元素個數爲 0
# 若有交集則陣列內元素個數爲 1
road_inter=lengths(miaoli_grid_road)>0

# 查看 road_inter 第 100 至 110 筆資料
road_inter[100:110]
```
```
## [1] FALSE FALSE FALSE  TRUE  TRUE  TRUE  TRUE  TRUE  TRUE  TRUE  TRUE
```

```
# 篩選
miaoli_grid=miaoli_grid[road_inter,]
```

函式複習章節		
lengths()	計算 miaoli_grid_road 資料的陣列長度	4.5

經過以上篩選後，已將所有位於道路 500 公尺範圍內的網格予以保留，而爲了方便後續對應指定的網格，本分析中給定每一網格一唯一代號，作爲後續勾稽與合併資料之主鍵（primary key）。程式碼撰寫如下，分隔線下方爲執行結果。

```
# 給予待分析的每一網格唯一編號
miaoli_grid=data.frame(GridID=c(1:nrow(miaoli_grid)), miaoli_grid)%>%
  st_sf()

# 查看 miaoli_grid 前六筆資料
miaoli_grid
```
```
## Simple feature collection with 6 features and 5 fields
## Geometry type: POLYGON
## Dimension:     XY
## Bounding box: xmin:233704.8 ymin:2702130 xmax:235898.4 ymax:2702384
## Projected CRS: TWD97 / TM2 zone 121
##    GridID   VILLCODE COUNTYNAME TOWNNAME VILLNAME
## 17      1 10005080004     苗栗縣   大湖鄉   富興村
## 18      2 10005080004     苗栗縣   大湖鄉   富興村
## 19      3 10005080004     苗栗縣   大湖鄉   富興村
## 20      4 10005080004     苗栗縣   大湖鄉   富興村
## 21      5 10005080004     苗栗縣   大湖鄉   富興村
## 22      6 10005080004     苗栗縣   大湖鄉   富興村
##                            geometry
## 17 POLYGON ((235658.6 2702184,...
## 18 POLYGON ((235858.6 2702184,...
## 19 POLYGON ((233858.6 2702384,...
```

```
## 20 POLYGON ((233858.6 2702384,...
## 21 POLYGON ((234058.6 2702384,...
## 22 POLYGON ((234258.6 2702384,...
```

　　建立完網格後，接下來必須挑選網格內的其中一點作爲分析對象，本分析乃選取「中心點」，並且檢查該中心點是否位於所有公車站點環域 500 公尺範圍內，若確實落於該範圍內，則定義該網格可被公車站點服務；反之，若中心點並未落於環域 500 公尺範圍內，則表示並未受公車服務涵蓋。透過以上之邏輯判斷，即可將所有網格賦予「公車可涵蓋網格」以及「公車無法涵蓋網格」之標籤，以待後續分析與繪圖使用。

　　根據上述分析流程，必須先將網格的中心點利用 `st_centroid()` 函式挑選出，並藉由 `st_buffer()` 函式產生苗栗縣市區客運與一般公路客運站牌的 500 公尺環域範圍，最後再將兩資料取交集，以得知各網格中心點是否落於公車站牌環域範圍內。程式碼撰寫如下，分隔線下方爲執行結果。

```
# 以網格的中心點進行涵蓋率分析
road_inter[100:105]
```
```
## Warning in st_centroid.sf(miaoli_grid): st_centroid assumes
## attributes are constant over geometries of x
```

```
# 將市區客運與一般公路客運站牌資料合併
miaoli_stop=rbind(st_buffer(bus_stop_city, 500),
                  st_buffer(bus_stop_intercity, 500))
```

```
# 取所有公車站牌之 500 公尺環域
miaoli_stop_buf=st_buffer(miaoli_stop, 500)
```

```
# 將網格中心與公車站牌環域結果取交集
miaoli_grid_bus=st_intersection(miaoli_grid_center,
miaoli_stop_buf[, c("SubRouteUID", "SubRouteName", "StopUID", "StopName", "Direction", "StopSequence")])
```

```
## Warning: attribute variables are assumed to be spatially constant
## throughout all geometries
```

```
# 查看 miaoli_grid_bus 前六筆資料
head(miaoli_grid_bus)
```

```
## Simple feature collection with 6 features and 11 fields
## Geometry type: POINT
## Dimension:     XY
## Bounding box: xmin:241558.6 ymin:2732484 xmax:242061.5 ymax:2732684
## Projected CRS: TWD97 / TM2 zone 121
##      GridID VILLCODE COUNTYNAME  TOWNNAME  VILLNAME SubRouteUID SubRouteName
## 7068   5305 10005050016    苗栗縣    頭份市    山下里   MIA073701          101
## 7069   5306 10005050016    苗栗縣    頭份市    山下里   MIA073701          101
## 7070   5307 10005050016    苗栗縣    頭份市    山下里   MIA073701          101
## 7080   5317 10005050016    苗栗縣    頭份市    山下里   MIA073701          101
## 7081   5318 10005050016    苗栗縣    頭份市    山下里   MIA073701          101
## 7082   5319 10005050016    苗栗縣    頭份市    山下里   MIA073701          101
##        StopUID     StopName Direction StopSequence                 geometry
## 7068 MIA297582 竹南科學園區         0            1 POINT (241758.6 2732484)
## 7069 MIA297582 竹南科學園區         0            1 POINT (241958.3 2732485)
## 7070 MIA297582 竹南科學園區         0            1 POINT (242061.5 2732505)
## 7080 MIA297582 竹南科學園區         0            1 POINT (241558.6 2732684)
## 7081 MIA297582 竹南科學園區         0            1 POINT (241758.6 2732684)
## 7082 MIA297582 竹南科學園區         0            1 POINT (241958.6 2732684)
```

函式複習章節		
st_buffer()	取公車站牌 500 公尺環域範圍	4.6
st_intersection()	將公車站牌環域範圍與網格中心點取交集	4.4

　　將公車站牌環域範圍與網格中心點取交集，所得結果儲存於 miaoli_grid_bus 中，以該資料第一橫列為例，其表示代碼為「5305」之網格，位於「苗栗縣頭份市山下里」，該網格中心點坐落於與「101」公車路線的「竹南科學園區」站牌之 500

公尺環域範圍內，亦即代碼爲「5305」之網格可被該站牌所涵蓋。

　　有了上述 miaoli_grid_bus 的分析結果後，可進一步檢驗網格資料（miaoli_grid）中各個網格是否爲公車站牌 500 公尺環域範圍所涵蓋者，並在原始 miaoli_grid_bus 資料中新增一欄爲以記錄「是否可被公車涵蓋」，若確實被涵蓋記錄爲「1」，否則爲「0」。程式碼撰寫如下，分隔線下方爲執行結果，而各網格是否涵蓋之地圖詳如圖 6.2.5 所示，其中淺色網格表示「可被公車涵蓋」；深色網格則意指「無法被公車涵蓋」。

```
# 增加是否有涵蓋之欄位
miaoli_grid=mutate(miaoli_grid, COVER=ifelse(GridID %in%
                                        miaoli_grid_bus$GridID, 1, 0))

# 查看 miaoli_grid 前六筆資料
head(miaoli_grid)
```

```
## Simple feature collection with 6 features and 6 fields
## Geometry type: POLYGON
## Dimension:     XY
## Bounding box: xmin:233704.8 ymin:2702130 xmax:235898.4 ymax:2702384
## Projected CRS: TWD97 / TM2 zone 121
##    GridID   VILLCODE COUNTYNAME TOWNNAME VILLNAME
## 17      1 10005080004     苗栗縣   大湖鄉   富興村
## 18      2 10005080004     苗栗縣   大湖鄉   富興村
## 19      3 10005080004     苗栗縣   大湖鄉   富興村
## 20      4 10005080004     苗栗縣   大湖鄉   富興村
## 21      5 10005080004     苗栗縣   大湖鄉   富興村
## 22      6 10005080004     苗栗縣   大湖鄉   富興村
##                        geometry COVER
## 17 POLYGON ((235658.6 2702184,...     1
## 18 POLYGON ((235858.6 2702184,...     1
## 19 POLYGON ((233858.6 2702384,...     0
## 20 POLYGON ((233858.6 2702384,...     0
```

```
## 21 POLYGON ((234058.6 2702384,...        0
## 22 POLYGON ((234258.6 2702384,...        0
```

```
# 繪製網格涵蓋與否之地圖
ggplot()+
  geom_sf(data=miaoli, color=NA, fill="#BEBEBE")+
  geom_sf(data=miaoli_grid, aes(fill=as.character(COVER)))+
  scale_fill_manual(values=c("0"="#FF2D2D", "1"="#00EC00"),
                    labels=c("未涵蓋", "涵蓋"), name="")+
  theme_void()+
  theme(legend.text=element_text(family="A", size=18))
```

函式複習章節		
`mutate()`	在網格資料中新增「是否涵蓋」之欄位	2.2.3
`scale_fill_manual()`	將網格資料依據是否有涵蓋（類別）填色	2.5
`theme()`	地圖主題設定	2.8.3

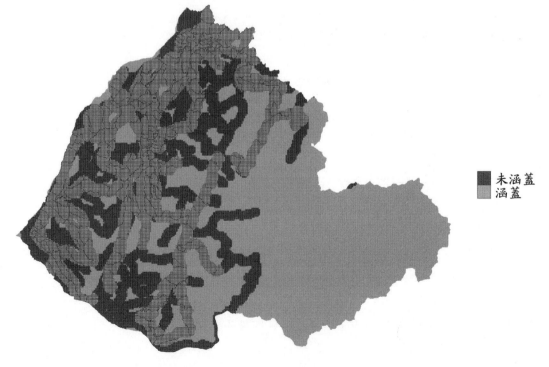

▲ 圖 6.2.5　各網格公車涵蓋與否示意圖

　　圖 6.2.5 乃以微觀視角進行分析與繪製地圖，並可清楚了解每一個小區域（網格）是否被公車站牌涵蓋，然對於交通當局而言，或許更為在意的是每一個「行政區」的「涵蓋率」，係以巨觀的角度剖析涵蓋的程度。以下分析中乃先行統計各村里可被公車站牌之環域涵蓋的網格數與該村里的總網格數，再將兩數值相除（涵蓋的網格數／總網格數），所得結果即為各村里涵蓋率。程式碼撰寫如下，分隔線下方為執行結果，出圖結果則如圖 6.2.6 所示。

```
# 統計每一村里的網格總數與涵蓋總數
miaoli_grid_summary=group_by(st_drop_geometry(miaoli_grid),
                    VILLCODE, COUNTYNAME, TOWNNAME, VILLNAME)%>%
  summarise(ALL=n(),
            COVERAGE=sum(COVER)/n())
```

```
## `summarise()` has grouped output by 'VILLCODE', 'COUNTYNAME',
## 'TOWNNAME'. You can override using the `.groups` argument.
```

```
# 將 miaoli 與 miaoli_grid_summary 兩圖資合併
miaoli_grid_summary=left_join(miaoli, miaoli_grid_summary)
```

```
## Joining, by = c("VILLCODE", "COUNTYNAME", "TOWNNAME", "VILLNAME")
```

```
# 查看 miaoli_grid_summary 前六筆資料
head(miaoli_grid_summary)
```

```
## Simple feature collection with 6 features and 6 fields
## Geometry type: MULTIPOLYGON
## Dimension:    XY
## Bounding box: xmin:233376.4 ymin:2695111 xmax:241846.4 ymax:2705676
## Projected CRS: TWD97 / TM2 zone 121
## # A tibble: 6 x 7
##   VILLCODE COUNTYNAME TOWNNAME VILLNAME        geometry   ALL COVERAGE
##   <chr>    <chr>      <chr>    <chr>    <MULTIPOLYGON [m]> <int>   <dbl>
## 1 1000508~ 苗栗縣      大湖鄉    富興村    (((237242.7 27056~   228   0.605
## 2 1000508~ 苗栗縣      大湖鄉    大南村    (((239962.5 27022~   148       1
```

```
## 3 1000508~ 苗栗縣    大湖鄉    大寮村    (((235808.1 27021~    100    0.96
## 4 1000508~ 苗栗縣    大湖鄉    南湖村    (((234394.5 27014~    106    0.377
## 5 1000508~ 苗栗縣    大湖鄉    義和村    (((233473.8 26994~    163    0.988
## 6 1000508~ 苗栗縣    大湖鄉    東興村    (((237701.8 26964~     97    0.175
```

```
# 繪製苗栗各村里涵蓋率地圖
ggplot()+
  geom_sf(data=miaoli_grid_summary, aes(fill=COVERAGE), color=NA)+
  scale_fill_distiller(palette="YlOrRd", direction=1, name="涵蓋率")+
  geom_sf(data=filter(taiwan_town, COUNTYNAME=="苗栗縣"), fill=NA)+
  geom_sf_text_repel(data=filter(taiwan_town, COUNTYNAME=="苗栗縣"),
                     aes(label=TOWNNAME), family="A", size=4,
                     color="#BEBEBE", fontface="bold")+
  theme_void()+
  theme(legend.title=element_text(family="A", size=20),
      legend.text=element_text(family="B", size=18))
```

函式複習章節		
group_by() %>% summarise()	依據村里代碼與名稱統計各村里的網格總數，以及可涵蓋的網格數	4.2
st_drop_geometry()	去除苗栗網格資料的空間欄位	3.4.2
left_join()	將苗栗村里資料與涵蓋統計結果予以合併	3.5
scale_fill_distiller()	將地圖依據涵蓋率（數值）填色	2.4
geom_sf_text_repel	在地圖上標註苗栗縣各鄉鎮名稱	2.3
theme()	地圖主題設定	2.8.3

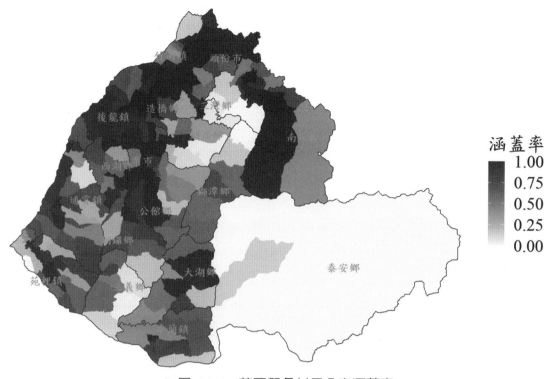

▲ 圖 6.2.6　苗栗縣各村里公車涵蓋率

　　以上程式碼中利用 `group_by() %>% summarise()` 函式，依據村里代碼、村里名稱、縣市名稱、鄉鎮市區名稱等四個欄位，計算各村里所有網格總數與被公車500 公尺環域涵蓋之網格數，藉以推算各個村里的涵蓋率，最後再將原始的網格地理資料與統計結果之屬性予以合併。由圖 6.2.6 可發現，苗栗縣的公共運輸資源有分布不均之情況，如在三灣鄉、泰安鄉、三義鄉等地的涵蓋率特別低，透過此一視覺化地圖，可概觀了解苗栗縣當前公共運輸的服務缺口。

▌6.2.3　公共運輸可及性分析

　　本書的可及性分析係指可否透過現有的公車路網連結網格中心點與興趣點間，而興趣點在本節中乃以「軌道運輸場站」為例，故最終分析所得結果意指由網格是否可透過公車路線抵達任一「軌道運輸場站」，而以巨觀的角度觀察，則分析每一村里內網格可連結至任一「軌道運輸場站」的比例。

由於興趣點係以軌道運輸場站為例，故須先行藉由 TDX 套件中的 `Rail_Station()` 函式蒐集苗栗縣境內的臺鐵站點與高鐵站點資料。程式碼撰寫如下，分隔線下方為執行結果。

```
# 介接所有臺鐵站點資料，並篩選位於苗栗縣者
# 座標格式轉換為 EPSG:3826，便於後續分析
miaoli_TRA=Rail_Station(access_token, operator="TRA", dtype="sf")%>%
  filter(LocationCity=="苗栗縣")%>%
  st_transform(crs=3826)%>%
  select(StationName, StationUID)
```
```
## #---TRA Station Downloaded---#
```

```
# 介接所有高鐵站點資料，並篩選位於苗栗縣者
# 座標格式轉換為 EPSG:3826，便於後續分析
miaoli_HSR=Rail_Station(access_token, operator="THSR", dtype="sf")%>%
  filter(LocationCity=="苗栗縣")%>%
  st_transform(crs=3826)%>%
  select(StationName, StationUID)
```
```
## #---THSR Station Downloaded---#
```

```
# 將臺鐵與高鐵站點資料予以合併
miaoli_train=rbind(miaoli_TRA, miaoli_HSR)

# 查看 miaoli_train 前六筆資料
head(miaoli_train)
```
```
## Simple feature collection with 6 features and 2 fields
## Geometry type: POINT
## Dimension:    XY
## Bounding box: xmin:225508.4 ymin:2722790 xmax:237898.1 ymax:2735082
## Projected CRS: TWD97 / TM2 zone 121
##   StationName StationUID                 Geometry
```

```
## 1       崎頂     TRA-1240 POINT   (237064 2735082)
## 2       竹南     TRA-1250 POINT (237898.1 2731074)
## 3       談文     TRA-2110 POINT (235652.2 2727729)
## 4       大山     TRA-2120 POINT (230135.1 2726544)
## 5       後龍     TRA-2130 POINT (228464.8 2723286)
## 6       龍港     TRA-2140 POINT (225508.4 2722790)
```

函式複習章節		
filter()	篩選軌道運輸場站所在位置為苗栗縣者	2.2.3
st_transform()	將參考座標系統轉換為 EPSG:3826	3.3.2
select()	挑選資料中所需欄位	2.2.3

　　軌道運輸資料蒐集完成後，即可將軌道運輸場站與公車站牌 500 公尺環域取交集，以分析各軌道運輸場站由哪些公車站牌所涵蓋，以及具有哪些公車路線服務。程式碼撰寫如下，分隔線下方為執行結果。

```
# 將苗栗軌道運輸資料與公車站牌 500 公尺環域取交集
miaoli_train_bus=st_intersection(miaoli_train, miaoli_stop_buf)
```
```
## Warning: attribute variables are assumed to be spatially constant
## throughout all geometries
```

```
# 查看 miaoli_train_bus 前六筆資料
head(miaoli_train_bus)
```
```
## Simple feature collection with 6 features and 14 fields
## Geometry type: POINT
## Dimension:     XY
## Bounding box:  xmin:232134.1 ymin:2721631 xmax:237898.1 ymax:2731074
## Projected CRS: TWD97 / TM2 zone 121
##    StationName StationUID RouteUID RouteName SubRouteUID SubRouteName
## 2         竹南   TRA-1250   MIA0737       101   MIA073701          101
## 2.1       竹南   TRA-1250   MIA0737       101   MIA073701          101
```

```
## 3            談文    TRA-2110  MIA0737      101    MIA073701        101
## 3.1          談文    TRA-2110  MIA0737      101    MIA073701        101
## 12           豐富    TRA-3150  MIA0737      101    MIA073701        101
## 17           苗栗    THSR-1035 MIA0737      101    MIA073701        101
##     Direction   StopUID StopID        StopName StationID StopSequence
## 2          0 MIA297698 297698      苗北藝文中心    134362            6
## 2.1        0 MIA297587 297587  竹南火車站(東站)    134256            7
## 3          0 MIA297589 297589          德照橋    134258            9
## 3.1        0 MIA297590 297590          談文    134259           10
## 12         0 MIA297592 297592       高鐵苗栗站    134261           12
## 17         0 MIA297592 297592       高鐵苗栗站    134261           12
##     PositionLat PositionLon                 Geometry
## 2     24.690588  120.886181 POINT (237898.1 2731074)
## 2.1   24.686206  120.881956 POINT (237898.1 2731074)
## 3     24.657129  120.864016 POINT (235652.2 2727729)
## 3.1   24.654175  120.852687 POINT (235652.2 2727729)
## 12    24.604656  120.822731 POINT (232134.1 2721631)
## 17    24.604656  120.822731 POINT   (232307 2722089)
```

函式複習章節		
st_intersection()	將軌道運輸資料與公車站牌環域取交集	4.5

以上回傳結果中，以第一橫列為例，其表示竹南火車站可由公車路線「101」的「苗北藝文中心」涵蓋；再以第六橫列為例，苗栗高鐵站（THSR-1035）可被公車路線「101」的「高鐵苗栗站」所涵蓋。

接著將「網格與公車站牌 500 公尺環域之交集結果（miaoli_grid_bus）」（起點站）及「軌道運輸場站與公車站牌 500 公尺環域之交集結果」（抵達站）依據路線代碼予以合併，即可得到所有網格與軌道運輸場站間可能的搭乘起訖配對。

```
# 整理網格中心點與公車站牌 500 公尺環域範圍取交集之結果
temp_grid=st_drop_geometry(miaoli_grid_bus)%>%
  select(GridID, SubRouteUID, SubRouteName, StopUID, StopName,
         Direction, StopSequence)%>%
  rename(StopUID_O=StopUID, StopName_O=StopName,
         StopSequence_O=StopSequence)

# 整理軌道運輸場站與公車站牌 500 公尺環域範圍取交集之結果
temp_train=st_drop_geometry(miaoli_train_bus)%>%
  select(StationName, SubRouteUID, SubRouteName, StopUID, StopName,
         Direction, StopSequence)%>%
  rename(StopUID_D=StopUID, StopName_D=StopName,
         StopSequence_D=StopSequence)

# 將兩者依據路線代碼合併
grid2train=left_join(temp_grid, temp_train)
```

```
## Joining, by = c("SubRouteUID", "SubRouteName", "Direction")
```

函式複習章節		
st_drop_geometry()	去除站牌環域交集結果的空間資料	3.4.2
select()	挑選資料中所需欄位	2.2.3
left_join()	將交集結果資料依照路線代碼合併	4.1

　　以上程式碼中 rename() 函式是用以重新命名資料的欄位名稱，rename() 函式的程式碼撰寫架構如下：

　　rename(資料 , 新欄位名稱 = 舊欄位名稱)

　　然而必須注意的是，在以上的資料（grid2train）中有部分是錯誤配對的，乃因依據路線代碼合併後，並不能確保起點站的站序小於抵達站的站序，故需要透過 filter() 函式篩選起點站站序小於抵達站站序的配對結果（註：為進行站序之篩選，

所以我們在以上程式碼中才先整理 `temp_grid` 與 `temp_train` 兩資料，並將兩者的
欄位重新命名，新欄位名稱中的「_O」即表示由網格出發，為網格中心點 500 公尺
環域的公車站牌；欄位名稱中的「_D」即表示到達軌道運輸場站方圓 500 公尺的站
牌）。

```
# 篩選起始點站序小於到達站點站序者
grid2train=filter(grid2train, StopSequence_O<=StopSequence_D)

# 查看 grid2train 前六筆資料
head(grid2train)
##   GridID SubRouteUID SubRouteName StopUID_O  StopName_O Direction
## 1   5305   MIA073701          101 MIA297582 竹南科學園區         0
## 2   5305   MIA073701          101 MIA297582 竹南科學園區         0
## 3   5305   MIA073701          101 MIA297582 竹南科學園區         0
## 4   5305   MIA073701          101 MIA297582 竹南科學園區         0
## 5   5305   MIA073701          101 MIA297582 竹南科學園區         0
## 6   5305   MIA073701          101 MIA297582 竹南科學園區         0
##   StopSequence_O StationName StationUID StopUID_D    StopName_D
## 1              1        竹南   TRA-1250 MIA297698    苗北藝文中心
## 2              1        竹南   TRA-1250 MIA297587 竹南火車站(東站)
## 3              1        談文   TRA-2110 MIA297589        德照橋
## 4              1        談文   TRA-2110 MIA297590        談文
## 5              1        豐富   TRA-3150 MIA297592      高鐵苗栗站
## 6              1        苗栗  THSR-1035 MIA297592      高鐵苗栗站
##   StopSequence_D
## 1              6
## 2              7
## 3              9
## 4             10
## 5             12
## 6             12
```

以上回傳結果中顯示各個網格抵達各軌道運輸場站可搭乘的公車路線，以及上下車的公車站牌。以第一筆數據為例，其表示編號「5305」之網格（GridID），可透過「101」公車路線（SubRouteName），自「竹南科學園區」站（StopName_O）上車，該站牌的站序為 1（StopSequence_O），並搭乘至「苗北藝文中心」站（StopName_D），其站序為 6（StopSequence_D），共行經 5 個站牌，最終即可抵達目的地竹南火車站（StationName）。再以第六列為例，其表示編號「5305」之網格（GridID），可透過「101」公車路線（SubRouteName），自「竹南科學園區」站（StopName_O）上車，並搭乘至「高鐵苗栗站」公車站（StopName_D），其站序為 12（StopSequence_D），共行經 11 個站牌，最終即可抵達目的地苗栗高鐵站（StationName）。

接著我們最終關注的對象應為各網格可否到達軌道運輸場站，故只要出現於 grid2train 資料中的網格代碼，即表示該網格可透過現有公車路網，搭乘公車逕前往軌道運輸場站。

grid2train 資料中細項的搭乘公車過程在後續分析中並不重要，惟為更清楚每一網格所可以到達的公共運輸場站，我們在此可利用 distinct() 函式篩選出網格代碼配對到的軌道運輸場站代碼與站名之唯一欄。程式碼撰寫如下，分隔線下方為執行結果。

```
# 保留網格代碼與軌道運輸場站站名，並取唯一值
grid2train=distinct(grid2train, GridID, StationUID, StationName)

# 再次查看 grid2train 前六筆資料
head(grid2train)
```

```
##   GridID StationName StationUID
## 1   5305      竹南    TRA-1250
## 2   5305      談文    TRA-2110
## 3   5305      豐富    TRA-3150
## 4   5305      苗栗    THSR-1035
## 5   5305      苗栗    TRA-3160
## 6   5306      竹南    TRA-1250
```

distinct() 函式乃用以篩選資料中的唯一欄位，若有重複者將會予以去除。圖 6.2.7 以簡單範例說明 distinct() 函式的操作程序與回傳結果，圖中共有四個欄位，若四個欄位的內容皆相同，則將被判斷為重複資料，應將重複者予以刪除。

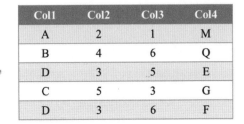

▲ 圖 6.2.7　**distinct()** 函式操作示意圖

以上程式碼回傳結果中顯示，編號「5305」之網格可搭乘公車抵達臺鐵竹南、談文、豐富、苗栗車站，以及高鐵苗栗站。透過此一結果可一目了然各網格可到達的軌道運輸場站，方便我們觀察與檢驗。

若網格編號有出現於 grid2train 資料中，無論與哪一個車站連結，均可定義為「網格可透過公共運輸連結至軌道運輸場站」。是故，再回到苗栗縣網格（miaoli_grid）資料，我們可進一步檢查各網格是否存在於 grid2train 資料中，並利用 mutate() 函式新增一欄位，用以記錄可及與否。程式碼撰寫如下，分隔線下方為執行結果。

```
# 在網格資料中增加一欄位，記錄該網格是否與軌道運輸場站可及
miaoli_grid=mutate(miaoli_grid,
                ACCESS=ifelse(GridID %in% grid2train$GridID, 1, 0))

# 查看 miaoli_grid 前六筆資料
head(miaoli_grid)
## Simple feature collection with 6 features and 7 fields
## Geometry type: POLYGON
```

```
## Dimension:     XY
## Bounding box: xmin:233704.8 ymin:2702130 xmax:235898.4 ymax:2702384
## Projected CRS: TWD97 / TM2 zone 121
##    GridID    VILLCODE COUNTYNAME TOWNNAME VILLNAME
## 17      1 10005080004    苗栗縣    大湖鄉   富興村
## 18      2 10005080004    苗栗縣    大湖鄉   富興村
## 19      3 10005080004    苗栗縣    大湖鄉   富興村
## 20      4 10005080004    苗栗縣    大湖鄉   富興村
## 21      5 10005080004    苗栗縣    大湖鄉   富興村
## 22      6 10005080004    苗栗縣    大湖鄉   富興村
##                              geometry COVER ACCESS
## 17 POLYGON ((235658.6 2702184,...       1      1
## 18 POLYGON ((235858.6 2702184,...       1      1
## 19 POLYGON ((233858.6 2702384,...       0      0
## 20 POLYGON ((233858.6 2702384,...       0      0
## 21 POLYGON ((234058.6 2702384,...       0      0
## 22 POLYGON ((234258.6 2702384,...       0      0
```

函式複習章節		
mutate()	新增欄位用以記錄可及與否	2.2.3
ifelse()	建立可及與否的判斷式	2.6

有了 miaoli_grid 的網格資料，並記錄各網格是否可透過公共運輸路網與軌道運輸場站可及後，接著應進一步統計各個村里的網格總數與可及網格數，最終將兩數值相除（村里可及網格總數 / 村里網格總數）即為村里利用公共運輸到達軌道運輸場站的可及比例。程式碼撰寫如下，分隔線下方為執行結果。

```
# 統計每一村里的網格總數與涵蓋總數
miaoli_grid_summary2=group_by(st_drop_geometry(miaoli_grid),
                    VILLCODE, COUNTYNAME, TOWNNAME, VILLNAME)%>%
  summarise(ALL=n(),
            ACCESSIBILITY=sum(ACCESS)/n())
```

```
## `summarise()` has grouped output by 'VILLCODE', 'COUNTYNAME',
## 'TOWNNAME'. You can override using the `.groups` argument.
```

```
# 查看 miaoli_grid_summary2 前六筆資料
head(miaoli_grid_summary2)
```

```
## # A tibble: 6 x 6
## # Groups:   VILLCODE, COUNTYNAME, TOWNNAME [6]
##   VILLCODE    COUNTYNAME TOWNNAME VILLNAME   ALL ACCESSIBILITY
##   <chr>       <chr>      <chr>    <chr>    <int>         <dbl>
## 1 10005010001 苗栗縣     苗栗市   中苗里        8             1
## 2 10005010002 苗栗縣     苗栗市   建功里       23             1
## 3 10005010003 苗栗縣     苗栗市   青苗里        8             1
## 4 10005010004 苗栗縣     苗栗市   玉清里       21             1
## 5 10005010005 苗栗縣     苗栗市   玉華里       59         0.966
## 6 10005010006 苗栗縣     苗栗市   維新里       44         0.864
```

以上回傳結果顯示苗栗縣各個村里的可及性，該數值儲存於 miaoli_grid_summary2 資料中的最後一行（ACCESSIBILITY）。以回傳結果的第一筆數據為例，其表示苗栗縣苗栗市中苗里共計 8 個網格，而可及比例為 1，意謂該行政區所有網格皆可透過公共運輸路網與軌道運輸場站連結。再以第六筆資料為例，其表示苗栗縣苗栗市維新里的可及比例僅 86.4%。

上述資料為單純的文字資料，必須進一步與村里圖資（miaoli）合併，尚方便後續繪圖與延伸分析。程式碼撰寫如下，分隔線下方為執行結果。

```
# 將苗栗縣村里圖資與可及性計算結果之屬性值予以合併
miaoli_grid_summary2=left_join(miaoli, miaoli_grid_summary2)
```

```
## Joining, by = c("VILLCODE", "COUNTYNAME", "TOWNNAME", "VILLNAME")
```

為更清楚苗栗縣各村里的可及比例，應繪製視覺化之地圖，以方便觀察可及性於空間分布中的概況。程式碼撰寫如下，出圖結果如圖 6.2.8 所示。

```
# 繪製各村里與軌道運輸場站間可及性地圖
ggplot()+
  geom_sf(data=miaoli_grid_summary2, aes(fill=ACCESSIBILITY))+
  scale_fill_distiller(palette="YlOrRd", direction=1,
                       name="至軌道運輸場之可及性")+
  theme_void()+
  theme(legend.title=element_text(family="A", size=20),
        legend.text=element_text(family="B", size=18))
```

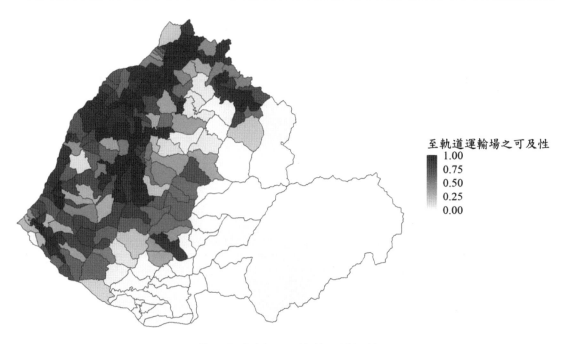

▲ 圖 6.2.8　苗栗縣各村里至軌道運輸場站可及性地圖

　　由圖 6.2.8 之地圖顯示，近山區的村里，其公共運輸連結至軌道運輸場站的可及性低，民眾若欲搭乘城際運輸可能需要舟車勞頓轉車，無法直接透過直達的方式抵達，故在未來評估苗栗縣的對外出行交通時，可利用此可及性指標做為評估依據，並藉此尋找潛在的公共運輸缺口。

　　綜觀 6.2.2 與 6.2.3 兩實務分析案例，乃應用 sf 套件中的函式處理地理資料，並藉 ggplot2 套件繪製地圖，此外亦利用本書所撰寫的 TDX 套件介接運輸資料，操作方法涵蓋全書大部分的核心技術。另須注意的是，本章節所列舉的公共運輸議題必須對於此一領域有一定的認知（包括一般公路客運與市區客運的分別、站牌資料的結構等），故在進行資料分析時必須初步對特定領域的知識（Domain Knowledge）有所涉獵，以避免分析時所造成的謬誤。

6.3 房價資料分析

房地產的價格受諸多因素影響，在不同地區、房屋屬性、房屋類別（如公寓、透天厝、住宅大樓等）下皆會使房價有甚大差異，故歷年來有諸多研究深入探討影響房價之因素，期能分析及預測其趨勢。為了探究影響房價的因素，多數研究與實務分析中乃建構多元線型迴歸模型，將房價作為應變數，並考量各項環境與房屋的屬性作為自變數，而最終模型校估所得的係數值即為各屬性在單位變動下對於房價的影響。此種分析方法又稱為「特徵價格法（Hedonic Price Theory）」，乃利用產品的各種屬性特徵，評估市場上各項因素對該產品價格的影響幅度，而該理論認為消費者會於產品特徵中獲得效用，故藉由對於產品特徵的抽絲剝繭以細緻地分析商品價格。其中消費者購買商品在於追求產品效用之最大化，故每增加該商品屬性特徵之消費，而願意額外支付之價格（Marginal willingness to pay）即可視為「特徵價格」。最早將「特徵價格」應用於住宅市場者係於西元 1967 年 Ridker 的研究，以美國聖路易地區的房屋交易資料為樣本，探討環境品質對房屋交易價格的影響。

本章節將透過新北市的中和、永和兩行政區作為研究對象，首先透過地理編碼方法將原始的地址轉換為經緯度，接著透過視覺化地圖綜觀房價的空間分布，而最後藉由迴歸模型之建構探討影響該區域房價的因素。本分析中將影響房價的因素歸納為三者：房屋屬性特徵（如：建物面積、房間數）、區域屬性特徵（如：所在村里人口密度），以及建成環境屬性特徵（如：周遭便利商店數、與最近捷運站之距離）。綜上所論，本章節的分析主題含括：

一、房價資料地理編碼與視覺化地圖（6.3.2）

二、影響房價之因素探討（6.3.3）

▌6.3.1 使用資料

房價資料為本分析中至關重要的數據，除須擁有房價欄位外，亦須包含房屋的屬性資料，以便後續建構多元迴歸模型，了解影響房價之因素。本書自內政部「不動產交易實價查詢服務網」下載民國110年9至10月分的新北市資料，經資料清洗與基礎整理，過濾明顯有誤的數據，並保留位於中和、永和地區的建物，其中重要欄位包含「房屋代碼」、「地址」、「建物面積」、「房、廳、衛間數」、「總房價」、「是否只有4樓」、「是否含有1樓」等房屋特徵變數。在本書所提供的檔案（「data」資料夾）中，請尋找到「house_price」子資料夾內的「shuangho_house_price.csv」文字資料，抑或逕使用 TWspdata 套件中相對應名稱的資料。

　　除了房價與房屋屬性資料為本分析的重點外，另需使用區域屬性特徵與建成環境屬性特徵，以適當的變數增加迴歸模型的可解釋力。區域屬性特徵乃考量中和、永和各村里的人口密度，本書乃自「政府公開資料平臺」下載該年度的全臺人口資料，其中羅列村里代碼、名稱與總人口數，而後續分析中務必將人口數除以該村里的面積，以求得村里人口密度。請在本書所提供的檔案（「data」資料夾）中，尋找到「taiwan_map」子資料夾內的「taiwan_village_pop .csv」文字資料，抑或逕使用 TWspdata 套件中相對應名稱的資料。由於房價資料（點）與人口密度資料（面）為不同幾何型態之資料，故在後續資料處理時，須將此二類取交集以貼附資料。

　　至於建成環境屬性特徵則考量「300公尺範圍內的便利商店間數」，請在本書所提供的檔案（「data」資料夾）中，尋找到「convenience_store」子資料夾內的「convenience_store.csv」文字資料，抑或逕使用 TWspdata 套件中相對應名稱的資料。惟須注意的是，此便利商店資料僅為純文字，並非屬於 sf 格式的地理資料，故必須透過3.2.2小節所介紹的函式先行轉換之。此外亦考量「與最近捷運站之距離」，請透過5.2.1軌道站點介接函式下載之。

　　本章節研究主題所需使用的資料，及其用途整理如表6.3-1所示。

▼ 表 6.3-1　公共運輸涵蓋率與可及性分析使用資料彙整

資料	資料名稱	用途
中和、永和房價資料	shuangho_house_price	分析房價資料，其中房屋屬性為自變數；房屋價格為應變數（點資料）
臺灣村里	taiwan_village	應用於繪製地圖，並對應每一房屋的所在村里（面資料）
臺灣村里人口數	taiwan_village_pop	計算人口密度作為區域屬性特徵，為房價模型之自變數

資料	資料名稱	用途
臺北捷運站點	（TDX 介接函式）	建成環境屬性特徵，作為房價模型之自變數（點資料）
便利商店地理資料	`convenience_store`	建成環境屬性特徵，作為房價模型之自變數（點資料）

▌6.3.2　房價資料地理編碼與視覺化地圖

　　為分析房價資料，必須先行透過地理編碼將地址之文字資料轉換為經緯度，本分析中將利用 5.5.4 小節所介紹的交通部地理編碼服務回傳各房屋的經緯度資料。先利用 `head()` 函式觀察中和、永和房價資料（`shuangho_house_price`），程式碼撰寫如下，分隔線下方為執行結果。

```
# 查看 shuangho_house_price 前六筆資料
head(shuangho_house_price)
```

```
##      houseid    transaction                              address land_area
## 1 HOUSE_001 房地(土地+建物)      新北市永和區雙和街１７巷１８號三樓     43.26
## 2 HOUSE_002 房地(土地+建物)    新北市中和區連城路１３９巷５４號二樓     41.18
## 3 HOUSE_003 房地(土地+建物) 新北市中和區秀朗路三段７８巷２弄３號三樓     46.46
## 4 HOUSE_004 房地(土地+建物)    新北市永和區中正路２８３巷７０弄５號     26.47
## 5 HOUSE_005 房地(土地+建物)    新北市永和區永平路２１８巷１１號三樓     24.02
## 6 HOUSE_006 房地(土地+建物) 新北市中和區保健路１０巷１弄１０號二樓     18.48
##      date       state          use building_area room hall bath management
## 1 1100902 公寓(5樓含以下無電梯) 住家用        148.76    4    2    2          0
## 2 1100906 公寓(5樓含以下無電梯) 住家用         77.40    3    1    1          0
## 3 1100903 公寓(5樓含以下無電梯) 住家用        117.58    4    2    1          0
## 4 1100907 公寓(5樓含以下無電梯) 住家用         91.47    3    2    2          0
## 5 1100904 華廈(10層含以下有電梯) 住家用       140.81    4    2    2          1
## 6 1100902 公寓(5樓含以下無電梯) 住家用         53.63    3    2    1          0
##    total_price unit_price balcony_area only_4th_floor with_1st_floor
```

## 1	22000000	147889	16.70	0	0
## 2	7400000	95607	0.00	0	0
## 3	10800000	91852	0.00	0	0
## 4	14000000	153056	14.98	0	1
## 5	19200000	136354	12.95	0	0
## 6	6700000	124930	8.33	0	0

由以上回傳結果可發現，中和、永和房價資料（shuangho_house_price）中除有地理資料供後續地理編碼回傳經緯度外，亦含括房屋屬性資料，可應用於後續迴歸模型之建構。在此須特別注意的是，「state」欄位表示建物型態，其分類方式乃依據不動產經紀業管理條例《第 22 條》之規範，而本資料中含括：「公寓 (5 樓含以下無電梯)」、「華廈 (10 層含以下有電梯)」、「住宅大樓 (11 層含以上有電梯)」等三類。「room」、「hall」與「bath」分別代表該房屋內的房間數、客廳數、浴廁數。「only_4th_floor」欄位表示該交易是否僅包含 4 樓，若是記錄為 1，否則為 0。考量此變數乃因在臺灣「四」具有「死」的諧音關係，故推敲或許對房價具負面的影響。反觀，「with_1st_floor」欄位則意謂該筆不動產交易是否包含 1 樓，若是記錄為 1，否則為 0。考量此一變數乃因臺灣大部分地區的土地使用方式為住商混合，故位於一樓者通常具有商業之潛力，房地產價值理應較高。綜上所論，房價資料的地址欄位（address）將應用於下一步驟的地理編碼，而其他房屋屬性欄位則為後續迴歸模型建構所使用。

接著將雙和地區房價資料中的地址，利用 5.5.4 所介紹的 Geocoding() 函式進行地理編碼，程式碼撰寫如下，分隔線下方為執行結果。

```
# 將雙和地區房價資料中的地址進行地理編碼
address_geocoding=Geocoding(access_token,
                           shuangho_house_price$address, dtype="sf")
```

```
Geocoding Summary
Total:      559
Success:    558
Duplicated: 1
Fail:       0
```

```
# 擷取成功地理編碼的地址

address_geocoding=address_geocoding$SUCCESS


# 查看地理編碼前六筆結果

head(shuangho_house_price)
```

Simple feature collection with 558 features and 2 fields

Geometry type: POINT

Dimension:　　XY

Bounding box: xmin:121.4646 ymin:24.97876 xmax:121.5288 ymax:25.01664

Geodetic CRS:　WGS 84

First 10 features:

	AddressOriginal	AddressNew
1	新北市永和區雙和街１７巷１８號三樓	新北市永和區雙和里雙和街 17 巷 18 號
2	新北市中區連城路１３９巷５４號二樓	新北市中區連城里連城路 139 巷 54~
3	新北市中和區秀朗路三段７８巷２弄３號三樓	新北市中和區秀義里秀朗路三段 78 巷~
4	新北市永和區中正路２８３巷７０弄５號	新北市永和區潭墘里中正路 283 巷 70~
5	新北市永和區永平路２１８巷１１號三樓	新北市永和區中溪里永平路 218 巷 11~
6	新北市中和區保健路１０巷１弄１０號二樓	新北市中和區泰安里保健路 10 巷 1 弄~
7	新北市中和區忠孝街１０４號四樓	新北市中和區華南里忠孝街 104 號
8	新北市中和區圓通路３６９巷６號四樓	新北市中和區錦和里圓通路 369 巷 6 號
9	新北市中和區景平路２７８巷１６弄３２號~	新北市中和區秀明里景平路 278 巷 16~
10	新北市永和區中山路一段２６號四樓之二	新北市永和區信義里中山路一段 26 號

	Geometry
1	POINT　(121.509 25.00163)
2	POINT　(121.4967 24.99732)
3	POINT　(121.5258 24.99425)
4	POINT　(121.5155 24.99926)
5	POINT　(121.5095 25.01107)
6	POINT　(121.5081 24.99768)
7	POINT　(121.512 24.98484)
8	POINT　(121.4908 24.98885)
9	POINT　(121.5148 24.99372)
10	POINT　(121.5137 25.01064)

函式複習章節		
Geocoding()	將房屋地址經地理編碼回傳經緯度	5.5.4

程式碼中，Geocoding() 函式設定參數「dtype="sf"」，表示透過該函式逕回傳地理資料。而地理編碼回傳結果顯示各房屋的地址與匹配所得的經緯度，其中「AddressOriginal」欄位表示原始資料中的地址欄位；「AddressNew」欄位則表示經過交通部地理編碼服務後所匹配最可能的地址，後續匹配時僅須利用「AddressOriginal」欄位作為主鍵（Primary key）即可。

完成地理編碼後，即可將房價資料與地理編碼結果藉 left_join() 函式予以合併，同時須透過 st_sf() 函式將房價資料轉換為 sf 格式。程式碼撰寫如下。

```
# 將房價資料與地理編碼結果合併
shuangho_hp=left_join(shuangho_house_price, address_geocoding,
                      by=c("address"="AddressOriginal"))

# 將房價資料轉換為 sf 格式，並將座標系統轉換為 EPSG:3826
shuangho_hp=select(shuangho_hp, -AddressNew)%>%
   st_sf(crs=4326)%>%
   st_transform(crs=3826)
```

函式複習章節		
left_join()	合併房價資料與地理編碼結果	3.5
select()	篩除 AddressNew 欄位	2.2.3
st_sf()	轉換為地理資料	3.1.3
st_transform()	將座標參考系統轉換為 EPSG:3826	3.3.2

透過此一轉換，在此已成功將房價文字資料，轉換為完整的地理資料（亦即包含屬性資料與空間資料）。為了視覺化呈現房價資料，先行擷取中和、永和的村里資料作為底圖，再疊圖房價地理資料，以建物類型給予不同顏色，並以圓點大小表示總房價。地圖繪製之程式碼撰寫如下，出圖結果如圖 6.3.1 所示。

```
# 擷取中和、永和村里資料
shuangho_village=filter(taiwan_village,
                            TOWNNAME %in% c("中和區","永和區"))%>%
  st_transform(crs=3826)

# 繪製房價視覺化地圖
ggplot()+
  geom_sf(data=shuangho_village, fill="#BEBEBE", color="#E0E0E0")+
  geom_sf(data=shuangho_hp, aes(size=total_price/1000, color=state))+
  scale_color_brewer(palette="Set2", name="建物類型")+
  scale_size_continuous(range=c(0,6), name="房價(萬)")+
  geom_sf_text_repel(data=filter(taiwan_town,
                          TOWNNAME %in% c("中和區","永和區")),
                      aes(label=TOWNNAME), family="A", size=6)+
  geom_sf(data=filter(taiwan_town, TOWNNAME %in% c("中和區","永和區")),
              fill=NA, size=1)+
  theme_void()+
  theme(legend.title=element_text(family="A", face="bold", size=18),
        legend.text=element_text(family=c("A"), size=15))
```

函式複習章節		
filter()	篩選中和區、永和區的村里資料	2.2.3
st_transform()	將座標參考系統轉換為 EPSG:3826	3.3.2
scale_color_brewer()	依據不同建物類型利用不同顏色繪製	2.5
scale_size_continuous()	依據不同房價給予不同圓點大小	2.4
geom_sf_text_repel()	設定地圖上標籤文字	2.3
theme_void()	設定主要地圖主題（去除背景）	2.8.3
element_text()	設定地圖文字樣式	2.8.3

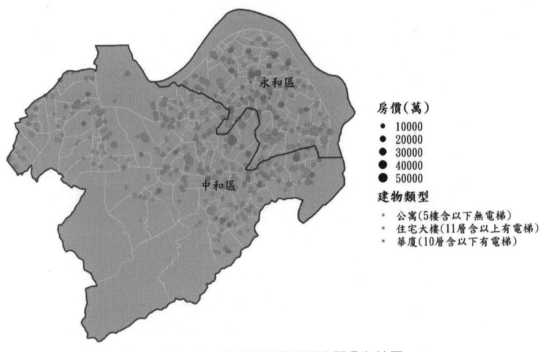

房價(萬)
● 10000
● 20000
● 30000
● 40000
● 50000

建物類型
· 公寓(5樓含以下無電梯)
· 住宅大樓(11層含以上有電梯)
· 華廈(10層含以下有電梯)

▲ 圖 6.3.1　建物類型與房價空間分布地圖

　　由圖 6.3.1 初步觀察可發現，公寓所呈現的圓點大小較小，而住宅大樓的圓點偏大，意謂住宅大樓的平均房價較公寓為高，此情況與先驗知識相符，亦即普遍而言住宅大樓具有電梯，且可能為較新的建築物；公寓通常屋齡較高，且為無電梯的建物，故住宅大樓的交易價格理應較高。此一結果可在後續迴歸模型中進一步驗證，置入「state（建物型態）」欄位作為虛擬變量（dummy variable），觀察迴歸結果的係數值是否具此一關係。

▋6.3.3　影響房價之因素探討

　　經過前一節針對房價資料之基礎整理後，已將原屬於文字格式者轉換為完整的地理資料，其資料型態係 sf 格式，方便後續進行地理資料之分析。為了建立房價迴歸模型，必須進一步整理區域與建成環境屬性資料。本分析中採用「各村里人口密度」作為區域屬性，而人口密度乃透過村里人口數除以村里面積計算所得。其中村

里面積可透過 `st_area()` 函式計算之，而最終須藉 `st_intersection()` 函式將村里相關屬性與房價資料予以合併。程式碼撰寫如下，分隔線下方為執行結果。

```
# 整理全臺灣各村里人口資料（將 VILLCODE 轉換為文字型態）
village_pop=taiwan_village_pop[, c("VILLCODE", "people_total")]
village_pop$VILLCODE=as.character(village_pop$VILLCODE)


# 將雙和地區村里與人口資料進行合併
shuangho_village=left_join(shuangho_village, village_pop)

# 計算人口密度（村里人口數/村里面積）
shuangho_village$pop_density=shuangho_village$people_total/
                (as.numeric(st_area(shuangho_village))/1000000)

# 查看 shuangho_village 資料
head(shuangho_village[, c("TOWNNAME","VILLNAME","people_total",
                "pop_density")])
```

```
## Simple feature collection with 6 features and 4 fields
## Geometry type: MULTIPOLYGON
## Dimension:     XY
## Bounding box: xmin:298328.8 ymin:2761801 xmax:301968.1 ymax:2764474
## Projected CRS: TWD97 / TM2 zone 121
## # A tibble: 6 x 5
##    TOWNNAME VILLNAME people_total pop_density               geometry
##    <chr>    <chr>          <int>        <dbl>      <MULTIPOLYGON [m]>
## 1 中和區    華新里          7901     24199.86  (((301363.2 2763957, 30139~
## 2 中和區    頂南里          2950     52285.48  (((301054 2764119, 301079.~
## 3 中和區    橫路里           327       141.07  (((300353.8 2764151, 30035~
## 4 中和區    華南里          5143     27460.38  (((301752.6 2764223, 30181~
## 5 中和區    正南里          3483     57146.42  (((301216.6 2764263, 30124~
## 6 中和區    內南里          5050      3902.23  (((300770.5 2764467, 30078~
```

```
# 將房價資料與雙和地區村里資料進行交集，貼附人口相關屬性
shuangho_hp=st_intersection(shuangho_hp, shuangho_village[, c("TOWNN
AME", "VILLNAME", "VILLCODE", "people_total", "pop_density")])
```

函式複習章節		
left_join()	合併村里資料與人口統計資料	3.5
st_area()	計算各村里面積	4.11.1
st_intersection()	將房價資料與村里資料進行交集	4.5

　　以上回傳結果顯示中和、永和兩行政區內各村里的人口總數與人口密度，以第一列資料為例，其表示中和區華新里的人口共計 7901 人，而人口密度為每平方公里約 24199 人。臺灣的人口密度約為每平方公里 630 人，新北市整體的人口密度約為每平方公里 1944 人，綜觀 shuangho_hp 所有中和、永和地區的資料，可發現此二行政區的人口密度特別高，為臺灣相當擁擠的城市。

　　「與最接近臺北捷運站點的距離」為建成環境屬性，捷運站點資料可透過軌道站點介接函式取得，程式碼撰寫如下，分隔線下方為執行結果。

```
# 擷取臺北捷運站點資料
mrt_station=Rail_Station(access_token, "TRTC", dtype="sf")
```
```
## #---TRTC Station Downloaded---#
```

```
# 將捷運站點資料的座標參考系統轉換為 EPSG:3826
mrt_station=st_transform(mrt_station, crs=3826)

# 查看 mrt_station 前六筆資料
head(mrt_station)
```
```
## Simple feature collection with 6 features and 8 fields
## Geometry type: POINT
## Dimension:    XY
## Bounding box: xmin:292459.2 ymin:2761426 xmax:296356.5 ymax:2766794
## Projected CRS: TWD97 / TM2 zone 121
```

```
## StationName StationUID StationID LocationCity LocationTown LocationTownCode
## 1      頂埔 TRTC-BL01    BL01       新北市       土城區      65000130
## 2      永寧 TRTC-BL02    BL02       新北市       土城區      65000130
## 3      土城 TRTC-BL03    BL03       新北市       土城區      65000130
## 4      海山 TRTC-BL04    BL04       新北市       土城區      65000130
## 5   亞東醫院 TRTC-BL05    BL05       新北市       板橋區      65000010
## 6      府中 TRTC-BL06    BL06       新北市       板橋區      65000010
##    PositionLon PositionLat              Geometry
## 1    121.4205    24.96012 POINT (292459.2 2761426)
## 2   121.43613    24.96682 POINT (294035.1 2762173)
## 3   121.44432    24.97313 POINT (294859.7 2762875)
## 4   121.44873   24.985305 POINT (295300.5 2764225)
## 5  121.452465    24.99828 POINT (295672.8 2765663)
## 6  121.459276   25.008465 POINT (296356.5 2766794)
```

函式複習章節		
Rail_Station()	介接臺北捷運站點資料	5.2.1
st_transform()	將捷運站點資料轉換為 EPSG:3826	3.3.2

　　備齊捷運站點資料後，接著利用 st_nearest_feature() 函式針對每一家戶回傳最近捷運站點的索引值，並利用索引值匹配相對應的捷運站點資料。此外，需進一步透過匹配的捷運站點資料與房價資料，透過 st_distance() 函式逐欄計算每一家戶與其最接近捷運站點的距離。程式碼撰寫如下，分隔線下方為執行結果。

```
# 尋找每一家戶最鄰近的捷運站點
near_mrt=mrt_station[st_nearest_feature(shuangho_hp, mrt_station),]

# 查看 near_mrt 前六筆資料
head(near_mrt$StationName)
```
```
## [1] "南勢角" "南勢角" "南勢角" "南勢角" "南勢角" "南勢角"
```

函式複習章節		
st_nearest_feature()	回傳每一家戶最接近捷運站點之索引值	4.12

此一回傳結果意謂與每一家戶最接近的捷運站點，如以 near_mrt 前六筆資料的站點欄位（StationName）為例，其皆顯示「南勢角」，表示房價資料中的第一筆至第六筆數據的最接近捷運站均為南勢角站。接著，將 near_mrt 每一家戶配對的最近捷運站點與家戶資料逐欄計算直線距離，惟須注意在 **st_distance()** 函式中設定參數 **by_element=T**，以進行逐欄配對。程式碼撰寫如下，分隔線下方為執行結果。

```
# 計算每一家戶相對應鄰近站點間的距離
shuangho_hp$mrt_dist=as.numeric(st_distance(shuangho_hp, near_mrt,
                                            by_element=T))

# 查看房價資料中最鄰近之捷運站點及其距離
head(shuangho_hp[, c("houseid","TOWNNAME","VILLNAME","nearest_mrt",
                     "mrt_dist")])
```

```
## Simple feature collection with 6 features and 5 fields
## Geometry type: POINT
## Dimension:      XY
## Bounding box: xmin:301051.2 ymin:2763530 xmax:301325.1 ymax:2763864
## Projected CRS: TWD97 / TM2 zone 121
##     houseid TOWNNAME VILLNAME nearest_mrt  mrt_dist      geometry
## 26  HOUSE_026 中和區  華新里    南勢角   941.0341 POINT (301165 2763864)
## 59  HOUSE_059 中和區  華新里    南勢角  1054.3000 POINT (301051.2 2763781)
## 84  HOUSE_084 中和區  華新里    南勢角  1178.6171 POINT (301291.6 2763601)
## 194 HOUSE_194 中和區  華新里    南勢角  1219.5961 POINT (301325.1 2763557)
## 319 HOUSE_319 中和區  華新里    南勢角  1270.2943 POINT (301146.5 2763530)
## 332 HOUSE_332 中和區  華新里    南勢角  1184.0178 POINT (301293.8 2763595)
```

函式複習章節		
st_distance()	計算每一家戶與其最近捷運站點間的距離	4.11.4

　　以上回傳結果中顯示各個家戶最接近捷運站點的名稱，以及兩者間的直線距離。以第一筆數據爲例，其表示編號爲「HOUSE_026」的房屋，坐落於中和區華新里，而最接近的捷運站點爲南勢角站，距該站點約 941 公尺。

　　透過以上的分析，已完成其中一項建成環境屬性的貼附，接著需進一步計算每個家戶環域 300 公尺內的便利商店個數。由於本書所提供的便利商店資料係將經緯度資料分別儲存於兩欄位中，故必須自行撰寫空間資料純文本標記格式（WKT），再利用 st_as_sfc() 函式將純文本標記轉換爲空間資料，最後藉 st_sf() 函式將整份便利商店資料轉換爲完整的地理資料（亦即包含屬性與空間資料）。程式碼撰寫如下，分隔線下方爲執行結果。

```
# 將 convenience_store 資料轉換爲 sf 格式
convenience_store=mutate(convenience_store,
        geometry=st_as_sfc(paste0("POINT(", lon, " ", lat, ")")))%>%
  st_sf(crs=4326)%>%
  st_transform(crs=3826)

# 查看 convenience_store 前六筆資料
head(convenience_store)
```

```
## Simple feature collection with 6 features and 7 fields
## Geometry type: POINT
## Dimension:    XY
## Bounding box: xmin:319758.1 ymin:2775046 xmax:322056.7 ymax:2776868
## Projected CRS: TWD97 / TM2 zone 121
##    company  store   code                          address        phone
## 1  7_11 篤勝門市 209122              基隆市七堵區大德路 103 號 02-24516884
## 2  7_11 六工門市 163512 基隆市七堵區工建路 1 之 22 號 1 之 23 號 1 樓 02-2452~
## 3  7_11 永富門市 189075 基隆市七堵區永富路 99 號 101 號 103 號 1 樓 02-2455~
## 4  7_11 巧龍門市 891246               基隆市七堵區百三街 61 號 02-24517061
## 5  7_11 正光門市 132415           基隆市七堵區自治街 9 號 11 號 02-24564983
## 6  7_11 七堵門市 171007            基隆市七堵區明德一路 174 號 02-24562044
##        lon      lat              geometry
```

```
## 1 121.6915 25.08281 POINT (319758.1 2775128)
## 2 121.7018 25.08875 POINT (320791.4 2775791)
## 3 121.7122 25.09842 POINT (321831.6 2776868)
## 4 121.6959 25.08205 POINT (320196.5 2775046)
## 5 121.7131 25.09622 POINT (321920.4 2776625)
## 6 121.7144 25.09798 POINT (322056.7 2776820)
```

函式複習章節		
st_as_sfc()	將純文本標記格式轉換為空間資料	3.2.2
st_sf()	將 data.frame 資料型態轉換為 sf 格式	3.2.2
st_transform()	將座標參考各式轉換為 EPSG:3826	3.3.2

　　程式碼中請務必注意，由於本書所提供的便利商店資料中係包含經緯度資料，資料欄位分別為「lon」與「lat」，故建立空間資料時，必須於 st_sf() 函式中使用 EPSG:4326 的全球通用地理座標系統。而為了方便後續分析，在完成建立地理資料後，建議再進一步轉換為 EPSG:3826 臺灣二度分帶投影座標系統。關於地理座標系統與投影座標系統的觀念詳見 1.4 章節。

　　接著為了計算每一家戶 300 公尺環域內的便利商店間數，必須先行利用 st_buffer() 函式繪製環域範圍，再將該環域資料與便利商店地理資料（convenience_store）藉 st_intersection() 函式取交集，即可確知每一家戶環域 300 公尺內與之交集的便利商店。程式碼撰寫如下，分隔線下方為執行結果。

```
# 取每一家戶的300 公尺環域
hp_buffer=st_buffer(shuangho_hp, 300)

# 將每一家戶300 公尺環域範圍與便利商店圖資取交集
hp_conv=st_intersection(hp_buffer, convenience_store)
```

函式複習章節		
st_buffer()	將每一家戶取 300 公尺環域範圍	4.6
st_intersection()	取家戶 300 公尺環域範圍與便利商店的交集	4.5

　　透過上述地理資料之分析後，我們已知悉每一家戶 300 公尺環域範圍內與之交集的便利商店，接下來即可透過 `group_by() %>% summarise()` 函式，以家戶代碼統計與各家戶交集的便利商店間數。程式碼撰寫如下，分隔線下方為執行結果。請注意在使用 `group_by() %>% summarise()` 函式前，建議將 `hp_conv` 的空間資料予以去除，以避免因同時合併空間資料而耗費計算時間。

```
# 計算每一家戶 300 公尺範圍內的便利商店總數
hp_conv=st_drop_geometry(hp_conv)%>%
  group_by(houseid)%>%
  summarise(conv_store=n())

# 查看 hp_conv 前六筆資料
head(hp_conv)
```
```
## # A tibble: 6 x 2
##   houseid    conv_store
##   <chr>          <int>
## 1 HOUSE_001          6
## 2 HOUSE_002          6
## 3 HOUSE_003          2
## 4 HOUSE_004          6
## 5 HOUSE_005          5
## 6 HOUSE_006          6
```

函式複習章節		
`st_drop_geometry()`	將便利商店的空間資料去除	3.4.2
`group_by() %>% summarise()`	統計每一家戶環域範圍交集數	4.2

　　最後將此一統計結果與原始的房價資料予以合併，惟在此須注意的是，由於有些家戶 300 公尺範圍內並無便利商店，合併後該欄位可能出現 NA 值，故必須強制將 NA 轉換為 0。若未先行修正，後續無法建構迴歸模型（模型中的資料不可為NA）。程式碼撰寫如下，分隔線下方為執行結果。

```
# 將雙和地區房價資料與便利商店統計數值予以合併
shuangho_hp=left_join(shuangho_hp, hp_conv)
```

```
## Joining, by = "houseid"
```

```
# 將便利商店統計欄位中為 NA 者，強制轉換為 0（否則後續無法建構迴歸模型）
shuangho_hp$conv_store=ifelse(is.na(shuangho_hp$conv_store),
                            0, shuangho_hp$conv_store)
```

函式複習章節		
left_join()	合併房價地理資料與屬性資料	3.5
ifelse()	判斷合併後的欄位是否為 NA，若是須補 0	2.6

截至目前為止，已進行地理編碼、整理區域屬性與建成環境屬性資料，並將最終建構模型的欄位全部整併於同一份資料（shuangho_hp）中。而接下來即可透過 R 軟體中的 lm() 函式建構多元迴歸模型，以校估每一項變量對於房價的影響。本書中考量的房屋屬性包括：建物面積（building_area）、房間數（room）、客廳數（hall）、浴廁數（bath）、建物型態（state）、是否包含 1 樓（with_1st_floor）、是否僅 4 樓（only_4th_floor）；區域屬性變量則為：所在村里人口密度（pop_density）；建成環境屬性包含：家戶與最接近捷運站點距離（mrt_dist）、家戶環域 300 公尺範圍內便利商店間數（conv_store）。程式碼撰寫如下，迴歸模型報表如表 6.3-2 所示。

```
# 建立房價迴歸模型
lm_hp=lm(total_price/10000 ~ building_area+room+hall+bath+state+
                           with_1st_floor+only_4th_floor+
                           pop_density+mrt_dist+conv_store,
                           data=shuangho_hp)


# 迴歸模型報表
summary(lm_hp)
```

▼ 表 6.3-2　中和區、永和區房價迴歸模型報表

	應變數（房價（萬元））
建物面積	12.325*** (0.458)
房間數	-37.028* (19.202)
客廳數	51.448** (20.966)
浴廁數	16.614 (19.621)
建物型態 _ 住宅大樓（11 層含以上有電梯）	253.977*** (32.206)
建物型態 _ 華廈）10 層含以下有電梯）	196.755*** (46.364)
是否包含 1 樓	367.849*** (40.578)
是否僅 4 樓	-55.098 (33.558)
所在村里人口密度	0.002*** (0.001)
家戶與最接近捷運站點距離	-0.111*** (0.036)
家戶環域 300 公尺範圍內便利商店間數	2.862 (5.893)
常數項	-109.118 (68.906)
總樣本數	557
R^2	0.695
Adjusted R^2	0.689
Residual Std. Error	281.201 (df = 545)
F Statistic	113.047*** (df = 11; 545)

註：*p<0.1**p<0.05***p<0.01

　　觀察表 6.3-2 可發現，本迴歸模型的解釋效力約為 0.689，表示利用上述所羅列的屬性值即可解釋房價 68.9% 之變異，在社會科學的領域中屬可接受的範圍，惟仍有進步的空間，乃需蒐集更多適當的資料做為自變數，以更合理地模化房價。

　　就本模型而論，建物面積的係數值為 12.325，表示每增加一平方公尺的房屋面積，將會使房價增加約 12.325 萬（相當於每增加 1 坪約需 40.74 萬），此一結果與該段時間（2021 年 9 月至 10 月）中和、永和地區的實際每坪房價差不多，顯示模型結果並不會有太嚴重的謬誤。然觀察房間數可發現，房間數愈多，反而對房價具負面的影響，這主要是因為該地區有許多較低價的房屋，其內部隔間具多個房間，故造成兩者間的反向關係，與先驗知識不符。客廳數的係數值為 51.448，表示每增

加一個客廳將會增加約 51 萬；而浴廁數的係數值未達統計顯著水準，意謂浴廁數對於房價的影響並不明顯。

由虛擬變量可知，其預設將「公寓」做爲基底變數，故住宅大樓的係數值爲 253.997，表示相較於公寓而言，在其他條件皆相同的情境下，住宅大樓的價格會較公寓高出約 254 萬；依相同的解讀方式可知，因華廈的係數值爲 196.755，且達統計顯著水準，故其價格會較公寓明顯高出約 197 萬。「是否包含 1 樓」變量的係數值爲 367.849，且達統計顯著水準，意謂位於一樓者，其房價較非位於一樓者高出約 368 萬，此一現象在臺灣（尤其都會區）甚爲合理，乃因混合土地使用下，有許多一樓處可供商業利用，故其經濟價值較其他樓層高出許多。反觀，原先驗知識認爲「四樓」具「死」的諧音關係，受此一文化影響位於四樓的房價應較低，然由統計模型判定，此一變數未達統計顯著水準，顯示在本研究範圍內的區域「四」的諧音並未明顯造成價格降低的現象。

就區域屬性變量而論，所在村里人口密度顯著使房價具正向的關係，此一現象乃因中和區及永和區爲人口稠密的衛星市鎮，且土地非常狹小，故愈是高度發展、人口聚集、交通方便之區域，更加吸引外移人口選擇居住，使人口密度對房價具有抬升的作用，而此一現象若是在偏遠的郊區可能並不顯著。就建成環境而論，家戶與最接近捷運站點距離愈遠，對房價具負面影響，且每增加 100 公尺約降低 11 萬，此一現象與先驗知識亦相符。家戶環域 300 公尺範圍內便利商店間數愈多則表示該地區愈方便，理應會有較高的房價，然由統計模型結果顯示，便利商店的間數並不如預期顯著，推測可能乃因該地區的便利商店密度相當高，即便位於較偏遠的地區，仍有諸多便利商店據點，致使家戶間周遭的便利商店數差異並不明顯，故此一屬性在研究範圍中並非至關重要的因子。

本章節所建構的模型僅供參考，爲一基礎的試驗，本模式建構的目的僅用以說明如何透過 R 軟體處理地理資料，並藉以建構統計模型，展示實務應用案例。惟尚有諸多變數並未考慮，且應考量其它更妥適的模型，如：多層次迴歸（Multilevel Model），可更細緻地分析不同區域造成的差異。若欲探討在某項政策實施或公共建設落成後對房價所造成的影響，則可考慮使用變異中之變異模型（Difference-in-difference Model）等，建議讀者可參閱相關文獻，以更了解房價資料的分析與實務應用。

綜上所論，透過本章節的介紹，了解如何將房價資料透過地理編碼轉換爲地理資料供後續研究分析，而後再將蒐羅的屬性資料予以合併，最後再藉由多元線型迴歸模型了解影響房價的相關因子及其影響程度。是故，結合地理資料的處理技術與統計模型之方法論，可延伸進行諸多實務分析。

索引

英文索引

中文索引

國家圖書館出版品預行編目資料

地理資訊系統與空間運算：R軟體應用／閻姿慧，葉家榮著. --初版.--臺北市：五南圖書出版股份有限公司，2024.01
面； 公分
ISBN 978-626-366-917-8(平裝)

1.CST: 地理資訊系統 2.CST: 空間統計
3.CST: 統計分析

609.029   112021855

5H16

地理資訊系統與空間運算：
R軟體應用

作　　者 ― 閻姿慧（535）、葉家榮（324.9）

發 行 人 ― 楊榮川

總 經 理 ― 楊士清

總 編 輯 ― 楊秀麗

副總編輯 ― 王正華

責任編輯 ― 張維文

封面設計 ― 封怡彤

出 版 者 ― 五南圖書出版股份有限公司

地　　址：106台北市大安區和平東路二段339號4樓

電　　話：(02)2705-5066　　傳　　真：(02)2706-6100

網　　址：https://www.wunan.com.tw

電子郵件：wunan@wunan.com.tw

劃撥帳號：01068953

戶　　名：五南圖書出版股份有限公司

法律顧問　林勝安律師

出版日期　2024年1月初版一刷

定　　價　新臺幣650元

經典永恆・名著常在

五十週年的獻禮 —— 經典名著文庫

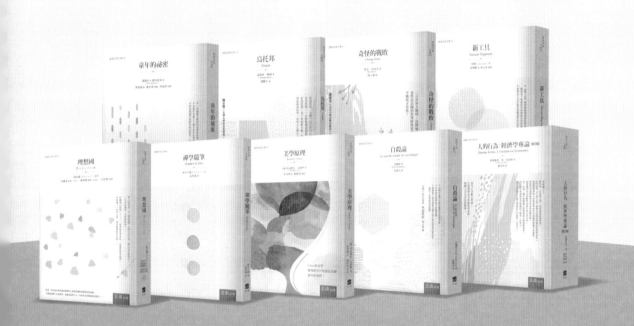

五南，五十年了，半個世紀，人生旅程的一大半，走過來了。
思索著，邁向百年的未來歷程，能為知識界、文化學術界作些什麼？
在速食文化的生態下，有什麼值得讓人雋永品味的？

歷代經典・當今名著，經過時間的洗禮，千錘百鍊，流傳至今，光芒耀人；
不僅使我們能領悟前人的智慧，同時也增深加廣我們思考的深度與視野。
我們決心投入巨資，有計畫的系統梳選，成立「經典名著文庫」，
希望收入古今中外思想性的、充滿睿智與獨見的經典、名著。
這是一項理想性的、永續性的巨大出版工程。
不在意讀者的眾寡，只考慮它的學術價值，力求完整展現先哲思想的軌跡；
為知識界開啟一片智慧之窗，營造一座百花綻放的世界文明公園，
任君遨遊、取菁吸蜜、嘉惠學子！